·福建省优秀出版项目·

马克思对话孔夫子

——"第二个结合"的思想交汇

刘健伟　著

海峡出版发行集团 | 鹭江出版社
THE STRAITS PUBLISHING & DISTRIBUTING GROUP

2025年·厦门

图书在版编目（CIP）数据

马克思对话孔夫子："第二个结合"的思想交汇 /
刘健伟著. --厦门：鹭江出版社，2025.6. --ISBN
978-7-5459-2401-5

Ⅰ. D61

中国国家版本馆 CIP 数据核字第 2025B9M834 号

出 版 人　雷　戎
策划编辑　梁　靓
责任编辑　朱昉星
美术编辑　林烨婧

MAKESI DUIHUA KONGFUZI

马克思对话孔夫子

——"第二个结合"的思想交汇

刘健伟　著

出版发行：鹭江出版社		
地　　址：厦门市湖明路 22 号	邮政编码：361004	
印　　刷：福建新华联合印务集团有限公司	联系电话：0591 - 88208488	
地　　址：福州市晋安区福兴大道 42 号		
开　　本：700mm×1000mm　1/16		
插　　页：2		
印　　张：24		
字　　数：344 千字		
版　　次：2025 年 6 月第 1 版　　2025 年 6 月第 1 次印刷		
书　　号：ISBN 978-7-5459-2401-5		
定　　价：65.00 元		

如发现印装质量问题，请寄承印厂调换。

目 录

1

主要人物表

马克思：1818 年—1883 年，德国人，马克思主义创始人之一，国际共产主义运动的开创者。

恩格斯：1820 年—1895 年，德国人，与马克思一起开创马克思主义，国际共产主义运动的开创者。

孔　子：名丘，字仲尼，春秋时期鲁国人，儒家创始人，大成至圣先师。

孟　子：名轲，字子舆，战国时期邹国人，儒家学派代表人物之一，与孔子并称"孔孟"。

颜　回：字子渊，春秋时期鲁国人，孔门七十二贤之首，尊称复圣颜子。

仲　由：字子路，春秋时期鲁国人，孔门十哲之一。

端木赐：字子贡，春秋时期卫国人，孔门十哲之一，儒商鼻祖。

李思通：中国某大学教授，主攻儒学和马克思主义。（虚构）

马中哲：哲学专业博士，马克思的秘书，孔子的新收弟子。（虚构）

王教授：中国某大学教授，主攻儒学，李思通的同事。（虚构）

党教授：中国某大学教授，主攻马克思主义，李思通的同事。（虚构）

程思汉：西方学者，李思通的朋友，访学中国。（虚构）

徐翔阳：马克思的记录员，大学毕业生。（虚构）

未来智者："人类巅峰"景区"共产主义社会"中的虚拟人。（虚构）

巴立威："发展中国家现代化之路"考察团团长。（虚构）

引子

从《马克思进文庙》说起

　　1925 年 12 月 16 日，"文学大咖"郭沫若先生在《洪水》半月刊第一卷第七号上发表了一篇有趣的小品文，题目叫《马克思进文庙》。该文以穿越的方式、幽默的语调，描写了一幕马克思与孔子从相见、相知到互称同志的生动场景。

　　郭沫若先生写这篇文章时，处于一个什么样的时代背景呢？

　　当时的中国，军阀混战、一盘散沙、民不聊生，求得民族独立和人民解放、实现国家富强和人民富裕这两大历史任务更加凸显，迫切需要有识有志之士搞清"举什么旗、走什么路以及由哪种政治力量来领导"等重大问题。

　　俄国十月革命"一声炮响"，给中国送来了马克思主义。在五四运动和十月革命的影响下，马克思主义在中国广泛传播。1921 年 7 月 23 日，中国共产党诞生，马克思主义鲜明地写在了中国共产党的旗帜上。

　　五四运动发生前几年，新文化运动的发起者陈独秀"请"出了"德先生"（democracy，即民主）与"赛先生"（science，即科学），猛烈批判中国传统文化和封建纲常伦理，有人还喊出了"打倒孔家店"的口号，孔子、儒家思想受到很大冲击。不把孔夫子拉下马，德、赛二位先生就很难"上位"。

　　此时的郭沫若先生，在思想上，经过对马克思主义理论系统了解后，已经确立起了马克思主义世界观；在经历上，1926 年初担任国立武昌中山大学筹备委员会委员，随后不久担任北伐军总政治部副主任。

作为对中国传统文化有着深入研究的历史学家，作为充满着革命激情的民主主义者，作为具有浪漫主义色彩的知名作家，郭沫若先生触景生情、突发奇想，逆"反孔非儒"之潮流，文思泉涌、大笔如椽，撰写出了《马克思进文庙》一文。

对郭沫若先生这篇奇文，十分珍爱、不敢掠美，原文一字不动抄录于后。

马克斯^①进文庙^②

十月十五日丁祭过后的第二天，孔子和他的得意门生颜回子路子贡三位在上海的文庙里吃着冷猪头肉的时候，有四位年青的大班抬了一乘朱红漆的四轿，一直闯进庙来。

子路先看见了，便不由得怒发冲冠，把筷子一掼，便想上前去干涉。孔子急忙制止他道：由哟，你好勇过我，无所取材呀！

子路只得把气忍住了。

回头孔子才叫子贡下殿去招待来宾。

朱红漆的四轿在圣殿前放下了，里面才走出一位脸如螃蟹，胡须满腮的西洋人来。

子贡上前迎接着，把这西洋人迎上殿去，四位抬轿的也跟在后面。

于是宾主九人便在大殿之上分庭抗礼。

---

① 原文如此。20 世纪初期，中国对马克思名字的翻译是不规范的，当时见诸书刊的有"马克斯""马克尔斯""马克司""马克思""麦克司"等等。直到 20 世纪 30、40 年代，"马克思"这一译名才逐渐固定下来。

② 摘录自郭沫若著作编辑出版委员会编《郭沫若全集》（文学编·第十卷），人民文学出版社，1985 年，第 161—170 页。

孔子先道了自己的姓名，回头问到来客的姓名时，原来这胡子螃蟹才就是马克斯卡儿。

这马克斯卡儿的名字，近来因为呼声太高，早就传到孔子耳朵里了。孔子素来是尊贤好学的人，你看他在生的时候向著（着）老子学过礼，向著（着）师襄学过琴，向著（着）苌（苌）弘学过乐；只要是有一技之长的人，他不惟不肯得罪他，而且还要低首下心去领教些见识。要这样，也才是孔子之所以为孔子，不象（像）我们现代的人万事是闭门不纳，强不知以为知的呀。孔子一听见来的是马克斯，他便禁不得惊喜著（着）叫出：

——啊啊，有朋自远方来，不亦乐乎呀！马克斯先生，你来得真难得，真难得！你来到敝庙里来，有甚么见教呢？

马克斯便满不客气地开起口来——不消说一口的都是南蛮鴃舌之音；要使孔子晓得他的话，是要全靠那几位抬轿子的人翻译。孔子的话，也是经过了一道翻译才使马克斯晓得了的。

马克斯说：我是特为领教而来。我们的主义已经传到你们中国，我希望在你们中国能够实现。但是近来有些人说，我的主义和你的思想不同，所以在你的思想普遍著（着）的中国，我的主义是没有实现的可能性。因此我便来直接领教你：究竟你的思想是怎么样？和我的主义怎样不同？而且不同到怎样的地步？这些问题，我要深望你能详细地指示。

孔子听了马克斯的话，连连点头表示赞意，接着又才回答道：我的思想是没有甚么统系的，因为你是知道的，我在生的时候还没有科学，我是不懂逻辑的人。假如先把我的思想拉杂地说起来，我自己找不出一个头绪，恐怕也要把你的厚意辜负了。所以我想，还是不如请你先说你的主义，等我再来比付我的意见罢（吧）。你的主义虽然早传到了中国，但我还不晓得是怎么一回事，因为你的书还一本也没有翻译到中国来啦。

——怎么？我的书还一本也没有翻译过来，怎么我的主义就谈得风起云涌的呢？

——我听说要谈你的主义用不著（着）你的书呢，只消多读几本东西洋的杂志就行了。是不是呢？你们几位新人！〔孔子公然也会俏皮，他向著（着）那四位大班这样问了一句；不过这几位新人也很不弱，他们没有把孔子的话照样翻译出来，他们翻译出来的是"不过大家都能够读你的原书，就是这几位大班，德文和经济学都是登峰造极的啦"。就这样马克斯和孔子也就被这四位学者大班瞒过去了。]

——那也好，马克斯说，只要能够读原书也就好了。

——难得你今天亲自到了我这里来，太匆促了，不好请你讲演，请名人讲演是我们现在顶时髦的事情啦！至少请你作一番谈话罢（吧）。

——好的，好的，我就先作一番谈话，谈谈我的主义罢（吧）。不过我在谈我的主义之先，不得不先说明我的思想的出发点。我的思想对于这个世界和人生是彻底肯定的，就是说我不和一般宗教家一样把宇宙人生看成虚无，看成罪恶的。我们既生存在这个世界里面，我们应当探求的，便是我们的生存要怎样才能够得到最高的幸福，我们的世界要怎样能够适合于我们的生存。我是站在这个世间说这个世间的话。这一点我和许多的宗教家，或者玄学家不同，这一点我要请问你：究竟你的思想和我是什么样？假使这个出发点我们早就不同，那吗我们根本上走的是两条路，我们的谈话也就没有再往下继续的必要了。

马克斯刚好把话说完，子路不等孔子开口便先抢着说道：

——是呀，我夫子也是注重利用厚生之道的人；我夫子最注重民生，所以说"天地之大德曰生"的呀。

——是的，孔子又才接着说下去：我们的出发点可以说是完全相同的。不过你要想目前的世界适合于我们的生存，那吗要怎样的世界才能适合，要怎样的世界才能使我们的生存得到最高的幸福呢？你定然有这样一个理想的世界的。你的理想的世界是怎样的呢？

——你问我的理想的世界吗？好啊，好啊，你真问得好啊！有许多人都把我当成个物质主义者，他们都以为我是禽兽，我是只晓得吃饭，我是没有理想的人。其实我正如你所问的一样，我是有一个至高至远的理想的世界，我怕是一个顶理想的理想家呢。我的理想的世界，是我们生存在这里面，万人要能和一人一样自由平等地发展他们的才能，人人都各能尽力

— 4 —

做事而不望报酬，人人都各能得生活的保障而无饥寒的忧虑，这就是我所谓"各尽所能，各取所需"的共产社会。这样的社会假如是实现了的时候，那岂不是在地上建筑了一座天国吗？

——啊哈，是的呀！这回连庄重的孔子也不禁拍起手来叫绝了。——你这个理想社会和我的大同世界竟是不谋而合。你请让我背一段我的旧文章给你听罢（吧）。"大道之行也，天下为公，选贤与能，讲信修睦；故人不独亲其亲，不独子其子，使老有所终，壮有所用，幼有所长，矜寡孤独废疾者皆有所养，男有分，女有归；货恶其弃于地也不必藏于己，力恶其不出于身也不必为己；是故谋闭而不兴，盗窃乱贼而不作，故外户而不闭，是谓大同"，这不是和你的理想完全是一致的吗？

孔子拉长声音背诵了他这段得意的文章来，他背到"货恶其弃于地也不必藏于己，力恶其不出于身也不必为己"的两句，尤为摇头摆脑，呈出了一种自己催眠的状态。但是马克斯却很镇静，他好象（像）没有把孔子这段话看得怎么重要的一样，孔子在他的眼中，这时候，顶多怕只是一个"空想的社会主义者"罢（吧）？所以他又好象（像）站在讲坛上演说的一样，自己又说起他的道理来。

——不过呢，马克斯在这一个折转的联（连）接词上用力地说：我的理想和有些空想家不同。我的理想不是虚构出来的，也并不是一步可以跳到的。我们先从历史上证明社会的产业有逐渐增殖之可能，其次是逐渐增殖的财产逐渐集中于少数人之手中，于是使社会生出贫乏病来，社会上的争斗便永无宁日。……

——啊，是的，是的。孔子的自己陶醉还未十分清醒，他只是连连点头称是。——我从前也早就说过"不患寡而患不均，不患贫而患不安"的呀！

孔子的话还没有十分落脚，马克斯早反对起来了。

——不对，不对！你和我的见解终竟是两样，我是患寡且患不均，患贫且患不安的。你要晓得，寡了便均不起来，贫了便是不安的根本。所以我对于私产的集中虽是反对，对于产业的增殖却不惟不敢反对，而且还极力提倡。所以我们一方面用莫大的力量去剥夺私人的财产，而同时也要以莫大的力量来增殖社会的产业。要产业增进了，大家有共享的可能，然后大家才能安心一意地平等无私地发展自己的本能和个性。这力量的原动力不消说是赞成废除私产的人们，也可以说是无产的人们；而这力量的形式起初是以国家为单位，进而至于国际。这样进行起去，大家于物质上精神上，均能充分地满足各自的要求，人类的生存然后才能得到最高的幸福。所以我的理想是有一定的步骤，有坚确的实证的呢。

——是的，是的！孔子也依然在点头称是。我也说过"庶矣富之富矣教之"的话，我也说过"足食足兵民信之矣"的为政方略（说到此处来，孔子回头向子贡问道：我记得这是对你说的话，是不是呢？子贡只是点头。）我也说过"世有王者必世而后仁"，我也说过"齐变至鲁，鲁变至道"，我也说过"欲明明德于天下者先治其国"呢。尊重物质本是我们中国的传统思想：洪范八政食货为先，管子也说过"仓廪实而知礼节，衣食足而知荣辱"。所以我的思想乃至我国的传统思想，根本和你一样，总要先把产业提高起来，然后才来均分，所以我说"货恶其弃于地也不必藏于己"啦。我对于商人素来是贱视的，只有我这个弟子（夫子又回头指着子贡）总不肯听命，我时常叫他不要做生意，他偏偏不听，不过他也会找钱啦。我们处的，你要晓得，是科学还没有发明的时代，所以我们的生财的方法也很幼稚，我们在有限的生财力的范围之内只能主张节用，这也是时代使然的呀。不过，我想就是在现在，节用也恐怕是要紧的罢（吧）？大家连饭也还不彀吃的时候，总不应该容许少数人吃海参鱼翅的。

——啊，是的！马克斯到此才感叹起来：我不想在两千年前，在远远的东方，已经有了你这样的一个老同志！你我的见解完全是一致的，怎么有人曾说我的思想和你的不合，和你们中国的国情不合，不能施行于中国呢？

——哎！孔子到此却突然长叹了一声，他这一声长叹真个是长，长得来足足把二千多年闷在心里的哑气一齐都发泄出了。——哎！孔子长叹了一声，又继续着说道：他们那（哪）里能够实现你的思想！连我在这儿都已经吃了二千多年的冷猪头肉了！

——甚么？你的意思是中国人不能实现你的思想吗？

——还讲得到实现！单只要能够了解，信仰你的人就不会反对我了，信仰我的人就不会反对你了。

——啊，是那吗我要……

——你要做甚么？

——我要，回去找我的老婆去了。

在这儿假使是道学家眼中的孔子，一定要大发雷霆，骂这思念老婆的马克斯为禽兽了。但是人情之所不能忍者，圣人不禁，我们的孔圣人他不惟不骂马克斯，反而很艳羡地向他问道：

——马克斯先生，你是有老婆的吗？

——怎么没有？我的老婆和我是志同道合，而且很好看啦！

满不客气的马克斯，一说到他的老婆上来，就给把他的主义吹成了理想的一样，把他的老婆也吹到理想的了。

夫子见马克斯这样得意，便自喟然太息而长叹曰：人皆有老婆，我独无呀！

子贡的舌根已经痒了好半天了，到这时候才赶快插说一句道：四海之内皆老婆也，夫子何患乎无老婆也？

到底不愧是孔门的唯一的雄辩家的子贡，他把孔子的话改用过来，硬把孔子说笑了。

没明其妙的是马克斯。他盘问了一回，才知道孔子是自由离了婚的人，他觉得孔子这个人物愈见添了几分意义了。

回头孔子又接着向马克斯说道：不过我是老吾老以及人之老，幼吾幼以及人之幼，妻吾妻以及人之妻的人，所以你的老婆也就是我的老婆了。

马克斯听了骇得大叫起来：喂，孔二先生！我只是提倡共产，你公然在提倡共妻！你的思想比我更危险啦！好，我不敢再惹你了！

马克斯说了这几句话，赶快把四位大班招呼著（着），偬偬地便临阵脱逃起来，真好象（像）他留在欧洲的老婆立刻就要被孔子去共了的一样。

师弟四人立在殿上，看见马克斯的大轿已经抬出西辕门了，自始至终如象（像）蠢人一样的颜回到最后才说出了一句话：

——君子一言以为智，一言以为不智，今日之夫子非昔日之夫子也，亦何言之诞耶？

夫子莞尔而笑曰：前言戏之耳。

于是大家又跟着发起笑来。笑了一会，又才回到席上去，把刚才吃着的冷猪头肉从新咀嚼。

十一月十七日脱稿

郭沫若先生这篇文章，读起来非常有趣，同时又引人深思，谈笑间涉及的是儒家思想与马克思主义的"会通"问题。

早在马克思主义传入中国之初，就有人质疑马克思主义与中国的文化传统能否相融共通。在《马克思进文庙》中，郭沫若先生借"马克思"之口，说出了"不想在两千年前，在远远的东方，已经有了你（孔子）这样的一个老同志！你（孔子）我（马克思）的见解完全是一致的，怎么有人曾说我的思想和你的不合，和你们中国的国情不合，不能施行于中国呢"这样的话语；由"孔子"发声，得出了"单只要能够了解，信仰你（马克思）的人就不会反对我（孔子）了，信仰我（孔子）的人就不会反对你（马克思）了"这样的论断。

文以载道、文以传道，这篇文章的作用不可小觑。我们虽然不大容易考证郭沫若先生这篇文章在当时产生了什么样的影响，但可以肯定的是，这篇文章对马克思主义中国化起到了推动作用。

在五千多年中华文明深厚基础上开辟和发展中国特色社会主义，把马克思主义基本原理同中国具体实际、同中华优秀传统文化相结合是必由之路。[1] 1938 年，毛泽东同志在中国共产党六届六中全会上首次明确提出"马克思主义必须和我国的具体特点相结合并通过一定的民族形式才能实现""使马克思主义在中国具体化"[2]。1941 年，毛泽东同志在《改造我们

---

[1] 习近平：《在文化传承发展座谈会上的讲话》，《求是》2023 年第 17 期，第 6 页。

[2]《毛泽东选集》第 2 卷，人民出版社，1991 年，第 534 页。

的学习》一文中指出:"中国共产党的二十年,就是马克思列宁主义的普遍真理和中国革命的具体实践日益结合的二十年。"① "第一个结合"即把马克思主义基本原理同中国具体实际相结合,是中国共产党一直强调并坚持的,是党和人民的事业发展壮大的成功密码。

进入中国特色社会主义新时代,习近平总书记又明确提出了"第二个结合",即把马克思主义基本原理同中华优秀传统文化相结合。在庆祝中国共产党成立 100 周年大会上,习近平总书记首次提出:"坚持把马克思主义基本原理同中国具体实际相结合、同中华优秀传统文化相结合。"② 在中国共产党的二十大报告中,习近平总书记深刻指出:"坚持和发展马克思主义,必须同中华优秀传统文化相结合。"③ 2023 年 6 月在文化传承发展座谈会上,习近平总书记进一步指出,"'结合'的前提是彼此契合""'结合'的结果是互相成就""'结合'筑牢了道路根基""'结合'打开了创新空间""'结合'巩固了文化主体性"④。这些重要论述,不断深化了我们对"两个结合"特别是"第二个结合"的理解把握、认知认同。

"第二个结合"是新时代中国共产党人提出的一个新的重大命题。实际上,我们党的理论和路线方针政策一直体现着中华优秀传统文化。所谓"中国实际",其中内含着以儒家思想为代表的中华优秀传统文化。所谓"中国特色",首先是基于中国文化。中国文化有 5000 多年的土壤,而 2500 多年前已经产生的儒家思想是中国历史上影响最大的思想流派。中国化时代化的马克思主义为什么"行"? 一个重要原因,就是其中充满着中华优秀传统文化包括儒家思想的广博智慧和深厚力量。正如习近平总书记所指出的:"如果没有中华五千年文明,哪里有什么中国特色? 如果不是中国特色,哪有我

---

① 《毛泽东选集》第 3 卷,人民出版社,1991 年,第 795 页。

② 习近平:《在庆祝中国共产党成立 100 周年大会上的讲话》,《人民日报》2021 年 7 月 2 日第 2 版。

③ 《习近平著作选读》第一卷,人民出版社,2023 年,第 15 页。

④ 习近平:《在文化传承发展座谈会上的讲话》,《求是》2023 年第 17 期,第 7—9 页。

们今天这么成功的中国特色社会主义道路?"①

"第二个结合"的提出，也赋予我们一个重大时代课题，就是如何学习好、诠释好、解读好"第二个结合"。

近 100 年前，郭沫若先生写的《马克思进文庙》，用文学的形式诠释了马克思主义与中华优秀传统文化的契合性，给予我们深刻启迪，也让我们"脑洞大开"。

近 100 年后的今天，我们有理由相信，立足于丰富的学习资料、研究成果，承袭《马克思进文庙》的思路和文风，以文学的方式，找到一个切入点，可以生动阐释"两个结合"特别是"第二个结合"，帮助人们从相对轻松的阅读中，打开一扇窗户，找到一条通道，搞清楚"两个结合"特别是"第二个结合"为什么、是什么、怎么做等问题，从而更加坚定对习近平新时代中国特色社会主义思想的政治信仰，进一步增强以中国式现代化全面推进中华民族伟大复兴的必胜信心。这岂不是很有价值意义？

同时我们也看到，当今世界出了问题、得了大病。少数西方大国在霸权的惯性和任性驱使下，在资本的贪婪本性刺激下，人性中"恶"的一面充分显露，说制裁就制裁，说围堵就围堵，说开战就开战，把整个世界搞成了"动物丛林"。而对于治理赤字、信任赤字、和平赤字、发展赤字等世界性难题，少数西方大国则为了一己私利弃之不顾，整个世界变得非常脆弱、非常危险。

那些诺贝尔奖获得者建立一个什么模型，那些资产阶级学者提出一套什么理论，那些西方政客发起一个什么倡议，等等，解决不了当今世界性问题。当今的世界，需要孔子和马克思，需要中华优秀传统文化和马克思主义，更需要"两个结合"！可以肯定地说，"两个结合"特别是"第二个结合"会为"世界怎么了，我们怎么办"这个时代之问提供科学而有力的回答。

好吧，就让我们从马克思进文庙后说起。

---

① 习近平：《在文化传承发展座谈会上的讲话》，《求是》2023 年第 17 期，第 6 页。

第一章

高山流水　千古知音 ○○○

第一节　勤学苦学之"同"

马克思在文庙初见孔子后，一直忙着整理自己以前的手稿和笔记。他一生写了不计其数的手稿和笔记，仅《巴黎笔记》就有九册之多，想要把它们整理出来，还真费心耗时。

"神仙一日，人间一年。"此间的中国和世界发生着沧桑巨变。

这天，他正在整理手稿，突然一份手稿上的三个字赫然映入眼帘，这三个字是"孔夫子"。那是他抄写的卡贝（1788—1856，法国空想社会主义者）著作中的一段话：

你们这些反对集体制的人……就让我在你们面前询问一下历史以及所有的哲学家吧：请听！我不来对你们谈及许多实行过财产共有制的古代民族！也不来谈及希伯来人……埃及的祭司、米诺斯……莱喀古士和毕达哥拉斯……孔夫子和琐罗亚斯德，最后两人之中，前者在中国宣布了这个原则，后者在波斯宣布了这个原则。①

---

① 《马克思恩格斯全集》第 3 卷，人民出版社，1960 年，第 617 页。

　　读着这段话，马克思不禁想起与孔子的文庙之会，会心地笑了："孔子虽是中国古时候的人，但他的思想确实前卫、管用，在很多方面竟然和我想到一块去了，真可谓是英雄所见略同。"

　　其实，上次与孔子一见，虽然时间不长，只谈了一些重要话题，但马克思对孔子有一种一见如故、志同道合之感。他心想：孔子是一位历经沧桑的老人，是一部智慧大书，仅靠以往文献上的只言片语，仅靠匆匆一面之交，难以了解他、读懂他、"解构"他。

　　马克思很想再见见孔子，再深谈几次、深交几层。

　　"中哲，给文庙的孔子写一封请柬，看他什么时候有空，邀请他到我这里一叙，也算是请他做一个回访。"

　　马中哲是马克思新聘的秘书，刚毕业的哲学博士，年纪不大却颇具学识，不仅德文好、中文好，文章写得也不错，而且人勤快、机灵，还刚好姓马。马克思看他是好学上进的好青年，一眼就喜欢上了他，在五名应聘者中选中了他。

　　"好嘞!"马中哲利索地答应着。

　　"孔子是个好礼之人，请柬要写得文雅、礼貌、亲切一些。"马克思在交代马中哲写什么之后，还专门嘱咐道。

　　不一会儿，马中哲就把请柬呈到了马克思面前。只见上面写道：

孔老师台启：

　　上次文庙拜会，一见如故，时时想念。不知老师何时有余暇，到寒舍一叙。盼盼盼!!!

马克思敬邀
9 月 15 日

　　马克思看后，觉得言简意赅，正是这个意思："送过去吧，要注意礼节。"

　　"翔阳，来吧。我继续口述，你来记录。"徐翔阳是马克思新聘的一名打字员（速记员），负责誊写马克思的文稿，记录马克思口述的文章。

徐翔阳速记快，打字也快，而且性格安静、执行力强，对这两点马克思很满意。但在记录之后问他记住了什么，他却什么也说不出来。他的记忆力就好像是在沙滩上写字一样，刚写的时候很清晰，但水一来、风一吹，什么痕迹都没了。

问他这是为什么，他支支吾吾地说道："兴趣点不在这上面。"但是一说起足球、篮球的当红球星都有谁，哪个队实力最强，比赛是什么赛制，球场有什么规则等，倒是头头是道。

"没兴趣，是不是觉得没有用啊？"马克思问徐翔阳，他却不置可否。马克思推测，他应该是觉得这些没啥用，所以没兴趣；因为没兴趣，所以记不住。他只是把誊写文稿、记录口述，当作一份能挣工资的工作而已。马克思对此并不介意，也没有更高要求，只要他按时按量完成工作就可以了。

文庙中，孔子正与弟子围坐一起，探讨《论语》中有关观点的现代性解释问题。

孔子正襟危坐，手抚须髯，神态淡然，不疾不徐地说道："这一段，我到各地游学，发现人们学习四书五经的热情比较高，但也听到了一些质疑、批评的声音。比如，拿'唯女子与小人难养也''君君臣臣，父父子子'等作为靶子，骂这些观点是封建糟粕、文化遗毒。个别女权主义者，说我歧视女性，言辞十分激烈，恨不得把《论语》一把火烧了，要把我孔丘给鞭尸扬灰。"说完，边苦笑边摇头。

子路跟随孔子时间最长，性格也最为暴烈，一听这话噌的一声站了起来，气愤地说道："这些现代人，哪知道老师（孔子）说这些话的背景？哪知道老师说这些话的用心？不明就里，上来就批，简直不可理喻。我要是遇到这样的人，先把他臭骂一顿再说。"

孔子一听子路这样说，面有愠色，厉声喝道："由（子路），不得无礼，不得造次。给我坐下。"

颜回是孔子最得意的学生，既谦虚好学又能举一反三。他看大家都沉默不语，这样"尬聊"下去也不是个事，鼓起勇气说道："老师经常告诫我们，'不患人之不己知，患不知人也'。我们不要担心别人不了解自己，只要担心自己不了解别人。现代人的思想与我们古代人有很大差异，我们应该先对现代人作一番调查了解之后，再做好有关思想观点的说明、诠释工作。这也是老师所倡导的'恕'之道吧。"

孔子边听边思索，沉吟了一会儿，叹道："唉！我们的观念主张也不一定全对，我们也要自我反思啊！颜回说的这一层意思，很有道理。"

说话间，有人来报，马克思的秘书马中哲来送请柬。

孔子拿到请柬一看，是马克思邀请自己到马府一叙。他合上请柬，想起与马克思的初次见面，也有一种惺惺相惜之感，爽快地答应第二天早饭后就到马府，并写了回柬交由马中哲转交。而后，孔子继续与弟子们讨论起来。

次日一早，孔子洗漱完毕，吃过早饭，着实把装束整理了一番，而后叫上颜回、子路、子贡三人，乘车向马府而来。他向来主张"出门如见大宾"，这次出门真的是要见"大宾"，他的重视程度可想而知。

上次在文庙与马克思初见后，孔子找来一些有关马克思的资料和著作，了解了马克思的人生经历和思想学说，感觉马克思一生坎坷、充满波折，他的主义内涵广博、自成一家。他暗想，如果马克思生在自己那个年代，也应该是百家争鸣中的一家，大家应该叫他"马子"，感觉又不太好听，一笑而已。

马克思早早就在马府门口等候，看到孔子的车停下来，亲自开车门迎接孔子。孔子连忙道："冒犯、冒犯，失礼、失敬！"

孔子下车后抱起双拳要作揖，马克思伸出双手要握手，大家看着这"失配"的一幕，都笑了起来。孔子和马克思并不介意，两人一同进入马府。

走进屋内，马克思笑问道："孔老师，您看是要跪坐蒲团，还是要端坐椅子啊？"孔子一看，屋内不但有椅子，还真有几个蒲团，看来马克思作了精心准备。

孔子笑着说道：“我也不能当冥顽不化、抱残守缺的老古董，还是‘与时偕行’吧！”说着拉了一把椅子，与马克思相对而坐。子路、子贡、颜回站在孔子身后，马中哲、徐翔阳站在马克思身后。徐翔阳本来不想参加这次会见，想“猫”在书房里不出来，被马中哲拉了过来。

马克思说道：“你们几个也别站着，都坐下吧。”几个人一看站着也不是个事，都拉把椅子分坐两人旁边。

马克思看大家都已落座，说道：“上次文庙拜访，自感一见如故、相谈甚欢，但也有意犹未尽之感，还有很多话想对您说啊！”

“我也有同感。我这不是来了吗？”孔子笑道。

“我以前了解过您的一些经历和思想，但不太深入，有时还有些偏见。最近，我详细查阅了您的一些资料，我们虽然生于不同时代，但我俩的种种人生经历有许多相似之处，想一想也觉得不可思议。”马克思带有感慨的口气说道。

孔子眼睛一亮：“是吗？”

“我看我俩的人生经历，至少有‘三同’，或者叫‘三相似’。”马克思确定地说道。

“请说来听听。”孔子十分感兴趣，旁边的其他五人也都凝神倾听。

“这第一‘同’，就是我们俩在勤学苦学上很相似。”说着，马克思从桌子上拿起一本《论语》。

“这本书里，记载了不少您好学苦读的名句和事例。您‘十有五而志于学’，15岁的时候立下学道的志向。‘入太庙，每事问’，您本来是礼的专家，但还能够做到‘每事问’，真是谦虚好学。‘三月不知肉味’，您对音乐的追求达到了痴迷的程度，甚至进入了‘知之者不如好之者，好之者不如乐之者’的境界。直到晚年，您依然‘发愤忘食，乐以忘忧，不知老之将至’，真是一个活到老、学到老的典范啊！您还被孟子评价为‘孔子之谓集大成，集大成也者，金声而玉振之也’。您是集您之前2500年中国历史文化之大成的人，就像奏乐时先以击打钟镈开场、再以敲击玉磬收尾一样完完整整。”马克思记忆力好、口才好，侃侃而谈。

— 15 —

孔子听得有些不好意思，面带谦逊神色说道："'吾少也贱，故多能鄙事'，'吾不试，故艺'。我小时候家里穷，又没有被举用做官，面前没有'锦鲤'之路，所以必须学好多东西。只有这样才能有饭吃，也才能有所作为啊！'十室之邑，必有忠信如丘者焉，不如丘之好学也'。不谦虚地说，在好学方面，确实能和我相比的人不多。"

孔子说这番话的时候，眼前似乎呈现出他以前勤奋苦读的种种场景。

孔子所处的春秋时代，纸张还没有出现，人们通常把字写在竹简上。所谓竹简，就是把竹子削成片状，再把上面的青皮刮去，用火烘干后在上面写字。由于竹简有相对固定的长度与宽度，一根竹简上只能写少则八九字、多则几十字，通常一部书需要许多片竹简，这些竹简再用极为结实的牛皮绳按顺序编联起来，这一过程被称为"韦编"。

孔子到了晚年，才开始研读《易经》。这部古书艰涩难懂，孔子对《易经》十分喜欢，下了很大的功夫研究它，以至于把编联竹简的牛皮绳磨断了好几次。

"您不但成就了一段'韦编三绝'的佳话，还留下了许多学习名言。比如，'学而时习之，不亦说乎'，'敏而好学，不耻下问'，'温故而知新，可以为师矣'，'学而不思则罔，思而不学则殆'，'三人行，必有我师焉'，'博学而笃志，切问而近思，仁在其中矣'，等等。这些都成了耳熟能详、朗朗上口的劝学之良规啦！"马克思说起《论语》中的名言名句张口就来，可见是认真研读了《论语》。

孔子见马克思用这么多溢美之词表扬自己，觉得很不好意思，说道："在学习上，其实您比我刻苦多了。您是那种'天才天赋＋勤奋努力'的学者，这也造就了您这个'百科全书'式的科学巨匠。您的那句名言，'在科学上没有平坦的大道，只有不畏劳苦沿着陡峭山路攀登的人，才有希望达到光辉的顶点'[①]，不知激励了多少人苦学苦读、成长成才。"

马中哲在一旁补充道："马先生，您的后继者列宁曾评价说，马克思

---

① 《马克思恩格斯文集》第 5 卷，人民出版社，2009 年，第 24 页。

主义'吸收和改造了两千多年来人类思想和文化发展中一切有价值的东西'①。"

"是啊!"不等马克思说话,孔子回头对颜回说道,"把《资本论》拿过来。"

颜回听后,迅速把《资本论》第一卷从包里拿出来递给孔子。看来孔子来之前是做了功课的。

孔子拿着这部沉甸甸的书,说道:"我听说,为了创作《资本论》,您阅览了从古代到您那个时代的各种著作,涉及哲学、历史、法学、文艺以及数学、物理学、机械学、土壤学、细胞学、生理学、农业化学等诸多领域,数量在 1500 本以上。还有,您几乎一辈子都重视学习外国语,精通十多种古代和现代语言,能够流畅地用拉丁语会话,熟练地用德、英、法三种语言写作。这一点上,我实在是不能和您比啊,我最多只掌握了两三种方言罢了。"

马克思听到这里,叹了口气,说道:"我这也是没有办法。要和敌人斗争,要对论敌批判,就必须掌握比他们更多的知识、理论和事例,甚至掌握更多的诗句、俚语和笑话。只有这样,论点才能更鲜明,论据才能更充分,论证才能更有力,说话也才能更生动、更幽默、更有文采,才能把语言化作一把无比锋利的剑,直刺敌人的要害,让他们理屈词穷、哑口无言,没有反驳之力、还手之力、心惊胆寒、甘愿认输。"

时间回到 1850 年的 6 月。32 岁的马克思对英国的资本主义生产方式实地考察之后,开始对它从理论上深入研究,为此他需要大量的阅读。英国伦敦市中心的、古罗马柱式建筑的大英博物馆,规模庞大、藏书很多。马克思获准在大英博物馆的图书馆进行阅览和写作。在此后的许多年里,他每天上午 9 时至晚上 7 时,在图书馆学习十个小时,阅读堆积如山的文献,摘录各种文献的要点。

"我听说,当年您在大英博物馆的图书馆读书,因常年坐在一个固定

①《列宁选集》第 4 卷,人民出版社,1995 年,第 299 页。

座位上，并有用脚在地上摩擦的习惯，久而久之竟然在地上磨出了一道足迹，被称为'马克思的足迹'。这也成就了您勤学苦学、潜心做学问的一段佳话。"

马克思听了孔子这番话，自谦地说道："过奖了，不敢当啊！"

徐翔阳听着孔子和马克思的好学故事，又认真盯着两人看了看，心里嘀咕道："这两个人都是'学霸'，他们的事迹真励志啊！"

第二节　人生际遇之"同"

马克思很快把思绪从伦敦的图书馆拉回现实，十分兴奋地说道："这第二'同'，我们俩在人生际遇上有一点很相似。"

"是什么呢？"孔子带有疑惑地问道。

"这就是，你是'丧家之狗'，我是'被驱逐者'。"马克思盯着孔子认真地说道，又觉得"丧家之狗"不是很入耳，补充了一句话："这'丧家之狗'啊，是《史记》中的说法，也是一个比喻的说法。您别介意啊！"

孔子一听，觉得悲壮中充满趣味，说道："这一'同'有点意思，说来听听。"

徐翔阳本来对孔子、马克思等思想家以及他们的思想不是很感兴趣，觉得这些思想学了也没太多用，而且还不太好学，所以除了应试之外很少涉猎。今天听了两人交谈，觉得孔子、马克思这两位老人家的对话还挺有意思，听得兴致渐渐高起来。

马克思说着笑了起来，笑声中有些许沧桑："这一'同'，还是各讲各的，更为准确、翔实一些。我先来说说我这个'被驱逐者'吧。"

从马克思的出身看，他算是19世纪德国的"富二代"了，本来可以过上富足、轻松而又体面的生活，但他却选择了革命的道路。马克思为了革命事业和无产阶级的解放，献出了全部时间、精力和智慧，甚至牺牲了地位、财产和全家的安宁。他毫不掩饰地对普鲁士专制政府进行抨击，一针见血地对资本家无偿占有工人剩余价值进行揭露，科学严谨地对资本主义必然灭亡的命运作出论证和预言，这也招致了资产阶级反动势力对他的联合围剿。

他受到打压、诅咒、驱逐，甚至被祖国抛弃，到处避难流亡，他自称是"世界公民"。他的亲密战友恩格斯曾说："马克思是当代最遭嫉恨和最受诬蔑的人。各国政府——无论是专制政府或共和国政府，都驱逐他；资产者——无论保守派或极端民主派，都竞相诽谤他，诅咒他。他对这一切毫不在意，把它们当作蛛丝一样轻轻拂去。"①

"我的一生中，曾四次被驱逐出境：1845 年 2 月被法国政府驱逐，1848 年 3 月被比利时政府驱逐，1849 年 5 月被德国政府驱逐，1849 年 8 月被法国政府驱逐。有时甚至连基本生活都成了问题，而且一次次面临生命的危险。"这些被驱逐时的场景，马克思至今记忆犹新。

马克思在讲述这些经历的时候，好像在讲述别人的故事，非常镇静、一脸从容。

如果这种遭遇放到一般人身上，可能早就屈服、"躺平"了，而马克思却从未屈服，革命志向从未改变，斗争精神更加昂扬。

马克思看了看孔子，语气稍显缓和："德国'铁血宰相'俾斯麦曾经托人向我游说，劝告我采取'现实的'态度，也就是为反动派服务，或者至少不要坚持激烈的反对立场。但是，这一切都是枉费心机，我坚决拒绝了这一切妥协的诱惑。不管遇到什么障碍，我都要朝着我的目标前进，而不让资产阶级把我变成一架赚钱的机器。"②

马克思讲着讲着，情绪有些激动起来。他站起身，指着墙上的两张照片，一张是马克思和夫人燕妮的照片，一张是马克思、恩格斯和马克思三个女儿的合影，声音哽咽："我不得不利用我还能工作的每时每刻来完成我的著作，为了它，我已经牺牲了我的健康、幸福和家庭。我嘲笑那些所谓'实际的'人和他们的聪明。如果一个人愿意变成一头牛，那他当然可

---

① 《马克思恩格斯文集》第 3 卷，人民出版社，2009 年，第 602 页。

② 参见萧灼基《马克思传》，中国社会科学出版社，2008 年，第 291 页。

以不管人类的痛苦，而只顾自己身上的皮。但是，如果我没有全部完成我的这部书（至少是写成草稿）就死去的话，那我的确会认为自己是不实际的。"①

孔子等人看到此时的马克思，晶莹的泪水已经从他的眼角流下。马克思在内心深处，觉得自己对不起妻子和女儿，他不但没有给她们带来富足的生活，甚至连最起码的安定也没有给。

但马克思很快擦干了眼泪，坚定地说道："'我已经把我的全部财产献给了革命斗争。我对此一点都不感到懊悔。相反地，要是我重新开始生命的历程，我仍然会这样做。'②'任何的科学批评的意见我都是欢迎的。而对于我从来就不让步的所谓舆论的偏见，我仍然遵守伟大的佛罗伦萨人的格言：走你的路，让人们去说吧。'③"

说这句话的时候，马克思坚毅而又锐利的目光投向了门外，投向了房顶上方的天空，投向了天空的深处。他的目光果毅而深邃、坦然又超然。

孔子本是一个性情中人，之前他了解了一些马克思的人生遭遇，没想到马克思的一生比他想象的更曲折、更艰险、更悲壮。他没有克制住情感，失声啜泣起来。这哭，是同病相怜的哭，更多的是为马克思，还有一些是为他自己——一个被人称为"丧家之狗"的人。

孔子是一位传道者，一位有良知、有社会责任感的思想家。他一辈子周游列国、四处游说，宣传他的思想主张，替统治阶级操心，梦想恢复周公之礼，安定天下百姓。然而他所处的是"礼崩乐坏"的时代，统治者特别是诸侯国执政者大多想的是如何富国强兵、称王称霸、为所欲为。他倡导的是周礼，推行的是"仁道""王道"，而不是这些诸侯们想要的"强道""霸道"。他生不逢时、有志难伸、到处碰壁，一生颠沛流离，郁郁不得其志，纵有弟子三千，仍像一只惊慌失措、无家可归的"丧家之狗"。

---

① 《马克思恩格斯文集》第 10 卷，人民出版社，2009 年，第 253 页。
② 《马克思恩格斯全集》第 31 卷，人民出版社，1972 年，第 521 页。
③ 《马克思恩格斯文集》第 5 卷，人民出版社，2009 年，第 13 页。

《史记·孔子世家》中有这样一段记载：

孔子适郑，与弟子相失，孔子独立郭东门。郑人或谓子贡曰："东门有人，其颡似尧，其项类皋陶，其肩类子产，然自要（腰）以下不及禹三寸，累累若丧家之狗。"子贡以实告孔子，孔子欣然笑曰："形状，末也。而谓似丧家之狗，然哉！然哉！"

一次，孔子到了郑国，与弟子走散了，独自一个人站在城墙东门口发呆。郑国有人对子贡说道："东门口有个人，他的前额像尧，他的脖子像皋陶，他的肩膀像子产，不过自腰部以下和大禹差三寸。看他那悲惨的样子，就像一条'丧家之狗'"。子贡把这话原原本本学给了孔子，他坦然笑道："把我的外表说成这样，实在有些夸张了。不过说我像'丧家之狗'，是这样的，确实是这样的！"连他自己都承认自己是"丧家之狗"。

"'丧家之狗'，这个绰号挺形象，也挺悲催的。当时您有这么落魄不堪吗？"马克思向孔子投来同情的眼光。

孔子正色说道："其实，我这一生都不是很得志，我的政治抱负也没有得到太多施展的机会。我给您算两笔账：第一笔账，我先后到过鲁、卫、陈、周、齐、宋、曹、郑、蔡、楚等国，给我官当的只有鲁、卫、陈这三个国家，占我所到国家的约三分之一。第二笔账，我在鲁国从中都宰做到大司寇前后 4 年，在卫国两次做官前后 7 年，在陈国做官这三年，一共 14 年。我活了 73 岁，做官时间仅占我一生的约五分之一。"①

旁边的子路忍不住说道："马先生，我给您讲个故事。公元前 489 年，那一年老师 63 岁，他带我们离开陈国去蔡国，半路上被人围困，粮都断了好几天，大家都快饿疯了。当时我很不高兴，愤怒地对老师说道：'君子亦有穷乎？'老师回答说'君子固穷'，无奈地承认君子也会遇到困境。老师做官的时候，因他的政治理想每每与当政者发生碰撞和冲突，不是被

---

① 参见易中天《先秦诸子百家争鸣》，上海文艺出版社，2009 年，第 26 页。

赶走，就是失望地离开。遇到很多次挫折后，他也为自己的艰难处境发出哀叹，'道不行，乘桴浮于海'，其悲愤之情溢于言表，甚至认为天下'泰山其颓乎''梁木其坏乎''哲人其萎乎'。"

马克思说道："其实，您只要稍微迎合一下当政者，也不至于落到如此地步。"

孔子果决地说道："我不会那样做，'不义而富且贵，于我如浮云'。"

徐翔阳壮着胆子说道："孔老师，用现代的话说，您这是'不义而富且贵，神马都是浮云'。"大家一听都转悲为笑。

马克思旁边的马中哲领悟力极强，他听到这里，心中感慨万千，站起身来，一边旁若无人地走动，一边发出一番悲叹："思想连接着梦想，理论蕴含着理想。真正的思想，往往是超越现实的、不为常人所理解的。真正的思想者，常常是孤独寂寞的，在世的时候没有多少人理解他、接纳他，甚至还要打击他、迫害他。这或许是因为，真理往往掌握在少数人的手中，'世界上最有力量的那个人是最孤独的那个人'（易卜生语）。"

马中哲只是马克思新聘的秘书，按理说他不应该用这样目中无人的姿态说话。但他的这一席话，却说出了孔子和马克思的心声。大家非但没有责怪他，反而心生赞赏之意。

第三节　开宗立言之"同"

大家陷入沉思和感伤，沉默下来。孔子率先打破"僵局"，微笑着对马克思说道："马先生，您不是有'三同'吗？这第三'同'又是什么呢？"

马克思很快又回到现实，精神重新振作起来，说道："第三'同'，就是我们俩都开创了一个新主义或新学说。您开创了儒学，我和恩格斯一起创立了马克思主义。"

孔子十分谦虚，连忙说道："您和恩格斯先生创立了马克思主义，这是不争的事实。说我开创了儒学，这只是后学对我的抬举而已，实在不敢当，不敢当啊！"

子贡在一旁坐不住了，他十分推崇老师的学问，曾掀起了一场"造圣"运动，把孔子推崇为圣人。他站起身说道："马先生说得也对，老师是在百家争鸣中开创了儒学。"

孔子看子贡这样说，用有点生气的口吻说道："赐（子贡），你不要贫嘴，说出你的道理来。若说不出来，我要臭骂你一顿。"

子贡人聪明，口才也好，侃侃而谈："一门学问或者学说，能够开其宗、别其派、立其言，独树一帜、自成一家，离不开其代表人物、核心主张和典籍支撑。说老师开创了儒学，至少有四个方面的重要依据。绝非因为老师是我的老师、学生我是老师的学生而故意吹捧，否则，老师的学生吹捧学生的老师就显得没有说服力，这让其他人怎么看这样老师的学生、这样学生的老师。"

大家听他像绕口令，都笑起来。孔子催促道："你也不用花言巧语，赶快说吧。"

"好嘞！"子贡爽快答应："其一，老师是儒士的杰出代表人物。所谓'儒'，指的是自周代以来上层知识分子所从事的一种职业，干'儒'这一行的'士'就称为儒士。庄子曾说：'儒者冠圜冠者，知天时；履句屦者，知地形；缓佩玦者，事至而断。'儒士之中，戴圆帽的知晓天时，穿方鞋的熟悉地形，佩带用五色丝绳系着玉玦的遇事能决断。"

"西汉扬雄说：'通天、地、人，曰儒；通天地而不通人，曰伎。'能够通达天地人三才之理的人，才可以称为儒者；只通天地之道而不通人之道的人，只能算作是有一技之长的匠人。"马中哲插了一句。

"中哲补充得好。"子贡继续说道："在周礼体系中，'儒'处在掌礼司仪的重要地位，可以通天、通地、通人：'通天'是指掌管祭天仪式，'通地'是指掌管祭地仪式，'通人'是指掌管人间婚丧仪式和其他礼宾交往仪式。老师曾对子夏说：'女为君子儒，勿为小人儒。'老师和他的弟子，大都是'儒'。老师还说：'出则事公卿，入则事父兄，丧事不敢不勉，不为酒困，何有于我哉！'在外事奉公卿，在家孝父敬兄，有丧事不敢不尽力去办，不被酒所困，这些事对我来说有什么困难呢？可见，老师不仅是儒士，还是儒士中的出类拔萃者。"

孔子听后没说什么，算是默认。

马克思说道："看来儒者都是有才能、有通才的人。孔老师作为儒者的杰出代表，就更有才能啦！"

"马先生说得是。"子贡说道，"其二，老师提出并形成了关于儒家学说的思想体系。老师在从事'儒'的职业实践中，一方面，由于勤学好问再加个人天赋，掌握了大量有关周礼的知识，以及乐、射、御、书、数等方面的知识；另一方面，老师秉持'复兴周礼'的政治理想，对尧、舜、禹、汤、文、武、周公以来的思想文化和政治资源，围绕礼与仁进行概括提炼，提出了系统完整的思想体系。这一思想体系涵盖了仁爱思想、正名思想、中庸思想、礼乐教化思想以及修身之道、齐家之道、治国之道、平天下之道等，在当时乃至后世都产生了巨大影响。"

"在孔老师以后的中国历史上，除了少数时间之外，儒家思想一直是中国传统文化的主干，已经在中国老百姓的潜意识中深深扎根，成为中国思想文化的'基因'了。"马中哲轻声补充道。

马克思想了想，说道："我的思想——马克思主义传入中国，第一个迎头碰上的就是您的学说——儒家思想。"

"我也听说啦！中国近代以来，特别是鸦片战争中受到多次欺侮、凌辱后，儒家思想就不太受人待见，甚至受到严厉的批判。"孔子说着直摇头。

"但您的思想的影响是根深蒂固的。我听说有不少读书人口头上、表面上反对，实际上、行动上还是遵循您这一套来立身、立心、立业的。"马克思说着还拍了拍孔子，孔子笑而不语。

"其三，老师系统整理（包括撰写）了儒家经典文献。老师修'六经'（或'六艺'），整理保存了中国古代文献，使产生于中国上古时代的许多珍贵文献取得儒家六经的地位并向后传承，持续影响着中国人的思想和思维方式。"

"现代历史学家范文澜也评价道：'自孔子订定六经，儒家学派有一定教本，虽然孔子死后，儒家分为八派，基本上不曾超越六经别有什么新创的学说。'[①]"马中哲又作了补充。

"中哲说的也印证了我说的没错。"子贡说道，"其四，儒家思想有一大批学习者、追随者、信奉者、践履者。老师亲自教授过的弟子就有三千人，其中有 72 贤者，可见当时老师办学规模之大、之盛，追随他的思想的人之众、之多。"

子贡曾凭卓越的外交才能存鲁、乱齐、破吴、强晋而霸越，此时"吹捧"起自己的老师来，更是口若悬河、出口成章、妙语连珠、语惊四座。事实上，他是发自内心地信奉老师的主张，自己信的说出来才能让别人相信。

"不仅是当时，后世各朝各代，学儒学、信儒学、传承发展儒学的更是不可胜数，其中不乏孟子、荀子、董仲舒、刘歆、扬雄、王充、郑玄、王弼、孔颖达、邵雍、周敦颐、张载、程颢、程颐、朱熹、陆九渊、王阳明、刘宗周、黄宗羲、顾炎武、王夫之等历代大儒，也使得儒家思想传承弘扬、丰富发展、枝繁叶茂，成为显学、圣学。"马中哲的补充显得恰如其分。

"赐，你全凭三寸不烂之舌、两行伶俐之齿，我们儒家哪有那么厉害？"孔子听了子贡这番话，用轻轻责骂表达对爱徒的喜爱之意。同时，他对马克思说道："马先生，您的这个秘书传统文化的底子不错。"

马中哲看孔子表扬自己，心中欢喜，但脸上神情自若："孔老师开创了儒学，这真是中华思想文化史上的一桩盛事、一朵奇葩。而先生和恩格斯则共同开创了一种新的思想理论体系——马克思主义。"

马克思一听，马中哲直接叫他"先生"，而不再是以前叫的"马先生"，觉得马中哲和他在思想上感情上更亲近了一层。

孔子颇为羡慕地对马克思说道："以您的名字来命名一种主义，您真不简单、真是伟大！"

---

① 范文澜：《中国通史简编》（修订本·第一编），人民出版社，1964 年，第 210 页。

"过奖，过奖！"马克思自谦道，"我听说，您创立的'儒学'，自宋代以来逐步被称为'孔孟之道'。这里的'孔'就是指您孔老师啊！"

孔子听后说道："不敢当，不敢当！"

"为什么马克思主义以先生的名字来命名呢？恕我慢慢道来。"马中哲说道，"一方面，马克思主义实现了人类认识史上的思想变革和理论创新。马克思主义并不是先生和恩格斯先生凭空创造的，而是在充分继承人类优秀思想文化成果的基础上创造的。特别是他们站在 19 世纪英国古典经济学家、德国古典哲学家和英法空想社会主义者这些'思想巨人'的肩膀上，实现了人类思想上的重大变革。正如列宁所说：'哲学史和社会科学史都十分清楚地表明：马克思主义同宗派主义毫无相似之处，它绝不是离开世界文明发展大道而产生的一种故步自封、僵化不变的学说。恰恰相反，马克思的全部天才正是在于他回答了人类先进思想已经提出的种种问题。他的学说的产生正是哲学、政治经济学和社会主义极伟大的代表人物的学说的直接继续。'① "

马中哲的一番话，引发了马克思的遥思，让他似乎又回到了那段开创马克思主义的"光辉岁月"。

18 世纪末和 19 世纪初的德国古典哲学，代表人物主要是黑格尔（1770—1831，德国古典哲学代表人物）和费尔巴哈（1804—1872，德国唯物主义哲学家）。

黑格尔第一次全面地、自觉地阐述了辩证法，阐述了客观事物本身辩证发展的规律，把整个自然、历史和精神的世界描绘成一个运动发展的过程。但是，黑格尔的辩证法是建立在唯心主义基础之上的，是本末倒置的。马克思对此作出批判："辩证法在黑格尔手中神秘化了，但这绝没有妨碍他第一个全面地有意识地叙述了辩证法的一般运动形式。在他那里，辩证法是倒立着的。必须把它倒过来，以便发现神秘外壳中的合理内核。"②

---

① 《列宁选集》第 2 卷，人民出版社，2012 年，第 309 页。

② 《马克思恩格斯文集》第 5 卷，人民出版社，2009 年，第 22 页。

费尔巴哈尖锐地批判了黑格尔的唯心主义哲学，在德国唯心主义长期占领统治地位时恢复了唯物主义的权威。但是，他在批判黑格尔哲学的同时，把他的辩证法思想也抛弃了，"他在倒洗澡水时，把澡盆里的婴儿也倒掉了"。他的唯物主义具有形而上学的性质，而且在社会历史观上是唯心主义的。

"我和恩格斯一起，对德国古典哲学进行了批判，特别是抛弃了黑格尔唯心主义体系，批判地吸收了黑格尔辩证法的'合理内核'；抛弃了费尔巴哈的形而上学，批判地吸收了他的唯物主义的'基本内核'，建立了崭新的无产阶级世界观理论体系——马克思主义哲学。"谈起开创马克思主义哲学时，马克思的眼中充满着炽热、灼人的智慧之光。

孔子说道："马克思主义哲学的产生，应该是人类认识史上的伟大变革吧？"

"肯定是的。"马中哲答道，"不仅如此，先生还深入研究英国古典经济学家的著作，深刻认识资本主义社会的本质及其矛盾根源，花费 40 年心血写作《资本论》，系统阐明了剩余价值学说。以《资本论》为重要标志，形成了马克思主义政治经济学。"

子贡是个大商人、儒商鼻祖，对"经济"一词非常敏感，问道："什么是政治经济学啊？和经商有关系吗？"

马克思听后笑道："政治经济学包括经商，但又远不止于经商。广义地说，它是一门研究社会生产、资本、流通、交换、分配和消费等经济活动、经济关系、经济规律的学科。流通、交换、消费等都和经商有关系。如果您生活在我那个时代，肯定是个大资本家啦！"

"我听说资本家是搞剥削的，我要当一个为富当仁的儒商，决不当吸食工人血汗的资本家。"子贡这番话把大家逗乐了。

"还有，先生和恩格斯批判地吸收空想社会主义的合理的成分，提出了关于无产阶级解放条件的学说——科学社会主义。这样，马克思主义哲学、政治经济学和科学社会主义学说，就像三根强有力的支柱，使马克思主义这一科学理论体系矗立起来了。"

　　徐翔阳心想：马克思主义的内容还挺丰富的，乍一听，感觉应该很科学、很管用，马中哲对马克思主义还真懂得不少。他的心中，对马中哲生出羡慕甚至些许嫉妒，毕竟他们俩都是为马克思工作和服务的。

　　马中哲年纪不大，但毕竟是哲学博士，熟悉马克思主义经典著作，同时由于他能够声情并茂、抑扬顿挫，让人听后有享用思想大餐之感。

　　他继续说道："另一方面，先生是马克思主义的主要贡献者。一种主义的提出和创立，可以是个人的，也可以是两人的或者多人参与合作的结果，然后可能还有众多追随者的贡献。在这种主义的命名上，涉及两人以上时，以第一贡献者命名，是一种通例。先生无疑是马克思主义的第一贡献者。这一点，恩格斯先生本人一再多次声明。"

　　说到这里，他经马克思同意，从书架上拿下一本书，大家一看，是《共产党宣言》。

　　马中哲翻到这本书的序言页，说道："《共产党宣言》一书曾一再重版，恩格斯先生多次作序，并在序言中多次说，虽然《共产党宣言》是他们两人的作品，其核心的基本思想是属于马克思的[①]。甚至还说，它的基本思想完全是属于马克思一个人的[②]。他在就一些问题进行思考时，马克思已经完全把它表述清楚了。"

　　说完，马中哲把这本书放回原位，从一排厚厚的书中抽出其中一本，大家一看，是《马克思恩格斯全集》第 35 卷。

　　马中哲很快找到了 1883 年 3 月恩格斯致爱德华·伯恩施坦的信那一页。他朗声念道："这个人（马克思）在理论方面，而且在一切紧要关头也在实践方面，对我们究竟有多么大的意义，这只有同他经常在一起的人才能想象得出。他的广阔的眼界将同他一起长久地从舞台上消逝。这种眼界是我们其余的人所达不到的。运动必将沿着自己的道路发展下去，但是已经缺少那种沉着的、及时的、深思熟虑的指导了，这种指导到现在为止

---

① 《马克思恩格斯文集》第 2 卷，人民出版社，2009 年，第 14 页。

② 《马克思恩格斯文集》第 2 卷，人民出版社，2009 年，第 9 页。

曾多次使它避免在歧路上长期徘徊。"①

马中哲把那本书放回原位后，又抽出两本厚书，分别是《马克思恩格斯选集》第 4 卷和《马克思恩格斯文集》第 9 卷。

他先翻开《马克思恩格斯选集》第 4 卷，说道："恩格斯先生在阐述马克思主义产生的历史时曾说：'我所提供的，马克思没有我也能够做到，至多有几个专门领域除外。至于马克思所做到的，我却做不到。马克思比我们大家都站得高些，看得远些，观察得多些和快些。马克思是天才，我们至多是能手。没有马克思，我们的理论远不会是现在这个样子。所以，这个理论用他的名字命名是理所当然的。'② "

然后，他又翻开《马克思恩格斯文集》第 9 卷，说道："恩格斯先生还说：'这两个伟大的发现——唯物主义历史观和通过剩余价值揭开资本主义生产的秘密，都应当归功于马克思。由于这两个伟大发现，社会主义变成了科学。'③ "

马中哲把两本书放回原位，有节奏地挥动着双手，向大家说道："在构建马克思主义的整体理论中，恩格斯先生确实是主要贡献和合作者，在理论上的成就也是很伟大的。有人提出用恩格斯的名字来命名马克思主义，恩格斯先生断然拒绝：'我一生所做的是我注定要做的事，就是拉第二小提琴，而且我想我做得还不错。我很高兴我有像马克思这样出色的第一小提琴手。当现在突然要我在理论上代替马克思的地位并且去拉第一小提琴时，就不免要出漏洞，这一点没有人比我自己更强烈地感觉到。'④ "

最后这一段话，他先是用德语说出来，而后又翻译成中文说一遍。他的中文是那么纯正，他的德语是这样地道，大家以赞许的眼光看着他，不自觉地鼓起掌来。这掌声，既是送给马中哲的，更是送给马克思的，同时

---

① 《马克思恩格斯全集》第 35 卷，人民出版社，1971 年，第 455 页。

② 《马克思恩格斯选集》第 4 卷，人民出版社，1995 年，第 242 页。

③ 《马克思恩格斯文集》第 9 卷，人民出版社，2009 年，第 30 页。

④ 《马克思恩格斯文集》第 10 卷，人民出版社，2009 年，第 525 页。

还是送给孔子的。更精确地讲，是送给他们创立的新主义或新学说的。

此时的徐翔阳，心中生起愧疚之感，有些后悔以前对儒家思想、马克思主义学之不多、知之甚少，在子贡、马中哲等人高谈阔论的时候，他只能当一名旁听者，一句话都很难插进去。

第四节　"头号教书匠"与"第一批判者"

不知不觉中，到了午饭时间。马克思让马中哲、徐翔阳去张罗午饭，并专门嘱咐道："孔老师'食不厌精，脍不厌细'，'色恶不食，臭恶不食，失饪不食，不时不食，割不正不食'，一定要精细准备。"

不一会儿，饭菜上来了，主菜盛在五个类似鼎的小锅里，除了主菜还有一些时蔬、小菜和蘸料；主食上来了，是小米饭；酒上来了，是马克思家乡的葡萄酒。摆放的时候，有意识地把汤放在右手边，把肉放在靠外的一面，把蘸的酱放在靠里的位置，把酒放在靠右的位置。

与此同时，《高山流水》古筝曲低声循环播放起来。

作为音乐大家，孔子对音乐十分敏感，问道："这是什么曲子？"

马中哲说道："这是古筝曲《高山流水》。"

孔子闭上眼睛静心听了一会儿，说道："这首曲子背后，一定有一个动人的故事。"

"还真是这样。"马中哲说道，"大约比您晚100年的时候，晋国有个琴师叫俞伯牙，被人称为'琴仙'。一次他在荒山野地里弹琴，一个叫钟子期的樵夫竟能领会到他弹的是'峨峨兮若泰山'和'洋洋兮若江河'。俞伯牙惊讶道：'善哉，子之心而与吾心同。'钟子期死后，伯牙痛感失去知音，于是摔琴绝弦、终生不弹，故有高山流水之曲。后来，人们也用'高山流水'比喻知己或知音。"

孔子深思半天，郑重地拉起马克思的手，缓缓地说道："我们俩虽然是相差2000多年，相距1万多里，但也应该是千古知音。这话，您认不认同？"

马克思说道："您是我心目中的来自两千年前中国的志同道合的老同志，这'千古知音'我打心眼里认同。"

孔子拉着马克思的手，握了又握，摇了又摇，久久不愿放开。

马克思说道："孔老师，我们边吃边聊吧。"

马克思指着五个小锅说道："听说您在古代是大夫①级别的官员，我就用您当时大夫的待遇来招待您吧。这是五个鼎锅，分别是羊肉、乳猪、鱼、干肉、牲肚。主食是小米饭，在你们当时，小米只有贵族才能吃得到。只是这酒，是我家乡的酒。我这样做，没有失礼吧?"

孔子一看马克思想得这么周到，饭菜准备得这么精细，还拿出家乡酒来招待，心中非常感动，心情也特别畅快，自然就多喝了几杯。酒到酣处，"话匣子"也彻底打开了。

孔子拉住马克思的手，深情地说道："饭前，您说咱俩有'三同'。这个，我十分认同，您这'三同'总结得好啊！也把咱俩的感情拉近了不少。吃了您的好菜，喝了您的好酒，也让我心情大好、思路大开。刚才我突然想到，咱俩的人生际遇不但有'三同'，还有'三异'呢。"说着，抬起右手作出"OK"手势，表示"三个"。

马克思此时心情颇佳，拉着孔子的手说道："喔！咱俩之间还有'三异'?！您抓紧说来，我洗耳恭听。"

在座的其他人听孔子说有"三异"，都用期待的目光看着孔子。

孔子清了清嗓子，郑重说道："我先把这'三异'全部抛出来，然后再一个一个说，大家看是也不是。这'第一异'：我是'头号教书匠'，而您则是'第一批判者'；这'第二异'：我是'述而不作'，而您则是'笔耕不辍'；这'第三异'：我被称为'至圣先师'，而您被称作'革命导师'。"

马克思一听，觉得这"三异"很有新意，说道："愿闻其详。"

_____

① 在西周以后的先秦诸侯国中，国君以下的官员分为卿、大夫、士三级，大夫属于较高的官阶，在国家管理中承担着重要的职能。

子路、子贡、颜回，以及马中哲、徐翔阳，不觉把自己的椅子向前拉了拉，侧耳倾听。

"首先，我们来说这'第一异'：'头号教书匠'与'第一批判者'。"孔子说道，"在我之前，只有贵族子弟才能上学，这叫'学在官府'。到了我这里，开始创办私学，平民子弟也能上得起学，这叫'学在民间'。我大概是在 30 岁那年开始收学生的，前后集中招收了三批，其间也零零星星招了一些，总共有 3000 余名。"

他指着子路说道："由就是我的第一批弟子之一。他比我小九岁，拜我为师时大约二十一二岁。"

子路见老师说自己是第一批弟子，心中十分得意，昂首挺胸地说："马先生，我给您说，我青年时性格粗犷、豪爽，个子比较高，喜欢戴着一顶鸡冠似的帽子，帽子上还插上一根雄鸡的黄黑翎毛，衣襟上还佩戴着公猪一样的饰物，用这些表明自己是一名勇士。其实，当时我就是一个到处游荡的无业青年，乡亲们都对我退避三舍，怕招惹了我这个'无赖'。后来，我听说老师很有学问，就换上了温文尔雅的儒者衣服来见老师。当时老师问我爱好什么？我说喜好长剑。老师说：'凭你的才能，加上学习，谁能比得上呢？'从前我觉得学习也没有什么用处。老师打了一个比喻来教导我：'虽然竹子不经加工，砍下来用它做箭，能穿透犀牛皮做的铠甲。但是，把箭的末端装上羽毛，把箭头磨得更加锋利，箭刺入得不就更深了吗？'老师还举了一些例子启发我，我就心服口服地跟着老师学习了。"

说着，又起身向孔子深深鞠了一躬，口中还说道："感谢老师的栽培和指教！"

孔子忙摆手，微笑着说道："罢了，罢了。"

马克思问道："孔老师，您收学生、教学生，有什么条件或标准吗？"

"我收学生的标准是'有教无类、一视同仁'。"孔子答道，"'自行束脩以上，吾未尝无诲焉'。束脩，就是十条干肉，也就是初次拜见老师的礼物，或者相当于学费。我收学生，对身份地位、地域民族、经济条件等方面的要求都很低。我的学生中，子路头脑简单，仲弓出身卑微，公冶长受过刑罚，宰予桀骜不羁，但都受到良好教育，进入 72 贤人之列。我虽然对弟子的评价不同，但在教育中却一视同仁，即使是我的儿子也不例外。"

"是的，老师是这么说的，也是这么做的。"颜回说完，还背了一段话给马克思听。

陈亢问于伯鱼曰："子亦有异闻乎？"对曰："未也。尝独立，鲤趋而过庭。曰：'学诗乎？'对曰：'未也。''不学诗，无以言。'鲤退而学诗。他日，又独立，鲤趋而过庭。曰：'学礼乎？'对曰：'未也。''不学礼，无以立'。鲤退而学礼。闻斯二者。"陈亢退而喜曰："问一得三：闻诗，闻礼，又闻君子之远其子也。"

"孔鲤字伯鱼，他是我唯一的儿子。我的弟子陈亢以为孔鲤会从我这儿得到特别的教诲，用现在的话说就是'开小灶'，与孔鲤交谈后消除了这一疑虑，得出了'君子不偏爱自己儿子'的结论。其实，我既不偏私自己的儿子，对众多学生也毫不保留。'二三子以我为隐乎！吾无隐乎尔。吾无行而不与二三子者，是丘也。'学生们以为我有所隐瞒吗？我对他们是没有隐瞒的，我没有一点不向他们公开的，这就是我孔丘的为人。"

马克思笑道："我听说，由于您对自己的儿子像对学生一样一视同仁，孔鲤没有得到什么'异闻'，所以他不与您'拼爹'，只能和您'拼儿子'。他的儿子孔伋（字子思）学问做得好，于是，孔鲤对您说：'您的儿子不如我的儿子。'"

孔子一听也大笑起来，接着说道："但话又说回来，虽然我对弟子们一视同仁，但对他们的喜爱和看重程度有所差异。"

"您最喜爱的学生是谁？"马克思问道。

"我最看重的还是颜回，因为他能够闻一知十、举一反三。"说着，孔子用手指了指看起来有些沉默寡言、老实巴交的颜回。

马克思仔细打量颜回，觉得也没有什么特别之处，心想这真是人不可貌相、海水不可斗量啊！遂问孔子道："您教书，主要是教什么呀？"

"我教书，主要是四教、四科、四典、六艺。"孔子回答道。

"您教的内容还是很丰富的。"马克思有些吃惊。

"作为一个儒士、一个君子，这些都是必须具备的。"孔子说道："四教，就是'文、行、忠、信'，也就是历史文献、社会实践、道德修养和行为准则。四科，就是德行、言语、政事、文学。德行上，颜回、闵子骞、冉伯牛、仲弓四人最好；言语上，宰我、子贡两人最擅长；政事上，冉有、子路两人最优秀；文学上，子游、子夏两人最出色。四典，就是《诗》《书》《礼》《乐》，这是当时存在的古代文献和典籍，我对它们加以整理用来教育学生。除这些之外，我还向学生传授六艺，即礼、乐、射、御、书、数。"

马克思听后赞叹道："您这四教、四科、四典、六艺，是对人才素质的全面要求、全面提升啊！这也反映出您个人素质的全面和优秀，正所谓'名师出高徒'。"

马中哲在大学期间，读了不少中国传统文化的书，对孔子、儒学有较为深入的了解，说道："我听说，孔老师教学生的态度是'为之不厌，诲人不倦'。孔老师的这种精神，在《论语》中表现得淋漓尽致。《论语·述而》中记载：'子曰：若圣与仁，则吾岂敢？抑为之不厌，诲人不倦，则可谓云尔已矣。'对于同一问题，不同的弟子经常提问，同一弟子还反复请教，但孔老师每次都认真解答。比如，樊迟三次'问仁'、两次'问知'，子贡'问士'、子路'问君子'并反复追问，直到满意或搞清楚为止。在这一方面，北宋理学家、教育家程颐说过的一段话最为恰切不过了。"这段话是：

孔子弟子善问，直穷到底。如问"乡人皆好之何如"，曰"未可也"，便又问"乡人皆恶之何如"。又说"足食足兵，民信之矣"，便问"必不得已而去，于斯三者何先"，才说"去兵"，便问"不得已而去，于斯二者何先"，自非圣人不能答，便云"去食，自古皆有死，民无信不立"。不是孔子弟子不能如此问，不是圣人不能如此答。①

"好一个'不是孔子弟子不能如此问，不是圣人不能如此答'。看来孔老师教人真有一套。"马克思伸出大拇指为孔子点赞。

孔子有些不好意思地答道："其实很简单，就是因人而异、循序善诱，从而达到触类旁通、融会贯通的目的。比如在个人天赋上，'中人以上，可以语上也；中人以下，不可以语上'。我既肯定颜回'闻一以知十'，也肯定子贡'闻一以知二'。又比如在性格特点上，我判定'柴也愚，参也鲁，师也辟，由也喭'，因此'求也退，故进之；由也兼人，故退之'。"

颜回在一旁说道："'夫子循循然善诱人，博我以文，约我以礼，欲罢不能。'老师善于一步步地诱导我们，用各种典籍来丰富我们的知识，又用各种礼节来约束我们的言行，使我们想停止学习都不可能，直到我们用尽了全力。"

颜回的回答很"给力"，孔子用赞许的眼神看看他，继续说道："同时，我还主张'不愤不启，不悱不发。举一隅不以三隅反，则不复也'。也就是说，教育学生，不到他想求明白而不得的时候，不去开导他；不到他想说出来却说不出来的时候，不去启发他。教给他东方，他却不能由此推知西、南、北三方，便不再教他了。我要求学生积极思考，举一反三，触类旁通。此外，我非常注重在对话、问答甚至表扬和鼓励中，启发激励学生、教育提高学生、成就学生。"

孔子教学多是对话式的，这种方式基于对话双方的彼此平等基础之上，同时也有利于对话双方的互相启发。

马克思赞道："孔老师真无愧于'万世师表'的名号！"

孔子连忙谦让道："您过奖，过誉了！"忽然又觉得一直都在说自己，有些不妥，忙道："不说我这个教书匠了，我们来说说您这个批判家吧。"

从相对轻松的话题转到了比较沉重的话题，大家的心情也从愉悦转向

① ［宋］程颢、程颐：《二程集》第一册，王孝鱼点校，中华书局，1981年，第254页。

了严肃。

"我为什么要批判？要'踩'一些人？因为我看到的社会是一个充满罪恶的社会。"马克思用带有愤怒的语气说道，并吩咐马中哲道："把我那个时代的无声电影找出来放一下。"

马中哲很快就找到一张光碟放入播放机中，投影幕布上出现了一段段无声画面：

画面一：织布车间里，机器高速运转，汗水浸湿了工人的衣服。一些看上去仅有六七岁的童工们，冒着生命危险，在机器下方用手把断了的线头接起来并清扫机器。梳棉车间里尘絮飞扬，许多工人出现呼吸困难的症状，时不时大咳一阵，并不断擦拭着眼睛。

画面二：在高大工厂和建筑物的间隙，有一片接一片的木头房子，这些木屋看起来又脏又破又狭小。街道坑洼不平，水坑中漂着令人作呕的污物和垃圾。周围数十根烟囱排出的烟雾污染着空气。一群衣衫褴褛的妇女和孩子出没其中。

画面三：工厂附近的医院里，一个手术台上，几个医生正在给一个被机器绞断手臂的工人实施切除手术。在病房里，在廊道里，到处可以看到四肢残缺、拄着拐杖的人，因头骨挫伤、皮肉损伤而被白色纱布包扎的人。在太平间里，堆放着骨瘦如柴的尸体……

"可以啦。"马克思让马中哲不再放映，转向孔子说道："'资本来到世间，从头到脚，每个毛孔都滴着血和肮脏的东西。'① 资本主义发展初期，是通过三角贸易、殖民扩张和掠夺等方式完成资本原始积累的。而这一过程，充满了罪恶、血腥和暴力，充满了压迫劳动、劳动异化，也造成了资本主义社会的两极分化、广大工人阶级的悲惨遭遇。面对这样的场景，所有有正义感的人都看不下去，我当然也不例外。于是，我用笔作为武器，

---

① 《马克思恩格斯文集》第 5 卷，人民出版社，2009 年，第 871 页。

到处批判政府当局，甚至号召无产阶级团结起来推翻政府。不仅如此，我还要与小资产阶级民主主义者的错误言论和主张进行论战。"

此时的马克思，浑身充满着斗争的热情和批判的激情，似乎要拿起批判的武器，对敌人进行一场酣畅淋漓、一针见血、深入灵魂、浸入骨髓的批判。

马克思在屋子里踱来踱去，时不时挥动双臂。他的讲演震撼人心、动人心魄："我对资本主义的批判，是科学性和价值性的双重批判。在私有制社会里，由于劳动的异化、经济利益的对立，形成了不同的阶级对立和阶级斗争，导致人与社会、人与人的对立；同时，人们无限制地征服自然，还导致了人与自然的对立甚至对抗。尤其是资本主义生产方式，把人与人、人与社会、人与自然的这种矛盾和冲突推向了极端。只有消灭私有制，才能对生产的长远的自然后果和社会影响进行有利于人类的调节，才能消除私有制造成的人与人、人与自然、人与社会的紧张关系。"

"资本家为追求利益，为了一己私利，制造对立、制造矛盾、制造冲突，还破坏自然环境，真是罪恶不浅、罪孽深重啊!"孔子叹道。

"孔老师您说得没错。"马克思从书架上拿出《共产党宣言》，"在这本书里，我和恩格斯对资本主义功过是非作了实事求是的分析。我们甚至以一种连资产阶级自己都没有的热情，不吝篇幅地赞扬他们在政治、经济、文化和科技上取得的成就，资产阶级在历史上曾经起过非常革命的作用：'在它的不到一百年的阶级统治中所创造的生产力，比过去一切世代创造的全部生产力还要多、还要大。'① 但是后来，资本主义社会从生产关系适应并推动生产力发展，变成了生产力反抗生产关系及其所有制，生产社会化和生产资料私人占有这一资本主义生产方式的基本矛盾日益显现出来。而且这一基本矛盾是不可调和的，其经济表现是不断爆发的商业危机即经济危机，其阶级表现则是资产阶级和无产阶级之间日益尖锐的矛盾。由此，我和恩格斯得出'两个必然'的结论，也就是'资产阶级的灭亡和

---

① 《马克思恩格斯文集》第 2 卷，人民出版社，2009 年，第 36 页。

无产阶级的胜利是同样不可避免的'①。"

"近些年来，资本主义国家尤其是发达资本主义国家的情况越来越糟糕，拉帮结派、相互恶斗，经济衰退、民生艰难，听说不少'福利天堂'的欧洲国家，老百姓冬天取暖要靠烧木材啦！这事让人想都不敢想。"徐翔阳结合最近从报纸了解到的信息说道。

"翔阳，你说得非常好，看来你也在关注时事、思考问题。"马克思听到徐翔阳的发言言之有理，大加赞赏。

马克思让马中哲把有关资本主义经济危机的影像资料播放出来。

场景一：一家工商业企业在生意萧条一段时间后，生产和销售开始好转，企业主信心渐增，生产也日益活跃、繁荣，甚至是狂热发展、过度扩张。最后，企业崩溃、压缩、停滞、衰竭，然后又是萧条、沉寂。

场景二：在商业危机期间，农场主大张旗鼓地倒掉牛奶，倒在河里，倒进地里。而在不远的地方，到处是面带菜色、喝不起牛奶、买不起面包的饥民。

场景三：一个发达资本主义国家的政府高层在召开会议，商讨如何应对经济危机。一些资产阶级学者提出破解经济危机的方案，有的还获得了诺贝尔大奖。但是没过多久，资本主义经济危机仍然"不期而至""涛声依旧"。

此时的马克思目光犀利、语气冷峻："尽管资本主义世界产生了各种理论流派，使用各种政治的、经济的、文化的手段来拯救自己，但这一切只能是有病乱投医、饮鸩止渴、扬汤止沸罢了。资本主义不得不一次次站在危机的悬崖边，暴露出其内在矛盾的不可克服性及其固有制度的不合理性，资本主义的新变化改变不了其必然走向衰亡的历史宿命。"

"那资本主义的出路在哪里呢？"孔子问道。

---

① 《马克思恩格斯文集》第 2 卷，人民出版社，2009 年，第 43 页。

"出路在于彻底改变以私有制为基础的资本主义制度。但资产阶级是不会'自我革命'的，所以他们还会接着'烂下去'。"

之前，徐翔阳有到西方留学甚至移民的想法，听到这里，心里不免犯起了嘀咕。

马克思示意马中哲把《黑格尔法哲学批判》《神圣家族》《德意志意识形态》《哲学的贫困》等几个单行本拿出来。此时的马克思，眼神中多了一些睿智和聪慧。

"上面说的是政治批判，而难度更大的是理论批判。因为，要反对一种哲学学说，仅仅宣布这种学说的错误是远远不够的，还制服不了它，而必须对它进行彻底的批判。"

"马先生说得精辟。在这一点上我也有同感。"孔子说道。

马克思对孔子点点头，拿起《黑格尔法哲学批判》说道："在这本书中，我批判了黑格尔的哲学。"

马克思又拿起《神圣家庭》和《德意志意识形态》说道："清算青年黑格尔派（19 世纪 30 年代德国柏林在黑格尔哲学解体过程中产生的激进派），是我青年时期进行理论批判的重要内容。此外，我还批判了费尔巴哈的旧唯物主义。"

"与我同时代的兵家孙子说过一句话：'知己知彼，百战不殆。'这在理论批判上也应该是适用的。您为了批判他们，需要搞清楚他们理论上的弱点和缺陷之处，这需要下多大功夫啊！"孔子啧啧不已。

"批判还不止这些。"马克思再次拿起《共产党宣言》说道："我和恩格斯在此书中，不但批判了资本主义，还批驳了'真正的社会主义者'。"

《共产党宣言》之所以不叫"社会主义宣言"，还有一个历史背景：当时所谓的社会主义者，一是指各种空想主义体系的信徒，二是指形形色色的社会庸医。"在 1847 年，社会主义是资产阶级的运动，而共产主义则是工人阶级的运动。"[1] 所以，《共产党宣言》也理所当然地称为"共产主义宣言"。

---

[1]《马克思恩格斯文集》第 2 卷，人民出版社，2009 年，第 14 页。

"《共产党宣言》针对当时流行的各种错误的社会主义和共产主义思想流派，专门列出一章即'社会主义的和共产主义的文献'加以批判。我和恩格斯揭露'反动的社会主义'企图利用工人运动，开历史倒车、走回头路；揭露'保守的或资产阶级的社会主义'企图通过改良巩固资本主义统治、维护资本主义制度，麻痹无产阶级以便使其放弃一切政治斗争；揭露'批判的空想的社会主义和共产主义'不依靠无产阶级、不进行阶级斗争，仅靠进行示范试验来改变资本主义弊病的做法是徒劳之举。[①] 通过批判，我们在思想上政治上表明了原则立场、划清了鲜明界限。"

"马先生批判各种错误的社会主义和共产主义思想流派，也让我想起了'真儒家'与'假儒家'的斗争，对那些打着儒家旗号、不行儒家主张的'假儒家'，也必须迎头痛击、当头棒喝。"孔子气愤地说道。

马克思拿起《哲学的贫困》说道："我还通过撰写《哲学的贫困》，批判蒲鲁东（1809—1865，法国小资产阶级社会主义者）的《贫困的哲学》。'说他在经济学家之下，因为他作为一个哲学家，自以为有了神秘的公式就用不着深入纯经济的细节；说他在社会主义者之下，是因为他既缺乏勇气，也没有远见，不能超出（哪怕是思辨的也好）资产者的眼界。他希望充当科学泰斗，凌驾于资产者和无产者之上，结果只是一个小资产者，经常在资本和劳动、政治经济学和共产主义者之间摇来摆去。'[②]"

孔子虽然也对"礼崩乐坏"的现象进行过口诛笔伐，但总体上还是"礼之用，和为贵"的。他看到马克思原则性强、敢于批判，语言犀利、用词尖锐，赞道："马先生真是一个批判家，一个彻底的名副其实的批判家。"

马克思听后不觉苦笑一下："大家可能会说，我马克思为什么总是批判别人，甚至喜欢批判别人呢？其实，我也不想讨人嫌、让人厌，但是没有办法。因为我生活的年代，资本主义在全世界横行无阻，资产阶级尚未建构出成熟完善的意识形态理论，各派思想家站在不同的阶级立场提出了

[①]《马克思恩格斯文集》第 2 卷，人民出版社，2009 年，第 54—64 页。
[②]《马克思恩格斯文集》第 1 卷，人民出版社，2009 年，第 617 页。

不同理论，不同程度地影响着无产阶级的思想、阶级斗争的方向。如果我不对各种错误思想进行批判，它们就会误导无产阶级，损害无产阶级革命，无产阶级就不可能成为用科学理论武装起来的先进阶级，无产阶级革命也可能因没有科学理论的指引而偏离正确的方向。"

"马先生，灯不拨不亮，理不辩不明。对于错误的东西不狠加批判，它就会超越甚至压倒正确的东西。您做得对、批得好。我要为您点赞。"孔子又向马克思伸出大拇指。

马中哲补充说道："先生不但批判别人，还进行自我批判。先生曾说过：'共产党人的理论原理，决不是以这个或那个世界改革家所发明或发现的思想、原则为根据的。这些原理不过是现存的阶级斗争、我们眼前的历史运动的真实关系的一般表述。'① 对一般原理的实际运用'随时随地都要以当时的历史条件为转移'②。"

"我觉得，马先生这种自我批判、自我扬弃、自我革命的精神品质，与我们儒家强调的'日三省吾身'也有相通之处。只是马先生更注重理论反思，而我们更注重道德反省罢了。"孔子说道。

马克思对孔子的这番话比较认同。

第五节　"述而不作"与"笔耕不辍"

午宴完毕。对孔子来说，午饭后习惯小憩一下。但此时大家兴致正高，且孔子的话题还没有说完，大家又到院子里接着畅谈。马克思赶快让马中哲、徐翔阳拿出好茶，在"把酒会友"之后再来个"品茶论道"。

"刚才谈了第一个'异'，马先生的批判精神让我这个主张'以和为贵'的人自愧不如啊！我是教育人，要把知识传授给学生；您是批判人，要驳倒别人的错误思想，立起自己的正确思想。其中，还是有很大差别

---

① 《马克思恩格斯文集》第 2 卷，人民出版社，2009 年，第 44—45 页。
② 《马克思恩格斯文集》第 2 卷，人民出版社，2009 年，第 5 页。

的。我有时也批评人，但思想的交锋度、言辞的激烈度、矛盾的碰撞度就差多了。您真不愧为'第一批判者'！"孔子接着上面的话题说道。

马克思有点生疏地抱了抱拳，说道："见笑，见笑！"

孔子品了口茶，轻轻放下茶杯，接着说道："刚才在屋里看到您的著作整整摆了一大书柜。如果放到我那个年代，用竹简来记载，肯定是汗牛充栋了。这也正是我要说的第二'异'，我是'述而不作'，您是'笔耕不辍'。"

"什么是'述而不作'啊？"马克思有些好奇。

孔子笑着答道："'述而不作，信而好古，窃比于我老彭。'我自己仅传述既有内容，而不进行创造性的写作。在我看来，这个'述'比'作'更重要，甚至为了避免无源之水、无本之木式的'妄作'，而故意、执意'不作'。"

"老师并非没有能力'作'。"颜回一看老师这么谦虚，有点着急了，"事实上，老师以'述'为'作'、'述'中有'作'。这里的'述'有两层含义：单纯的'述'是通过简单重复来接续文化；而自觉的'述'则通过回到以往的问题，通过对已有概念和理论重新进行诠释，带来比传统文化更为丰富的内容，实现文化的传承和发展。"

"回说得也对。"孔子说道："其实，我的'述'，是对礼崩乐坏的纠错，进而阐发'礼治''仁政'思想。从这个角度说，我的'述'是从一个新角度反思老问题，并通过重新诠释，对面临的新问题提供新的解答。"

旁边的马中哲听到这里，感到话题涉及了自己的知识储备，说道："孔老师，我插句话好吗？"

孔子喜欢提问的学生，也爱与学生交流，他鼓励马中哲发言："当然可以。"

"我想补充两点。第一点，孔老师的'述而不作'体现了一种自谦和严谨的态度。我读《四书章句集注·论语集注》，其中有一句话是：'述，传旧而已。作，则创造也。故作非圣人不能，而述则贤者可及。'孔老师说自己'述而不作'，既是一种自谦，也是一种做学问的严谨态度，同时也说明做学问不易。第二点，'述而不作'中的"述"，还内蕴着'删'的意味。王阳明在《传习录》中有这样一段记述。"说着，马中哲背出了相关内容：

删述六经，孔子不得已也。自伏羲画卦，至于文王、周公，其间言《易》如《连山》《归藏》之属，纷纷籍籍，不知其几，易道大乱。孔子以天下好文之风日盛，知其说之将无纪极，于是取文王、周公之说而赞之，以为惟此为得其宗。于是纷纷之说尽废，而天下之言《易》者始一。《书》《诗》《礼》《乐》《春秋》皆然。《书》自《典》《谟》以后，《诗》自《二南》以降，如《九丘》《八索》，一切淫哇逸荡之词，盖不知其几千百篇；《礼》《乐》之名物度数，至是亦不可胜穷。孔子皆删削而述正之，然后其说始废……所谓"笔"者，笔其旧；所谓"削"者，削其繁。是有减无增。孔子述六经，惧繁文之乱天下，惟简之而不得，使天下务去其文以求其实，非以文教之。①

"从这段话中，我们可以看出孔老师'删述六经'的缘由以及通过'删削而述正之'的做法，看出孔老师'述而不作'的良苦用心。您是怕'虚文胜而实行衰'，倡导人们'敦本尚实、反朴还淳'啊！"

马中哲这两点补充，既十分恰当又体现博学强记，孔子、马克思等人听了不住赞叹，引来旁边的颜回、子路、子贡一阵羡慕。

孔子对马克思说道："您的这位秘书，真是可造之才。"

马中哲何等聪明，一听这话便接着说道："孔老师，您是几千年来的至圣先师，能得到您的表扬，我是既高兴又激动。您既然说我是可造之才，我就怀着一颗诚挚的心拜您为师。不知您是否愿意？"说着，拉起一个蒲团就准备行拜师大礼。

孔子一看马中哲既聪明又懂事，早有收他为徒之意，只是不好直说。一旁的马克思看出端倪，笑着对孔子说道："孔老师，这孩子一片诚心，

① ［明］王守仁：《王阳明全集》（上），上海古籍出版社，2011 年，第 8—9 页。

您就收他为徒吧！这样一来，他既是我的秘书，又是您的徒弟，岂不两美？"还示意马中哲赶快行拜师礼。

马中哲跪在蒲团上，对着孔子行了一个庄重的拜礼，口中说道："老师在上，请受弟子一拜。"

孔子面带微笑说道："免了免了，我同意收下你这个徒弟啦！拜师礼有四个程序：一是拜祖师；二是行拜师礼；三是师父训话、宣布门规及赐名等；四是送拜师礼、请老师喝酒。其他的以后再补吧。下来之后，由回作为教授师，对中哲疏通学术大义。"颜回点头称是。

马中哲拜师这个插曲，像一个突然到来的幸福，给这次会见带来了意外的惊喜，也进一步提高了众人交谈的兴致。最高兴的自然还是马中哲，拜了"名师"，自己也就成"高徒"了。

马克思对孔子说道："我简略翻阅了《诗》《书》《礼》《乐》《周易》《春秋》等书，孔老师的著作也是汗牛充栋啊！"

孔子连连摆手说："非也，非也。"他抬头看见子贡正认真听他们谈话，说道："赐，这件事由你向马先生说说吧。"

子贡有点受宠若惊，但表情泰然地说道："老师晚年开始修订儒家文献，使得中国上古时期的珍贵文献得以保存，使得中华文化的优良传统不至于中断。刚才马先生提到老师的著作，具体情况应该是这样的：老师是《诗》《书》的编者，《礼》《乐》的修订者，《周易》的注者和著者，《春秋》的著者。[①]《论语》则是弟子们以语录体的形式记录老师和弟子间的言行，比较集中地反映了老师的思想主张。"

马中哲小声对子贡说了什么。子贡听后继续说道："四书中的《大学》出自曾参及其弟子之手，《中庸》的作者子思是老师的嫡孙，《大学》《中

[①]《史记·孔子世家》中记载："故孔子不仕，退而修诗、书、礼、乐。"朱熹在《四书章句集注·论语集注》中有言："孔子删《诗》《书》，定礼乐，赞《周易》，修《春秋》，皆传先王之旧，而未尝有所作也，故其自言如此。"综合这些比较有权威的记述，大致可以得出这样的结论。

庸》二书与《论语》一样，都是研究老师的思想比较可靠的材料。至于《孟子》一书，是由亚圣孟子所著。"

子贡对孔子的著作十分了解，加上马中哲的提醒，说起来很全面、很系统。

"老师的这些著作，涵盖范围十分广阔，内容博大精深，如果论说起来，不要说三天三夜，就是三年五载也说不完；如果要吃透悟透，更需皓首穷经，穷其一生研究探习。"子贡接着说道。

马中哲想故意"为难"、考一考子贡，一本正经地问道："端木师兄（子贡），老师的著作内容确实太丰富了。我这里有一个问题，能不能只用一句话，来概括老师每部著作的核心思想或主旨要义呢？"

孔子、马克思等人都觉得这个提议好。

子贡知道这个问题含有挑战自己的意味，但他毕竟聪明过人、才识俱佳，略加思考后说道："这也不难。对于《诗》即《诗经》，可用老师的一句话来概括，那就是'诗三百，一言以蔽之，曰：思无邪'。诗经三百篇，如果用一句话来概括，那就是思想上很纯正、精神上无偏邪。这个有现成的答案。"

大家觉得这个借用很巧妙，鼓掌称赞。

子贡接着说道："对于《书》即《尚书》或《书经》，可用书中《大禹谟》的一句话来概括：'人心惟危，道心惟微；惟精惟一，允执厥中。'人心是危险难安的，道心却微妙难明；唯有精心体察，专心守住，才能坚持一条不偏不倚的正确道路。这四句话、十六个字，被中国文人称作'十六字心传'，也成了中华民族的文化内核与灵魂。对于《礼》即儒家'三礼'《周礼》《仪礼》《礼记》，可用《礼记·曲礼上》的一句话来概括：'夫礼者，所以定亲疏、决嫌疑、别同异、明是非也。'礼是用来帮助我们确定社会关系的亲疏远近、判断事情的正误、解决心中的疑虑、分辨事物的同异、明确对错的道德规范。老师是最崇尚礼乐的。"

大家觉得这个借用很精妙，也鼓掌称贺。

子贡来了精神，眼中闪着灵光："对于《乐》即《乐经》，可用《孝

— 45 —

经·广要道章》记载老师的一句话来概括：'移风易俗，莫善于乐。'转移风气、改变旧的习性，没有比用音乐教化更好的了。可见'移风易俗'体现了老师论乐的核心观点。对于《周易》，可用老师所著《易传·系辞传》中的一句话来概括：'一阴一阳之谓道。'一阴一阳的相反相生、运转不息，为宇宙万事万物盛衰存亡的根本。对于《春秋》，对于《春秋》……"子贡一时语塞。马中哲对他耳语了几句。

子贡一时解围，继续说道："对于《春秋》，可以用'微言大义'来概括，即通过褒善贬恶、扬善去恶来拨乱反正。老师的这种叙事方式，被称为'春秋笔法'，以史载经、以文载道，对后世影响深远。而对于《论语》，可以用《论语》中的一句话来概括——'己所不欲，勿施于人'；如果用一个字，就是'恕'。自己不喜欢的，也不要强加给对方。这一观点是老师的思想的精髓所在。"

大家觉得借用得更精当，更是鼓掌称奇。

孔子抬眼一看，发现子贡略带得意之色，想敲打他一下："赐，你这是班门弄斧、布鼓雷门，不可在马先生面前卖弄学问。马先生一生勤奋写作、著作等身、数量惊人，我们的这些拙著在他面前根本算不了什么。我们还是来听听马先生的'笔耕不辍'吧。"

马中哲见子贡介绍起孔子的著作说得头头是道、语惊四座，就悄悄地走到马克思的身后，低声对马克思说道："先生，让我来介绍您的著作如何？"马克思应允。

马中哲坐回原位，环顾大家后说道："老师、各位师兄，我就先生的著作简要说一说。据有关学者统计，已知马克思一生所撰写的著述有1974部（篇）之多，其中马克思独著1660部（篇），马克思与人合著314部（篇），马克思所写书信3099封。[①] 据统计，第一版的中文版《马克思恩格斯全集》共50卷（53册），约3200万字。3200万字，是一个多么惊

---

① 聂锦芳：《马克思著述知多少？——从"书志学"方面进行的清理、考证与统计》，《哲学动态》2005年第5期。

人的数字啊！不要说写了，就是认认真真读完 3200 万字的书，也不是一般人一生能做到的。"

　　孔子用震惊和尊崇的目光看着马克思，说道："我听说，有人将《马克思恩格斯全集》中文版第 1 版 50 卷摞起来，高达 1.86 米。而您的身高为 1.8 米左右，用'著作等身'来形容，还有点委屈您了！"

　　马克思谦逊地说道："很多都是手稿，不是很成熟的手稿，我现在不是在整理手稿吗？"还示意马中哲继续说下去。

　　"在先生的著作中，像《黑格尔法哲学批判》《神圣家族》《关于费尔巴哈的提纲》《德意志意识形态》《共产党宣言》《资本论》等，都是具有代表性的经典著作。"

　　因为马克思的著作实在太多，而且内容十分丰富、涉及面广，其中的代表性著作也不少，马中哲有些"老虎吃天，不知从哪下嘴"的感觉。

　　但马中哲毕竟对马克思的著作和思想相对熟悉，很快理出了头绪："在先生的这些光辉著作中，《关于费尔巴哈的提纲》和《德意志意识形态》一起，标志着唯物史观的基本形成。而《共产党宣言》的发表则标志着马克思主义正式诞生。这个宣言是无产阶级的革命檄文，是共产党人向世界公开说明自己的观点、目的和意图并用以回击敌人攻击诬蔑的战斗纲领，也是每一个共产党人、马克思主义者必读的经典书目。这本书曾被翻译成 200 多种语言，出版了数千个版本，成为全世界发行量最大、传播最广的经典著作。"说到这里，他吟诵起《共产党宣言》开头的一段话：

　　一个幽灵，共产主义的幽灵，在欧洲游荡。为了对这个幽灵进行神圣的围剿，旧欧洲的一切势力，教皇和沙皇、梅特涅和基佐、法国的激进派和德国的警察，都联合起来了。①

　　《共产党宣言》写得真好，不讲其理论性、思想性，单就其文采、文

---

① 《马克思恩格斯文集》第 2 卷，人民出版社，2009 年，第 30 页。

风来说，就是一篇难得的范文。大家听着马中哲那抑扬顿挫、和谐悦耳的背诵声，不觉陶醉了。

"要说先生最为厚重、最为丰富的著作，非《资本论》一书莫属。这部巨著共三卷、约230万字，是先生40年殚精竭虑、以牺牲健康为代价创作的，是马克思主义政治经济学的标志性著作，是投到资产阶级阵营的一颗'重磅炸弹'，被誉为'工人阶级的圣经'。恩格斯先生在《资本论》第一卷出版后曾指出：'自从世界上有资本家和工人以来，没有一本书像我们面前这本书那样，对工人具有如此重要的意义。'[①]"

孔子听马中哲说到这里，向马克思问道："马先生，您的这个大部头还不大容易读懂，字数又多，我试着'啃'了'啃'，说句实话，真是'啃'不动、'啃'不下来。这本书到底写了些什么啊？"

"我要在本书研究的，是资本主义生产方式以及和它相适应的生产关系和交换关系。[②] 这部书，我主要是想说明白一个问题：就是用辩证唯物主义和历史唯物主义的世界观和方法论，通过对资本主义生产方式及与其相适应的生产关系和交换关系的分析，来揭示出资本主义生产关系的本质和资本主义生产方式的运动规律及历史趋势，从而对资本主义必将为社会主义所取代、作为剩余价值创造者的无产阶级必将充当资本主义制度的掘墓人等重大问题，从政治经济学角度提供有力论证，为科学社会主义奠定理论基础。"马克思对这部著作倾注了大量心血，说出的话充满感情。

"我可以想象得到，这可能是天底下难度最大、高度最高、深度最深的问题之一，竟被您一个人攻克了，很是伟大！"

"《资本论》的内容极为丰富，除了经济学，还在哲学、政治、法学、历史、教育、道德、宗教、文学、艺术、自然科学等诸多领域，都有独到深刻的真知灼见，是一部百科全书式的思想理论宝库。"马中哲说话时充满着敬佩和仰慕。

---

① 《马克思恩格斯文集》第3卷，人民出版社，2009年，第79页。
② 《马克思恩格斯文集》第5卷，人民出版社，2009年，第8页。

"我听说，现在很多西方发达国家的资产阶级学者，都深入研究了《资本论》，甚至作为案头书，说是要从中找到破解资本主义发展难题的药方呢。"徐翔阳曾浏览过相关报道。

马克思看了一看徐翔阳，觉得他的思想在悄悄变化，甚是欣慰。

"不仅如此，在先生的著作中，有许多名言警句，已成为许多人的座右铭，鼓舞激励着人们去探索真知、追求真理，去认知世界、探寻规律，去追求崇高、完善自我，去真诚交友、赢得友谊，去英勇斗争、献身革命。"

"完美的真理＋完美的呈现＝完美的效果"。孔子的著作、马克思的著作给大家带来了思想大餐、精神盛宴。孔子和马克思通过思想的交流，感情上、心灵上都更贴近了一些。

第六节　"至圣先师"与"革命导师"

孔子抬头一看，发现太阳已经偏西，忙说道："时候不早了，我总结的最后一个'异'还没说呢。"

"您不提醒，我倒是忘了。"马克思也笑道。

孔子说道："这最后一个'异'，就是我被后人称为'至圣先师'，而您被称为'革命导师'。"

孔子正说着，突然传来一阵敲门声。马中哲开门一看，原来是马克思的邻居李思通。

李思通是大学的哲学系教授，主要研究中国传统文化、马克思主义哲学。

他一进门，就拍手大声说道："你们在这里高谈阔论、妙语连珠，笑声不停、掌声不断，引得我只好加入你们的谈论。"

马克思一看，站起身给孔子介绍道："这是李思通教授，是哲学领域的知名专家，对您和我的思想都有深入研究。"

李思通一见孔子，马上深深地弯腰鞠了一躬，口中说道："孔先师在上，请受学生一拜。"

孔子马上回礼："不敢当，不敢当!"

徐翔阳搬来一把椅子让李思通坐下。

李思通环顾众人说道："我已经在门口听了有一会儿啦！你们最后这一个'异'，就让我来说说吧。不管怎么说，我学习研究二位的思想有好多年了，自认为有一定的发言权。"大家都同意。

李思通不急不缓说道："孔老师无疑是中华优秀传统文化的主要代表人物。虽然各个时期文人和历代统治者对您和儒学褒贬不一，但对您的'圣化''正统化'是主流，认为您是哲人、完人、圣人是共识，以至于尊您为'至圣先师'。其实在您那个时代，您已在学生中具有崇高威望，在社会上享有很高声誉，在统治阶层中发挥重要影响，被誉为'天纵之圣''天之木铎''千古圣人'了。"

说到这里，他指了指子贡说道："曾有人向端木老师发问：你老师莫非是圣人吗？端木老师回答说'天纵之将圣'，首次把孔老师的形象定位为'天赋圣人'，并认为孔老师如日月青天般崇高，他人无法企及和超越。"

子贡听到这里，有些得意地背诵起自己曾说过的话来：

"譬之宫墙，赐之墙也及肩，窥见室家之好。夫子之墙数仞，不得其门而入，不见宗庙之美，百官之富。得其门者或寡矣。"

"他人之贤者，丘陵也，犹可逾也；仲尼，日月也，无得而逾焉。"

"夫子之不可及也，犹天之不可阶而升也。"

颜回也不甘其后，吟诵道："仰之弥高，钻之弥坚；瞻之在前，忽焉在后。"

"两位说得真好。"李思通说道："不仅自己的学生对孔老师推崇。100多年后，孟子对孔老师作了高度评价：'圣人之于民，亦类也。出于其类，拔乎其萃，自生民以来，未有盛于孔子也。'自有人类以来，没有比孔老师更伟大的，'出类拔萃'一词最初就是用来形容孔老师的。在孔老师'圣化'过程中，司马迁更是起着'鼎力相助'的作用。"《史记·孔子世家》记载：

诗有之：高山仰止，景行行止。虽不能至，然心向往之。余读孔氏书，相见其为人。适鲁，观仲尼庙堂、车服、礼器，诸生以时习礼其家，余祗回留之不能去云。天下君王至于贤人矣，当时则荣，没则已焉。孔子布衣，传十余世，学者宗之。自天子王侯，中国言六艺者折中于夫子，可谓至圣矣！

"大史学家司马迁说，自古以来，天下君王直到贤人，活着的时候显贵荣耀，可死后什么都没有了。孔老师是一个平民，他的名声和学说已经传了十几代，读书人仍尊崇他为宗师。自天子王侯到探讨六艺的人，都把孔老师的学说作为判断衡量的最高准则。据此而论，司马迁认定孔老师是至高无上的圣人了，'高山仰止，景行行止。虽不能至，然心向往之'更是成了一句名言。"

孔子听孟子、司马迁等人对他的评价如此之高，脸上显出谦愧之色："我哪有那么大的能耐，都是后人牵强附会、'添油加醋'而已。"

"不仅如此，历代统治者出于各种需要，对孔老师恭敬有加，不断追封追谥。比如，西汉尊孔老师为褒成宣尼公；唐朝尊孔老师先为先圣，再为宣父，又为太师，后封隆道公，再后为文宣王；明朝尊孔老师为至圣先师；清朝尊孔老师为大成至圣文宣先师。孔老师的头衔如此之多、地位之高，大概是2000多年里读书人中独一无二的。"

孔子平静地说道："这不过是历代封建统治者借对我的追封追谥，来笼络读书人、教化老百姓、维护自身统治罢了。"

"这种因素应该会有，但从中可以看出孔老师的影响力和崇高地位，看出儒家思想的经世致用之处。"

马克思说到这里，接着问道："听说孔老师还被尊为'素王'，有这回事吗？"

"有这么回事。"李思通回答道："汉代已有人称孔老师为'素王'。"

汉王充在《论衡超奇》中说："孔子作《春秋》以示王意，然则孔子之《春秋》，素王之业也；诸子之传书，素相之事也。"

"这是较早称孔老师为'素王'的，后人一直都是这样。孔老师有王者之德，无王者之位。以今人的看法，'素王'就是没有任命、没有辖地、没有臣民的'王'，或者说是思想文化领域的无冕之王。从一定意义上说，孔老师比尧、舜、禹、汤、文王、周公还伟大。只要中华文化存在，孔老师的影响就无处不在。"

孔子说道："不敢当，实在是不敢当。什么'至圣先师'？什么'素王'？马先生的'革命导师'才厉害呢！"

"对，'素王''至圣先师'很厉害，'革命导师'也很了不起。"李思通回应道。

"马先生是全世界无产阶级和劳动人民的革命导师。之所以称马先生为革命导师，是因为马先生以深刻的思想力量创立了马克思主义。马克思主义是第一个真正属于无产阶级和劳动人民自己的科学理论体系，为他们认识世界、改造世界进而改变自身命运乃至整个人类的命运提供了强大思想武器。过去的思想家大多把人民群众看作是'群氓'，无足轻重、可有可无、可多可少、盲从附属。而马先生公开声明，自己的学说是为工人阶级和广大人民服务的。这是其一。"李思通说道。

"能够专门为劳苦大众创造一个思想理论体系，这确实是史无前例的。"孔子赞道。

"其二，马先生以卓越的领导才能缔造了马克思主义政党并阐发了马克思主义政党理论，使无产阶级和劳动人民的解放与发展，具有强大的先进的组织领导力量。马先生的政党理论有力推动了世界无产阶级政党的国际大联合，先后诞生了国际工人联合组织的第一国际、第二国际、第三国际。特别是第一国际、第二国际，促进了科学社会主义同各国工人运动相结合的历史进程。"

"思想有力量，有思想的组织更有力量，用先进思想武装起来的先进政党更是所向无敌。"孔子又赞道。

"还有其三，马先生以彻底的革命精神为推翻旧世界、建立新世界而不懈战斗，深刻改变了世界历史发展进程。"李思通的这番话，似乎把大家带回了马克思的革命年代，一个是充满革命精神、革命斗志的革命领袖形象呈现在大家面前。

在领导和指导无产阶级革命事业上，马克思是第一个世界共产党——共产主义者同盟的创立者，是第一个国际工人组织——国际工人协会的实际领导人，是第一次工人阶级夺取政权尝试——巴黎公社的热情讴歌者，是第一个民族国家工人政党——德国社会民主工党的指导者。在马克思主义指导下，国际共产主义运动风起云涌，对人类社会进步作出了重要贡献，也极大改变了世界历史的根本走向和发展进程。正如恩格斯所说："马克思首先是一个革命家。他毕生的真正使命，就是以这种或那种方式参加推翻资本主义社会及其所建立的国家设施的事业，参加现代无产阶级的解放事业，正是他第一次使现代无产阶级意识到自身的地位和需要，意识到自身解放的条件。斗争是他的生命要素。很少有人像他那样满腔热情、坚忍不拔和卓有成效地进行斗争。"[1]

李思通说道："与政治家、科学家、军人和宗教人士等不同，很少有思想家能真正改变历史的进程。正如英国学者特里·伊格尔顿所说，历史上从未出现过建立在笛卡尔思想之上的政府，用柏拉图思想武装起来的游击队，或者以黑格尔的理论为指导的工会组织。而马先生彻底改变了我们对人类历史的认识和理解，马克思主义在人类历史发展进程中发挥了、并将继续发挥决定性作用，这一事实连马克思主义最激烈的批评者也无法否认。"

"我听后人说过'半部《论语》治天下'的话。我的思想只能拿来'治国'，而马先生的思想却可以用来开创社会主义国家，开创一个新世界。单从这一点，还是马克思主义'行'啊！"孔子不觉感叹。

李思通最后说道："可以说，马先生是伟大的革命导师，是既能提出无产阶级革命理论，又能组织无产阶级政党，还能领导无产阶级革命运动

---

① 《马克思恩格斯文集》第3卷，人民出版社，2009年，第602页。

的革命导师。虽然由于当时缺乏无产阶级革命夺取政权、建立社会主义制度的现实条件，马先生也没有亲眼看到无产阶级革命牢固夺取政权并建立社会主义国家，但马先生的伟大思想和革命活动已经永远镌刻在世界共产主义运动的光辉史册上。"

这时，大家都不由得鼓起掌来。

此时天色渐晚。孔子起身告辞道："马先生，与君一席话，胜读十年书。我从内心里把您当成真朋友好朋友、真同志好同志。来日方长，我们以后再叙，就此告别。"边说边和马克思、李思通、马中哲、徐翔阳等人握手告别。

以前的徐翔阳，有点"瞧不上"孔子、马克思等人，"不愿学"儒家思想、马克思主义，认为过时了、没有用。此时的他猛然意识到，自己对孔子、马克思本人，对他们的思想，只是了解了一些皮毛而已，没有真正深入进去，而一旦深入进来，才意识到这是"真宝藏""大智慧"所在。孔子与马克思这一天的"高端对话"，也颠覆了自己过去很多片面的认知和看法。其实，孔子和马克思真不简单，儒家思想、中华优秀传统文化与马克思主义还真管用，而且孔子和马克思都很"有趣"。现在自己在马克思身边工作，这个"近水楼台先得月"的学习机会一定要紧紧抓住。

当天晚上，马中哲躺在床上，辗转反侧、难以入睡。两位思想家大开大合、跌宕起伏、精彩纷呈的人生经历，不断萦绕在他的脑海里。他想着想着，好像开悟了："不经历苦学与磨难，哪来经世致用的学问，哪来澄明平静的心境！"他感觉自己的内心深处升腾起了一种"不以物喜，不以己悲"的超脱感。这里的"物"，可以是财富，可以是地位，可以是名声，甚至可以是一种成功、成就。对于财富的多寡，对于地位的高低，对于名声的大小，对于事业的成败，对于外界的毁誉等等，都能泰然处之、淡然去之、超然待之，不会因富贵而骄傲，不会因失意而悲伤，不会因潦倒而气馁。同时，他还产生了一种"胜而不骄、败而不怨""胜不妄喜、败不惶馁"的奋进感，身不疲、心不乏，胸有激雷而面如平湖，心中有光而砥砺前行，充满希望和梦想，坚定走向诗和远方，走向真理和光明。

第二章

世界本原　事物本体 ○○○

第一节　观宇宙的宇宙观

第二天上午，李思通约子贡、马中哲，下午 3 点左右到他家来一下，说有要事相商。问他什么事，他秘而不宣，只是说与一个重要的游学计划有关。

下午 3 时许，子贡和马中哲来李思通家，一进门，看到除了李思通外还有两个人，介绍后才知道，这两个人是"灵魂之旅"旅行社的张经理和工作人员小赵。子贡和马中哲两人有些奇怪：李思通把这两个人叫过来干什么？还真要去旅行啊？！

李思通满面春风地对子贡和马中哲说道："昨晚回家后，我突然有个想法，想请大家来一次远足游学。人员嘛，孔老师和弟子一行四人，马先生和马中哲，我和同事王教授、党教授。路线嘛，一会儿我们和旅行社进一步商定。经费嘛——"说到这里，李思通看向了子贡。他知道，孔子带着弟子周游列国，子贡是主要"赞助商"。

子贡一看就明白了，这是想请自己友情赞助，于是爽快说道："李教授，要人出人、要钱出钱，都没有问题。"

"妥了，端木老师是'家里有矿'的人，有您这句话，我们这次远足游学的保障一定会既到位又有力。"李思通心想，"经商达人"子贡果然财大气粗、豪爽仗义。

马中哲问道："刚才您说，还有同事王教授、党教授也要去，他们都是什么人啊？我们了解一下，也好给先生回话。"

子贡说道："对，我也好给老师说一下同去的有什么人。"

李思通说道："王教授就是我们系的教授，主攻儒学。党教授也是我们系的教授，主攻马克思主义。"

马中哲、子贡都说知道了。

李思通前一晚与"灵魂之旅"旅行社沟通过，旅行社已经拿出一个初步游学方案。

大家经过进一步商量，把游学路线"安排得明明白白"。

第一站：宇宙秘境，重点看混沌之体。

第二站：历史长河，重点看本质之眼。

第三站：光明山巅，重点看智慧之门。

第四站：雕塑森林，……

第五站：大美江山，……

第六站：太虚圣境，……

第七站：……

第八站：……

第九站：……

……

尔后，子贡、马中哲、李思通三人分别报告了孔子、马克思和王教授、党教授。

大家一看，这次游学安排的景点，听所未听、闻所未闻、去所未去，都十分向往和期待。

徐翔阳听说要游学，嚷嚷着也要跟着去。马克思本来没想让他去，一看他要求这么强烈，也就同意了。他心里想：徐翔阳是不是想借机旅游一趟啊？不过又一想，"读万卷书，行万里路"，让他出去走走看看，长长见识也好。

大家约定，5 天后上午 9 点，到孔子文庙集中，然后一起出游。

接下来几天，李思通一直在重新阅读孔子和马克思的著作，试图找到孔子与马克思的思想之间，到底在哪些方面有哪些异同？这个课题，看似资料多，好像每个人都能说几句，但要真正深入进去，知其言更知其义，知其然更知其所以然，并不是一个容易完成的任务。

李思通时而伏案翻卷深读，时而起身踱步思索，时而又把孔子和马克思的著作放在一起对照研究，由思索而入境，由深思而悟道。

李思通的爱人给他端茶递水，也不见他抬头看她一眼、回应一声。一次吃饭时，她有些埋怨地说道：“你这个人真是，一研究起学问来，就目中无人、整日无话。”

李思通知道爱人的意思，和她开玩笑道：“我整日与圣人见面，与先贤对话，怎么能说我‘目中无人、整日无话’呢？我只是眼中无你这样的俗人、不与你说俗话罢了。”他爱人被他气笑了，拿起手中的筷子敲打他的头。

他爱人有些赌气地说道：“你整天与圣人见面，研究圣贤之书，想成圣成贤。我这个俗人做出的俗饭，不知你这圣人贤人能不能吃得下去？”

李思通心中想笑，脸上却一本正经：“圣贤与俗人最大的区别就是，过俗世的生活，思考成圣成贤的道理；过自个的生活，思考全天下的问题；食烟火之气而钻象牙之塔，住市井老街而慕世外桃源。所以，这饭还是要吃的，越俗的饭吃起来越香。”

他爱人嘴上骂道：“真是贫嘴。”但心里却想，老公还真是“有才”。

这天下午，李思通正在家里看书，突然听到一阵敲门声。

李思通心中一想，可能又是前一段来他所在大学哲学系访学的客座教授——布莱恩特·克雷（中文名字叫程思汉）。开门一看，果然是他。

程思汉是西方一所知名大学的教授，是哲学家也是社会学家，曾因对经济危机与人的本性关系的研究，获得赫胥黎奖——被认为是社会学的诺贝尔奖、社会学的最高奖项。他自认为，找到了资本主义经济危机与人性之“恶”的内在关系，并且找到了调和二者之间矛盾的良方妙药，可以从根本上破解资本主义基本矛盾，从而实现资本主义社会长期存在、永续发展的目的。但是，近几年，西方资本主义社会的种种乱象、种种危机，以及愈演愈烈的恶性循环，似乎在证明着他引以为豪的独创理论是无效的，甚至是错误的，这让他受到巨大打击和挫折，心烦意乱、心灰意冷。而反观走中国特色社会主义道路的中国，呈现出欣欣向荣、生机盎然的局面。于是，他有了到中国走一走、看一看的想法，也希望从"中国之治"中得到某些启发。作为访问学者，来到中国这所大学后，由于与李思通性格相投，两人成了好朋友，也成了他家的常客。

"程先生，请进。"李思通对程思汉客气地说，"今天有空啦？"

"不知怎的，这几天看书一点也看不进去，就想到您这里坐一坐、聊一聊。"程思汉显得无精打采、身心疲惫。

"告诉您一个好消息。"李思通对程思汉说道。

"会有什么好消息呢？"程思汉兴致不高。

"我过两三天要与孔子、马克思等人外出游学。"李思通不动声色地说道。

"这和我有什么关系呢？"程思汉以前读过有关孔子和马克思的书，对他们的思想也有所涉猎。他把孔子当成了"古人"、外国的"古人"，认为古人是解决不了今人的问题的；他把马克思当成了"敌人"、思想上的"敌人"，认为敌人是不可能共享思想的。

"我建议您也一起去一下，听听他们在说些什么，说不定哪句话、哪个观点对您有所启发。"李思通知道程思汉的心思，巧妙地劝说他。

"您觉得有必要吗？"程思汉反问道。

"前几天，我与他们谈了一阵子。其实这两个人都挺随和的，没有什么大家、大师的架子。只是孔子有一个叫子路的弟子，看起来有点凶。"李思通还是想邀请程思汉一起参加。

"那好吧。我就见识见识。"

"后天上午 9 点，我们在孔子文庙前集中，不见不散。"李思通一看程思汉同意参加了，心中高兴。

"李教授，我即使一起去，也是多听多看少说话，亦敌亦友不冲突。"程思汉拿定了主意，"请不要说出我的真实身份，就说我是您一个外国朋友，这段时间刚好到中国旅游。"

"好嘞!"李思通会意。

"我可以赞助一部分经费。"

"就不用您破费了。有大富商子贡在，您'出人'就可以了。"李思通笑着说道。

程思汉走后，李思通打电话给马中哲和子贡，说是一个外国朋友也想一起参加游学，请他们给马克思和孔子报告一下。孔子、马克思得到这个消息后，认为人多一些更便于交流，欣然同意。

这几天，孔子与子路、子贡、颜回等人"恶补"了马克思、恩格斯的一些著作。马克思也静心研读了《论语》《春秋》等孔子相关著作。程思汉则找了几本有关儒学和马克思主义的书，浮光掠影、一目十行式浏览了一遍，隐隐约约感觉其中有不少有价值的思想观点。

指缝很宽，时间太瘦，出游时间很快就到了。

这天上午，大家带着各自出游之物来到孔子文庙处。孔子、马克思等人与党教授、王教授、程思汉见面后相互介绍。他们见程思汉一副不冷不热的态度，也不太在意。

子贡安排了两台车，一台车坐人，一台车装物。人到齐、物装好后，一行 11 人、两台车向游学第一站"宇宙秘境"进发。

一路上，道平路阔，驱车疾驰，时而穿过高楼林立的繁华街区，时而经过成片成排的厂房，时而还看到巨大的地标性建筑，一派欣欣向荣、繁华盛世的景象。

孔子、马克思等人感叹中国发展之快、进步之大，以前很多的理想之景、梦想之事都变成了现实，以前没有想到过、预见过的美好事物也扑面而来，心中甚是欣慰和喜悦。

程思汉也感到，与这里的情景相比，自己的国家进步慢了，中国"后来者居上"了，心里不觉酸酸的。

车内高谈阔论、笑声朗朗，到处是明慧的语言、机智的应对。不知不觉中，远处空阔的平原上，"宇宙秘境"四个大字已隐约可见。不多时，车在"宇宙秘境"景区大门处停下，大家鱼贯而出。子贡、马中哲、李思通等人前去买了门票，还请了一个姓金的"金牌"导游。

金导游是个30岁左右的小伙子，他在"宇宙秘境"景区工作已有六年时间，对这里一景一物非常熟悉。他用标准的普通话介绍道："来到'宇宙秘境'，首看'混沌之体'，次看'万物一体'，再看'神奇量子'。如果时间充足，还有很多神奇的东西可以观看体验。我们还是先看'混沌之体'吧。"说着举着一把导游旗，招呼大家跟着走。

"混沌之体"是"宇宙秘境"景区的"招牌"景点。不多时，孔子、马克思一行人就来到"混沌之体"景点。这里果然是网红景点，一排长长的队伍"折叠"了四五层后排列在景点门口。一行人排了半个多小时的队才进入景点内。

这是一类似于室内足球场、篮球馆式样的挑高场地，中间一大片空场地是圆形的，四周是一排排环形的阶梯而上的座位，足足可容纳两三千人。说是景点，实际上是一个演示，时长约25分钟。

孔子、马克思一行人的座位比较靠前，看得更为真切。坐定不多时，灯光全部关闭，场内漆黑一片，演示开始。

中间场地中央出现了一个极小极亮的光点。不一会儿，亮点开始闪烁，随着一声巨响，这个亮点在爆炸声中不断膨胀、越来越大，形成一个大球，球面光怪陆离、五颜六色、气象万千。接着，又是一声爆炸，球体分裂成无数大小不一的碎块。刚开始，这些碎块只是漫无目的地漂浮在"太虚"之中。慢慢地，碎块与碎块之间好像产生了某种联系，某些区域开始有几个小碎块围着一个大碎块旋转。后来，这种旋转越来越多，一些小的旋转在自转的同时又形成大的公转，大的带着小的飞，更大的带着大的飞，超巨大的带着超大的飞，形成了一个大宇宙图景。以前的碎块早变成了大小不一的球状物体，大一点的球体、小一点的球体以及星星点点的点状物又成区连片，呈现出深蓝色、浅红色、深绿色、紫黑色、亮白色等，五彩缤纷、妙不可言。此时，整个宇宙的内部，像一个体积巨大、错综复杂、高度精密的机器在运转着。

这是一幅多么宏阔壮观、奇妙完美、精致紧凑、璀璨夺目的图景啊！

慢慢地，在宇宙的内部，出现了一些能"吃"其他球体的物体，这些看不清是什么样的东西又汇聚成一个更大的东西，所到之处，空无一物，慢慢地整个宇宙都被吞没，最后又变成一个极小极亮的光点，悬浮在原来的位置。

整个过程虽然不到半小时，但无论是从视觉还是从听觉上都足够震撼、足够惊奇、足够刺激，让人眼界大开、"脑洞大开"。

大家走出"混沌之体"景点后，来到一个歇息点小坐，似乎还在回味着刚才看到的奇观。

金导游介绍道："刚才大家看到的'混沌之体'，其实就是整个宇宙从大爆炸到膨胀成长为一个无限大的宇宙、再到不断坍缩回起点的一个全息影像，也就是现代科学中宇宙大爆炸理论的一个虚拟演示。"这话实际上是说给孔子、马克思以及子路、子贡、颜回等人听的。对于其他人来说，这几乎就是常识。

宇宙从哪里来，万物从哪里来，人从哪里来？这一本原性问题，也是孔子思考或者说儒家思想涉及的一个重大问题。

孔子想了想，说道："'混沌之体'，这'混沌'二字意义非凡。混沌者，气、形、质三者具而未离、浑然一体之态也。混沌一开，世生万物。这个宇宙大爆炸理论，与我们当年在《周易》中的有关记述，不说十分吻合，至少也有许多相似之处。"

王教授读过《周易》多遍，知道孔子所说为何："孔老师和弟子为《易》作'十翼'，即《易传》。《易传》曰：'易有太极，是生两仪，两仪生四象，四象生八卦，八卦定吉凶，吉凶生大业。'这里的'太极'，可以理解为宇宙初始'气、形、质具而未离'的'混沌'状态，是宇宙天地万物化生之根源、初始，甚至可以类比于宇宙大爆炸前的那个混沌体、那个奇点。然后，由太极生出天地（阴阳），天地运行而有四时（春夏秋冬），

— 61 —

四时运行演变出雷、风、水、火、山、泽，然后万物生成。天、地、雷、风、水、火、山、泽这八种基本事物各自发挥功能作用，'雷以动之，风以散之，雨以润之，日以烜之，艮以止之，兑以说之，乾以君之，坤以藏之'，就这样，万物得以生长发育，世界得以和谐有序。"

李思通说道："对比刚才看到的'混沌之体'演示，'太极'说虽有猜测的性质，但这种猜测竟然和科学如此接近，堪称是宇宙大爆炸理论的中国古代版。"

马中哲说道："《周易·序卦传》曰：'有天地然后有万物，有万物然后有男女，有男女然后有夫妇，有夫妇然后有父子，有父子然后有君臣，有君臣然后有上下，有上下然后礼仪有所错。'天地间阴阳二气交合才能化生万物，有万物才能产生男女、夫妇、父子、君臣、上下、礼仪。这样就回答了人从哪里来、到哪里去的问题，描画了一个由天地人三才构成的世界模式。"

程思汉听后不免对孔子心生敬意：孔子的这些表述，虽然十分简略甚至有些粗糙，但也大致勾勒出了宇宙演化的基本图景。心里这样想，嘴里却没有说出来。

颜回说道："老师还秉持'五行'说。他自己曾说：'昔丘也闻诸老聃曰：天有五行，木、火、金、水、土，分时化育，以成万物。'老师从前听老聃说，天有五行即木、火、金、水、土，这五行按不同的季节化生和孕育，就形成了万物。"

王教授说道："'五行'说用五种基本元素，来揭示世界本源、来概括物质世界，蕴含着天地万物同源、同根、同生的世界观或宇宙观，这在古代是难能可贵的，认识水平在当时也是世界领先的。看了'混沌之体'演示，我觉得，太极、八卦与五行等哲学理论虽然推演起来很复杂，还有一定的神秘色彩，但这种宇宙起源思想、这种宇宙观十分难能可贵。"

马克思听后，不禁为孔子的"太极"说、宇宙观而赞叹："孔老师，由此看来，您是个朴素的唯物主义者，我们对世界本原的认识在大方向上是一致的。"

党教授认真思考了一下，十分郑重地说道："说起宇宙观、世界观，或者说对世界本原的认识和看法，根据刚才大家的一番讨论，我觉得孔老师的更'形象'，而马先生的更'抽象'。"

"是的，太极、八卦、五行的说法是挺形象的。"马中哲赞同道。

"更抽象，这个怎样理解呢？"孔子问道。

"我来解释一下"。党教授说道，"马先生的新世界观是历史唯物主义，马先生的物质概念是历史唯物主义的物质概念。按照马先生的说法，'以往的唯物主义者的主要缺点是：对对象、现实、感性，只是从客体的或者直观的形式去理解'①。针对这一严重缺陷，马先生主张，必须从主体方面去理解，必须把它们作为感性的人的活动，当作实践去理解。马先生和恩格斯先生在《神圣家族》中指出：'人并没有创造物质本身。甚至人创造物质的这种或那种生产能力，也只是在物质本身预先存在的条件下才能进行。'② "

"是的。"李思通说道，"后来的马克思主义经典作家进一步提出，'物质是标志客观实在的哲学范畴'③，是对各种实物、具体物质存在形态的共同本质的高度抽象；这种客观实在独立于我们的意识，能为我们的意识所反映，并能为我们的实践活动所改变和确证。同时，这种'客观实在性'不仅概括了自然界物质的根本属性，而且涵盖了社会领域内物质的根本属性。"

子贡听后说道："听了党教授、李教授这番话，我有点理解了。不能把这个'物质'理解为'东西'，用你们的观点，这个'物质'是高度抽象、高度概括的。'世界是物质的'，不能简单地理解为'世界就是物质'，这样理解对吗？"

"还是端木老师聪明。"党教授笑道。

---

① 《马克思恩格斯全集》第1卷，人民出版社，1957年，第499页。

② 《马克思恩格斯全集》第2卷，人民出版社，1957年，第58页。

③ 中共中央马克思恩格斯列宁斯大林著作编译局编：《列宁专题文集·论辩证唯物主义和历史唯物主义》，人民出版社，2009年，第35页。

"一些看不见、摸不着的东西，也包括在物质的范畴之中吗?"子路问道。

"是的。"党教授答道，"尽管有一些事物是人的感官所不能直接感知的，如电磁波、引力场、暗物质等，但人们可通过技术手段间接感知它，这些似乎看不见、摸不着的东西也属于物质范畴。马先生还认为，运动是物质的存在方式，在物质固有的特性中，第一个特性而且是最重要的特性就是运动——不仅是物质的机械的数字的运动，而且更是物质的冲力、活力、张力。"

"我查阅了一些材料，感觉物质概念在马先生的思想体系中占的分量蛮重的。"颜回最近看了有关马克思主义哲学的书，发现这些书一开始就集中论述"物质"。

"的确是这样的。"党教授说道，"马先生的新宇宙观或者说新世界观，是以历史唯物主义的物质概念为基石的，物质概念也是其他思想理论观点展开的基础。同时，马先生新的思考起点、研究方法、思维方式、基本体系和理论旨趣，构成了理解马克思主义哲学的物质概念的基本语境。在这样的语境下，我们更能深刻认识人和自然、物质与意识的物质统一性，认识自然观与历史观、唯物论与辩证法的内在统一性。"

程思汉是一个客观唯心主义者，他认为现实世界之外独立存在着一种客观精神，就是上帝，上帝创造了万物。本来想就世界本原问题与马克思、党教授作一番辩论，后来想想这问题既简单又复杂，一时难以说得清，也就算了。"不管怎么说，马克思的新宇宙观或者新世界观，能够自圆其说，听起来有些道理。而孔子的'太极'说还真是挺美妙的，有时间一定要认真研究一下。"程思汉心里这样想着。

第二节　天地万物为一体

一旁的金导游对孔子、马克思等人的这些谈论听不太懂，觉得大家休息差不多了，就说道："时间有限，我们到下一个景点'万物一体'吧。"

一边说，一边举着小旗帜带大家走了过去。

在景点门口，每个人领取了一个穿戴式通视传感器。金导游介绍说："通过这个通视传感器，我们可以看到无机物、植物、动物的内部结构，第一次看会觉得非常神奇。"

这一个宽阔的大房子，足足有两三千平方米，里面划分为若干个小区域，每个小区域都有一个名字，里面摆放着一些石头、植物和动物以及一些物品、器皿和设备。

他们首先来到"神奇的中草药"区域。这里正在进行一个演示：一个患有肠胃炎的人，喝下用黄芪、生地为主药熬制的汤药。通过穿戴式传感器可以看到，这些药液进入人体，其药物成分被吸收进血液，血液进入脾和肾后，使这两个脏器的功能明显加强；一个个巨噬细胞"活跃""奔跑"起来，大口大口地吞噬肠壁、胃壁上炎症处的水肿、糜烂部分，肠胃的炎症很快就消退了，肠胃恢复了健康。孔子他们一看就明白了，中草药治病的道理，原来是这样的。

他们又来到"会害羞的草"区域。孔子轻轻地碰了一下含羞草，通过穿戴式传感器看到，含羞草的叶枕处产生收缩，把储存的水分传输到其他地方，这片叶子就合拢了起来。

金导游介绍道："这其实是含羞草自身的一种防御机制，这样做的好处是在遇到狂风暴雨或其他刺激时，保护叶片不受、少受伤害。"

前面是"会听声音的水"区域。大家通过传感器看到，当古典音乐响起时，水结晶显得风姿各异；当重金属音乐响起时，水结晶则显现出歪曲散乱的样子。

"好像有个科学家写过一本书叫《水知道答案》，其中有类似的实验。这本书我看过。"徐翔阳轻轻对马中哲说。

马中哲看到这些奇怪的现象，先是面带惊奇之色，而后眉头舒展开来，说道："这些试验和演示，似乎从某些侧面说明一个道理，就是'万物一体'啊！"

"没错。"孔子听后十分赞同，他面带笑容说道，"有些人总觉得石头啊、树木啊、动物啊，要么无知觉，要么无感情，和人类根本不是一回事，看来这种看法是不对的。"

李思通郑重说道："孔老师，刚才中哲的话提醒了我。这些试验和演示，让我也想起了您的万物一体思想，从一定程度上这些演示也印证了您的万物一体思想的正确性。"

"确实如此。"孔子说道，"天地万物既有相殊、相异的一面，也有相同、相通、相容的一面。药石能治病，小草会害羞，甚至水能听懂音乐，等等。这不就是'万物一体'吗？再引申一下，不就是'天人合一'吗？看来我的主张，用现代人的话说，还是有科学依据的。"说话间，脸上充满自信。

马克思问道："孔老师，您的万物一体，具体体现在哪些方面呢？"

"我一直以为，天地万物包括人在内，具有共同的本性，遵循共同的规律。我甚至还主张，人应该从天地万物之情中感受人情，从天地万物之性中体悟人性，从天地万物之德中培塑人德。"孔子答道。

子路虽然是粗人，毕竟跟随孔子多年，学问十分了得："老师常常表达'人之情与天地万物之情相协和'的意思。老师说：'知（智）者乐水，仁者乐山。'老师还说：'夫山者嵬嵬然，草木生焉，鸟兽蕃焉，财用殖焉，出云雨以通乎天地之间，阴阳和合，雨露之泽，万物以成，百姓以飨，此仁者之乐于山者也。'山高大巍峨，生长着草木，繁衍着鸟兽，出产着财货，升腾出云雨通达于天地之间，阴阳和合，雨露之泽，万物所以繁盛，百姓所以供养，这是仁义的人喜欢山的缘由。事实上，物情和人情是相通的，也是相互影响的。"

"由说得对。"孔子说道："《礼记·乐记》中载述：'乐者，天地之和也。礼者，天地之序也。和，故百物皆化；序，故群物皆别。'乐象征天地的和谐，礼象征天地的秩序。有和谐所以万物化生，有秩序所以万物有别。乐是按照天的道理而创作的，礼是按照地的道理而制作的。从中可见，人之情肇始于、生发于、寄寓于、协和于天地万物之情。"

子贡见子路受到老师表扬，也不甘落后："老师也常常表达'人之性与天地万物之性相通达'的意思。"接着，他引用两句话来说明这一观点。

　　第一句："天何言哉？四时行焉，百物生焉，天何言哉？"
　　第二句："唯天下至诚，为能尽其性；能尽其性，则能尽人之性；能尽人之性，则能尽物之性；能尽物之性，则可以赞天地之化育；可以赞天地之化育，则可以与天地参矣。"

　　"所以，老师认为人的本性与天地万物之本性是相通的，人性要与天地万物之性相因、相合，这也体现出顺天而动、法天而行的思想观念。"
　　孔子对子贡这番话表示赞同。
　　颜回说道："老师还认为'人之德与天地万物之德相得益彰'。《中庸》曰：'小德川流，大德敦化，此天地之所以为大也。'小的德行如河水一样长流不息，大的德行使万物敦厚纯朴，这就是天地所以伟大的原因。老师认为人的德性与天地万物的德性是相一致、相贯通的，人应该感悟天地万物之德，运用天地万物之德，力争达到'四合'，即《周易》中说的'与天地合其德，与日月合其明，与四时合其序，与鬼神合其吉凶'的境界，并将这种德性施及天地万物、泽被鸟兽昆虫。"颜回学问做得好，引经据典张口就来。
　　党教授低头一想，心中产生了疑问。他本来就快人快语，说道："'万物一体'直到宋朝才由理学家程颢明确提出，他说：'仁者，以天地万物为一体，莫非己也。'① 你们说孔老师的思想中蕴含着'天地万物一体'思想，恐怕有些牵强吧？"这句话一下子增加了紧张气氛。
　　王教授听后不动声色地说道："党教授说得没有错，'万物一体'作为一个概念，确实是由程颢首次提出的，孔老师著作中未见有'万物一体'的完整表述。但是'万物一体'作为一种思想理念，在孔老师的言论和思想中已经蕴含。'万物并育而不相害，道并行而不相悖'，《中庸》中的这句话就

_____

① ［宋］程颢、程颐：《二程集》，王孝鱼点校，中华书局，2004 年，第 15 页。

蕴含着万物和谐、共生共济的理念。《礼记·礼运》曰:'圣人耐以天下为一家,以中国为一人。'这句话的原意是,圣人能把天下看作一个家庭,把中国当作一个整体。其内蕴着'天下一家、中国一人'的深刻意涵。从这些记载看,孔老师认为天地万物是一个整体、一个系统,能够和谐共处共生,只是没有明确把'万物一体'这个概念完整说出来罢了。"

"您说的有些道理,但我觉得还是有些勉强。"党教授不是太心服口服。

王教授突然想起了《大学》这部体现和代表孔子思想的典籍,以及王阳明先生的《大学问》。《大学问》中对"万物一体"思想作了进一步揭示和阐发。

王教授充满底气地说道:"心学大师王阳明先生著有《大学问》一文,此文是阳明先生对门人弟子提出有关《大学》的几个问题的解答。文中对'万物一体'思想的理解和诠释,从另一个视角印证了孔老师的'天地万物一体'思想。"说着,他把《大学问》中一段话完整背了下来。

问曰:《大学》者,昔儒以为大人之学矣。敢问大人之学何以在于明明德乎?阳明子曰:大人者,以天地万物为一体者也。其视天下犹一家,中国犹一人焉……是故见孺子之入井,而必有怵惕恻隐之心焉,是其仁之与孺子而为一体也。孺子犹同类者也,见鸟兽之哀鸣觳觫,而必有不忍之心焉,是其仁之与鸟兽而为一体也。鸟兽犹有知觉者也,见草木之摧折而必有悯恤之心焉,是其仁之与草木而为一体也。草木犹有生意者也,见瓦石之毁坏而必有顾惜之心焉,是其仁之与瓦石而为一体也。[①]

"这段话的意思是比较清晰的。所谓大人,既是指统治者,更是指君子。君子之仁爱,不但仁爱于同类的孺子,还仁爱于有知觉的鸟兽,仁爱于有生意的草木甚至无生命的瓦石,也就是天地万物一体之仁。这样,就

---

① [明]王守仁:《王阳明全集》(中),上海古籍出版社,2011年,第1066页。

把同类的孺子、有知觉的鸟兽、有生意的草木、无生命的瓦石看成是一体了，这不就是'天地万物一体'吗？这也恰好印证了刚才我们看到的景象：中草药能被人体吸收来治病。"王教授这番话把党教授给说服了。

马中哲对王教授这番论说点头称赞，进一步引申说道："有'天地万物一体'的主张，必然得出'天人合一'的结论。人和天地万物在本质上是相通的，一切人事均应顺乎天地万物的运行规律，达到人与天地万物的和谐，应是'天人合一'的意蕴所在。"

"古代在官职设置上，把对天地、时空的观照感受对应于人事政治的设计之中，遵照的是天人合一、祈求的是以人合天。"孔子说完，手抚须髯、神态安详。

马克思心生感佩地说道："我感到，'万物一体''天人合一'不只是人的主观境界，它更是存在的状态。只有实现了人与天地万物之间的真正和谐，才能达到万物一体、天人合一的境界。"

徐翔阳鼓起勇气说道："现在我们国家推进生态文明建设，推进绿色发展，倡导'绿水青山就是金山银山'的理念，从人与自然和谐共生的高度谋划发展。我觉得，其中应该就饱含着'万物一体''天人合一'的智慧吧。"大家向徐翔阳投来赞许的目光。

程思汉低声对李思通说道："过去常听人说中华文明源远流长、博大精深，我还不以为然。今天，我们单就孔老师的'万物一体'就引出如此丰富的内涵、如此有趣的辩论，看来此前听到的话绝非虚言，而这次出游也不虚此行。"

李思通回应道："任何对中华优秀传统文化有所了解的人，都会对'万物一体'的思想肃然起敬。"

第三节　世界物质统一性

这时，一群来参观的学生看到了孔子和马克思，见二人与课本上、电视上看到的孔子画像、马克思照片十分相似，非常好奇，围上来问是不是真的是孔子和马克思。一问真的就是，孩子们都表现出十分高兴的样子，纷纷要求二人签名、合影留念。

一个一个签名完毕并集体合影后，孩子们大声欢呼了一阵。

一个小男孩拉着孔子的手，抬头说道："孔爷爷，您本人比课本上您的画像帅多了。回去后我向老师建议，把课本上的画像换成您本人的照片。这样，我们看着您的真人照片读您的文章，就背得更快、更熟了。您说行吗？"

孔子一脸慈爱，拍着小男孩的头不住地说道："行，行，行！"

小男孩又问道："您知道我最喜欢您说的哪两句话吗？"

"是哪两句话啊？"

"第一句：天行健，君子以自强不息。第二句：地势坤，君子以厚德载物。做到这两句话，就可以建立一番功业，也就可以与天地并列为三、达到'天人合一'的境界了。"

"孩子，我看你是人小志气大，真棒，好样的！"孔子禁不住一把抱起孩子，紧紧搂在怀里。

一个小女孩盯着马克思的大胡子看了又看，充满好奇地、用带有稚气的语言问道："马爷爷，我听说，您写的著作的数量，和您的胡须一样多，是真的吗？"

马克思笑着说道："我也没有数过，不可能有那么多吧！"

小女孩又说道："我们教室里，张贴着您的一句名言。"

"哪句话啊？"

"在科学上没有平坦的大道，只有不畏劳苦沿着陡峭山路攀登的人，才有希望达到光辉的顶点。"①

"噢，是这一句呀！"

"您知道我最喜欢您的哪一句话吗？"

"是哪一句呀？"

---

① 《马克思恩格斯文集》第 5 卷，人民出版社，2009 年，第 24 页。

"这句话是我妈妈告诉我的，就是'人类同自然的和解和人类自身的和解'①。实现'两个和解'后，世界上没有了天灾和疫情，也没有了冲突和战争，该多好啊！"马克思听后一时激动得说不出话来。

孔子、马克思他们看着这群叽叽喳喳、欢声笑语的孩子走远了，回过身来继续谈论。

党教授若有所思，说道："孔老师主张'天地万物一体'，而马先生则认为人和自然具有物质统一性，这二者的内涵在一定程度上很接近啊！"

孔子喜欢"每事问"，一听"物质统一性"这个词，赶忙问道："党教授，请教一下：马先生的人和自然的物质统一性，是怎么一回事？"

"孔老师，您听我说说看。"党教授回答道，"马先生认为，世界是物质的，物质是在一定时空内运动的，运动是有规律可循的，物质世界与精神世界、客观世界与主观世界、人类社会与自然社会具有内在的物质统一性。"

孔子一听，感觉这些观点虽然新颖，但好像并不是什么惊天动地的论断。

党教授好像看出了孔子的心思，继续说道："马先生的这一重要结论来之不易，是在批判性吸收前人成果的基础上得出来的。随后，马先生从人与自然的关系上，提出了旧唯物主义者所谓'自然优先性'原则或'人的优先性'原则的错误所在。"

机械唯物主义在发展过程中，逐步形成了一种自然观上的唯物主义，这种唯物主义试图把"自然的优先性"作为其核心的解释原则，用自然的物质性去解释意识和思维，抛弃了人的能动性和创造性。基于机械唯物主义的理论缺陷，唯物主义的另一派即"现实的人道主义"或者说人本唯物主义，试图以"人的优先性"作为其解释的基本原则，重新解释人与世界的关系。

"在马先生看来，无论是机械唯物主义的'自然优先性'原则，还是

---

① 《马克思恩格斯全集》第 3 卷，人民出版社，2002 年，第 449 页。

人本唯物主义的'人的优先性'原则，都割裂了人与自然的统一性关系，'把人对自然界的关系从历史中排除出去了，因而造成了自然界和历史之间的对立'①。同时，马先生还认为，历史划分为自然史和人类史两个方面，但是这两方面是不可分割的，因为只要有人存在，自然史和人类史就彼此相互影响制约。"

"原来还有这么复杂的一个理论发展过程！"孔子说道。

"是啊！"党教授说道，"这正是'看似寻常最奇崛，成如容易却艰辛'啊！"

马中哲想了想说道："事实上，在先生的思想里，人和自然的物质统一性还有一层意思，那就是自然不是自在存在的，它构成了人的感性活动的对象、材料和历史境遇。"

"中哲这么一说，倒提醒了我。"马克思说道，"'自然界一方面在这样的意义上给劳动提供生活资料，即没有劳动加工的对象，劳动就不能存在；另一方面，也在更狭隘的意义上提供生活资料，即维护工人本身的肉体生存的手段'②。在《资本论》中，我明确指出了外界自然条件为人类提供了'两类自然富源'，即生活资料的自然富源，例如土壤的肥力、渔产丰富的水域等等；劳动资料的自然富源，如奔腾的瀑布、可以航行的河流、森林、金属、煤炭等等。'在文化初期，第一类自然富源具有决定性的意义；在较高发展阶段，第二类自然富源具有决定性的意义'③。"

"马先生所说的'第二类自然富源具有决定性的意义'，这句话的真理性在现代社会日益显现。比如，有的国家依靠石油、天然气出口影响世界、撬动全球，有的国家依靠某种稀有矿石来增加国际斗争的话语权。"党教授说道。

"其实，这里还有一层意思，就是马先生认为的，人是自然性和社会

---

① 《马克思恩格斯选集》第 1 卷，人民出版社，1995 年，第 93 页。

② 《马克思恩格斯文集》第 1 卷，人民出版社，2009 年，第 158 页。

③ 《马克思恩格斯文集》第 5 卷，人民出版社，2009 年，第 586 页。

性的统一。"李思通说道。

"这一点非常重要。"马克思说道，"首先，'人直接地是自然存在物。人作为自然存在物，而且作为有生命的自然存在物，一方面具有自然力、生命力，是能动的自然存在物；另一方面，人作为自然的、肉体的、感性的、对象性的存在物，同动植物一样，是受动的、受制约的和受限制的存在物'①。其次，人又是社会存在物。动物的生存靠的是从自然界拾起现成的东西，人必须通过改造自然即实践的方式才能延续自己的生命活动，从而使'自在之物'变成合乎人的需要的'为我之物'，使人与物之间形成一种'为我而存在'的关系②。这实质上是说明，人与自然界的关系在本质上是人的社会关系。"

"您说'人与自然界的关系在本质上是人的社会关系'，是不是社会性更重要一些？"孔子问道。

"可以这样说。因为社会性是人区别于其他动物的特殊本质，是人的最根本的东西。但话又说回来，人类社会永远不能离开自然界，不能违背自然界的规律。因为，在劳动过程中，人和自然是携手并进的。"马克思回答道。

程思汉一直关注全球气候变化及其可能严重后果，对马克思"人和自然是携手并进的"这一观点不得不认同。

最近，颜回认真研读了一些马克思著作，对马克思一些思想观点有了较为深刻的认识。他觉得有一个重要观点大家还没有说出来，遂说道："我认为还有一点非常值得关注。马先生一生致力于实现'自然的解放'和'人类的解放'的宏图伟业，将实现人和自然的和谐置于全人类解放的层次来通盘考虑。正如马先生所讲的那样，'这种共产主义，作为完成了的自然主义，等于人道主义，而作为完成了的人道主义，等于自然主义，它是人和自然之间，人和人之间矛盾的真正解决，是存在和本质、对象化

---

① 《马克思恩格斯文集》第 1 卷，人民出版社，2009 年，第 209 页。
② 《马克思恩格斯选集》第 1 卷，人民出版社，1995 年，第 81 页。

和自我确立、自由和必然、个体和类之间抗争的真正解决。它是历史之谜的解答，而且它知道自己就是这种解答'①。同时，我个人认为，马先生关于'完成了的自然主义，等于人道主义，而作为完成了的人道主义，等于自然主义'的思想观点，也与老师的'天人合一'思想，内容上相通、本质上也非常接近。"

马克思赞叹道："颜回老师学问做得好，领悟力特别强，见解自然高人一筹。端木老师（子贡）说您是'闻一知十'，孔老师也自愧不如，看起来是有道理的。"

颜回忙低头道："一孔之见，让大家见笑了，马先生过誉了！"说完突然想到老师姓"孔"，自己却说出"一孔之见"的成语，有大不敬之嫌，看大家都没有注意，心中遂觉释然。

第四节　意识统一于物质

前面的景点是"神奇量子"。孔子、马克思以及子路、子贡、颜回等人，不太清楚量子是怎么回事。子路率先问道："什么是量子啊？"

马中哲对现代科学技术比较敏感，一直跟踪最新研究成果，回答道："量子是现代基础物理学的重要概念，即一个物理量如果存在最小的不可分割的基本单位，那么这个物理量是量子化的，并把最小单位称为量子。这是通常一般的解释。"

孔子、马克思等人听后，对量子有了一个初步的概念。

子路小声对颜回说道："我看了一些资料，不知道是不是真的，说量子科学证明了灵魂和鬼神的存在。听起来蛮吓人的。老师一辈子'敬鬼神而远之'，如果真的有鬼神，还真不能疏远呢。"

这句话刚好被旁边的孔子听到，他瞪了子路一眼，说道："由，不可胡言乱语。"子路连忙闭口不言。

---

① 《马克思恩格斯文集》第1卷，人民出版社，2009年，第185—186页。

"神奇量子"景点里布设了许多参展台，有演示量子纠缠的，有演示量子与人的意识之间关系的，还有演示量子通信的，等等。

孔子、马克思一行人先看了量子纠缠的演示。

工作人员介绍道："量子纠缠是量子力学的一个非常神奇的特性。当两个物体的属性相互交织时，测量出其中一个的属性，就会立即揭示出另一个的状态。即便两者距离遥远，甚至远到有几百个天文单位、几万光年，远到从地球到半人马座的阿尔法星云——现有最快的宇宙飞船需花3万年才能飞到那里。随着科技的进步和人类探索的步伐，有科学家已经做出了肉眼可见的量子纠缠实验。"

接下来演示开始，演示的是芬兰阿尔托大学物理学家米卡·西兰帕团队已做成功的一个实验：两个肉眼几乎可见、直径为15微米的圆形振动铝片发生了纠缠，就像鼓面一样振动，并与在微腔内来回跳动的微波相互作用，微波就像乐队指挥，使两个鼓面的运动保持同步。大家看到这个场面，都觉得非常神奇。

再接下来，一行人又看了一个揭示量子与人的意识关系的科技短片。短片把现有的研究成果和人类对未来的大胆猜想结合起来，通过宏观与微观相结合、图文并茂的方式，向大家讲述了一个研究成果。该成果认为，人脑是量子结构，人类意识由"量子叠加态"产生；人体中有一种连接细胞结构的微小组织，称为"微管"，这种"量子结构微管"大量存在于大脑的神经元活动中，人类大脑产生意识活动前，微管结构会发生特定的频率振动，构成巨大的"量子链接脉络"，当振动达到"阈值"的时候会瞬间坍缩为某种确定状态，这就是"意识"。该片最后信心满满地说："这个研究成果虽然还有不少疑点和争论，甚至被一些科学家反对、驳斥，但其研究前景还是十分广阔的。"

看到这里，马克思想到了自己关于人的意识的研究成果。他从实践的观点出发，阐明了意识的起源、意识的本质、意识发展的动力、意识真理性的标准等问题，揭示了意识统一于物质。

马克思说道："神奇的量子对我触动很大，也让我颇有感慨啊！想当年，我提出物质与意识具有物质统一性。今天，看了这些神奇的演示，现代最前沿科学——量子科学的演示。如果这些演示被证明是真，物质与意识在本质上的统一性就有了更坚实的科学依据。"

马克思一直关注科学技术的发展，严格依据实践的发展和科学的进步，丰富和发展自己的理论。特别是他那个年代的细胞学说、能量守恒定理及达尔文生物进化论三大发现，给他创立辩证唯物主义自然观提供了自然科学前提。

马中哲看了这些演示颇受启发，说道："意识从哪里来？先生说：'观念的东西不外是移入人的头脑并在人的头脑中改造过的物质的东西而已。'[①] '最蹩脚的建筑师不同于最灵巧的蜜蜂的地方，就是建筑师在建筑什么东西之前，先要制定一个观念形式的建筑物设计图。'[②] 物质世界本来没有意识、精神，只是有了人之后才有了意识和精神。最新的科学技术也证明，人的意识并不属于某个特殊的超自然世界，而是自然界发展的产物，是高度发达的特殊物质——人脑的功能。观念、意识不是简单地直观地移入人的头脑的物质的东西，而是'在人的头脑中改造过的'物质的东西，而且是'有机物最高精华的运动'、物质世界运动的最高环节。因此说，物质第一性、意识第二性，物质决定意识，意识统一于物质。"

党教授在大学里主讲马克思主义哲学课，对这方面的内容很熟悉："马先生认为，社会意识的内容来源于社会存在。在这方面，马先生有大量论述，我至少想起了三句。"然后，一字不落地背出了这三句非常经典的话：

第一句：意识一开始就是社会的产物，而且只要人们还存在着，它就仍然是这种产物。[③]

第二句：意识在任何时候都只能是被意识到了的存在，而人们的存在

---

① 《马克思恩格斯文集》第5卷，人民出版社，2009年，第22页。

② 《马克思恩格斯全集》第23卷，人民出版社，1972年，第262页。

③ 《马克思恩格斯选集》第1卷，人民出版社，1995年，第81页。

就是他们的现实生活过程。①

　　第三句：德国哲学从天国降到人间；和它完全相反，这里我们是从人间升到天国。不是意识决定生活，而是生活决定意识。②

　　"马先生认为，意识产生于人们的社会存在，一切社会意识包括经济思想、政治思想、宗教信仰、道德观念等，都是人们社会活动的直接产物和升华物。在阶级社会中，不同的阶级意识是不同的阶级对自身的经济利益和社会经济关系的反映。"党教授真有研究，说起来有理有据。

　　子路听了大家的谈论，再联系前面看到的"神奇的中草药""会害羞的含羞草""会听声音的水"等，觉得有个问题搞不太明白：人的意识与植物、动物的"意识"有什么区别？他把这个问题提了出来。

　　李思通答道："子路老师这个问题问得好。对这个问题的回答是有争议的。我个人理解，其他动物甚至植物也是有'意识'的，但是这种'意识'是粗糙的、简单的、本能的。如果对比于人由于劳动产生的社会性的意识而言，动物的这种'意识'还不能称为真正的意识。"

　　子路感觉大体懂了，不再追问深究。

　　李思通继续说道："马先生还认为，社会意识随着社会存在的变化而变化，而且要由社会存在所证明。一句话，人们的意识，随着人们的生活条件、人们的社会关系、人们的社会存在的改变而改变。'③ 就是说，随着社会物质生活的变化，必然会产生新的社会意识与之相适应。同时，社会意识的科学性与真理性，取决于它自身与社会存在、与客观现实相符合的程度，并要通过社会实践来检验和发展。"

　　马克思总结性地说道："把党教授、李教授和中哲说的话放在一起，比较全面概括了我主张的人与自然的物质统一性的主要内涵。"

---

① 《马克思恩格斯文集》第 1 卷，人民出版社，2009 年，第 525 页。
② 《马克思恩格斯选集》第 1 卷，人民出版社，1995 年，第 73 页。
③ 《马克思恩格斯选集》第 1 卷，人民出版社，1995 年，第 291 页。

孔子说道:"马先生,您的人与自然的物质统一性,内涵真丰富,对于我们这些古人来说理解起来有些难度。我回去好好研究一下。"

马克思笑道:"其实也没什么,我的'人与自然的物质统一性'与您的'天人合一',在境界上还是有差距的。"

孔子笑道:"您过谦了!"

他们在金导游的带领下,继续向前走,来到了"神鬼真身"展馆。

孔子和马克思等人一看到这个景点的名字,觉得有点吓人,相互问道:"您相信有鬼神吗?"

马克思坚定地说道:"我不相信有鬼神。你们不是经常听到这句话吗?'我是忠实的马克思主义者,而马克思主义者是不相信鬼神的。'"

党教授说道:"我们马克思主义者坚持彻底的唯物主义,在自然界和人类社会领域彻底否定超物质、超自然、超人类的神灵,因而必然是无神论者。"

孔子也笑道:"我们当时的周人,非常迷信,不少人认为有鬼神。而我却不太相信有鬼神。"

"您能做到这一点,真不简单。"马克思赞道。

在"神鬼真身"这个展馆里,工作人员运用现代科学知识,告诉大家神鬼是在科技不发达的情况,人们对一些无法解释的自然现象产生的种种想象。

王教授对孔子说道:"孔老师,我看了您的著作言论,经常会有一些关于鬼神的讨论。比如,《论语》中记载:'子不语怪、力、乱、神。'您是不谈论或不愿意谈论怪异、勇力、悖乱、鬼神这些内容的。"

"没错。"子路在一旁抢先说道,"有一次,我曾问有关鬼神的事,老师说:'未能事人,焉能事鬼。'人都侍奉不好,怎能谈侍奉鬼呢?我不甘心,又问何为死?老师反问:'未知生,焉知死?'生的道理还没弄明白,怎能明白死呢?可见,老师把'事人'看得比'事鬼'更为重要,把'知生'看得比'知死'更为重要。"

颜回说道:"老师还说:'敬鬼神而远之,可谓智矣。'我们做学生的,对这话不太明白，问老师为何这样说。老师说：我说有鬼神，怕世间孝子杀身以追随他已逝的父母而去；我回答没有鬼神，又怕世间的不孝之子遗弃他们的父母。"

程思汉心中说道："孔子就是个'老滑头'，一个典型的实用主义者。"

王教授说道："我的看法是，孔老师具有鲜明的无神论倾向，这是您朴素的、唯物的宇宙观的思想基础和前提。您对当时流行的祭祀神学保持距离并持怀疑态度，既不信鬼神又不亵渎鬼神，是'执无鬼而学祭礼'的'神道设教'，也就是把宗教礼仪作为教化百姓的重要手段。有了这种明确的无神论倾向，就不会认为宇宙或者天地万物是由上帝或者神灵创造出来的。"

这时，马克思带着疑惑看着孔子："我听说您晚年喜读《易经》，还动不动算上一卦。《孔子家语》中就有'孔子常自筮，其卦得贲焉，愀然有不平之状'。这算不算是相信鬼神、搞迷信活动啊？"

据说，孔子在"四十而不惑"之后，曾想从政施展政治抱负、造福黎民百姓，还特地为自己算了一卦，结果得到贲卦。于是，他收敛心思，专注于做学问、教学生。因为贲卦的卦象是"山火贲"，有"文饰"之意。孔子由此推测，即使他从政做官，也只能是个"装饰品"给别人装点门面，无法遇到贤主明君，让自己大展手脚、强国富民。

孔子一听这个问题，苦笑道："您说我喜欢《易经》，这是有的；您说我会算卦，而且还偶尔给自己算上一卦，这也是有的。我要说的是，一开始，我把《易经》视为卜筮之书，对这种巫祝之流持轻视、藐视的态度。但到了晚年，我发现《易经》中蕴含着天地大道，就深入加以研究，并作'十翼'更多赋予其'义理'内涵，让后人从中汲取德行、能力和智慧。至于您讲的偶尔给自己算一卦，我只是通过卦象作为选择、决断的参考而已，也仅此而已。我们要多从《易经》中汲取义理、哲理、道理。"说着和马克思相互对视一笑。

出了"神鬼真身"展馆，一看时间，已经下午两点多钟，大家还没有吃饭，又饿又乏。子路等人怕孔子年纪大了，身体吃不消，连忙安排吃饭。饭后，众人休息了一会儿，然后又看了两三个景点，就离开景区前往预订的宾馆。

第五节　本体论上有差异

吃过晚饭后，众人陪孔子和马克思在宾馆后的假山旁散了一会儿步。大家怕二位累着，就安顿他们休息了。子路住在孔子的隔壁间，时刻注意老师的动静，听从老师的召唤。

而后，李思通把其他人请到自己的屋内，说是有好茶，请大家来品茶。大家来了一看，原来是产自中原腹地的顶级杜仲茶，细品后感觉味微苦而后有回甘。

李思通说道："人们常说'睡前不饮茶'，而这种杜仲茶常饮有益健康，睡前喝一杯效果更好。所以，邀请大家来喝一杯。"

党教授性格直爽，笑着说道："您拉我们来，是'醉翁之意不在茶'吧。有话请直说吧！"

李思通笑道："还是党教授了解我。今天看了一天，谈了一天，我有一个想法，现在，我们对孔老师的'万物一体'与马先生的'物质统一性'作一比较，如何？"大家一致同意，觉得应该搞清楚。

"这实际上谈论的是世界本原的问题。"马中哲思路敏捷，说道，"世界本原问题本来就是一个复杂的科学问题，对世界本原的认识可谓是仁者见仁、智者见智。但是，老师与先生在这方面的看法确实是十分接近。"

"世界本原问题，什么是世界本原问题？世界本原问题很重要吗？"颜回有些不解地问道。

"颜师兄，是这么一回事。"马中哲回答道，"世界本原的问题，是哲学史上一直在探讨的问题，在哲学上我们称之为'本体论'。你们所在春秋时期虽然还没有'哲学''世界本原''本体论'等这些专有名词，但是在你们的自我意识中，也自觉不自觉地产生出人和大自然中的万事万物到底是怎么产生的这一问题，而且希望一劳永逸地找到这个最初始的东西。

其实，老师推崇的'太极说''五行说'，其中就有对世界本原问题的回答。"

颜回理解力很强，一听就基本明白了。

"总的看，老师的'万物一体'与先生的'物质统一性'，具有本质上的一致性、内容上的相通性和彻底程度上的差异性。"马中哲说道。

"愿闻其详。"大家说道。

"首先是本质上的一致性。"马中哲说道，"老师'不语怪、力、乱、神'，具有鲜明的无神论倾向。近代以来，一些到中国的传教士通过实地研究发现，中国儒士几乎都是无神论者，还称老师是'无神论之王与博士'。清末民初思想家、国学大师章太炎曾说：'至于破坏鬼神之说，则景仰孔子当如岱宗北斗。'① 有了这种无神论思想，不可能认为世界万物是由上帝或神灵创造出来。"

子贡接话道："您说得很对。在老师的言论和反映老师思想的典籍中，有大量的天地、日月、四时、雷霆、山水、百谷、草木、雨露、鸟兽、昆虫、财货、男女、人等词语，并将其归纳为'百物'、'群物'乃至'万物'；同时，也出现了鬼、神、命等字眼，但很大程度上是对一些未知的、不可控的自然现象的描述和反映。可以说，在老师的思想中，世界是由天地万物构成的，而且包括人在内的天地万物同源同性、'生生'演化。"

党教授说道："借用现代的话语体系，说孔老师的思想中蕴含着'世界是物质的，物质是运动的，运动是有规律的'等思想观点，这也不武断、不牵强附会。"

马中哲见大家没有意见，继续说道："再来看先生的观点。先生不仅是彻底的无神论者，而且是宗教的激烈批判者。'对天国的批判变成对尘世的批判，对宗教的批判变成对法的批判，对神学的批判变成对政治的批判。'② 先生批判神本的超自然的世界观，批判基督教未能找到实现其价

---

① 章太炎：《答铁铮》。

② 《马克思恩格斯文集》第1卷，人民出版社，2009年，第4页。

值理想的现实道路，甚至激烈批判黑格尔的概念化的'造物主'。因此，神本主义世界观与先生无缘。"

程思汉一听，感到有了借机"吐槽"的机会，用反驳的口气问道："无神论就一定比有神论好吗？我们信仰上帝，但这并不影响我们的科学精神啊?!"

不得不说，程思汉问了一个比较棘手也无法回避的问题。

党教授郑重回答道："如果从哲学的角度来回答这个问题，无神论是唯物主义，有神论是唯心主义，而唯物主义是科学、真理的代名词啊！因此，我们的结论是，无神论比有神论也更科学一些。"

程思汉一怔，无言以对。

党教授说道："研读马先生的哲学著作，有一个鲜明的感受，就是马先生认为世界是物质的，客观世界与主观世界、人类社会与自然社会具有内在的物质统一性。这一点，我们前面也说过。"

李思通说道："其实，这里面涉及哲学发展史上一个重大理论问题，就是何为唯物主义？凡是认为物质第一性、精神第二性的，坚持'从物到感觉和思想'认识路线的，就是唯物主义。唯物主义发展过程中，依次出现过古代朴素唯物主义、近代唯物主义和马克思主义的辩证唯物主义三种基本的历史形态。孔老师的思想应该归于古代朴素唯物主义，虽然具有朴素性、直观性，但自觉不自觉地肯定物质的本原性和统一性，与马先生关于'物质'和'物质统一性'的本质内涵和精髓要义是一致的。"大家觉得李思通概括得很有道理。

颜回问道："老师的万物一体与马先生的物质统一性，内容上也能相通吗？"

"是的。"马中哲给出肯定回答，"万物一体与物质统一性，不但在本质上是一致的，而且在具体内涵上也有许多相通之处。事实上，老师常说的'天地'与先生所说的'自然'是相通的。在老师的思想中，天地有不同层面的意义，其中有超越物质的精神层面的涵义，但天地绝不是绝对超越的精神实体，而是承载万物、创造生命的有机整体，天地就是自然界本身。由于受当时科技发展水平的限制，老师可能会把当时无法解释的自然现象神秘化，这是可以理解的。其实，老师所说的天其实就是自然，所谓的命就是自然之数或自然之必然性。可以说，老师的'天地'和天地观与先生的自然界和自然观，具有异曲同工之妙，在内涵上的重合之处甚多。"

"中哲这么一说，也提醒、启发了我。"李思哲说道，"孔老师主张的'天人合一''万物一体'，与马先生提出的'自然是人的无机的身体''人与自然的和解'，也是相通的。孔老师说：'天何言哉？四时行焉，百物生焉，天何言哉？'这反映了孔老师的'天人合一'观，他主张天地运转有自己的客观规律，天虽然没有言说，但万事万物在不断生长变化，人类应仔细观察各种自然现象，找到大自然演变的客观规律，适应自然、融入自然，实现人与自然和谐共生。马先生则指出：'自然界，就它自身不是人的身体而言，是人的无机的身体。人靠自然界生活。这就是说，自然界是人为了不致死亡而必须与之处于持续不断的交互作用过程的、人的身体。所谓人的肉体生活和精神生活同自然界相联系，不外是说自然界同自身相联系，因为人是自然界的一部分。'① "

党教授说道："我觉得马先生有一点非常难得，就是提出'两个和解'的思想。关于这一点，前面颜回老师也提到过，即'人类同自然的和解和人类自身的和解'。马先生通过对当时生态环境恶化的批判，揭露资本主义生产方式破坏人类生存环境的事实，从而提出'人与自然的和解'的主张，实质是要建立人工生态系统的平衡，合理地控制、调整人与自然之间的关系，实现人与自然的和谐发展。'万物一体''天人合一'与'自然是人的无机的身体''人与自然的和解'，具有同样的目标指向和境界追求。"

程思汉听到早在100多年前马克思就提出"两个和解"的观点，心想：马克思不愧是"千年思想家"，单单这"两个和解"就非常有价值。当下这个充满环境赤字、安全赤字、发展赤字的世界，非常需要"两个和解"。

程思汉说道："马先生的'两个和解'思想，具有很强的当代价值和

---

① 《马克思恩格斯文集》第 1 卷，人民出版社，2009 年，第 161 页。

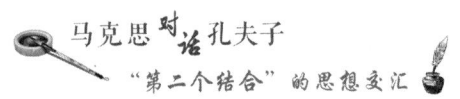

现实意义。"

李思通笑着说道："能得到您的肯定，非常难得啊！"说着还拍了拍程思汉。

程思汉又说道："孔老师的'天人合一'，太完美、太美妙了，这不仅是中国人追求的境界，也是全人类追求的目标啊！"

王教授笑道："中华优秀传统文化中，中国 5000 多年文明史的精华和智慧都在里面，完美、美妙的东西多着呢。毫不夸张地说，解决当今世界的难题，可以从中华优秀传统文化中找到答案或者启发；也毫不夸张地说，当今世界的发展方向，也可以从中华优秀传统文化中得到指引。"

程思汉感觉自己"破防"了。

党教授是研究马克思主义哲学的，对马克思、马克思主义哲学十分推崇。他觉得，孔子的万物一体与马克思的物质统一性并不能完全"相提并论"，说道："二者之间总会有些差异吧？毕竟不是同一时代、相差两千多年的思想产物。"

"这正是我想说的。二者的差异，主要体现在科学性、彻底性上。"马中哲回应说，"由于所处的时代背景、立足的生产力水平、反映的时代精神不同，老师的'万物一体'与先生的'物质统一性'有不少差异。总的看，老师主张的'万物一体'，虽然代表了当时的最高认识水平，但具有具象性、猜测性、自发性、不彻底性；先生主张的'物质统一性'，从实践的观点对物质概念作出规定，坚持唯物主义的哲学路线，继承了以往唯物主义的基本内核，具有抽象性、实证性、自觉性、彻底性。"

"中哲说得对。首先是具象性与抽象性的差异。"李思通说道，"孔老师眼中的万物，即'感性地存在着'的各种实物的总和，而不是对天地万物总和的抽象；'五行'说用五种基本物质或元素来概括物质世界，仍然不够高度抽象，因而对世界的物质性本原的揭示带有直观的和朴素的色彩。马先生所说的物质概念，具有高度的抽象性、凝练性和总括性，把物质的根本属性与物质的具体形态、具体结构、具体特性区别开来，从而避免了旧唯物主义把哲学意义上的物质与自然界的具体物质结构混淆起来的理论缺陷。"

"其二，是猜测性与实证性的差异。"党教授说道，"孔老师对宇宙的起源、人类的演进、万物的规律等的理解把握，带有明显的想象、猜测甚至神秘的成分，比如太极、阴阳、四象、五行、八卦等，虽然这种想象和猜测在一定程度上也与科学事实相符。而马先生所处的时代，科学技术已经发展到一定水平，一些揭示自然界各种物质形态之间的联系和发展、一些揭示人类自身身体和精神奥秘的新学科，纷纷建立并逐步成熟起来，为马先生揭示世界本原提供了比较充分的科学支撑和实证依据。"

子贡辩解道："我们所处的时代，科学技术水平非常低，最高技术是炼钢技术和铸铁柔化技术，不猜测也没有什么其他办法。而马先生的时代，已经有了细胞学说、能量守恒转化定律、生物进化论等重大发现，提出的思想观点当然也就更科学一些。"

"我们在这里只是作一比较，并没有说谁高谁下、谁优谁劣。端木老师不必介意。"李思通连忙安慰子贡。

"其三，是自发性与自觉性的差异。"王教授说道，"孔老师对世界本原的揭示，带有明显的不自觉性或者说自发性，而马先生则不同。这是因为，在马先生所处的思想理论环境中，哲学的基本问题即思维与存在的关系问题，是贯穿于全部哲学问题之中并统帅和制约其他一切问题的根本问题，也是各种哲学学派、思潮争论的根本问题。马先生和恩格斯先生要批判各种旧唯物主义、各种唯心主义思潮，首先必须把世界本原问题搞清楚。因此说，马先生能够主动自觉地总结自然科学的新成就和社会历史发展经验，对世界本原问题作出科学揭示。相对来说，孔老师则没有这方面的理论使命，没有这样的紧迫性，因此对世界本原的探索是自发而为之。"

颜回、子贡认同这一观点。

"第四，不彻底性与彻底性的差异。"马中哲说道，"老师能够把天地万物理解为独立于人的意识的存在，在自然观上是唯物的；但把人的有意识活动构成的社会历史归结为由'天命'所掌控，还把人类命运、历史进步寄托在封建地主统治阶级者手中，在历史观上具有唯心主义的色彩。这样就导致了自然观与历史观的分裂。'天生德于予，桓魋其如予何？''文王既没，文不在兹乎？天之将丧斯文也。''道之将行也与，命也，道之将废也与，命也。'从这几句话可以看出，老师认为，某些'人事'并不是由人决定的，也不是由社会内部原因决定的，而是由那冥冥之中的'天'所决定的。'天'既然能决定人事，天就被认为是有意志的。老师这样认为也不奇怪，因为一个人无论如何是不能超越他的时代的。而先生则立足于近代科学技术的发展，通过引入实践的观点，对物质概念的理解彻底坚持了唯物主义的客观性，并将这种原则贯彻运用到历史领域，实现了自然观与历史观的统一，是彻底的唯物主义者。"

李思通说道："经过一天的游学与谈论，加上刚才这一番探讨，我们进一步搞清了万物一体与物质统一性的异同。二者虽然有不小的差异，但从总体上讲，孔老师同马先生一样，也是唯物主义者；不管是具象的太极说、五行说，还是抽象的物质概念，总归都是在说'物质'，而不是上帝或绝对精神。我们说儒学思想与马克思主义的'会通'、马克思主义传入中国后能为广大中国人所接受，这样就有了一个比较坚实的逻辑前提和思想基础。"

大家觉得，这一天弄清了这个重大问题，非常有意义。

几个人又商量了一会明天的具体安排，然后都去休息了。

程思汉有记日记的习惯。当晚他写道："在世界观、本体论上，唯心主义与唯物主义是对立的。因此，信仰上帝的我们与秉持唯物论的他们是对立的，很难调和的。'万物一体'也好、'物质统一性'也好，特别是'万物一体'，体现出很大的包容性、和谐性，这似乎为和而不同提供了一个重要文化前提……"

第三章

道之阐发　规律揭示 ○○○

第一节　天道、人道、事道

第二天上午，孔子、马克思一行人向第二个游学点——"历史长河"进发。由于路途比较远，到这个游学点约需三小时车程。

他们刚上大路，远远看到三个十四五岁的少年举着一个牌子，上面写着"请求搭便车"。

孔子一向推崇仁者爱人，对子贡说道："赐，这三个孩子要搭便车，问问他们到哪，如果顺路就带上他们吧。"

子贡刚开始有点怕麻烦，一看老师开口了，刚好车上的空位还有好几个，就爽利答应，停下车上前去问。刚好，三个少年是到"历史长河"景区前面一个小镇——刘家屯，顺路，就让他们上了车。

孔子和马克思等人仔细看了看三个少年，第一印象是他们都有一种清新脱俗之气，一下子心生喜爱。

孔子问道："你们这三个半大不小的孩子，怎么没有父母带着、自己出远门啊？"

其中一个回答道："我们是到刘家屯看望亲戚。家中父母为了锻炼我们，就让我们自己去。你们让我们哥仨搭便车，真是十分感谢，我们遇到好人啦!"说着站起身向孔子等人拜了又拜。由于车厢高度的限制,再加上车的晃动,这个少年的动作有些变形,但一举一动很有章法,也很从容。

孔子更是面带慈祥,问道:"你们姓什么、叫什么啊?看身高、长相,你们应该是三胞胎吧?"

其中一个说道:"您老人家说得对,我们是三胞胎,是李庄董家的孩子。我是老大,叫董天道,字天命。"然后指着刚才说话作揖的少年说道:"这是老二,叫董人道,字仁礼。"又指着另外一个少年说道:"这是老三,叫董事道,字中庸。"

三个孩子怎么起这样的名字啊?!这惊不惊喜、意不意外!

孔子又惊又喜地问道:"你们的父母怎么给你们起这样的名字啊?有什么说法吗?"

董天道回答说道:"我爷爷、我父亲都很喜欢儒家思想,非常崇拜孔子,尤其是对儒家思想中内蕴的天道、人道、事道更为推崇,而且还在日常生活中躬身实践。我母亲生下我们三胞胎兄弟后,爷爷、父亲一商量,就给我们仨起了这样的名字。"

他想一想又说道:"我想,这可能是爷爷、父亲对孔子、对儒家思想敬仰之意的一种表达吧。同时,这也让我们终生谨记、忠实传承、一生践行孔子'三道'。"

孔子听后,手抚须髯,心想现在很多人对自己的思想还是认同、推崇的,心中很是宽慰。

董事道认真看了看孔子,觉得眼前这位老人与书上的孔子画像很相似,好奇地问道:"这位爷爷,您不会就是孔子、孔老先生吧?"

孔子马上回答道:"我哪里是孔子,只是与他长得有点相像罢了。我告诉你们,有家电影公司还请我当孔子的特型演员呢。"众人一听都笑了起来,也明白了孔子的意思。

颜回想考一考这兄弟仨,问道:"你们三人名字中都有'道',又这么崇拜孔老先生,那我提一个问题:《论语》一书中共出现过多少次'道'

字啊?"

兄弟仨异口同声地答道:"89 次。"

颜回十分惊奇:"你们怎么知道得这么准确啊?"

兄弟仨几乎同时说道:"父亲考过我们。"

众人一听,感觉单从这一点看,他们对孔子、对儒家思想的推崇还真不是嘴上说说而已。

孔子看着老大董天道,若有所思地问道,"你叫天道,字天命,那你知道什么叫天道、天命之道吗?能不能说给我们听听。"

马克思对这个问题没有思考过,也知道得不多,但觉得十分有趣、十分重要,也不插话,在旁边静听。

李思通用逗孩子玩的语气说道:"董天道,我先问你一个问题,然后你再回答这位老先生的问题。"

董天道转向李思通说道:"这位叔叔,请问。"

"在中国历史上将近 500 位皇帝中,哪个皇帝最懂得天道、最崇尚天道啊?"李思通带着狡黠的眼神问道。

大家觉得这个问题挺有趣。徐翔阳心想:如果问我,我会说是嘉靖皇帝。前不久他看了电视剧《大明王朝 1566》,认为嘉靖帝朱厚熜潜心修道,应该最懂天道。

董天道满脸稚气地说道:"这个问题我没想过,但我学过历史,知道秦始皇嬴政极为相信长生不老的思想,唐太宗李世民实践道教的无为而治,宋仁宗赵祯亲自撰写尊道赋,明朝嘉靖帝朱厚熜更是痴迷道教。这些皇帝应该都懂天道、崇天道。至于谁最懂天道,那我就不知道啦。"

大家一听,都哈哈大笑,觉得李思通问得可笑,少年一本正经地回答更可爱。

李思通说道:"依我看,最懂天道、最崇天道的非大明开国皇帝朱元璋莫属。"

党教授说道:"不要太武断!"

"这是因为,朱元璋把皇帝诏书的第一句话改为'奉天承运',表示天子承受天命而统治全国。"说后大笑起来。

大家也跟着笑起来，知道李思通是想开个玩笑。

董天道摸了摸头说道："这位叔叔的问题，差点把我搞蒙了。我听爷爷、父亲讲过天道，但是我也没有弄太明白，只是略知道一些。在孔老先生之前，人们信奉作为人格神的天，它无名无姓、无形无体，却无所不知、无所不能，是世界和人的命运的最高主宰者和神秘支配者。孔老先生不但反对各种天地间的鬼神观念，而且淡化了作为人格神的天。在他眼中的天，大多是指自然之天、类人之天。作为人的规定的天就是命，这大概就是孔老先生的天命说。"

董天道说的时候，有些词语说起来比较生硬，看来他是知其然而不知其所以然，知其一而不知其二。但对于一个十四五岁的少年来说，这也已经很难得了。

刚好路上时间很长，孔子就对子路、子贡、颜回三人说道："我理解，孔老先生的这个天道，应该包含三层意思，有自然之天、类人之天，然后才有天命之道。路老师（子路）、贡老师（子贡）、回老师（颜回），你们三人不是都有研究吗？就给孩子们讲一讲吧。"

子路、子贡、颜回三人相视，会心一笑。子路是大师兄，先说道："孔老先生的天道，要从自然之天讲起。所谓自然之天，就是天地的存在及其运转，即是大自然的运行规律。孔老先生说过：'天何言哉？四时行焉，百物生焉，天何言哉？'天说了什么呢？四时运行，万物生长。天没有任何意志和言说，顺应时间和空间的变化以及万事万物的生成。在这一点上，孔老先生与老子是心灵相通的。《道德经》曰：'道法自然。'这里的'法'就是'是'的意思，道就是自然，道遵循着自然运行的规律。如果说天是自然、是天地万事万物的话，那么它的本性就是一个'生'字。《周易》曰'天行健'，'天地之大德曰生'。大自然蕴含着无穷的生机和活力，如同奔腾的江河，'逝者如斯夫！不舍昼夜'。日出月落、潮起汐落、春去秋来、暑尽冬临，周而复始、循环往复，真可谓'生生之谓易'。我想，掌握了这些，也就理解了什么是自然之天。"

马克思听了自然之天，觉得这和自己提出的自然发展规律有点相近，感叹孔子的思想之广博。

子贡接着说道："孔老先生的天道，还包括类人之天的意思。所谓类人之天，就是把人和天联系起来，赋予天以人格化的意味和能力，天既反映了人的意愿特别是人心所向，又似乎大大超越了人力。这样，天人之间就有了一种神秘的联系，天在人中、故能知晓一切，人在天中、故要顺从天意。"

颜回也说道："孔老先生所认为的天命之道，就是天命不但规定了万事万物，还能主宰人的生死哀荣。天就是那只在冥冥之中起支配作用的看不见的手。"

"好一只看不见的手。"王教授说道，"《管子》中有言：'斗斛满则人概之，人满则天概之，余谓天之概无形，而假人手概之'。天道的约束是无形的，是假借人的手来约束的。"

王教授在一旁笑道："孔老先生有一句名言，最能体现天道思想，你们是不是忘记了，还是故意没有说？"

大家问是哪一句？王教授回答道："'死生有命，富贵在天'啊！人或生或死，或寿或夭，或富或贵，或功或名，并非人自身的意愿，而是取决于天命的限定。这句话几乎成了人们的口头禅了。遇到什么大事、难事，都用这句话来安慰自己。"

大家一听都笑了。

党教授笑着反驳道："这句话也要辩证地看，如果真是'死生有命，富贵在天'，那就不用努力工作、不用锻炼身体了。可这能成吗?!"

孔子听后也笑道："其实，这里'命'和'天'，有自然规律、社会规律之意，没有太多神秘的色彩。"

孔子转向董人道问："你的名字叫董人道，字仁礼，你对人道、仁礼之道有哪些理解啊？"

董人道马上又起身，准备行礼。孔子急忙拦住他："我们要知礼而不拘礼。"

董人道懂事地坐下来，回答道："《论语》中'仁'字出现 105 次、'礼'字出现 73 次，从简单数字统计上，可以看出孔老先生对仁与礼的重视程度。我对人道或者说仁礼之道的理解比较简单，就是觉得作为一个人，要有礼貌、有爱心，这是最起码的要求。"

孔子觉得，这孩子的回答虽然很简单，但也抓住了要害，能够悟到这一层，也不容易了。

相比较而言，孔子对仁礼之道最为看重。因为他的思想主旨就是复兴周礼。他想通过倡导和推进仁礼之道，使人们特别是统治阶级明确为官从政的准则、规范人与人的关系，各安其位、各履其序、各履其职，从而达到天下平安、长治久安的目的。

"这次，请马老师（马中哲）、王老师（王教授）、李老师（李思通）来给董人道讲一讲如何？"

孔子用征求意见的语气说道，马中哲、王教授、李思通三人心领神会。

马中哲说道："孔老先生的仁礼之道，首先是礼乐之道，以礼为表、以乐为用。孔老先生认为礼非常重要，认为礼是人的根本规范，唯有知礼才能在天地间站立，在康庄大道上行走。"

说到这里，马中哲用手点了点董人道的脑门，说道："你这孩子，一看就是懂礼知礼的孩子，所以大家都喜欢你。"董人道有点不好意思地挠挠头。

李思通说道："孔老先生要求人们按照礼乐的规定来生活、学习和处事。'恭而无礼则劳，慎而无礼则葸，勇而无礼则乱，直而无礼则绞。'恭、慎、勇、直四者虽然是人重要的品德，但它们必须服从礼的规定和约束，否则就会劳倦、畏葸、混乱、尖刻。孔老先生认为，不仅要以礼立人，还要以礼治国，否则天下就会大乱。"

说到这里，李思通问董人道听懂了没有。

董人道似乎懂了一些，说道："'非礼勿视，非礼勿听，非礼勿言，非礼勿动'，不合乎、不遵从礼的不要看、不要听、不要说、不要干。"

李思通拍拍董人道的头，说道："就是这样的，很聪明。"

王教授说道："孔老先生的仁礼之道，是以仁为里、为体的。"

董人道问："怎么才算是做到仁了呢？"

"这个问题问到点子上了。"王教授答道，"答案要在《论语》中找。'夫仁者，己欲立而立人，己欲达而达人。'仁人是这样的，要想自己站得住，就要帮助别人站得住；要想自己做得到，也要帮助别人做得到。'己所不欲，勿施于人。'自己不喜欢的事物切莫强加于人。可以说，'己所不欲，勿施于人'与'己欲立而立人，己欲达而达人'相比较起来，是更高层次、更高境界的仁。"

孔子用赞赏的语气说道："三位老师说得太好啦！"

这时，董人道问道："老人家，有一个问题想请教一下。"

孔子充满慈爱地说道："孩子，问吧"。

"我们同学之间相互斗嘴的时候，有时候听到一些同学说别人是'满嘴仁义道德，一肚子男盗女娼'。这句话其实很难听，实际生活中是不是有这类人啊？"

"满嘴仁义道德，一肚子男盗女娼"，这话伤害性极高、侮辱性极强。

孔子听董人道提出的还真是一个严肃的大问题，回答道："孩子，人上一百，形形色色。这样的人虽然不多，也是有的。"

"那对这样的人，怎么把它给找出来呢？"

"《论语》中不是有这样一句话吗？'视其所以，观其所由，察其所安，人焉廋哉？人焉廋哉？'只要我们听其言、观其行，这点鬼把戏是演不下去的。"

程思汉听到"听其言、观其行"，觉得中国人既重怎么说、更重怎么做，是不容易麻痹和糊弄的。

孔子似乎不愿意沿着这样的话题说下去，因为无论在他那个时代，还是他以后的各个时代，都有一些"伪君子""假道学"，这些人搞坏了孔子、儒家思想的名声。

"孩子，"孔子拍了拍董人道，郑重地说道，"你还要记住一句话：儒家思想提倡的是做真君子，伪君子、假道学不是儒家思想的产物，也是儒家思想所不允许的。"

董人道很认真地点了点头。

大家转向董事道。

孔子满脸笑意地问道："孩子，你叫董事道，字中庸，你对事道、中庸之道，有什么样的认识和理解呀？"

与前面两位少年相比，这个最小兄弟的回答却出乎了大家的意料。

董事道不卑不亢、昂首朗声说道："在孔老先生思想里，事道即中庸之道。中庸在儒家思想中是非常重要的哲学概念和范畴，是认识和把握世界万物包括人的思想行为的根本方法论。在现代人的印象中，中庸一词通常被认为是一种折中的、妥协的、圆滑的，甚至无原则的、无是非的、和稀泥的老好人态度，或者是一种通常的、平庸的甚至消极的生命状态。这是不对的，在孔老先生思想中，中庸完全不是这种意思，或者说中庸一词被孔老先生及其后学赋予了特别涵义和特殊价值。《中庸》一书记载了许多关于'中庸'的言论，与《论语》中有关言论联系起来思考和领悟，可以加深对中庸本义的认识把握。一般地说，'中'指中央、中心、中间等，当一个事物按其本性存在的时候就是'中'；'庸'指平常的、普遍的，普遍性与永恒性的结合就是'庸'；'中'与'庸'相互制约、互为规定。中庸，可理解为人们做事当恰如其分，既不能'不及'，也不能'过'。如果进行哲学意义上的升华，中庸代表了事物自身的正中性、普遍性和永恒性。"

董事道年纪不大，说得有板有眼，还说了不少与其年纪不相符的甚至比较专业的话。

大家听后，不禁对这个最小的弟弟刮目相看。后来一问才知道，他的爷爷对中庸之道最为推崇，长时间沉浸其中，也把自己的研究心得以通俗易懂的方式讲给孙子听。董事道记忆力最好，基本记住了，虽然还不能够完全理解。

徐翔阳笑着说道："你董事道只有十几岁年纪，对中庸之道的认识理解能够达到这么高的程度，真是太难得了，堪称一个'小孩哥'。"

大家一听，都笑了。

王教授结合自己一辈子研究儒家思想的体会说道："学习四书（即《大学》《中庸》《论语》《孟子》），最难学的是《中庸》一书；践行儒家思想，最难达到的境界是中庸。中庸之道，最难说清，也最难掌握。"

孔子对王教授的这番话也很有同感。

不知不觉中，到了弟兄仨要去的地方——刘家屯，他们十分感谢孔子和马克思一行人，既为他们带了路，也带他们上了"道"。而孔子和马克思一行人也十分感谢他们仨，因为他们仨给较为漫长的旅途带来了快乐，也带来了惊喜和向上向善的希冀。

三位少年下车后。孔子、马克思一行人继续乘车赶路。

程思汉问道："孔老师，你们中国古人常说'道可道，非常道'、'道不可言'。刚才王教授也说中庸之道最难说清、最难掌握。'道'真的不可说，或者说出来的就不是道吗？"

孔子回答道："我想，这可能是一个千年误会。我的理解是，'道'是事物背后的深层的东西，因此很难说清楚。但是我觉得，'道'必须说清楚，也可以说清楚。不然的话，人们怎么能够揭示、能够明白、能够运用天道、人道、事道？"

"是啊！不然怎么能够揭示、能够明白、能够运用自然界、人类社会和人类思维发展的规律？"李思通补充道。

马克思突然一拍脑袋，大声说道："今天确实是一个历史的巧合、文化的偶遇。"

众人的目光"刷"地聚向马克思，眼神中透露出急切。

"这三兄弟乃一母同胞，恰如天道、人道、事道源于一道。这一母生下三兄弟，恰如道又可体现为不同的侧面，在天则为天道，在人则为人道，在事则为事道。这三胞胎兄弟之间，既有很多相似之处，也有迥异之点，恰如天道、地道、人道之间既有相同相通之处、又有相异相别之点，真可谓是'一枝散三叶，三叶共一枝'！说到底，还是孔老师的学问神奇高妙啊！"众人听后，都觉得马克思这番话有"画龙点睛"之妙。

王教授说道："我看，不管天道、人道还是事道，都离不开一个关键字。"

党教授猜着说道："是不是'道'字？天道、人道、事道，都有一个'道'字。"

王教授笑道："我说的不是这个字，如果这么简单，就不让你们猜了。"

"那是什么字？快说。"众人催促道。

王教授笑道："好的。我读《周易》，看到其中有一句话，叫'天道亏盈而益谦，地道变盈而流谦，鬼神害盈而福谦，人道恶盈而好谦'。看来，无论这个道、还是那个道，都离不开一个'谦'字。我说的这个字是'谦'啊！"

众人一听都笑了，认为王教授的这句话有讨巧之意。

孔子倒觉得非常有道理："是啊！行'天道'，履'人道'，践'事道'，如果能做到一个'谦'字，也算是把握要害、掌握精髓了。心怀谦恭，走遍天下。"

"孔老师，我想请教一下。"徐翔阳心中有个疑问，"人们既鼓励青年人张扬个性，又教育青年人保持谦虚，这个度怎么把握？"

"你把中庸之道好好学一学、悟一悟就知道了。该张扬个性的时候就张扬个性，该保持谦虚的时候就保持谦虚，它们之间并不矛盾啊！用我的话说，叫'君子之中庸也，君子而时中'。"

"用马先生的话说，叫'随时随地都要以当时的历史条件为转移'①。"李思通补充道。

徐翔阳一听，感觉忽然领悟了很多东西。

第二节　难以抗拒的自然规律

经过近一个上午的车程，孔子和马克思一行人来到了"历史长河"

---

① 《马克思恩格斯文集》第2卷，人民出版社，2009年，第5页。

景区。

这是一个规模和场面都非常宏大的景区。它依着一座方圆 160 多公里的大山而建，呈隧道状。人们可以把它想象成一个打着密密麻麻绳节的环状绳子，进口和出口在同一位置。没有"绳节"的部分是道路，约占三分之一的长度，主要是一些配合参观主题的图片、视频等；其余的"绳结"部分，运用实物和虚拟现实技术，对自然演变史、人类社会演进史以及人脑智慧进化史等进行了活灵活现、淋漓尽致的呈现。

子贡、马中哲等人买好门票、请好导游后，大家进入景区。由于整个游览有 160 多公里的路程，他们乘坐景区内的观光车进行沿途游览，即走即游、即停即游。

首先，他们进入"自然之境"。最先映入眼帘的是地球刚诞生时的景象：一颗炽热的大火球随着碰撞渐渐减少，开始由外向内慢慢冷却，产生一层薄薄的硬壳，不时从内部喷出大量气体，形成一圈包围在地球外围的大气层。随后看到的是，大气层开始降雨，这些雨水越积越多，形成了原始海洋。后来，地球的变化越来越快速、越来越丰富。先是有植物，而后有了动物，又过了好长一段时间后出现了人类，形成了现在的地球。在看到这些宏大场景的时候，太古代、元古代、古生代、中生代、新生代，寒武纪、奥陶纪、志留纪、泥盆纪、石炭纪、二叠纪、三叠纪、侏罗纪、白垩纪、第三纪、第四纪等字眼依序出现。这些宏大、壮观而又细节清晰的场景，让人在身临其境中感受到自然演进的磅礴与壮丽、宏伟与激越，给人带来极强的视觉冲击和听觉震撼。

"自然之境"的尽头，有一个休息区。孔子和马克思一行人来到休息区，过了好一阵子才从刚才的刺激和震撼中缓过神来。

马克思向马中哲、徐翔阳提问："中哲、翔阳，看完'自然之境'，有什么感想啊？"

马中哲反应很快，他知道马克思问的不仅是场面的壮观、感官的刺激，还有现象背后的本质和规律之类的东西。

没等徐翔阳说话，马中哲率先回答道："这个'自然之境'，把一部自然发展史演绎得惟妙惟肖、生动逼真、刺激玄幻。但是，形式的依托是内容，现象的背后是本质。看了'自然之境'，也让我更加深切感到，先生您揭示的自然发展规律十分准确和科学。"

"说说看。"马克思想考一考马中哲。

马中哲说道："自然界的演变，看起来令人目不暇接、眼花缭乱、震耳欲聋，就像'自然之境'演示的那样。但其背后是有规律可循的，这就是自然发展规律。正如马克思主义所揭示的，人类社会出现之前，自然界已经存在并独立有序地运行；自然界事物的变化是无意识的，自然发展规律就是通过这些无意识的事物之间的相互作用形成、表现出来并得以实现。'自然之境'前面很长的部分都在说这个道理。而随着人类的出现和人类实践活动的丰富，自然界不断被'人化''再生'，赋予更多人的主观色彩。'自然之境'快要结束的这一段，表现的就是这方面的内容。而人们通过形成和发展自然科学，能够更充分更合理地认识、利用和改造自然。"

"中哲说得对。"马克思鼓励他继续说下去。

"大家有没有注意到，"马中哲继续说道，"在'自然之境'即将结束的部分，我们看到地球上火山喷发、洪水泛滥、冰川消融、气候变暖、海平面上升，这实际上是在告诉我们：自然界在报复和教训人类。也就是说，人类利用和改造自然不是无条件、无限制的，超过了一定的范围和限度，就会受到自然界的报复和教训。也就是说，自然发展规律是有脾气的，大自然是会发脾气的。而这一点，先生早已作出揭示。"

子路不解地问道："自然界又不是人，怎么会发脾气，怎么去报复和教训人呢？"

马克思语气沉重地说道："你们那个时代，生产力还不发达，人类开发利用自然的能力十分有限，对自然界的破坏也十分有限，因此感受不到自然界对人类的报复。随着科学技术的发展特别是随着工业化的进程，人们为了采矿大肆破坏矿山，为了得到木材大量砍伐森林，为了工业生产大肆排放污水和有毒气体，等等。这样就使整个自然界的微妙平衡受到破坏，大自然为了恢复某种平衡，就可能出现极端天气现象、极端地质变化。正如我的亲密战友恩格斯所说：'我们不要过分陶醉于我们人类对自然界的胜利。对于每一次这样的胜利，自然界都对我们进行报复。每一次胜利，起初确实取得了我们预期的结果，但是往后和再往后却发生完全不同的、出乎预料的影响，常常把最初的结果又消除了。'[1]"

"噢，原来是这样。这确实是个大问题。看来老师推崇黄帝'仁厚及于鸟兽昆虫'，说过的'钓而不纲，弋不射宿''断一树，杀一兽，不以其时，非孝也'等言论，是非常有道理的。"子路自豪地说道。

"孔老师有先见之明啊！"马克思赞道。

马中哲接着说道："先生也多次提到自然环境对人的客观限制，指出人并不能完全地、暴君式地支配自然，先后使用'合理调节''共同控制''最小消耗''最无愧于人类本性'等词语，来限定人类支配自然的必要条件。"

程思汉对全球气候变暖问题较为关注，马克思这一主张打动了他，说道："现在，大自然正在'利用'二氧化碳等温室气体，提高地球的温度来报复人类。前一段，全球不少国家特别是主要经济体都出台了碳达峰碳中和的措施，这有利于实现马先生说的'合理调节''共同控制''最小消耗'自然的目标。但是，随着国际形势变化，特别是局部危机冲突造成的能源危机、突发疫情造成的交流障碍，不少西方国家纷纷放弃或推迟了碳中和目标，而中国没有放弃，坚持走绿色低碳的发展道路，这一点难能可贵。"

"如果其他国家都像中国一样就好了。"马克思听后点点头。

党教授说道："我理解，马先生对自然发展规律的揭示，具体体现在两个方面。第一点，自然界是与人类社会相区别的物质世界，它先于人类存在、是人类生存和发展的基础，同时也有一个'人化''再生'的过程。事实上，唯有人参与的自然界才是具有存在意义和存在价值的自然界，也

[1]《马克思恩格斯文集》第9卷，人民出版社，2009年，第559—560页。

就是'人化自然界'。随着人类社会不断发展，人们主观的实践活动不仅使客观存在的自然界发生形态的改变，同时还把人的目的性因素注入自然界因果链条之中，通过改变条件、劳动实践获得符合人类需要的结果，在'再生'过程中使自然深深打上了人的本质力量的烙印。"

孔子担心地说道："人化自然界，千万不能随心所欲地'化'，一定要有节制啊！"

党教授点头称是："其次一点，就是自然科学是人类本质力量的体现，通过对工业的影响，影响到人在生产实践中所使用的工具，进而影响到人可以改造自然的深入程度。现代自然科学和现代工业一起对整个自然界进行了革命改造，通过工业——尽管以异化的形式——形成的自然界是真正的人本学的自然界。也就是说，人们通过向自然学习，从自然中撷取材料、制造工具，可以进一步认识自然、利用自然、改造自然。"

孔子说道："我听说，人们早已研究出核武器、生物武器、化学武器、基因武器。这样的自然科学研究成果，可能已经超出了马先生所说的自然科学的范畴了。"

马克思说道："是啊！用中国一句古话说，这绝非'杞人忧天'啊！"

党教授继续说道："马先生对自然发展规律的揭示，是在论证世界物质统一性的基础上展开的。在马先生的著作中，包含着不少关于自然发展规律的重要论述。特别是《1844 年经济学哲学手稿》这一著作，从异化劳动、人对自然的依赖性、人对自然的能动性等多个角度，论述人与自然的唯物辩证的关系，既体现了人与自然关系的思想，也深刻揭示了自然界的发展规律。"

孔子听后笑着对马克思说道："我越听越有一种感觉，就是您的自然发展规律说与我的天道说有契合之处。"

马克思也笑道："英雄所见略同。"

这时，导游在一旁提醒道："时间紧张，我们继续看一下景点'人类简史'吧。"

第三节　螺旋上升的社会规律

孔子、马克思一行人坐上观光车，进入了"人类简史"。

他们看到的第一个场景是，四肢爬行的类人猿慢慢变成了直立行走的早期的人类：这是中国境内发现的最早人类——元谋人。

接下来看到一群穿兽皮的原始人正在"茹毛饮血"，场面相当"血腥"。

看到这一场景，孔子不由得想到《礼记·礼运》的一句话："未有火化，食草木之食，鸟兽之肉，饮其血，茹其毛，未有麻丝，衣其羽皮。"心想，这一场景的设计者可能受到了这段话的启发。

再后来，他们看到了石器时代、青铜器时代、铁器时代、蒸汽机时代、电气时代、信息时代人们的生产和生活，看到了中国的禅让制、王位世袭制、分封制、中央集权制以及西方的希腊民主、罗马法律、君主立宪制、民主共和制等政治文明形态，看到了在资本主义社会里无产阶级与资产阶级的激烈斗争，等等。一件件实物模型、一个个虚拟人物、一段段生动视频、一幅幅照片图片，再现了人类历史不断发展的真实图景，让大家有一种"坐地日行八万里，沧桑巨变一眼收"的感觉。

党教授颇有感触、略带激动地说道："看了'人类简史'，有一种特别的感觉和收获。"

众人问是什么感觉和收获。

"这个'人类简史'，就是一部几百万年来人类社会发展的微缩史、简略史。看了'人类简史'，感觉就是上了一堂生动形象的马克思主义关于人类社会发展规律的现地教学课。"

"是吗？"马克思略带怀疑。

"'人类简史'中的场景，尽管呈现的是一个个纷繁复杂、千变万化的场面，但也相对清晰地显现出人类社会由低级向高级演进的历史过程。关于这一点，马先生早有论述。"党教授注视着马克思。

马克思从唯物史观出发，概括人类社会历史演进的基本趋势，把人类社会看作一个由低级向高级演进的历史过程，鲜明指出人类社会最终走向共产主义。他认为："大体说来，亚细亚的、古希腊罗马的、封建的和现代资产阶级的生产方式可以看作是经济的社会形态演进的几个时代。资产阶级的生产关系是社会生产过程的最后一个对抗形式，这里所说的对抗，不是指个人的对抗，而是指从个人的社会生活条件中生长出来的对抗；但是，在资产阶级社会的胎胞里发展的生产力，同时又创造着解决这种对抗的物质条件。因此，人类社会的史前时期就以这种社会形态而告终。"①

"不仅如此，这些场面的背后，贯穿着人类社会发展规律。其实这一规律，马先生早已揭示出来了，这就是生产力与生产关系、经济基础与上层建筑的辩证关系。"党教授进一步说道。

马中哲对孔子以及子路、子贡、颜回说道："老师、各位师兄，先生揭示的人类社会发展规律，对你们古代人来说，可能不容易理解。因为你们那个时候，很多社会形态、很多科学技术、很多生活方式还没有出现，所以你们不知道、看不清也是可以理解的。我想，最权威的介绍还是请先生亲自来说。"

孔子等人点头，认真倾听。

马克思说道："在我们刚才看到的'人类简史'中，有原始人'茹毛饮血'的场景，有搭建房屋的场景，有纺织衣服的场景，等等。这些场景的背后揭示了这样一个道理：'一切人类生存的第一个前提，也就是一切历史的第一个前提，这个前提是人们为了能够'创造历史'，必须能够生活。但是为了生活，首先就需要吃喝住穿以及其他一些东西。因此，第一个历史活动就是生产满足这些需要的资料，即生产物质生活本身。而且，这是人们从几千年前直到今天单是为了维持生活就必须每日每时从事的历史活动，是一切历史的基本条件。'② 这一点大家同意吧？"

----

① 《马克思恩格斯文集》第 2 卷，人民出版社，2009 年，第 592 页。
② 《马克思恩格斯文集》第 1 卷，人民出版社，2009 年，第 531 页。

孔子说道:"人是铁,饭是钢,一顿不吃饿得慌。你说的这个什么什么的前提,我听懂了,也同意。"孔子想起当年自己和学生在陈国被围,七天没吃上饭,学生"造反"的心都有了。

"那好。"马克思接着说道,"我们再抽象一下,'从直接生活的物质生产出发阐述现实的生产过程,把同这种生产方式相联系的、它所产生的交往形式即各个不同阶段上的市民社会理解为整个历史的基础,从市民社会作为国家的活动描述市民社会,同时从市民社会出发阐明意识的所有各种不同的理论产物和形式,如宗教、哲学、道德等等,而且追溯它们产生的过程'[①]。"

子路之前没听到过、看到过"市民社会"一词,觉得比较费解,在一旁问道:"什么是'市民社会'啊?"

"所谓市民社会,说起来很复杂,简单地说,可以看作是经济生活中人与人的物质交往关系,和由这种交往关系所构成的社会生活领域。"马克思回答道。

子路等人听后,似懂非懂地点点头。

马克思继续说道:"从'人类简史'中我们看到,人类在发展过程中,饱受饥饿、寒冷、疾病等折磨,却无能为力。这是为什么?这是因为,人们不能自由选择他们的生产力,因为任何生产力都是一种既得的力量,是以往的活动的产物。也就是说,生产力决定于人们所处的条件,决定于先前已经获得的生产力。"

孔子颇有感触地说道:"您这话说得对。我们那个时候打仗,如果能有像'人类简史'中演示的一个机枪连,就可以称雄天下了。"

"您的理解有道理。"马克思说道,"在'人类简史'中,我们可以看到很多社会关系、生产关系或交往关系,所有这些关系,说到底是由物质的生产方式决定的,取决于生产力发展水平、劳动资料、劳动工具和产品等方面的关系,这就是生产力决定生产关系。反过来说,生产关系对生产

[①]《马克思恩格斯文集》第1卷,人民出版社,2009年,第544页。

力又有反作用，当生产关系适合生产力状况时，生产关系就会促进和推动生产力的发展，反之就会成为阻碍甚至破坏生产力发展的桎梏。"

孔子问道："这句话如何理解呢？"

马克思回答道："刚才在'人类简史'中，我们看到，有的富人占有很多东西，比如工厂、机器、财产、豪宅等；而有的穷人则一无所有，靠给别人干活混碗饭吃，等等。这些人在物质生产过程中形成的相互关系，就是一种生产关系。而生产关系包括生产资料所有制关系、生产关系中人与人的关系和产品分配关系。其中，生产资料所有制是人与生产资料结合的方式，其实质是生产资料归谁所有、由谁支配。我们可以说，有什么样的所有制关系，就有什么样的人与人的关系、什么样的分配关系。"

孔子听马克思的话，觉得其中概念多，逻辑层次也多，是一套完全不同的语言体系，很难听懂。他对马克思说道："能不能举个例子呢？我给学生上课的时候，喜欢举例子、打比方，大家一听就懂了。"

"好的。"马克思也意识到应该说得通俗一些，"比如说，封建的所有制关系，刚开始的时候促进了生产力的发展，但发展到后来就不再适应已经发展的生产力，甚至变成了束缚生产力的桎梏。取而代之的是自由竞争以及与自由竞争相适应的社会制度和政治制度，也就是资产阶级的经济统治和政治统治。"

马中哲说道："到目前为止，在生产力和生产关系的矛盾运动中，人类社会已经经历了五种生产方式：原始社会的、奴隶社会的、封建社会的、资本主义社会的和社会主义社会的生产方式，将来人类将进入共产主义社会的生产方式。而社会主义社会的生产方式，可以看作是共产主义社会生产方式的低级阶段。"

孔子接着问道："经济基础与上层建筑又是怎么一回事呢？"

马克思笑着答道："所谓经济基础，是指同生产力的一定状况相适应的生产关系的总和；而上层建筑是建立在一定经济基础之上的政治、法律制度和设施的总和以及意识形态等。'这些生产关系的总和构成社会的经济结构，即有法律的和政治的上层建筑竖立其上并有一定的社会意识形式与之相适应的现实基础。'① 随着经济基础的变更，全部庞大的上层建筑也或慢或快地发生变革。概言之，经济基础决定上层建筑，而上层建筑对经济基础有反作用。"

孔子听到这里，说道："您这么一说，我大概懂了一些。比如，我想复兴的这个'周礼'，应该就属于上层建筑的内容吧？通过复兴周礼，达到了国强民富的目的，应该可以说上层建筑对经济基础起到了积极的促进作用？"

马克思表示认同。

这时，孔子想起"人类简史"结束语中的几句话，向马克思问道："'人类简史'的结束语中，有您两句名言。第一句是：'资产阶级的灭亡和无产阶级的胜利是同样不可避免的。'② 这句话听说被概括为'两个必然'。同时，又有第二句：'无论哪一个社会形态，在它所能容纳的全部生产力发挥出来以前，是决不会灭亡的；而新的更高的生产关系，在它的物质存在条件在旧社会的胎胞里成熟以前，是决不会出现的。'③ 这句话听说被概括为'两个决不会'。这'两个必然''两个决不会'应该如何理解呢？"

党教授看孔子等人理解马克思的话有些费力，自告奋勇说道："这个问题，我试着作个解释吧。"

马克思点头同意。

党教授说道："马先生得出'两个必然'的结论，是因为他发现了一个秘密，资本主义生产方式的秘密、资本剥削的秘密，这就是剩余价值学说。这一学说，揭示了资本主义何以产生、何以灭亡的特殊运动规律，宣告资本主义只能是一种历史性存在，而绝非历史的终结。"

早在 19 世纪 40 年代，马克思就在《哲学的贫困》《雇佣劳动与资本》《工资、价格和利润》等经济学著作中，初步认识到资本家剥削工人的秘

---

① 《马克思恩格斯文集》第 2 卷，人民出版社，2009 年，第 591 页。
② 《马克思恩格斯文集》第 2 卷，人民出版社，2009 年，第 43 页。
③ 《马克思恩格斯文集》第 2 卷，人民出版社，2009 年，第 592 页。

密。后来，他在《1857—1858年经济学手稿》中明确提出剩余价值的概念，并在《政治经济学批判》中把剩余价值理论公布于世。他以后的一系列经济学著作不断深化完善这个理论，并在《资本论》中全面、深入、系统地阐述了这一伟大学说。

"'资本来到世间，从头到脚，每个毛孔都滴着血和肮脏的东西。'①马先生认为，资本主义生产关系的出现，在经济上必须具备两个条件：一是有一批失去生产资料并具有一定人身自由的劳动者；二是在少数人手中积累了组织大机器生产必需的货币财富。在资本原始积累的过程中，大量社会财富迅速集中到少数人手中、并转化为资本，而大批劳动者突然被剥夺了生产资料、变得一无所有。"

"党教授，为什么说是'原始'积累啊？说'原始'，是不是说这些人第一次有这么多钱？"子贡是商人，对经商赚钱的事比较关注。

党教授听后笑了笑："您说得对。不过，这种资本积累之所以称为'原始'，还有另一层深意，就是资本家在资本积累过程中，充满着野蛮性和残酷性。刚才我们在'人类简史'中，看原始人'茹毛饮血'，野蛮不野蛮、残酷不残酷、血腥不血腥？"

"原来还有这层意思，为了赚钱不择手段，不顾别人死活啊！"子贡会意。

"然而，资产阶级却宣扬资本家致富发家靠的是勤劳、智慧和节俭，而工人阶级的贫困是由于他们的懒惰、愚笨。马先生联系美洲金银产地的发现，当地居民被剿灭、被奴役和被埋葬于矿井之下，东印度被征服、被掠夺，非洲变成商业性猎获黑人的场所等大量事实指出，资本原始积累这种无情剥夺的历史，是用血和火的文字载入人类编年史的。"党教授声音显得很沉重。

李思通接着道："为了追求资本不断增殖、获得更多剩余价值，资本家把从工人身上榨取到的剩余价值转化为资本进行扩大再生产，这就是资

---

① 《马克思恩格斯文集》第5卷，人民出版社，2009年，第871页。

本积累。一方面，资本积累集中造成生产的高度社会化，这使得资本主义制度日益具有国际的性质；另一方面，资本积累集中必然导致工人阶级——资本主义的掘墓人的素质增强、队伍壮大、不断联合、激烈反抗。这样，就从客观上和主观上造成了消灭资本主义的条件。"

"党教授、李教授说得一语中的、一针见血。"马克思说道。

子贡是儒商，秉持"为富当仁"，说道："'掘墓人'这个词用得很形象，你们说资本主义的掘墓人是工人阶级，我觉得这没错。但是我觉得，从根本上讲，资本主义的掘墓人就是资本家本身。这些资本家只考虑自己的利益，剥削别人时'良心不痛'，为富不仁、不得人心，最终肯定会失败的。"

"这与《中庸》中的'财聚则民散，财散则民聚'的道理是相通的。"颜回举一反三、融会贯通。

"是的。"党教授说道，"而'两个决不会'则强调了社会主义代替资本主义的长期性、复杂性、艰巨性，是对'两个必然'的补充、丰富和发展。但是有一点是肯定的，资本主义社会由于它自身的历史局限性，由于它自身存在无法克服的内在矛盾，必然会被更高的社会形态所代替。"

孔子对马克思说道："最近我看了一些材料，说您创建了唯物史观和剩余价值学说——被恩格斯先生称为两大历史发现。当时没有什么太深的感觉。今天一听，果然厉害。您这'两大发现'，前一个'发现'揭示了人类历史发展的一般规律，后一个'发现'则揭示了资本主义运行的特殊规律。这为人类社会发展指明了从必然王国向自由王国飞跃的正确途径，为无产阶级和广大人民指明了实现自由和解放的光明道路。'两大发现'推导出'两个必然'，而'两个决不会'又是'两个必然'的有益补充。马先生的理论，论证有力、逻辑严谨、不可撼动啊！"

大家伙一听，都觉得孔子学习新东西、接受新思想挺快的，话语体系也转得挺快的。

程思汉是资产阶级学者，"两个必然"的理论令他既恐惧又恼怒。他本来不想反驳，但是大家左一个"两个必然"，右一个"两个必然"，连孔子也认同"两个必然",令他十分不快。

他压制住心中掺杂着恐惧和恼怒的情绪,强装镇定说道:"马先生,有个问题想和您探讨一下。您的'两个必然'从提出那天起,就像是对资本主义制度发出的'末日审判',曾经让人惊恐不已、不寒而栗。但100多年过去了,都快200年了,资本主义国家在世界上占据绝大多数,西方发达资本主义国家在全球占据科技优势、军事优势。特别是在一些西方国家里,工人的工资、福利和生活水平不断提升,虽然时不时也有工人罢工、金融危机、能源危机,但总体上还算是安全稳定,'两个必然'是不是过时了?您这位历史发展预言家的预言是不是要成为空话甚至笑话了?"

这番话相当有挑战性、挑衅性,但马克思对类似的理论辩论、理论斗争见多了,有时遇到的问题比这尖锐得多、也恶毒得多。

他平静地说道:"'两个必然'的结论,是依据资本主义基本矛盾得出的结论。与早期资本主义相比,资本主义基本矛盾也就是生产社会化与生产资料的私人占有之间的矛盾并没有变,而且更加尖锐、激烈了;无产阶级与资产阶级或者说富人与穷人的差距并没有缩小,反而拉开、扩大了。因此,'两个必然'仍然有效、适用。"

"您讲的也不能说没有道理。但您也要看到,现在最发达、最富裕的国家绝大多数都是资本主义国家,最发达、最富裕甚至最强大的国家怎么会灭亡呢?"程思汉颇为耐心地反驳道。

"这个问题由我来回答吧!"党教授说道,"您说的这种现象,我思考分析过。资本主义社会的发达、富裕,固然有科技水平高、生产力水平长期积累等因素,但也有占据供应链、产业链、价值链的顶端,从落后国家和地区获得高额利润、割全世界'韭菜'的结果,甚至不惜发动贸易战、货币战乃至战争来打击、遏制后来者。同时,还应看到,资本主义社会的发达、富裕与它的必然灭亡并不矛盾,因为这种发展、富裕是畸形的、不健康的、有违人道天道的:摩天大楼与贫民窟并存,人的健康与社会病并存,民主与分裂并存,精英主义与民粹主义并存,缓和并转移国内矛盾与制造并加剧国际冲突并存,等等。这些相互对立的东西只能加剧资本主义的基本矛盾，并最终将其撕裂、使其死亡。"

程思汉听了党教授这番话，想辩驳却找不到合适的"子弹"和"武器"，憋得满脸通红，只好作罢。

李思通忙来打圆场，笑着道："资本主义必然灭亡，社会主义必然胜利，而世界社会主义的希望在中国。程先生，我看您就在中国待下去，不要走了。"

程思汉既好气又好笑，佯装要打李思通，李思通一把拉住他继续向前走。

第四节　洞察本质的思维规律

最后一个景点是"本质之眼"。"本质之眼"所处的位置非常接近出口，它实际上就是看起来像一只人眼的椭圆形物体。特别是那个瞳孔状物体，看上去好像深邃无垠的海，又像是能摄人心魄的无底洞，似乎能够洞悉一切、看透一切、揭穿一切。

在没有人使用的状态下，"本质之眼"的"瞳孔"里滚动显示着"你思，你思，你细思"的广告语。

孔子和马克思一行人来到"本质之眼"前面，看见一群游客正在做试验。

有一个人把苹果、香蕉、橘子等拿到"本质之眼"前面，几秒钟后，"本质之眼"的"瞳孔"中显示出一行字："都是水果。"

随后，一个孙悟空跳到"本质之眼"前面，口中还叫道："俺老孙来也！"说话间，一会儿变成一个老太婆，一会儿变成一个大姑娘，一会儿变成一只能钻门缝的苍蝇，一会儿又变成一条能在空气中游动的大鲤鱼。这条大鲤鱼还会说话，对"本质之眼"说道："你看我是谁？"几秒钟后，"本质之眼"的"瞳孔"中显示出一行字："你是一个会变化的虚拟人。"

虚拟人见被揭穿了，一下子消失了。大家都拍手称奇。

随后，又有个要魔术的人上去，要了一套"帽子里变兔子"的魔术。

一会儿,"本质之眼"的"瞳孔"中显示出一行字:"兔子藏在桌子下面的布兜里。"大家又是一阵惊笑。

子路不信邪,想上去试一试"本质之眼",但又想不出好办法。孔子看出子路的意思,就附耳给他说了一番。子路就到旁边卫生间里换了一身衣服,打扮成孔子的样子,大模大样走到"本质之眼"前面,大声道:"你看我是谁?"几秒钟之后,"本质之眼"的"瞳孔"中显示出一行字:"假扮孔子的子路。"

这一下子,大家都前仰后合地大笑起来,同时也心服口服,感觉这个"本质之眼"确实不简单,"绝了"。

导游走过来介绍道:"其实,'本质之眼'也没有什么稀奇的,只是通过电脑程序、AI技术等,进行综合计算和判断,找出事物真实的面目。如果放到人的身上,就是人通过大脑,透过现象看本质,就这么简单。"

一句话点醒"梦中人"。

李思通对马克思说道:"马先生,这个'本质之眼'很好玩,也给我们很多启发,让我想到了您的那句名言,'如果事物的表现形式和事物的本质会直接合而为一,一切科学就都成为多余的了'①,想起了您揭示的人类思维发展规律。"

马中哲也说道:"先生揭示出的人类思维发展规律,不就是掌握和运用科学的思想方法和思维方式,来揭示事物的本质、揭示事物发展的规律吗?"

"你们这是和颜回老师一样,触类旁通、举一反三啊!"马克思笑着说道。

马克思想起刚才有人在"本质之眼"前拿出几样水果的情景,说道:"刚才,有人在'本质之眼'前拿出苹果、香蕉、橘子,结果'本质之眼'回答说'都是水果'。其实,我们可以从这些现实的水果到水果概念的抽象思辨,来说明思辨结构的秘密。'如果我从现实的苹果、梨、草莓、扁

---

① 《马克思恩格斯文集》第 7 卷,人民出版社,2009 年,第 925 页。

桃中得出果品这个一般的观念，如果我再进一步想象，从现实的果实中得到的果品这个抽象观念就是存在于我之外的一种本质，而且是梨、苹果等等的真正的本质，那么我就宣布（用思辨的语言来表达）果品是梨、苹果、扁桃等等的实体。因此，我说，对梨说来，梨之成为梨，是非本质的；对苹果说来，苹果之成为苹果，也是非本质的。这些物的本质的东西并不是它们的可以用感官感触得到的现实的存在，而是我从它们中抽象出来并强加于它们的本质，即我的观念的本质——果品。于是，我就宣布：苹果、梨、扁桃等等是果品的单纯的存在形式，是它的样态。'① "

徐翔阳小声对马中哲说道："哲学家和普通人就是不一样。我看了这些水果，首先想到的是哪个味道更好、更好吃一些，而不去想那个抽象的'果品'。"

马中哲笑着小声说道："要当一个有思想的'吃才'，不要当一个纯粹的'吃货'。"徐翔阳听后脸上呈现尴尬之色。

马克思接着说道："'观念的东西不外是移入人的头脑并在人的头脑中改造过的物质的东西而已。'② 而观念的东西不是简单地、直观地移入人的头脑的物质的东西，而是'在人的头脑中改造过的'物质的东西。就像经过'本质之眼'看过的东西一样。"

党教授指了指"本质之眼"，说道："正如马先生所说的，事物有现象与本质的区别，本质是事物的根本性质，是一事物区别于其他事物的根据；现象是事物的外部联系和表面特征，是本质的外部表现。认识世界、把握事物，核心是透过现象把握本质，这也是科学的使命、人类思维的使命。"

马中哲说道："刚才，那个虚拟人一会儿变成孙悟空，一会儿变成老太婆，一会儿变成大姑娘，一会儿变成苍蝇，一会儿又变成大鲤鱼。这些不过是他外表上的一个个假面具，它根本上还是虚拟人。推而广之，世界

---

① 《马克思恩格斯文集》第 1 卷，人民出版社，2009 年，第 276—277 页。
② 《马克思恩格斯文集》第 5 卷，人民出版社，2009 年，第 22 页。

上的事物表面上看上去千变万化，这可称为事物的现象；但它最终只是一个事物，这可称为事物的本质。"

孔子等人听到这里，对什么是表象、什么是本质有了认识。

党教授说道："还比如，一些西方国家推行'两党制''三权分立''一人一票'等，不管花样多少、噱头多大，本质上都是资产阶级民主，都是富人的游戏；他们打着'人权'的幌子去干涉他国内政甚至推翻他国政府，无论它这个'人道主义干预'如何冠冕堂皇，用'善与恶'掩护其基于国家利益的军事行动的手法如何高妙，都改变不了其侵略本质、霸权本性。"

程思汉在一旁听着，一脸木然。

马中哲问道："马先生，如何抓住资本主义的真实本质？这是您思考最多、研究最深的问题。资本主义社会的外在现象并不是思维虚构的，而是客观生成的，让人眼花缭乱、应接不暇，其内在本质是什么呢？"

这个问题也刺激了程思汉的神经，他提起精神，不动声色地听着。

1859 年 2 月，马克思在致约瑟夫·魏德迈（1818—1866，早期国际工人运动的卓越活动家和马克思主义理论家）的一封信中写道，他的主要任务是要"为我们的党取得科学上的胜利"[①]。这种强烈的责任感、使命感，要求马克思必须掌握和运用科学的思想方法和思维方式，这是马克思探索人类思维发展规律的内在驱动力。

"如何抓住资本主义社会的本质？我们来分析一下。"马克思回答道，"资本主义社会如同万花筒，表面上光怪陆离，想把它的本质掩盖得严严实实的。但我通过研究发现，剩余价值是解构整个资本主义社会结构的阿基米德支点，发现了剩余价值，就揭开了资本主义社会的一切秘密：剩余价值是雇佣工人创造的被资本家无偿占有的超过劳动力价值的价值，雇佣劳动不是独立主体的自主活动，而是生产剩余价值的奴役劳动；资本不是一种单纯的物，而是吮吸工人活劳动的剥削关系。资本主义的本质是资本

---

① 《马克思恩格斯全集》第 29 卷，人民出版社，1972 年，第 554 页。

家对工人剩余价值的剥削和掠夺；资本主义社会的本质，就是以资本家占有生产资料和剥削雇佣劳动为基础的社会制度。可以说，抓住了剩余价值，就抓住了资本的本质、抓住了资本主义制度的本质。"

党教授听完后说道："我读马先生的书读了几十年，个人认为，最能反映马先生思维方法的，是您在研究政治经济学特别是撰写《资本论》中所体现的方法。"

"是这样吗？"马克思说道，"当时只是为了尽可能全面、深入地抓住本质、说明问题，至于研究问题的思维方法，也没有刻意去考虑。请党教授说说看。"

党教授回答道："我觉得，其中至少有四种方法。"

孔子、子路、子贡、颜回等人，对这些现代人研究学问的方法没接触过，听起来一头雾水，但还是很认真地听下去。

党教授说道："其一，归纳与演绎的方法。马先生认为，任何重大的科学发现都必须同时运用归纳和演绎。归纳是从个别到一般的思维运动，演绎是从一般到个别的思维运动。其二，分析与综合的方法。把客观对象的整体，分为各个部分、方面、特征和因素的认识过程，称为分析；而将已有的关于客观对象各个部分、方面、特征和因素的认识联系起来，形成对客观对象的整体认识的过程，称为综合；通过综合，按其内在联系把它们结合成一个有机统一的整体，进而把事物的本质尽显出来。"

"是的。"李思通补充道，"比如在《资本论》中，马先生在揭露资本的实质——剩余价值的基础上分析了资本的一切具体表现，如产业资本、商业资本、信贷资本、地租等，并把他们综合成资本的整体，从而全面地、深刻地揭示出资本主义的本质。[①] 从中可以看出，分析和综合的方法是一种科学的思维逻辑和思维方法。"

"李教授说得好。其三，抽象与具体的方法。"说到这里，党教授停下

---

① 《马克思主义哲学》编写组编：《马克思主义哲学》（第二版），高等教育出版社、人民出版社，2020年，第251页。

来，转向马克思，"马先生，这个方法您最有心得，也运用得最娴熟，还是请您亲自讲讲吧。"

"也好。"马克思想了一想，说道，"'分析经济形式，既不能用显微镜，也不能用化学试剂。二者都必须用抽象力来代替。'① 比如对价值的分析，价值概念完全属于现代经济学，因为它是资本本身的和以资本为基础的生产的最抽象的表现。价值概念泄露了资本的秘密。"

此时的程思汉，对马克思这个思想上的"敌人"又恨又嫉，恨的是马克思无情地揭开了披在资本主义制度身上的华丽外表，揭露出其最本质、最内在而又最丑陋、最肮脏的部分；嫉的是马克思的学问做得扎实深入，以至于他的剩余价值学说等研究结论毋庸置疑、无可辩驳。"这可能不是因为马克思厉害，而是因为资本主义制度、资产阶级统治真的有问题，只是碰巧被马克思揭露了出来而已。"程思汉心中自我安慰着。

"我在《1857—1858 年经济学手稿》导言中说，从抽象上升到具体的方法是科学上正确的方法。其实，思维的逻辑运动中存在着两条方向相反的道路：第一条是'完整的表象蒸发为抽象的规定'；第二条是'抽象的规定在思维行程中导致具体的再现'②。'第一条道路'是由感性具体上升为理性抽象的过程，理性抽象揭示了对象不同方面的规定性，但没有揭示出对象整体运动的规律，必须走'第二条道路'，从理性抽象上升为理性具体，达到对对象的'许多规定的综合'和'多样性的统一'的认识，从而揭示出对象整体运动的规律。③ 这两条道路首尾相接，构成具体—抽象—具体的否定之否定过程。这一过程中，思维不断发展，矛盾不断展开，人们对事物本质的认识更加全面。抽象之后的思维具体与前一个'具体'有所不同，是内容更加丰富、概念成果众多的思维具体。"

---

① 《马克思恩格斯文集》第 5 卷，人民出版社，2009 年，第 8 页。
② 《马克思恩格斯文集》第 8 卷，人民出版社，2009 年，第 25 页。
③ 《马克思主义哲学》编写组：《马克思主义哲学》（第二版），高等教育出版社、人民出版社，2020 年，第 251 页。

子路在一旁越听越着急，小声对颜回说道："不都是'具体'吗？怎么后面的'具体'与前面的'具体'又不一样了呢？"

颜回小声回答道："这个我也没搞太明白。举个例子，大概可能是这样的意思：你没有跟老师学习之前，也知道一点'天道'；你跟了老师学习多年之后，对'天道'的理解掌握更深刻、更丰富了，此'天道'已非彼'天道'了。"子路听了还是直挠头，一头雾水。

一旁的徐翔阳也是满脑子疑惑。

孔子听得也不太明白，他感慨道："对于我们这些古代人来说，马先生的思维方法真是太抽象、太深奥了。接下来有时间我要向马先生专门请教，希望马先生能给我们上一堂思维方法的普及课。"

"还是让党教授他们上吧，他们讲的可能更好懂一些。"马克思笑着说道。

党教授继续说道："其四，逻辑与历史的方法。思维从抽象上升到具体的过程，也是思维的逻辑与历史的逻辑相统一的过程。'历史从哪里开始，思想进程也应当从哪里开始，而思想进程的进一步发展不过是历史进程在抽象的、理论上前后一贯的形式上的反映'①。运用逻辑与历史相统一的方法，就能把握一个事物、一种理论的'前生今世'，能描述事物或理论的本质和规律。"

孔子听后越加感慨："马先生的思想真是个'宝贝库'，这里面贮藏着这么多看待问题、解决问题的好方法、金钥匙。"

然后面向大家道："我提议，把马先生推到'本质之眼'前面，让它看看马先生的本质是什么，大家说好不好？"

大家一听，觉得孔子这个人还真会开玩笑，也一起说请马克思站到"本质之眼"面前，看看它如何反应？

马克思也有点拗不过，同时他也想亲自检验一下"本质之眼"，就径直走到了"本质之眼"面前。停了好一会儿，"本质之眼"还没有反应，

---

① 《马克思恩格斯选集》第 2 卷，人民出版社，2012 年，第 14 页。

大家以为"本质之眼"坏了、不能工作了。又过了好大一会儿,"本质之眼"的瞳孔中显示出一行长长的字:"您是马克思,是著名的思想家、政治学家、哲学家、经济学家、革命理论家……"

大家一看,这个"本质之眼"还真不含糊。

有人提议让孔子也站到"本质之眼"前面去,看它有什么反应。孔子说什么也不同意,说下次再说吧。大家看老人家执意不去,也不再强求,一起说笑着向"历史长河"的出口走去。

第五节　各美其美、 各妙其妙

当天晚上,孔子、马克思一行人就住在"历史长河"景区旁的一幢大民宿内。晚饭是一桌相对清淡的农家菜,用餐后,一行人来到民宿旁边观光农田里的小路上散步。

这里空气好,很安静,离大自然最近,正是人们"向往的生活环境"。一走进田间小路,稻花香、水果香、青草香等自然之香扑面而来,蛙声、虫鸣声、远处的犬吠声不绝于耳。大家都陶醉在大自然的怀抱之中,一时间谁也没有说话,生怕打破了这种人与自然的和谐之美,生怕打断了这种现代版的"田园牧歌"。

子路性子比较急,见大家都不说话,想起今天下午在"本质之眼"听到两个人讲故事,觉得很有意思。"马先生、老师,今天在'本质之眼'处,听两个人讲故事,觉得挺有意思。我讲给大家听听,可否?"大家都说"好啊"。

第一个故事:冯道是五代十国时期著名宰相,有一次,他的门客给他讲《道德经》首章"道可道,非常道"。门客见犯其名讳,"道可道,非常道"中的"道"犯了冯道的"道"字,乃曰:"不敢说,可不敢说,非常不敢说。"

大家一听，都大笑起来。

第二个故事：一个农场里有一群火鸡，农场主每天中午十一点来给它们喂食。火鸡中的一名科学家观察这个现象，一直观察了近一年都没有例外。于是，它觉得自己发现了这个宇宙中的伟大定律："每天上午十一点，就有食物降临。"它在感恩节早晨向火鸡们公布了这个定律，但这天上午十一点食物没有降临，农场主进来把火鸡都捉去杀了。[①]

大家听后也笑起来，而后陷入沉思。

李思通率先说道："我觉得子路老师讲的这两个笑话或者故事，很有意思，也很有深意。个人觉得，和'道'与'规律'都有关系，从一个角度也说明'道'不易说清、'规律'不易把握。"

马中哲说道："不过，今天我们已经把老师之'道'与先生之'规律'基本说清楚了。"

程思汉说道："可是，孔老师之'道'与马先生之'规律'之间，又有什么联系和区别呢？"

孔子、马克思异口同声说道："这倒是好问题，我们来一起说说吧。"

李思通说道："从本质上讲，道就是规律，规律就是道。孔老师对天道、人道、事道的阐发，马先生对自然发展规律、人类社会发展规律、人类思维发展规律的揭示，都达到了你们所处时代的人们认识水平的高峰。需要指出的是，孔老师和马先生作为杰出的思想家，都力图探索自然和人类社会的本质规律，也都从不同的视角、沿着不同的路径达到了相当高的境界，帮助我们进一步解开了自然界和人类自身发展的奥秘所在，真可谓古今辉映、互为补益啊！如果要用一句话来概括，就是各美其美、各妙其妙。"

"'各美其美、各妙其妙'，这个概括好。"大家纷纷点赞。

---

① 摘编自刘慈欣《三体》，重庆出版社，2008 年，第 20 页。

王教授说道："我认为，'道'应该说是孔老师的思想中最重要的概念，也是最高的哲学范畴。孔老师的天道、人道、事道之'道'，既有天地万物本原之意，也有天地万物变化规律之意，还有人类社会秩序法则之意，无处不在，无时不存，无物不包。天道即天命之道，探讨的是宇宙的根本问题，是天地、自然的法则；人道即仁礼之道，探讨的是人生的根本问题，是人类社会与人自身的重要道理；事道即中庸之道，探讨的是处事的根本问题，是人与人相互交往的重要遵循。天道是人道之本，人道是天道之归，并最后落脚到事道上，回归落实到社会生活、社会实践上。"

颜回说道："王教授说得没错。《周易》讲'一阴一阳之谓道'，并强调天地人三才之道的统一，将事物变化的道理运用于人类社会。天道、人道、事道三者合一，能巧妙实现自然法则、社会法则、政治法则与人文法则的融合，即所谓'大道'。'大道之行也，天下为公'，这是一个很高的境界。老师的道，其实是他的政治理想和道德理想。他将政治清明的局面叫作'有道'，反之则为'无道'。"

马克思对孔子说道："孔老师，您的'道'真是大胸怀、大智慧、大担当啊！"程思汉也有类似感受。孔子笑而不语。

党教授说道："规律是事物发展过程中的本质联系和必然趋势，看不见、摸不着，但反复起作用。马先生揭示的自然、人类社会和思维发展的一般规律，实现了人类思想认识史上的革命性变革，为人类认识客观世界、改造主观世界提供了强大的思想武器。特别是揭示人类社会发展规律，这是马先生的一个革命性、历史性贡献。社会历史发展与自然界有着不同本质，人类社会历史的发展也是千变万化的，看起来纷繁复杂、变幻莫测，从中找出其本质内容、基本结构和运行机理不是件容易的事。恩格斯先生曾说过：'正像达尔文发现有机界的发展规律一样，马克思发现了人类历史的发展规律。'[①]"

"是的，确实难得。"李思通说道，"历史上不少思想家、理论家在探

---

① 《马克思恩格斯文集》第 3 卷，人民出版社，2009 年，第 601 页。

索人类社会历史奥秘的道路上，或把上帝、英雄、帝王将相，或把思想、意志、绝对精神，或把宗教、战争、利益等看作是历史发展动力，大都陷入唯心主义的泥坑，没有揭示出人类社会发展的真相和本质。马先生在批判历史唯心主义和形而上学唯物主义的基础上，创立了历史唯物主义，确立了社会存在决定社会意识这一历史唯物主义的基本原理，揭开了几千年来蒙在人类社会上的神秘面纱，彻底改变了人们对社会历史的根本看法。"

马中哲补充道："特别需要指出的是，先生运用辩证唯物主义和历史唯物主义的科学世界观方法论，考察和研究人类社会特别是资本主义产生和发展的历史过程，指出了人类社会的最终发展方向，破除了资本主义'千年王国'和私有制神圣不可侵犯的神话，成为解放思想、创造新时代的纲领性宣言，为全世界无产阶级和劳动人民指明了奋斗的方向。"

孔子对马克思说道："马先生，您的'规律'指明了大趋势、大方向、大目标啊！"程思汉也有同感。

李思通想了一想说道："我认为，孔老师的道与马先生的规律，又各有千秋、互有异同。也就是说，二者有许多差别和不同之处。"

马中哲也早已注意到这一点："老师对道的阐发，着重强调的是对政治秩序、伦理秩序的规范和调节；先生对规律的揭示特别是对人类社会发展规律的揭示，着重从经济关系、阶级关系入手来把握社会发展大势和前进方向。老师不但用人道、事道来维护和塑造封建人伦等级关系，还注重借助天道的力量，把'自然之天'转化为'义理之天'，把自然界的天然秩序转化为社会政治和伦理道德的规则，人必须法天、事天，违背天命则是无序的甚至是罪恶的，将要受到惩罚。而先生对人类社会发展规律特别是资本主义运行规律的科学揭示，是在全面深刻剖析资本主义生产方式、经济结构的基础上，阐明资本主义社会的阶级关系及其上层建筑，进而科学分析其社会化大生产与生产资料私人占有之间的矛盾。根据这一矛盾的发展和激化，无可辩驳地论证了资本主义为共产主义所取代的历史必然性。"

党教授接着说："我觉得孔老师之道与马先生之规律的差异还有不少

方面。比如，孔老师对道的阐发，倚重于感性、悟性，因而具有一定的神秘性；马克思对规律的揭示，更注重逻辑论证和理性揭示，因而更具科学性。"

"这话怎么说？"颜回问道。

党教授正要回答，王教授抢先答道："《周易》的《易传》是体现孔老师思想的典籍。《易传》云：'易与天地准，故能弥纶天地之道。仰以观于天文，俯以察于地理，是故知幽明之故。'《周易》所蕴含的道理与天地运行的准则相契合，所以《周易》能全面地涵盖天地间万事万物运行变化的规律和法则。而运用《周易》所蕴含的道理，去仰观天上日月星辰所垂示的天文，俯察大地上山川原野所表现的条理，就能了解幽隐无形与显明有形的事理。《易传》中类似这样的语句还有很多。"说着，引用下面一段话：

> 是故法象莫大乎天地；变通莫大乎四时；县（悬）象著明莫大乎日月；崇高莫大乎富贵；备物致用，立成器以为天下利，莫大乎圣人；探赜索隐，钩深致远，以定天下之吉凶，成天下之亹亹者，莫大乎蓍龟。是故天生神物，圣人则之；天地变化，圣人效之；天垂象，见吉凶，圣人象之；河出图，洛出书，圣人则之。

王教授讲道："也就是说，孔老师用《周易》蕴含的道理仿效宇宙形成之过程，象征天地、日月、四时诸现象之变化，探求复杂隐晦、深奥遥远之事物。《中庸》云：'至诚如神。'只有一个'至诚'的心理境界，那种'探赜索隐''钩深致远'的研究精神就能与认知对象达到统一。从中可以看到，孔老师对道的阐发离不开对天地的静观感悟和对万物的研几析理，甚至离不开所谓'鬼神'的暗示启迪，采取了一种'体道''悟道'的直觉主义认识方式，不免陷于神秘主义。"

"与孔老师不同的是，"党教授说道，"马先生更注重运用理性思维和科学方法。仅创作《资本论》，他就读了1500本以上的书籍，博览了从古代到他那个时期的各种著作。保尔·拉法格在《忆马克思》中谈到，马先生认为：'一门科学只有成功地运用数学时，才算达到完善的地步。'他在《资本论》中大量使用数学方法，推演出商品流通公式、剩余价值率、利润率公式等等，并将数学方法融为自己的研究方法的一部分。从一定意义上讲，马先生对规律的揭示，是以科学事实为基础，用严谨的数学公式论证出来的。"

孔子听后，不住地点头称是。

李思通说道："孔老师所阐发的'道'，具有总括性、模糊性；马先生揭示的'规律'，更具清晰性、精确性。《论语》中明确说，'夫子之言性与天道，不可得而闻也'。孔老师很少与弟子谈及天道，天道究竟怎样也不可得而知，所知道的只是天道的表现。如《礼记·哀公问》中讲道：'公曰：敢问君子何贵乎天道也？孔子对曰：贵其不已；如日月东西相从而不已也，是天道也；不闭其久，是天道也；无为而物成，是天道也；已成而明，是天道也。'《中庸》中也说：'天地之道，可一言而尽也。其为物不贰，则其生物不测。天地之道：博也，厚也，高也，明也，悠也，久也。'孔老师不善于或者不注重概念的分析，对'道'的解说和描述总是处于一种迷离惝恍的状态，这可能与'道'本身很难用语言和概念来描述有关。而马先生对规律的揭示，以知识和经验事实为基础，运用分析综合、归纳演绎等思维方法，运用概念、判断和推理的逻辑思维形式，形成了对事物本质规律和普遍联系的全面、准确和清晰的认识。只要能够深入学习研究，就能够认识其概念、掌握其体系、理解其逻辑。"

孔子等人一听，觉得他们言之有理，心服口服。

马克思说道："其实，孔老师的神秘性、模糊性也不能说完全没有道理，有些事情是很难说清楚、很难进行精确量化的，把二者结合起来可能会更好、更有力量。"

程思汉基于自己哲学、社会学专业的背景说道："把孔老师之道与马先生之规律，贯通起来、相得益彰，岂不更好？相比较而言，马先生关于社会关系、生产关系的论述比较宏观，而孔老师的人道、事道更多是从微观上规范调节人们之间的社会伦理关系，这不正是两者相互结合、相资为用之处吗?"

孔子、马克思等人说道:"程先生说得非常有见地。"

李思通一看已经很晚了,说道:"时间不早了,老人家该休息啦!我把明天的行程简单汇报一下吧。明天是到'光明山巅',进入'智慧之门'后,孔老师和马先生可能会遇到许多老朋友。"

孔子和马克思非常感兴趣,问道:"会遇到谁呢?"

李思通故作神秘地说道:"我先不告诉你们,留作悬念吧!"说着把大家带回民宿休息。

当晚,马中哲久久不能入睡,思想恍惚之间进入一个仙境:一位鹤发童颜的仙人正在打坐,马中哲的到来惊动了他。马中哲赶快上前施礼道:"老人家,打扰您了!"

仙人说道:"你来有什么事吗?"

马中哲道:"我来问'道'。"

仙人道:"这些天你所见所学之道,即是人间正道,无须再寻。"

马中哲道:"我知'道',但感觉未悟'道'。这该怎么办?"

仙人道:"悟'道'靠自己,别人帮不了你。但如果你能大其志、虚其心,吞吐宇宙、胸怀天下,悲天悯人、心系苍生,假以时日,学思践悟,'道'自然会在你心中呈现。"

马中哲道:"谢仙人点拨。"

仙人道:"看你用心虔诚,送你两部大书,帮你学'道'悟'道'。"

马中哲心中一阵高兴,正要问什么书,突然一阵闹铃声把他从梦中惊醒。马中哲一看,天已经亮了,赶快起床张罗游学的事。

第四章

聪明之学　智慧之果

第一节　阴阳辩证法

在崇山峻岭、层峦叠嶂之中，有一座山叫光明山。这里峰奇地险，山青水碧，云蒸雾绕，人杰地灵，真乃仙境一般。

光明山有不少奇特之处。这里是古今中外大智大慧者的会聚之处，伏羲（传说中伏羲创造先天八卦）、周文王（传说中将八卦演绎成六十四卦并写出卦辞、爻辞）、老子、孙子、庄子、孟子、荀子、王阳明，苏格拉底、柏拉图、莱布尼茨（1646—1716，德国哲学家、数学家）、康德、黑格尔、恩格斯等都在这里，此其一也；在这里，人们的主要工作是思考、辩论，"保安大叔"的"你是谁？你从哪里来？要到哪里去？"等问题都在被不断讨论，此其二也。可以说，光明山是光明之山、智慧之峰。

前一段时间，李思通等人与光明山沟通，说是孔子、马克思等人来此游学，他们马上同意了。

这天上午，孔子、马克思一行人来到光明山。他们进来一看，果然名不虚传，简直可称为人间仙境、世外桃源。但是，走了好一会儿，没有遇到人。又走了好一阵子，才看到一个人，子贡上前一打听，搞明白了。

原来，光明山的最高处叫智慧之门。在智慧之门，每五天举行一次大辩论，而今天刚好是辩论日，这些智者们都到智慧之门去参加辩论、观看辩论去了。

孔子、马克思一行就径直朝智慧之门走去，远远看见两根大柱子，矗立在一个高台的前面，就像一个大门。走近一看，两根柱子都是石柱，上面都雕刻着两条巨龙，一条在上面，一条在下面。它们盘绕升腾、腾云驾雾，向中间游去。

这个智慧之门，虽然只有两根高高的柱子，但是看上去却有仙灵之气，好像一旦走进智慧之门，就走进了圣域。

高台上有一个规模宏大、气宇轩昂、高高矗立的大亭子，亭子的四周都是人，都面向亭心而坐，有300多人。半空中一个大显示屏上有一行字："今天辩论主题：辩证法。"

众人一看，是孔子和马克思等人到来，都起身相迎。

人群中的孟子、荀子等人一看孔子来了，急忙上前迎接，作揖相拜，嘘寒问暖。

恩格斯一看是马克思来了，跑上来和马克思紧紧抱在一起，久久不愿松开。

主持人向孔子、马克思一行人介绍道："今天，群贤毕至、群英荟萃，大家正围绕辩证法问题进行热烈辩论。孔老师、马先生一行人是远道而来的尊贵客人。既然你们来了，我们就把'C位'让给你们。我们抱着虔诚之心，来倾听二位关于辩证法的演讲和辩论。"

孟子告诉孔子、马克思等人，这位主持人是曾经主持过"鹅湖之会"的吕祖谦（南宋理学家、文学家，与朱熹、张栻齐名）。

孔子笑着谦让道："吕老师，我们是来参观游学、访贤拜圣的，怎么一来就敢喧宾夺主呢？"

主持人吕祖谦道："凭你们的学问和声望，我们能当学生就已经是很荣幸了。你们就不要谦虚啦！"

孔子与马克思相互推辞一番后，决定由孔子先说。吕祖谦向大家宣布道："下面，有请孔老师来谈谈自己的辩证法。大家欢迎！"场下掌声雷动。

孔子走到亭心，向东西南北四方作揖拜谢，然后说道："虽然我的思想中蕴含着辩证法思想，但我们那个时代还没有辩证法这一概念，谈起来感觉比较别扭。这样吧，我刚收了个徒弟，他是现代人，叫马中哲，同时也了解我的思想。让他先说，我和弟子们作补充，也许这样更为合适一些。"大家一听，觉得这样也好。

于是，马中哲和子路、子贡、颜回也来到了亭心。

马中哲大大方方地向大家作揖拜谢后，说道："老师那个时代虽然没有明确提出辩证法，但老师的思想中内蕴着丰富而深刻的辩证法思想，老师著述中有大量体现辩证法思想的言论，这些辩证法思想集中体现为阴阳辩证法。"

说到这里，马中哲向孔子望去，看到孔子鼓励的眼神，继续说道："什么是阴阳辩证法呢？阴阳辩证法认为，世界万物是由相互对立而又相互吸引的阴阳两个方面构成，阴阳的'相感''相推''相摩''相荡'以及此消彼长，推动了世界万物的发展变化、生生不息。"

马中哲看到这些古今中外的大思想家、大哲学家都在认真听自己演讲，甚为感动，也很受激励："老师和弟子为《易》作'十翼'，即现在的《易传》。《周易·系辞传》提出了'一阴一阳之谓道'的著名命题。阴阳是《周易》中最核心的概念，'一阴一阳之谓道'看似简短的一句话，却是《周易》的核心思想，揭示出宇宙、人生的密码以及一切事物构成和变化的总规律，内蕴着深刻的思辨逻辑和哲理智慧。用现代的眼光看，阴阳辩证法具有朴素性，带有一定的神秘性，但也具有很强的科学性。"

孔子环顾四周，看到人群中有伏羲、周文王等人，插话道："阴阳辩证法的产生和发展，第一个要感谢的人，就是伏羲老先生。有请伏羲老先生。"

伏羲虽是这群人中年龄最大的，但精神矍铄、目光炯炯，一听孔子请自己上台，昂首挺胸、大步流星地走到亭心，向大家作揖问候。

孔子说道："请伏羲老先生介绍一下八卦产生的经过吧。"

伏羲说道："我生活在上古时代，当时还没有文字，我上观天象、俯察地理，受自然现象的启发，用阴爻（--）和阳爻（—）来表示宇宙间相反相成的两种事物或事物的两个方面，并由阴爻和阳爻推演开来，画出了象征天、地、雷、风、水、火、山、泽等现象的'八卦'。当时，我只是想用这种方式来告诉人们，什么时候要刮风，什么时候要打雷，什么时候要下雨，哪个地方有火，哪个地方有水，让人们捕猎时更方便一些。没想到，这个阴阳八卦会产生如此大的影响！"

大家听后，把掌声送给这位上古时代的先哲。

孔子把伏羲送回原位后继续说道："第二个要感谢的人，那就是周文王。他'拘而演周易'，画出六十四卦，并写出卦辞、爻辞即《易经》，功不可没啊！"说着鼓掌向周文王称谢。大家也一起鼓掌并把目光聚集到周文王身上。周文王忙站立鞠躬回谢。

孔子说道："从一定意义上讲，《周易》的重要语言是阴阳，基本元素是阴阳，根本方法是阴阳，本质内容和符号特征也是阴阳。《周易》就是通过'阴阳'这两种既对立又统一的事物的组织结构和变化方式，来表征世间万物的本质特征与变化规律的。"然后示意马中哲继续讲下去。

马中哲道："阴阳二字，首见于《诗经·公刘》：'相其阴阳。'即是指向着太阳光的地方为阳，背着太阳光的地方为阴。也就是说，那时的阴阳用的都是原义。渐渐地，阴阳的概念开始拓展、开始'互动'、开始哲理化，特别是《易传》将其发挥至极致。老师在《周易·系辞传》中说：'乾，阳物也；坤，阴物也。阴阳合德而刚柔有体，以体天地之撰，以通神明之德。'在《周易》中，乾坤、天地、男女是最根本、最重要的概念，乾天是世界上最大的阳性事物，坤地是世界上最大的阴性事物；男是万物之灵中的阳性事物，女是万物之灵中的阴性事物。天地、男女相互交感、相互结合，就产生了世界万物和人类社会。"

下面一个西方学者站起来问道："我有一个问题想问一下：这'一阴一阳之谓道'，是不是一个阴、一个阳就构成了道啊？"

孔子说道："'一阴一阳之谓道'，并不是一个阴、一个阳就构成了道，这样的理解不是很准确。阴爻和阳爻是交感的、相耦的，孤阴不生，孤阳不长。事实上，阴阳分别代表着宇宙间两种相反相成的事物、性质、状态和力量等。阳表现为一种刚健之道，象征具有刚强、健壮、光明、主动、积极、崇高等性质的事物；阴表现为一种柔顺之道，象征具有柔软、随顺、幽暗、被动、消极、低下等性质的事物。万物皆阴阳，但阴阳并不是纯粹的阴阳，阴中有阳，阳中有阴，且阴阳不是固定的、静止的，不是彼此对抗的，而是此消彼长、此进彼退的。当阴阳处于不平衡的状态时，事物的发展就不正常、不顺利，就会出现这样那样的问题，甚至倒退直至消亡；当阴阳处于平衡状态的时候，事物就会向团结、和谐、健康、有序的方向发展。"

马中哲补充道："在《周易》中还有'一阖一辟谓之变'的说法，其内涵和意蕴与'一阴一阳之谓道'有相合之处，都是说事物内部对立统一的两个方面的相互作用，都是把'阴阳'或'阖辟'看作是运动变化发展的根本动力，它们与'和而不同'等都是老师的思想中对阴阳观点、矛盾观点的理解和表达。"

此时，程思汉想出了一个相对"刁钻"的问题，想为难一下孔子。他用有些阴阳怪气的语气问道："你们说'一阴一阳之谓道'，还说要有'阴阳观念'，为什么'阴'总是排在'阳'的前面啊？按照我们的通常理解，应该是'阳'排到'阴'的前面才对啊！"

孔子一听，这个问题以前没有考虑过，就试着回答道："这个问题提得好，说句实在话，以前还真没有思考过、遇到过，我们只是很自然地说'一阴一阳之谓道'的。我初步考虑了一下，把'阴'排在'阳'的前面，可能有几点原因：第一，前两天，我们到'宇宙秘境'，看了宇宙大爆炸的演示，给我以深刻启示。从宇宙大爆炸理论看，大爆炸前，宇宙原本是'静'的，而'静'属'阴'。大爆炸后，整个宇宙都'动'了起来，而'动'属'阳'，从先后次序看，'阴'前'阳'后。第二，我们常说，先有母体然后生出万物，而母体属'阴'，所以是先有'阴'再有'阳'。第三，'阴'代表未知，'阳'代表已知，对人们来说，未知更为重要、更受人关注。最后，可能是一开始说出来、写出来就这样，是约定俗成的说法。几种答案仅供参考。"

大家听后热烈鼓掌。

主持人吕祖谦问道："孔老师，您的阴阳辩证法，具体体现在哪些方面呢？"

子路首先说道："我认为老师的阴阳辩证法，一个重要体现就是'过犹不及'。"

孔子说道："是的。"

子路继续说道："在老师的思想和言论中，多次出现有关'过犹不及'的内容。比如，'道之不行也，我知之矣，知者过之，愚者不及也；道之不明也，我知之矣，贤者过之，不肖者不及也。'有一次，子贡问：'师与商也孰贤？'老师回答说：'师也过，商也不及'。子贡又问：'然则师愈与？'老师回答说：'过犹不及。'这里面，老师把人的思想行为分为中、过、不及三个层面，中是最好的，过和不及即不中，也就不好了。这样的论述还有很多，比如说，'勇敢'为中道，过为'鲁莽'，不及为'怯懦'；'节用'为中道，过为'吝啬'，不及为'奢侈'；还有'周'之过为'比'，'乐'之过为'淫'，'哀'之过为'伤'，'群'之过为'党'，等等。同时，老师还提出做人做事要有'度'。老师曾说：'中人之情，有余则侈，中足则俭，无禁则淫，无度则失，纵欲则败。饮食有量，衣服有节，宫室有度，畜聚有数，车器有限，以防乱之源也。故夫度量不可不明也，善欲不可不听也。'这里的'有度''无度''度量'，就是不能超过一定范围、界限的意思。从中可见，老师的'过犹不及'，揭示了客观事物普遍具有的质的规定和量的界限，反映了辩证法中质、量、度的意义及其相互关系。"

"那么，怎样防止和克服'过犹不及'呢？"主持人问道。

子路回答道："老师强调用'叩其两端'的方法，追求'允执其中'的境界。老师说：'吾有知乎哉？无知也。有鄙夫问于我，空空如也。我叩其两端而竭焉。'这句话的意思是，我本没有什么知识或智慧。有一个庄稼汉问我一个问题，我本来一点也不知道，但我从他那个问题的首尾两头去盘查，然后尽量地告诉他。老师还说：'舜其大知也与！舜好问而好察迩言，隐恶扬善，执其两端用其于民。其斯以为舜乎！'舜可真是具有大智慧的人啊！他喜欢向人问问题，又善于分析别人浅近话语里的含义，隐藏别人的坏处、宣扬别人的好处。过与不及两方面的意见他都掌握，采取适中的用于老百姓。这就是舜之所以成为舜的地方吧！老师所说的'两端'，不是事物的正反两个方面，而是指事物两个方面的极端，大概相当于'过'和'不及'的极限。"

孔子接着说道："我很推崇尧对舜'允执其中'的教导，我强调'叩其两端'，是为了执其'两端'而用其'中'，就是选择最正确的、最合乎规律的、最恰当合适的办法解决问题，防止事物向过或不及这些坏的方面发展。"

荀子站起来说道："有一段和老师（孔子）有关的记载，也很能说明这个问题。"荀子向众人介绍了这段记载。

孔子观于鲁桓公之庙，有欹器焉。孔子问于守庙者曰："此为何器？"守庙者曰："此盖为宥坐之器。"孔子曰："吾闻宥坐之器者，虚则欹，中则正，满则覆。"孔子顾谓弟子曰："注水焉。"弟子挹水而注之。中而正，满而覆，虚而欹。孔子喟然而叹曰："吁！恶有满而不覆者哉！"子路曰："敢问持满有道乎？"孔子曰："聪明圣知，守之以愚；功被天下，守之以让；勇力抚世，守之以怯；富有四海，守之以谦。此所谓挹而损之之道也。"

——《荀子·宥坐》

荀子说道："欹器是古代一种器皿，这种器皿有个特点，就是空着时倾斜，注入一半水时平正，注满水时翻倒。古代君王将其放置在座位的右边，诫勉自己要时刻保持中正，故被称为宥坐之器。老师用宥坐之器为例来告诉学生一个道理，就是当一个人的成就、功劳、地位达到顶峰时，不仅不可以得意自满、傲视他人，而且还要想办法'自抑、自损'，防止泰极否来、乐极生悲、物极必反、亢龙有悔。《周易·文言传》中说：'亢之为言也，知进而不知退，知存而不知亡，知得而不知丧，其唯愚人乎！知进退存亡而不失其正者，其唯圣人乎！'其中也体现出过犹不及的思想。"

大家一致认同。

子贡见子路和荀子说完了，接着说道："我认为老师的阴阳辩证法，另一个重要体现就是'四毋'。"

孔子也点头同意。

子贡说道："老师告诫学生：'子绝四——毋意，毋必，毋固，毋我。'不要主观猜测，不要武断和不留余地，不要拘泥和固执成见，不要自以为是和以我为核心。'四毋'也是我们做弟子的对老师晚年为人、治学特点的概括。老师一向认为，无论是对人、对事，都要认真观察分析，不抱着成见，用现代人的话说就是'不戴有色眼镜'，灵活变通。老师常说：'君子不器。'君子不能像器物一般，引申为君子不囿于一技之长、不拘泥于形式教条。正所谓'形而上者谓之道，形而下者谓之器'。道是无形的，器是有形的。君子应摆脱器的束缚，进入道的境界，持经达变、抱一应万。"

程思汉听到这里，心想：以往自己对孔子有一个刻板的印象，认为他是个老学究、老古董，没想到孔子还是讲策略、很灵活的。

子贡继续说道："老师'四毋'思想体现在'无可无不可'上。"接着，子贡引用一段记述：

逸民：伯夷、叔齐、虞仲、夷逸、朱张、柳下惠、少连。子曰："不降其志，不辱其身，伯夷、叔齐与！"谓："柳下惠、少连，降志辱身矣，言中伦，行中虑，其斯而已矣。"谓："虞仲、夷逸，隐居放言，身中清，废中权。我则异于是，无可无不可。"

——《论语·微子》

"古今被遗落的人才有伯夷、叔齐、虞仲、夷逸、朱张、柳下惠、少连等。老师说，'不动摇自己的意志，不辱没自己的身份，是伯夷、叔齐罢!'又说:'柳下惠、少连降低自己意志,屈辱自己身份了,可是言语合乎法度,行为经过思虑,那也不过如此罢了。'还说:'虞仲、夷逸逃世隐居,放肆直言,行为廉洁,被废弃的也是他的权术。我就和他们这些人不同,没有什么可以,也没有什么不可以。'"子贡说道。

这时,人群中的孟子站起来说道:"我有话说。"

主持人吕祖谦点头说道:"请讲。"

孟子说:"我接着端木老师的话说下去。我在《孟子》一书中曾载述:'(公孙丑)曰:伯夷、伊尹何如?'(孟子)曰:'不同道。非其君不事,非其民不使;治则进,乱则退,伯夷也。何事非君,何使非民;治亦进,乱亦进,伊尹也。可以仕则仕,可以止则止,可以久则久,可以速则速,孔子也。'我作出这样的载述,是想说老师(孔子)的无可无不可,体现在'可以仕则仕,可以止则止,可以久则久,可以速则速'上。'无可无不可',这句话容易让人产生歧义,是不是老师没有原则、不讲是非啊?实际上,老师这是内方外圆、徇义而行,正所谓'亦不必进,亦不必退,惟义所在'。"

主持人吕祖谦说道:"孟老师补充得好。"

"谢谢子舆(孟子)!"孔子说道,"其实,我的'四毋'思想,是一种不得已的'权变'。我说过,'可与共学,未可与适道;可与适道,未可与立;可与立,未可与权。'所谓'权',就是权变、权衡之后随机应变的意思。我把权变作为立身行事的境界。我晚年说自己是'七十而从心所欲,不逾矩','不逾矩'是'执中',是原则性,是对道德和正义的坚守;'从心所欲'是'时中',是灵活性,是思想和行动的自由;'权变'则是'时中'的方法和手段,这些与'无可无不可'是高度一致的。事实上,我是要追求一个不拘于常规而又无不合于道义的境界。"

此时,孔子想起几件事,并向大家作了讲述:

晋文公(春秋时期晋国第二十二任君主,与齐桓公并称"齐桓晋文")在晋楚城濮之战前,向他的舅父狐偃和大夫雍季征求以寡敌众之法。狐偃主张用诈术，而雍季认为用诈术好比是竭泽而渔、焚林捕兽，可获一时之利而不是长久之计。晋文公采纳狐偃之计而获胜，并因此确立霸主地位，但在论功行赏时却将雍季摆在狐偃之前。有人提出异议，晋文公说："此非君所知也。夫舅犯（狐偃）之言，一时之权也；雍季言，万世之利也。"我对此的评价是："文公之霸也，宜哉！既知一时之权，又知万世之利。"我对晋文公的做法十分赞赏，认为他作为政治家懂得执中与权变。

有一次，子路救了溺水的人，接受了主人一头牛的酬谢。我说："鲁国人肯定喜欢从患难中救人了。"当时鲁国有一条法令，鲁国人在诸侯那里做奴隶妻妾的，有人能把他们赎出来，可以从国库里获得奖赏。子贡从国外赎回当奴仆的人，却不从政府那里领取奖金。我说："鲁国人不会再有人赎人了。"因为我认为，子路接受酬谢而劝人为善，子贡辞让奖金而影响别人做好事的积极性。

我经过蒲国去卫国，遭到蒲人的阻止。经过一番战斗后，蒲人提出条件：只要我不去卫国就放行。我答应下来，但出蒲的东门后，依然去了卫国。子路对我的负约行为感到不解，我说"要盟也，神不听"，意思是"被胁迫订下的盟誓，神不认可"。

孔子讲完后，脸上露出一丝狡黠的微笑，心中说道："我这样说、这样做，是为了实现政治理想而采取的"权变"。我才不会做一个固守成规、顽固不化、固执不通的人呢！"

主持人吕祖谦宣布："刚才，孔老师和弟子们就阴阳辩证法作了很好的阐述和解答。下半场，我们请马先生等人就辩证法作一演讲和辩论。现在我宣布：辩论暂停，中场休会。"

第二节　东方有智慧

休息期间，伏羲、文王、老子、孟子、荀子、孔子等人围聚在一起交流，莱布尼茨、康德、黑格尔、恩格斯、马克思等人围聚在一起交流。

莱布尼茨、康德、黑格尔、马克思等人都是德国人。莱布尼茨 1716
年去世之后 8 年，哲学家康德才出生，康德又比大哲学家黑格尔早出生 46
年，而黑格尔去世时马克思才 15 岁。他们在谈论中都谈到孔子，就把孔
子请了过来。

孔子喜欢交"多闻"的朋友，很乐意来到马克思这一群人中间，他和
他们一一打招呼，并攀谈起来。

程思汉见孔子和马克思等人在一起交谈，也凑了过来。

莱布尼茨对孔子说道："刚才听了孔老师的阴阳辩证法，很有感触。
告诉您一个秘密，其实我对阴阳辩证法也有比较深入的研究，从中汲取了
不少智慧。"

孔子一听，感到有些吃惊："我们东方的老古董，你们西方人也有研
究，这不太可能吧?!"

一般人对近代以来的"西学东渐"知道得比较多，但对明末清初的
"东学西渐"了解不多。事实上，16 世纪以来，中国文化包括儒家思想通
过耶稣会传教士等传播渠道，大量传入了西方，甚至形成了 16 至 18 世纪
风靡整个欧洲的"中国热"。

"东学西渐"既对长期以来醉心于"欧洲中心主义"的西方知识界带
来了不小震动，同时也为西方哲学包括辩证法思想注入了活力、产生深刻
影响。不少欧洲哲学家学习、借鉴中国哲学包括儒家思想，笛卡尔的"我
思故我在"，斯宾诺莎（1632—1677，荷兰哲学家，近代西方哲学的三大
理性主义者之一）的"实体"，休谟（1711—1776，英国的不可知论哲学
家、经济学家、历史学家）的"人性论"，等等，这些名噪一时的思想中
不少可以找到中国哲学的影子。

莱布尼茨说道："'在中国，在某种意义上，有一个极其令人赞佩的道
德，再加上有一个哲学学说，或者有一个自然神论，因其古老而受尊敬。
这种哲学学说或自然神论是从约三千年以来建立的、并富有权威，远在希
腊人的哲学很久很久之前。'当时，有人对中国哲学进行贬损，我对这种
做法发出了强烈批判：'我们这些后来者，刚刚脱离野蛮状态就想谴责一

种古老的学说，理由只是因为这种学说似乎首先和我们普通的经院哲学概念不相符合，这真是狂妄至极。'① "说到这里，莱布尼茨一脸气愤的样子。程思汉听到这话，心头一悸、脸上一红。

莱布尼茨接着说："我读了北宋理学家邵雍先生写的《易》和'先天八卦图'后非常感兴趣，特别是在读了比利时汉学家柏应理的《中国哲学家孔子》一书后更是感觉到，孔老师'超越了我们所知道的几乎全部希腊哲学家的时代，您总有着熠熠闪光的思想和格言'②。"

孔子连忙对莱布尼茨说道："承蒙厚爱，实在不敢当。"

师从莱布尼茨-沃尔夫学派的康德曾进行"哥白尼革命"，标志着德国古典哲学的形成。他说道："中国人崇拜孔老师，您就是中国的苏格拉底。其实，我是吸收了中国易经哲学的阴阳对立思想，提出了'二律背反'，而这也让我名噪一时啊！"

黑格尔是德国古典哲学的集大成者，也曾经是青年马克思的崇拜者。他直接继承、利用和改造了康德的"二律背反"，建立了以"三大规律"等为支撑的唯心主义辩证法。康德辩证法将"二律"分裂，认为对峙即背反。黑格尔纠正了康德的这种偏颇，把"二分"变成了"二合"。黑格尔所改变的是西方哲学中长期忽略统一、同一的二元传统，而他这种同一、统一或者"合"的思想一定程度上也渊源于中国哲学传统。

黑格尔说道："我研究过《周易》，研究过阴阳辩证法，并从中获取了不少宝贵的思想营养。我认为，《周易》提出了二元思想，阴阳观念是中国人智慧的'全部哲学'。阳爻（一）代表肯定，阴爻（--）代表否定，这实质上也点出了《周易》所蕴含的辩证思想。'譬如阴阳这部命运之书论述了生和灭。这部书里出现了一元和二元的非常抽象的观念。所以中国哲学似乎和毕达哥拉斯学说一样，从同一个基本概念出发。其原理是智慧，称作道。这是万物之本，万物之源。要认识它们的这种形式，对于中

---

① 转引自焦树安《谈莱布尼茨论中国哲学》，载《中国哲学史》1981 年第 3 期。

② 转引自吴孟雪《柏应理和〈中国哲学家孔子〉》，载《中国文化研究》1996 年秋之卷。

国人来说也是最深的科学.'① 或多或少受到阴阳辩证法的影响，我意识到'从对立面的统一中去把握对立面'是辩证法的'最重要的方面'。"

或许正是受到阴阳辩证法的启发，黑格尔"第一个全面地有意识地叙述了辩证法的一般运动形式"②，这也成就了他"辩证法大师"的美名。

马克思说道："我也研究过《周易》。当时，'书报检查官涂改时画的叉叉杠杠之对出版物，正如中国人的直线——八卦——之对思维。检查官的八卦是著作的各种范畴；而范畴，大家知道，这是多样的内容中本质的典型的东西。'"③

马克思这里提到的"八卦——之对思维"，体现了以八卦中两个根本对立的爻画——阴爻（- -）和阳爻（—）所构成的阴阳辩证法。

"黑格尔先生，"马克思说道，"您是一位思想极其深刻但又怪诞的研究人类发展原理的思辨哲学家，常常把两极相联规律赞誉为自然界的基本奥秘之一。在您看来，'两极相联'这个朴素的原则是适用于生活一切方面的真理，是哲学家所离不开的定理。'两极相联'是否就是这样一个普遍的原则姑且不论，中国革命对文明世界很可能发生的影响却是这个原则的一个明显例证。"④

孔子说道："听您这话，好像您早已习惯于把中国的阴阳辩证法与黑格尔先生的辩证法加以联系并进行比较。"

"是的。"马克思说道，"我虽然没有读过《周易》的原文，但我通过阅读莱布尼茨先生、黑格尔先生的书，从中汲取了不少中国哲学，包括《周易》的思想营养。我的唯物辩证法批判继承了黑格尔先生的辩证法，而黑格尔先生的辩证法受到孔老师阴阳辩证法的很大影响。同时，我在研究儒家经典中，也受到孔老师阴阳辩证法的影响。"

---

① 〔德〕夏瑞春编：《德国思想家论中国》，江苏人民出版社，1997年，第131—132页。
② 《马克思恩格斯文集》第5卷，人民出版社，2009年，第22页。
③ 《马克思恩格斯全集》第1卷，人民出版社，1956年，第62页。
④ 《马克思恩格斯文集》第2卷，人民出版社，2009年，第607页。

孔子听后心想：这么说来，在辩证法问题上，我和马克思还有思想渊源呢。

马克思和恩格斯，是把唯心的辩证法从德国唯心主义哲学中拯救出来并用于唯物主义自然观和历史观的第一人。马克思创新唯物辩证法，一个直接理论来源就是德国古典哲学，其中最重要的是从康德到黑格尔的唯心主义辩证法。

黑格尔对马克思说道："听说您对我的辩证法进行了批判、彻底的批判，是这样吗？"

马克思坦率地说："是的。我的这种批判，是在充分肯定、积极借鉴基础之上的批判。"

黑格尔反问道："为什么这样说？"

马克思说道："首先我认为，把整个世界的历史进程，看作是通过矛盾的对立以及克服而实现的由低级向高级发展的过程，是您的辩证法中最具有特色、最值得肯定的东西。我曾说过：'辩证法在黑格尔手中神秘化了，但这绝不妨碍他第一个全面地、有意识地叙述了辩证法的一般运动形式。''辩证法，在其神秘形式上，成了德国的时髦东西，因为它似乎使现存事物显得光彩。辩证法，在其合理形态上，引起资产阶级及其空论主义的代言人的恼怒和恐怖，因为辩证法在对现存事物的肯定的理解中同时包含对现存事物的否定的理解，即对现存事物的必然灭亡的理解；辩证法对每一种既成的形式都是从不断的运动中，因而也是从它的暂时性方面去理解；辩证法不崇拜任何东西，按其本质来说，它是批判的和革命的。'①"

黑格尔听后，脸上露出欣慰之容。

马克思继续说道："我认为，辩证法的真正规律在您那里已经有了。但正如刚才我说的，辩证法在您手中神秘化了，您把思维与存在的统一理解为绝对精神，这个绝对者不仅是实体也是主体。您所理解的辩证运动的主体是思维或绝对精神，这一辩证运动不过是绝对精神的自我运动，而看

---

① 《马克思恩格斯文集》第5卷，人民出版社，2009年，第22页。

不到主体活动的物质基础。因此，您的辩证法具有唯心主义性质，是头足倒置的，是与唯物主义相脱节的，'必须把它倒过来，以便发现神秘外壳中的合理内核'①"

马克思在其著作《1844年经济学哲学手稿》中，对黑格尔的辩证法进行了意义重大的批判，对黑格尔哲学的"合理内核"进行改造，把唯物主义和辩证法第一次统一起来，逐步形成和建立起了唯物辩证法。

黑格尔问道："我的唯心主义辩证法和您的唯物辩证法到底有什么不同呢?"

马克思回答道："您的辩证法是客观唯心主义的辩证法，我将其中的唯心主义部分抛弃，改造成为唯物辩证法。可以说，我的辩证法，从根本上来说，不仅和您的辩证法不同，而且和它截然相反。比如，在您看来，思维过程是现实事物的创造主，而现实事物只是思维过程的外部表现。我的看法则相反，观念的东西不外是移入人的头脑并在人的头脑中改造过的物质的东西而已②。"

黑格尔听到这里，觉得马克思的唯物辩证法有一定道理，但还是觉得自己的辩证法更系统、更深刻、更完善。马克思终归没有写出专门的辩证法著作。至少来说，马克思的唯物辩证法，是在批判他的唯心辩证法基础上建立发展起来的。

这时，党教授走过来说道："黑格尔先生，您是我非常崇拜的一位哲学家。您是欧洲哲学史上第一个全面系统表述了辩证法的唯心主义哲学家。您的辩证法博大精深，特别是您在《逻辑学》一书中提出了辩证法中的三大法则：对立统一规律、质量互变规律与否定之否定规律，在哲学意义的普遍性上达到了最高程度，这足以让您在人类思想发展史上万古流芳。但是，您的辩证法最大的缺陷就是它的唯心性。而马先生则克服您的这个最大缺陷，发展出了唯物辩证法。"

---

① 《马克思恩格斯文集》第5卷，人民出版社，2009年，第22页。
② 《马克思恩格斯文集》第5卷，人民出版社，2009年，第22页。

"这位先生，您觉得马先生的唯物辩证法，有哪些特别之处？"黑格尔问道。

"我们知道，世界是物质的，但物质世界是运动发展的；而作为主体的人是有能动性的，但这种能动性不能脱离客观的物质基础。马先生的唯物辩证法，使主体活动的能动的创造性原则得到唯物主义的改造，也使得辩证法真正融入唯物主义的基础之中。这样，唯物辩证法正确地解决了思维与存在、主体与客观的关系问题，揭示了世界的存在方式是普遍联系和永恒发展，大大推进了唯物主义的发展，也就成为真正科学的世界观和方法论。虽然马先生没有辩证法的专著，但我们可以从他的著述中梳理提炼出不少唯物辩证法的思想。在《资本论》第一卷出版后，马先生认为这是'把辩证法应用于政治经济学的第一次尝试'[1]。也正如列宁所说：'虽说马克思没有遗留下'逻辑'，但他遗留下《资本论》的逻辑。'[2] "

党教授上面一番话，既肯定了黑格尔的突出学术成就，又特别指明了马克思的重大开创性贡献。

这时，主持人大声宣布道："中场休息结束，请大家回到座位，我们继续辩论。"

第三节　唯物辩证法

等大家坐定后，主持人说道："下面，我们继续演说和辩论。有请马先生。"

马克思和恩格斯以及马中哲、李思通、党教授等人来到亭心。

马克思率先发言道："唯物辩证法的三大规律，也就是对立统一规律、量变质变规律、否定之否定规律，是源于黑格尔先生的《逻辑学》。我的

---

[1] 《马克思恩格斯全集》第 31 卷，人民出版社，1972 年，第 385 页。

[2] 中共中央马克思恩格斯列宁斯大林著作编译局编：《列宁专题文集·论辩证唯物主义和历史唯物主义》，人民出版社，2009 年，第 145 页。

亲密战友恩格斯则将它从《逻辑学》中总结和提炼出来，从而使辩证法的规律变得更加清晰了。"

恩格斯自谦地说道："唯物辩证法是我和马克思一起总结、创造出来的。马克思虽然没有就辩证法作过专门论述，但在他的著作中也有不同程度的呈现。比如，对立统一规律，他的著作《中国革命和欧洲革命》中，就出现了'两极相联规律'一词，也就是'对立统一规律'的意思。马克思把黑格尔先生的辩证法核心归结为对立统一规律，虽然马克思认为黑格尔的辩证法是唯心主义的，但对他的对立统一规律是看重的和认可的，并把它作为黑格尔辩证法的精髓所在。"

党教授说道："关于对立统一规律，马先生确实作过一些论述。他说：'两个相互矛盾方面的共存、斗争以及融合为一个新范畴，就是辩证运动。谁要给自己提出消除坏的方面的问题，就是立即切断了辩证运动。'[1] 并进一步指出：'这个正题、这个与自己相对立的思想就会分为两个互相矛盾的思想，即肯定和否定，是和否。这两个包含在反题中的对抗因素的斗争，形成辩证运动。'[2] 马先生还认为，一切发展，不管其内容如何，都可以看作一系列不同的发展阶段，它们以一个否定另一个的方式彼此联系着。总之，在马先生看来，事物的矛盾法则即对立统一的法则是唯物辩证法的最根本的法则，矛盾同一性和斗争性贯穿于每一事物发展过程的始终，推动着事物的发展变化。"

黑格尔边听边比较，他不得不承认：马克思关于对立统一规律的认识，确实有不少高于他、超越他的地方。

马中哲说道："关于量变质变规律，在先生的思想和著作中也有体现。先生认为，任何事物都是质和量的统一体，质和量的统一体现在'度'这个范畴中。质量互变规律反映了矛盾力量对比变化的过程是由平衡走向失衡发生质变的过程，而每一种有用物都可以从质和量两个角度来考察。先

---

① 《马克思恩格斯文集》第 1 卷，人民出版社，2009 年，第 605 页。
② 《马克思恩格斯文集》第 1 卷，人民出版社，2009 年，第 601 页。

生在《资本论》中指出：'货币或商品的占有者，只有当他在生产上预付的最低限额大大超过中世纪的最高限额时，才真正变成资本家。在这里，也像在自然科学上一样，证明了黑格尔在他的《逻辑学》中所发现的下列规律的正确性，即单纯的量的变化到一定点时就转变为质的区别。'① 从先生的这些论述中，我们可以看到，质是一事物成为自身并区别于其他事物的内部固有的规定性；量是事物存在和发展的规模、程度、速度等可以用数量表示的规定性，以及事物构成因素在空间上的排列组合方式。量变—质变—新的量变构成了事物的发展过程，形成了质量互变规律。"

李思通补充道："马先生、恩格斯先生的后继者还认为，任何度的两端都存在着极限或界限，这就是关节点或临界点。度就是关节点范围内的幅度。在这个范围内，事物的质保持不变；超出这个范围，事物的质就发生变化。"

孔子在下面认真听着，感觉马克思的"度"与自己所认为的"度"，在思想内涵上相当接近。

党教授说道："在马先生的思想和著作中，还蕴含着否定之否定规律。否定之否定规律，用中国人的解释，它揭示了'否极泰来''剥极必复''物极必反'，以及新事物必然代替旧事物的发展规律，说明了事物发展的非线性过程。马先生正是看到了事物发展总是经过两次否定、三个阶段螺旋式发展的自然周期律，才形成了马克思主义哲学思想的核心。事物内部存在着肯定因素和否定因素两个方面，肯定因素使现存事物得以存在，否定因素促使现存事物走向灭亡。辩证的否定是事物联系和发展的环节，即新事物是在旧事物的基础上通过自我否定而产生。马先生曾高度评价辩证的否定，称其为'作为推动原则和创造原则的否定性的辩证法'②。"

子路边听边想：这番话有点"绕"，"否定之否定"，打了一棒子又打了一棒子，当然是更痛了。

---

① 《马克思恩格斯文集》第 5 卷，人民出版社，2009 年，第 357—358 页。
② 《马克思恩格斯全集》第 42 卷，人民出版社，1965 年，第 163 页。

"是的。"恩格斯说道，"马克思深刻领会了黑格尔先生提出的否定之否定规律的内涵，从本质和形式两个方面把握住了这一规律，并把它直接应用到《资本论》中，开端便是由'商品—货币—资本'概念构成了一个否定之否定的辩证运动过程。马克思在做了自己的历史的和经济的证明之后说：'从资本主义生产方式产生的资本主义占有方式，从而资本主义的私有制，是对个人的、以自己劳动为基础的私有制的第一个否定。对资本主义生产的否定，是它自己由于自然过程的必然性而造成的。这是否定的否定。因此，当马克思把这一过程称为否定的否定时，他并没有想到要以此来证明这一过程是个历史的必然的过程。相反，他在历史地证明了这一过程一部分实际上已经实现，一部分还一定会实现以后，才又指出，这是一个按一定的辩证法规律完成的过程。'① 这种否定之否定的结果是，'资本主义私有制的丧钟就要响了。剥夺者就要被剥夺了。'② "

程思汉在前面已经知道，马克思发现剩余价值学说，论证出资本主义制度的基本矛盾不可调和，从而得出"两个必然"的结论。现在，马克思等人又从辩证法的角度，来论证资本主义必然灭亡的内在逻辑。这让他十分不快。

但他不动声色地起身问道："马先生，您和恩格斯先生创造唯物辩证法，论证否定之否定规律，这我不反对。我不仅不反对，还要与您一起讨论和分享。我要问的是，您为什么老是把唯物辩证法包括否定之否定规律，与所谓资本主义的灭亡联系在一起呢？"

"您这个问题提得好。"马克思答道，"我们说，哲学家们只是用不同的方式解释世界，而问题在于改变世界。在当时，我们要改变的就是资本主义世界。所以，我和恩格斯创造出唯物辩证法，其重要意义不是为了在思想理论体系中完善自身，而是为了发现和揭示资本逻辑的内在困境，并将它应用于对资本主义世界的斗争中，在资本主义内部开辟出一条无产阶

---

① 《马克思恩格斯文集》第 9 卷，人民出版社，2009 年，第 141 页。
② 《马克思恩格斯文集》第 5 卷，人民出版社，2009 年，第 874 页。

级解放自己的现实路径。"

程思汉听后，一时无言以对。

恩格斯说道："否定的否定究竟是什么呢？它是自然界、历史和思维的一个极其普遍的、因而极其广泛地起作用的、重要的发展规律；这一规律，正如我们已经看到的，在动物界和植物界中，在地质学、数学、历史和哲学中起着作用……"①

子路轻声问孔子道："老师，您听懂什么是否定之否定规律了吗？"孔子点点头。

子路又轻声问道："老师，他们说了半天，我有点给绕糊涂了。您能不能用一个通俗的例子给我解释一下？"

孔子对子路轻声说道："你是带兵打仗的，我就用射箭来作个比方：一支箭背在你身上，在没射之前，它是静止的。你发现了一个敌人，搭弓把箭射出去了，箭在空中飞，箭这种飞行状态就是对之前静止状态的否定，这是第一次否定。当这支箭射到敌人身上，把敌人射死了，箭也停止了飞行。这种静止状态是对之前飞行状态的否定，这是第二次否定。这样，这支箭经过否定之否定，把敌人给射死了，这不是很好吗？"说完还拍了拍子路。

子路一听，恍然大悟，心想：老师真厉害，一个比方就把一个规律给说明白了。

党教授说道："说起马先生、恩格斯先生的唯物辩证法三大规律，就不能不提'具体情况具体分析'。'具体情况具体分析'最早是由列宁提出的，抓住了马克思主义的要旨，体现了唯物辩证法的精髓。列宁在《共产主义》一文中指出：'马克思主义活的灵魂：对具体情况作具体分析。'②所谓具体情况具体分析，是在矛盾普遍性原理的指导下，具体分析矛盾的

---

① 《马克思恩格斯文集》第 9 卷，人民出版社，2009 年，第 148 页。

② 中共中央马克思恩格斯列宁斯大林著作编译局编：《列宁专题文集·论马克思主义》，人民出版社，2009 年，第 293 页。

特殊性，并找出解决矛盾的正确方法和路径。"

马中哲说道："其实，先生很看重'具体情况具体分析'，在他的著述中也大量体现了'具体情况具体分析'。比如，先生曾说：'我们必须从实际情况出发，也就是说，必须通过一种符合于改变了的环境的办法来利用革命热情。'① 他认为，历史科学中，专靠一些公式是办不了什么事的，正确的理论必须结合具体情况并根据现存条件加以阐明和发挥。"

"是的。"马克思说道，"我还认为，科学理论的运用要随时随地地以当时的历史条件为转移。在将来某个特定的时刻应该做些什么，应该马上做些什么，这当然完全取决于人们将不得不在其中活动的那个既定的历史环境。我甚至主张，'在政治上为了一定的目的，甚至可以同魔鬼结成联盟，只是必须肯定，是你领着魔鬼走而不是魔鬼领着你走'②。"

程思汉感到有可乘之机，又站起来问道："马先生，您说'甚至可以同魔鬼结成联盟'，这是不是没有原则了呀？"

马克思泰然回答道："这里不是没有原则，我觉得应该是原则性与灵活性的统一，也就是既具有坚定的革命立场，又注重灵活运用革命策略，以赢得和团结绝大多数人。另外，不能忘了这句话后面的话，'是你领着魔鬼走而不是魔鬼领着你走'。必须把领导权牢牢掌握在自己的手中，而不能跟着别人随波逐流、让别人牵着鼻子走。"

马克思见程思汉不再发问，接着说道："我和恩格斯在《共产党宣言》1872 年德文版序言中指出：'不管最近 25 年来情况发生了多大的变化，这个《宣言》中所阐述的一般原理整个说来直到现在还是完全正确的。某些地方本来可以作一些修改。这些原理的实际运用，正如《宣言》中所说的，随时随地都要以当时的历史条件为转移……'③ "

此时的马克思，脑子中浮现两件事情：

---

① 《马克思恩格斯全集》第 31 卷，人民出版社，1972 年，第 523 页。

② 《马克思恩格斯全集》第 11 卷，人民出版社，1995 年，第 552 页。

③ 《马克思恩格斯文集》第 2 卷，人民出版社，2009 年，第 5 页。

在 1848—1849 年革命时期，马克思根据当时革命形势，认为工人阶级必须积极参加资产阶级民主革命，可以与资产阶级、小资产阶级结成反对封建专制制度的联盟，以革命民主派的旗帜发挥自己的作用，争取资产阶级革命的胜利，为无产阶级的社会主义革命准备条件。因为在当时，无产阶级的主要敌人是封建贵族，只有在资产阶级取得政权以后，无产阶级反对资产阶级的社会主义革命才开始。

马克思在办报过程中，为了不给书报检查机关找到查封的借口，为了不让暴力破坏自己的计划，十分重视斗争的策略，反对离开具体情况、不顾现存条件的"大唱高调"，要求尽量避免在报上发表一些没有实际意义的"过激"言论。他一再警告说："宣布自己忠于解放事业是一回事，这是正大光明的；但事先就作为宣传而大嚷大叫，则是另一回事，这就有点吹牛的味道，就会激怒庸人。"

李思通听到这心里一动：马克思的"具体情况具体分析"和孔子的"四毋"，马克思的"甚至可以同魔鬼结成联盟"和孔子的"无可无不可"，马克思的"随时随地都要以当时的历史条件为转移"和孔子的"权变"，等等，都有异曲同工之意。

第四节　辩证法之辩

辩论进入最后阶段，主持人对今天的演说和辩论作总结性发言。由于今天这个环节的内容十分丰富，就临时安排古希腊著名女哲学家狄奥提玛担任女主持人，和吕祖谦一起主持，进行总结陈词。

吕祖谦说道："各位智者、各位贤达，辩论进入最后总结阶段，由我和狄奥提玛女士共同来主持。"下面的听众，左一堆、右一伙，纷纷交头接耳，兴致颇高地讨论着孔子和马克思的辩证法。

狄奥提玛说道："各位智者、各位贤达，大家好！请大家安静，请大家安静！"狄奥提玛用她那充满睿智的眼神和充满磁性的声音"压制"住了场面，下面很快安静下来。

吕祖谦继续说道："首先，我要代表光明山感谢孔老师、马先生一行的到来。我们的光明山，特别是我们的智慧之门，在哲学界、思想界有这么大的影响，就是因为我们光明山智者云集，智慧之门经常上演顶级智慧的'强强对话'。而今天，孔老师与马先生就辩证法问题展开的演说和论辩，就是这样的'高端对话'。可以这样说，光明山、智慧之门，因为有孔老师、马先生的到来，知名度、美誉度大增，学术上的深刻性和引领性也大大提升。下面，让我们再次以热烈的掌声对孔老师、马先生一行人的到来表示衷心的感谢和诚挚的敬意！"

话音未落，掌声雷动。

狄奥提玛说道："刚才，孔老师和他的团队，马先生和他的团队，分别围绕各自的辩证法思想进行了比较详细的阐述。我们应当看到，阴阳辩证法与唯物辩证法都秉持对立统一，具有相通之处。二者都主张在对立的事物中发现同一关系，在同一关系中发现对立关系，从而能够透过事物的表面，深入事物的底蕴，抓住事物的本质。我们甚至可以说，'一阴一阳之谓道'既是'对立面的统一'，也即是'否定之否定'——辩证的否定，又内含着质量互变。"

吕祖谦接着说道："阴阳之道，就是中国古人眼中的对立统一规律，尽管显得有些粗略。所谓'阴中有阳，阳中有阴，阳盛则强，阴盛则衰，阴阳互换'，'否极泰来，剥极必复'等，其中的积渐成著、物极必反的思想，与'质变中的量变、量变中的质变，量变至极转为质变'的原理具有内在一致性。所谓'天地之大德曰生''生生之谓易''太极生两仪，两仪生四象，四象生八卦'等，蕴含着事物的发展变化不是简单的重复和数量的增减，而会发生质的变化、产生新的事物。这与对立统一规律所认为的事物的螺旋式上升或波浪式前进，有内在的一致性和统一性。孔老师还认为，事物变化都是从微小的变化开始的，逐渐积累起来形成巨大的变化。正所谓'善不积，不足以成名；恶不积，不足以灭身'。微小的变化是先兆，所以必须重视微小的变化。《周易》中'君子见几而作，不俟终日'

中的'几',就是微小的变化,其中揭示的道理与量变质变规律是一致的。上面说的,主要是二者的相同相通之处。"

狄奥提玛紧接着说:"当然,阴阳辩证法与唯物辩证法也具有鲜明的差异性。首先是斗争性上的差异,这也是阴阳辩证法与唯物辩证法的最大不同之一。只有斗争、运动、发展和转化,事物才能处于不断的新陈代谢和向更高阶段进步的过程中。这种斗争、运动、发展和转化的哲学,是对现实世界真实、客观和科学的描述。"

人群中有人大声说道:"阴阳辩证法也讲斗争啊?"

吕祖谦回答道:"不错,阴阳辩证法也强调斗争、强调发展变化,但同时十分强调平衡、和谐、协调和内在统一性,有'往复循环''斗而不破'的属性。"

说到这里,吕祖谦拿起一张太极图。大家看到,在这张太极图上,黑白两鱼均衡对称地构成一个"和谐"的大圆,中间的反"S"线呈现出一种"恰到好处"、美得不能再美的曲线,阴阳二鱼似乎在这个大圆中永恒地旋转。

程思汉也一直觉得太极图非常美妙,这也是他学习研究中国传统文化的动因之一。

吕祖谦说道:"大家请看,在这张太极图中,两个阴阳鱼和谐、协调地处在一起,他们是一体的,甚至是永远不分开的。从中可以看出,阴阳既是万事万物的基本属性,又是它们之间的基本联系、内在关系;阴阳共生共处、互动互补,既表达了事物内部和事物之间相互联系的客观性和普遍性,也是自然之道、人事之理、生命之则。如果阴阳失去了动态的平衡,不再和谐、协调,对于人来说,就会生病;对于自然来说,就会有天灾;对于社会来说,就会有祸患。由此,调和阴阳、平衡阴阳,让二者'交通成和'就显得十分必要。可以说,阴阳辩证法不是不讲斗争,但它的确减弱了斗争在事物运动中的重要意义。"

又有人大声说道:"难道就必须强调斗争吗?大家在一起,你好我好大家好,这岂不是更好?"

狄奥提玛解释道:"这里涉及一个思想倾向或者政治立场问题。唯物辩证法立足于揭示事物的运动、发展、斗争和转化,斗争性或者说革命性是唯物辩证法的根本特征和灵魂所在。马先生有句名言,其实上面已经提到过,有必要在这里作一复述:辩证法不崇拜任何东西,按其实质来说,它是批判的、革命的。马先生还把辩证法比作'湍急的洪流',能把无数的和有限的事物击破,把独立的形式推翻,把一切都沉没于一个永恒的大海。从这些论述中,可以感受到唯物辩证法肯定斗争、鼓励斗争。"

吕祖谦见没有人再提出异议,继续说道:"其次,阴阳辩证法与唯物辩证法在矛盾主从性上有差异。"

他再次拿起那张太极图说道:"阴阳辩证法最核心的观点是阴阳观点,阴阳观点实质上也就是矛盾观点。也就是说,阴阳辩证法对矛盾双方的性质作了具体限定,一方属阴,一方属阳,强调以阳为本,阳气既固,阴必从之。而且这种主从关系一经确定,就是固定的,不轻易发生变化的。阴阳之间虽然有消长变化,但阴还是阴、阳还是阳。如果实现突变、质变,那就是另外一个事物、另外一个对象,需要重新分出阴阳。"

下面有人喊道:"这样难道有什么不好吗?"

"也很难说会有什么不好。您再听听唯物辩证法的矛盾概念,对二者作一比较吧。"主持人狄奥提玛回答道,"马先生在批判黑格尔唯心辩证法的基础上创立了唯物辩证法,由此也使矛盾概念、对立统一规律等得到科学的说明。唯物辩证法认为,矛盾就是对立统一关系,一切矛盾都是由对立着的两个方面构成的,二者相互依存,一方存在以另一方存在为前提,具体矛盾的双方,如有主有从,何者为主、何者为从,需要视具体情况而定。"

这时,党教授站起身说道:"毛泽东继承和发展了马克思主义关于唯物辩证、关于矛盾的理论观点,提出了主要矛盾与次要矛盾、矛盾的主要方面与次要方面等重要概念和论断,进一步阐发了唯物辩证法的矛盾主从关系及其相互转化。既把握主要矛盾、矛盾的主要方面,又兼顾次要矛盾、矛盾的次要方面,坚持两点论和重点论,这样是不是更好一些呢?"

徐翔阳听到这里，想起在学校里学到的一些关于矛盾的理论：主要矛盾是指在事物发展的一定阶段上处于支配地位、起着决定作用的矛盾，次要矛盾是指其他处于从属地位、不起决定作用的矛盾；矛盾的主要方面是指处于支配地位、起着主导作用的方面，矛盾的次要方面是指处于被支配地位、不起主导作用的方面；在一定条件下，主要矛盾与次要矛盾能够相互转化，矛盾的主要方面与矛盾的次要方面能够相互转化。"以前觉得这些内容没有太大用，现在看来，它确实对一个人如何做人做事、如何解决问题、如何干好工作有很大指导意义，不能主次不分、'眉毛胡子一把抓'啊！"徐翔阳心想。

辩论进行到这里，已经接近尾声。主持人吕祖谦问道："大家还有没有要说的？"

他向四面看了看，见大家都没有要说的，就说道："今天的辩论非常高端、非常精彩，也非常圆满、非常成功。辩论到此结束。散会！下次，也就是五天后，继续围绕认识论开展辩论，请大家提前做些功课。"

散会后，孔子把孟子拉在身边，马克思把恩格斯拉在身边，都有说不完的话。

孔子与马克思商量了一下，决定邀请孟子、恩格斯一同游学，孟子和恩格斯都十分高兴。于是，孔子、孟子、马克思、恩格斯一行 13 人一同离开光明山，回住处下榻。

晚上休息前，李思通把马中哲、王教授、党教授、程思汉叫到自己房间，说道："我感到，主持人对阴阳辩证法、唯物辩证法二者差异性的比较，不是很全面。我认为，还有一个重要差异，那就是理论精细度或者科学性上有差异。不知四位认不认同？"

四位没有认真考虑过这件事，不约而同地问道："这个怎么说？"

李思通说道："我说说看，大家看有没有道理？"

大家让他详细讲来。

李思通说道："阴阳辩证法把世界万事万物分成阴阳两大类，而事物的发展运动是阴阳互动的结果，具有高度的归纳概括性。但同时，阴阳辩证法对于事物的分析，大都建立在具体的、直观的、直觉的透视与顿悟之上，因此思辨的大多是具体的事物、具体的对象、具体的层次，不免陷于简单和粗糙。阴阳辩证法也提出了一系列概念和范畴，比如天地、日月、太极、两仪、阴阳、刚柔、是非、吉凶、存亡等，但并没有建立一个严密的逻辑系统和思想体系。当然，这也是可以理解的，当时人们虽然也强调‘探赜索隐，钩深致远’‘极深而研几’，但对事物的总体性质和变化趋势还停留在直观的整体的把握上，不可避免地带有一定形而上学的性质。"

大家觉得很有道理，王教授想反驳一下，但找不到突破口。

马中哲想了想，说道："唯物辩证法观察事物的方法，是建立在高度科学、高度抽象的基础之上的，比较精细、更加科学。比如，它从整体与部分、内容与形式、本质与现象、原因与结果、必然与偶然、现实与可能等基本环节进行了系统的阐释。先生还指出：'如果偶然性不起任何作用的话，那么世界历史就会还带有非常神秘的性质。'① 先生关于必然与偶然的论述，对于我们认识事物发展的必然和规律，同时敏锐识别和把握机遇，具有方法论指导意义。"

大家听完后认为，经过李思通和马中哲的补充，阴阳辩证法与唯物辩证法之间的差异性，应该比较全面地揭示出来了。

睡觉前，马中哲、李思通、子贡等人，商量了明天到"雕塑森林"游学的具体事宜，等都妥当了，方才各自安心睡去。

睡梦中，马中哲感觉自己来了一个仙境圣地，一个白发苍苍、长须抚胸的老者走到他的身边，慈祥地轻轻拍了拍了马中哲的头。一种美妙的感觉在他的头脑中缓缓升起。他感觉自己的内心，有了一种"思接千载，视通万里"的通透感，眼界极其高远，胸怀极其广阔，心无阻碍，思无禁锢，眼无遮蔽，感觉到"山高挡不住人行走，水阔挡不住摆渡人"，甚至"可上九天揽月，可下五洋捉鳖"。这时，他的耳边响起了王阳明《传习录》中的一段话：

---

① 《马克思恩格斯文集》第10卷，人民出版社，2009年，第354页。

良知之虚，便是天之太虚；良知之无，便是太虚之无形。日、月、风、雷、山、川、民、物，凡有貌象形色，皆在太虚无形中发用流行，未尝作得天的障碍。圣人只是顺其良知之发用，天地万物，俱在我良知的发用流行中，何尝又有一物超于良知之外，能作得障碍？[①]

此时的他，正是这种感觉。马中哲被这种美妙的感觉惊醒了，他小心翼翼地坐起身，生怕赶跑了这种感觉。而后，他拿笔，把这种美妙的感觉记录了下来。

记录完后，马中哲在灯下欣慰一笑，心道："这可能是学哲学，学老师和先生的辩证法带来的顿悟吧！"

然后慢慢地躺下，试图再次找回那样的感觉，但试了好几次，也难以找回梦中那种极为美妙、极为通透、极为旷达的感觉。

也是在当晚，程思汉在日记中写道："阴阳辩证法和唯物辩证法在很多地方都是相通的，仅从这一点看，马克思主义能够成功落地中国并不奇怪。从阴阳辩证法、唯物辩证法看，中国人是很灵活、讲权变的，当然这种灵活和权变是在坚持根本原则基础之上的灵活和权变。由此也可以断言，想让中国刻舟求剑、封闭僵化是不可能的；同样的，想让中国照抄照搬、食洋不化也是不可能的……马克思、恩格斯运用否定之否定规律，论证了资本主义必然灭亡的内在逻辑，这让人十分不快，甚至心生痛恨，但也不得不让人反思……"

---

① ［明］王守仁：《王阳明全集》（上），上海古籍出版社，2011年，第121页。

第五章

知行合一　明体达用 ∘∘∘

第一节　儒家知行观

"雕塑森林"景区距离孔子、马克思他们住的地方不远。一行人早饭后驱车不多时，就是来到景区的门口。

透过宏伟、壮观而又别致的大门，他们看到景区内有一个巨大的手状物体擎在空中，十分显眼和突出。子贡找人一问，原来那个就是"雕塑森林"景区的网红景点：劳动之手。

由于今天是工作日，且景区离居民区又比较远，来景区游玩的人相对较少。

孔子对马克思、恩格斯、孟子等人说道："人少一些也好，没有太多打扰，我们可以边看边讨论问题，正好达到游学的目的。"大家一听，都有同感。

大家进入景区后，首先看的是"学习者"雕塑群。有的雕塑，是一群孩子散坐在地上，一个大人模样的雕塑手中拿着一本书，正面对孩子讲着什么；有的雕塑，是四五个人围站在一起，似乎在激烈讨论着什么；还有的雕塑，是一个大学生模样，独坐在水边静静地看书，给人一种安静感，等等。这些雕塑，惟妙惟肖、生动形象，有的还举止怪异、憨态可掬，具

— 151 —

有极强的视觉冲击力，同时也带给人们以思考和启迪。

紧挨着"学习者"雕塑群的是"思想者"雕塑群。首先映入眼帘的，是一个模仿法国雕塑家奥古斯特·罗丹《思想者》的雕塑，雕塑中的男子全身赤裸，弯腰屈膝，右手托着下颌，深沉的目光以及嘴唇咬着拳头的姿态，表现出一种极度痛苦的心情，看上去陷入了全神贯注的思考和"绝对"的冥想之中。大家还看到了许多形态各异、千姿百态的思想者形象，有老人形态的，有孩子模样的，更多是学生、老师、知识分子等身份的，似乎要把参观者带入沉思和冥想。

看了"学习者"和"思想者"雕塑群，孔子很有感触说道："'学而不思则罔，思而不学则殆。'一个人只学不思，就容易迷茫；可是若只重视思而不重视学，同样也是很危险的。只有学思结合，多学多思，才能真正学到东西啊！"

孟子说道："老师您说得对。您还说过，'多闻，择其善者而从之，多见而识之，知之次也。'学习书本知识，学习文化典籍包括《诗》《书》《礼》《易》《春秋》等很重要，'多闻''多见'的直接感觉经验也很重要，也是获得知识的重要途径。不仅如此，还要有'阙疑'的态度，只讲或只去实行那些无可怀疑的部分，这样就可以少犯错误。'多闻阙疑，慎言其余，则寡尤；多见阙殆，慎行其余，则寡悔。'对待闻见所得的知识采取分析的态度是应该提倡的。"

恩格斯问孔子道："最近我在光明山读了您的一些著作，有一句话让我很感兴趣，也有点惊奇。您说：'生而知之者，上也；学而知之者，次也；困而学之，又其次也；困而不学，民斯为下矣。'我想问的是，真有'生而知之'的人吗？个人觉得，'生而知之'带有先验论的倾向。"

孔子微微一笑，回答道："所谓的'生而知之'，是说有那么一种人，他的知识和智慧是先天固有、与生俱来的，是先于经验、先于实践的最上等人。我虽然说过这样的话，但认为'生而知之'的人是极少极少的，绝大多数的人都属于'学而知之者'。许多历史人物，与我同时代的诸侯、大夫、卿士，甚至连我本人来说，并没有'生而知之'的人。'我非生而知之者，好古敏以求之者也。'既讲'学而知之'，首先肯定是后天的，不是先天的。"

程思汉了解到一些人工智能实验室提出的植入人脑芯片、让人拥有众多知识的设想，说道："'生而知之'的人，可能在不太遥远的未来到处都是。一个芯片装进大脑里，就能拥有了几乎所有知识。"

"拥有众多知识，不等于拥有判断力、抉择力。人脑成了电脑，也没有太多价值。"马中哲带有反驳的意味说道。

恩格斯点点头说道："'生而知之'其实就是一种'天才论'，我们是反对天才论的，看来您也不是很赞同。"

先验论虽然是 19 世纪三四十年代才出现的一个概念，其实其表现很早就有。

孔子是个很坦诚的人，他听出恩格斯有说他是先验论者的意味，一下子悟出自己的不足："您说我是先验论，其实也没有错。我认为，'上智'和'下愚'智力不同，并且双方不会发生转变。我把社会上的人分为上、中、下不同等级，认为人们先天认识能力不同，所受的教育也有所不同，只有对中等以上的人，才可以讲高深的道理。这应该也是您说的先验论的表现吧。"

颜回有意维护老师，理一理思路，说道："我理解，老师口头上承认'生知'，实际上强调'学知'，对'生而知之'只是虚悬一格，更重视'学而知之'这一知识的实际来源。老师在教学实践中，冲破'生而知之'的框框，强调'学而知之''学而时习之'，这是不是在一定程度上包含着现代人所说的反映论的思想因素呢？"

所谓反映论，是指思维反映存在的理论，人们通过对实在物的直接感知来认识存在的东西。

"'学而时习之'，我们从小就开始背，印象最深刻了。"徐翔阳说道。

孟子说道："虽然'生知'在老师那里并不重要，但老师却是'生知'理论的发明人。这种理论对后世的影响很大，儒家后来者喜欢把老师作为'生知'的圣人抬出来。同时，我还进一步发展了老师的'生知'理论，提出'良知说'。'人之所不学而能者，其良能也；所不虑而知者，其良知也。''良能良知'是一种与生俱来、先天所赋的能力与知识，但这种能力与知识主要是指内生的自觉的道德意识和道德观念。"

李思通等人说道："孟老师的'良知说'，对后世影响很大啊！王阳明先生的致良知说，就可以上溯到孟老师的'良知良能'。当然啦，他的'致良知说'也结合了《大学》中的'致知'观点。"

马克思虽然对《论语》有所研究，但总体上看，他对孔子著作和思想了解不是太深。他听了前面的讨论，说道："感觉孔老师的'知'和我的'认识'有相似、相通之处；孔老师有先验论的倾向，而我则秉持能动的反映论。"

马克思的这种反映论以科学的实践观为基础，承认认识对象的客观实在性，承认认识能够如实反映对象固有的性质和规律，而"观念的东西不外是移入人的头脑并在人的头脑中改造过的物质的东西而已"。

孔子笑着说道："看来我们既有'英雄所见略同'之处，也有'大路朝天，各走一边'的地方。"马克思也跟着笑起来。

孔子、马克思一行人接着向前游览，进入"和谐区"雕塑群。这个区域里的雕塑，有学习者，有思考者，有劳动者，还有休闲者，等等。虽然大小不同、形态不同、动作不同，但能够和谐地"处"在一起，看起来也很生动、很协调、很融洽。特别是有一组雕塑，把同一个人在学习、思考、劳动等不同情形下的形象完全呈现出来，给人带来诸多遐想。

此时，王教授和党教授走在队伍的最前面。

王教授对党教授说道："看到这些雕塑，我想起了孔老师的'知行合一'。"

党教授马上说道："看到这些雕塑，我想到了马先生的理论与实践的统一。"

"我觉得'知行合一'提炼得更精妙。"

"我觉得'理论与实践的统一'概括得更科学。"

"我觉得'知行合一'更形象。"

"我觉得'理论与实践的统一'更抽象。"

"我觉得……"

"我觉得……"

两个人声音越来越大，引得大家都把目光集中到他们身上。

旁边的李思通笑道："你们俩说得都有道理。况且，我们有孔老师、孟老师，马先生、恩格斯先生在，一起请教请教，不就可以搞得更清楚啦？"

两人一下子反应过来，向孔子和马克思分别请教"知行合一"和"理论与实践的统一"的问题。

王教授指着旁边那几个雕塑说道："孔老师您看，这个人先是在学习，而后是思考，最后是实践，这不正契合了您的'知行合一'吗?!"

孔子回答道："'知行合一'并不是我最先提出来的，而是后人提出来的。"

马中哲在一旁补充道："'知行合一'最早出自宋元之际儒学家金履祥所著《论语集注考证》。他说：'圣贤先觉之人，知而能之，知行合一，后觉所以效之。'意思是说，先知先觉的圣贤，知而能行，思想与行为一致，是后知后觉之人学习效法的榜样。老师虽然没有最先提出'知行合一'，但老师的思想中蕴含着、贯穿着、推崇着知行合一，老师您本人也是知行合一的践履者啊!"

孔子说道："也算是吧。"

马中哲继续说道："我认为，老师的知行合一是有逻辑基础和实践基础的。老师说：'视其所以，观其所由，察其所安，人焉廋哉，人焉廋哉。'人的内心世界与外在行为具有一致性，人的所作所为、行事动机、价值取向等在智者面前都是不可隐匿的。从中，我们也可以更深层次来理解，'知'与'行'是能够合一的，即人的内在之'知'应与外在之'行'相一致。"

子贡说道："老师，我认为，在您的思想里，'知'对'行'是有指导和引领价值的。比如您说：'不知命，无以为君子也；不知礼，无以立也；

不知言，无以知人也。''知命''知礼''知言'等是做人行事的准则，道德上的言和行离不开世界观的指导，离不开对社会和自然的认识。您教育学生有'四教'，即'文、行、忠、信'。'四教'之中，'文'是'行'的基础，不能脱离'文'而'行'。"

"赐说得对。"子路说道，"当年，我让子羔去做费宰的时候，老师批评我这是害人之举，因为我认为子羔不学习也可以做好费宰的工作，没有理解老师知行并重的实质，'行'是'文'之目的，'文'为'行'服务。"

当时，子羔还是一个求学的学子。"费"是鲁国的一个邑，属于季氏家的管辖范围内，子路曾经做过季氏家的家臣，他派子羔去做费邑的邑宰（相当于县长）。结果孔子反对，他认为子羔的学问还没有成熟，如果这个时候就出来做官了，那是把他给害了。后来，子羔学成之后出来做官，成为孔门弟子中当官次数最多、从政时间最长且为官最公正廉明、最得民心的好官。这个故事里体现出"知"对"行"的引领价值和基础作用。

孔子说道："我认为知与行必须合一，主张'知'的过程应该把学习与实践紧密结合，在'行'中丰富、完善和深化'知'。'诵《诗》三百，授之以政，不达；使于四方，不能专对。虽多，亦奚以为。'春秋时期的使节'受命不受辞'，即只接受使命，至于如何去交涉应对，只能随机应变、独立行事。而当时的外交酬酢谈判，多半是背诵诗篇来代替语言，即'专对'。这句话是说，熟读《诗经》三百篇，让他去处理政事却办不好，叫他出使外国又不能独立地谈判，纵是读得多又有什么用处呢？所以说，'行'是'知'的目的，'知'是'行'的必要准备。'知'与'行'必须高度统一、有机结合，只有这样才能做到学以致用，达成真正的'学'。"

说到这里，孔子的眼光转向子路："由在听到一条道理但没有能亲自实行的时候，唯恐又听到新的道理。我就赞扬由勇于把知识放在实践中检验，同时也指出'知'与'行'相脱离的做法不可取。"《论语》有'子路有闻，未之能行，唯恐有闻'的记载。

子路听老师表扬他，非常高兴。

孟子说道："老师，我通过研究您的学问，感到您特别是在道德实践上，一贯反对把'忠''孝'等停留在主观认识或口头上，主张'敏于事而慎于言''先行，其言而后从之'，认为'色取仁而行违'不仅毫无意义，甚至会败坏道德。您还说：'君子无终食之间违仁，造次必于是，颠沛必于是。'君子任何时候都不违背仁德，匆忙时必定如此，颠沛时必定如此。您在这方面的言论还有很多：'君子耻其言之过其行也''古者言之不出，耻躬之不逮也''先行其言而后从之''君子名之必可言也，言之必可行也''言必虑其所终，行必稽其所敝'，等等。直到晚年卧病，子路使门人为臣，您还斥责子路说：'久矣哉，由之行诈也：无臣而为有臣，吾谁欺，欺天乎？'您一直都要求做到知行合一，反对言行不一、知行分离。在您那里，是否做到言行一致、知行合一，还作为划分'君子'与'小人'的重要标准。"

子贡对孔子的经历和思想最清楚，他认为孔子本身也是知行合一的典范，一生都致力于把自己的伦理主张、政治理想付诸实践。

子贡说道："老师，您小的时候受乡党影响即开始演习'礼'，年轻时便出仕做'委吏'主管仓库之事，后来又做'乘田'主管牛羊蕃息之事。尽管世事艰难甚至阻碍重重，您始终不放弃治国平天下的政治理想。当公山弗扰召您从政时，您有心前往，说'夫召我者，而岂徒哉？如有用我者，吾其为东周乎'。从中可以看出老师行'救世'之道的心何等迫切。"

"是啊！"孔子感叹道，"当年鲁定公重用我，一年中由中都宰升为司空，后又由司空升为大司寇。这是我推行政治理想的重要一步，但终因季氏阻挠未能践行'大道于天下''复兴周礼'的政治理想。此后，我开始带领众弟子周游列国'推销'自己的政治主张，也都无功而返，后遂从事教学和著述。"

纵观孔子一生，他既是知行合一的倡导者，更是知行合一的实践者。在他看来，儒家思想的本质体现在各种社会活动中。

此后历代儒家都自觉把知与行有机结合起来，重视实践对人的认识的积极作用，并把所学知识包括德行修养放到改造社会的具体实践活动中去。到了王阳明那里，知行合一的思想进一步得到发展和深化。

李思通说道:"孔老师、孟老师、马先生、恩格斯先生,我给你们讲一个故事:民国时期,有一个教育家叫陶行知,他一生曾两次更名,皆因为'知行合一'。他原名叫陶文濬,在大学期间,深受明代心学大师王阳明'知行合一'论的影响,19岁时给自己更名'陶知行',认为'知是行之始',即认识先于实践。之后,他也觉得'行'更重要,创造性提出一个新观点'行是知之始',即有实践才能认识,遂又更为'陶行知'。再后来,他又认识到,'从行到知'只是认识的初级阶段,再'由知到行'则是认识的更高阶段。他还写了一首'三代诗':行动是老子,知识是儿子,创造是孙子。"

大家觉得挺有趣,都笑起来了。

第二节 "行"是"实践"吗?

孔子、马克思一行人继续向前走,来到"劳动者"雕塑群。

这个区域呈现给大家的是各种各样劳动场景的雕塑,有田间地头的农民劳作,有工厂工人的机器操作,有海边渔民的撒网打鱼,有科研人员的仪器试验,有地质勘探人员的实地探测,还有空间站航天员的出舱作业,等等。特别是在一个区域,集中展现了不同劳动者的手的雕塑,有细腻的手、粗糙的手、皲裂的手,有紧握的手、伸展的手、弯曲的手,特别是在这一区域中间,有一只巨手雕塑,更是引人注目。这只像是从地里长出来的手,有约50米高,手腕处的直径约有10米,每个手指也有1米粗细,大拇指以约45度角伸向天空,其余四指微弯,似乎在抓举着什么。这个巨手雕塑,不求细节的完美,青筋暴露、骨骼嶙峋,以巨大的体积感和力量感展现出震人心魄的魅力。

在这群劳动者雕塑面前,在这个巨型手雕塑面前,大家看到的是劳动的场面、劳动的力量、劳动的智慧、劳动的成果。看到这一幕幕场景,孔子想到了"行",马克思则想到了"实践"。

在孔子的心中,"知"主要指的是道德观念、思想意念和事物之理,

"行"主要指的是道德践履和实际行动。在孔子的思想体系中，认识一般被称作"学""知"，与认识相对应的实践被称作"践行""实行"或"行"，并一般给予实践比认识更重要的地位。《论语》以"学而时习之"开篇，这其实就包含了知与行两个方面，"学"是知，"习"就是行。

孔子说道："这些劳动场景让我想到了'行'。'知'很重要，'行'更重要。'行'在'学'先，'行有余力，则以学文'。或者说，'行'也是'学'，'学'里就包括'行'，'学'好的标准就是'行'。"

马克思听后说道："孔老师这一会儿'学'、一会儿'行'的，把我都搞糊涂了。"

李思通笑着抢先答道："其实，孔老师说的'学'与'行'或者说'知'和'行'，类似于马先生讲的'认识'和'实践'。"

马克思一听，心中就明白了，想了想又问道："刚才您说'行'也是'学'，'学'里就包括'行'，那么'学'和'行'到底是一回事、还是两回事？"

孔子回答道："'学'与'行'既是两个东西，也是一个东西，是很难分开的。其实，所谓'学'，也包括'行'在内，我通常用'习'来表达。'贤贤易色，事父母能竭其力，事君能致其身，与朋友交言而有信，虽曰未学，吾必谓之学矣。''君子食无求饱，居无求安，敏于事而慎于言，就有道而正焉，可谓好学也已。'这些话都是在说'行'。'博学之，审问之，慎思之，明辨之，笃行之'，'行'是'知'的基础，'行'是衡量是否掌握真知的标准。"

李思通补充道："但这里的'行'，与马先生常说的'实践'的意思又有不同，不是通常意义上的生产斗争、阶级斗争和科学试验等实践活动。"

颜回补充道："刚才老师说'行'比'学'更重要，在这方面老师是有论述的。比如，老师提出'多闻，择其善者而从之，多见而识之，知之次也'的观点，就强调行重于知。还提出，'始吾于人也，听其言而信其行；今吾于人也，听其言而观其行'，'其身正，不令而行，其身不正，虽令不从'。言传身教，要求别人做到的，自己先要做到，这种思想在认识论上也有它的积极意义。"

程思汉曾经读过《论语》，他想到了"学"比"行"重要一句话，笑着说道："孔老师还说过一句话，'朝闻道，夕死可矣。'直译过来就是，早上知道真理，当晚死去也未尝不可。看来'学'也很重要啊！人们常说'为真理而死''为正义而战'，这不正是'朝闻道，夕死可矣'这句话的现代诠释吗？"

颜回很认真地说道："老师也说过'力行近乎仁'的话。在总体上，老师认为'行'比'学'重要。"

程思汉笑道："我只是开个玩笑，颜回老师不必当真。"

党教授对中国人的秉性、对中国共产党人的作风比较了解，昂然说道："'行'很重要，中国人最崇尚实干。中国共产党的领袖也经常告诫大家要牢记空谈误国、实干兴邦，要马上就办、真抓实干。"

在能干苦干实干问题上，程思汉对中国人、对中国共产党人最为佩服，发自内心说道："中国人很勤劳，中国共产党人讲实干，特别是改革开放以来中国的发展这么快，固然有国外资金、技术支持的因素，但不得不说，最主要的还是你们干出来、拼出来的。"

党教授欣慰地说道："感谢程先生美言。不干，半点马克思主义都没有。"

马克思把"共产主义者"直接称为"实践的唯物主义者"，曾把自己的哲学比喻为报晓人类解放的"高卢雄鸡"，形象地展现了这一哲学"改变世界"的实践取向。

马克思说道："孔老师说'行'，我说'实践'。我们来说说我的'实践'，看与您的'行'有没有区别吧？"

孔子说道："愿闻其详。"

马克思说道："实践的本质是多侧面的。首先，实践是感性的人的活动。'从前的一切唯物主义，包括费尔巴哈的唯物主义的主要缺点是对对象、现实、感性，只是从客体的或者直观的形式去理解，而不是把它们当作感性的人的活动，当作实践去理解，不是从主体方面去理解。'① 费尔巴哈先生不满意抽象的思维而喜欢直观；但是他把感性不是看作实践的、人的感性的活动。这样对实践的认识，是有偏颇的。"

　　颜回注意到马克思的话中，多次出现了"感性"，而且不同地方的"感性"好像意思也不太一样，向马克思问道："马先生，请教一下，您的'感性'与费尔巴哈先生的'感性'，有什么不同之处吗？"

　　"我的感性概念继承并发展了费尔巴哈先生的观点。费尔巴哈先生的感性概念仍然存在着局限性，因为他对感性的理解，仅是从一种客体的视角来理解，而不是从主体的角度去理解，不是理解为主体的感性活动即实践。与费尔巴哈先生不同，我认为，要从主体的方面来理解感性，从被动感性转向主动感性、从感性客体转向感性主体，从感性接受转向感性活动。"马克思解释道。

　　颜回听后点点头，表示明白了。

　　马克思继续说道："其次，实践是人的有意识的生命活动。就像我们在'劳动者'区域、在'劳动之手'雕塑中看到的那样。我常常做这样一个比喻，'最蹩脚的建筑师从一开始就比最灵巧的蜜蜂高明的地方，是他在用蜂蜡建筑蜂房以前，已经在自己的头脑中把它建成了。'② 概括起来说，实践是人自身作为物质力量并运用物质手段与物质对象发生实际的相互作用，也就是人能动地改造世界的社会性的物质活动。"

　　恩格斯与马克思一起创立了科学实践观，对实践的认识和理解非常深刻。恩格斯说道："在批判旧哲学的过程中，马克思还科学回答了认识的基础和本质。比如，他在《关于费尔巴哈的提纲》中指出：'全部社会生活在本质上是实践的。凡是把理论引向神秘主义的神秘东西，都能在人的实践中以及对这种实践的理解中得到合理的解决。'③ 马克思还说：'理论

---

① 《马克思恩格斯文集》第 1 卷，人民出版社，2009 年，第 499 页。
② 《马克思恩格斯文集》第 5 卷，人民出版社，2009 年，第 208 页。
③ 《马克思恩格斯文集》第 1 卷，人民出版社，2009 年，第 501 页。

的对立本身的解决，只有通过实践方式，只有借助于人的实践力量，才是可能的；因此，这种对立的解决绝对不只是认识的任务，而是现实生活的任务，而哲学未能解决这个任务，正是因为哲学把这仅仅看作理论的任务。'① 从中可见，实践的观点是认识论的首要的和基本的观点，实践是认识的来源、动力和目的，还是检验认识的真理性的标准。以实践为基础，主体对客观的能动的反映活动，就是认识的本质。"

"恩格斯说得非常对。"马克思说道，"在哲学史上，关于认识的真理性的标准问题，哲学家们曾经给出各种各样的观点。我认为，人类实践提供了真理的客观标准。因为，人的思维是否具有客观的真理性，这不是一个理论问题，而是一个实践问题。人应该在实践中证明自己思维的真理性。'关于思维——离开实践的思维的现实性或非现实性的争论，是一个纯粹经院哲学的问题。'② 可以说，唯有实践才能检验认识的真理性，此外没有别的什么标准。这是由真理的本性和实践的特点两个方面共同决定的。"

孔子、孟子等人听后，都十分认同。

第三节　科学实践观

党教授指着旁边那几个雕塑说道："马先生您看，这个人先是学习思考，在掌握了理论之后，再去实践。这不正折射出您的'理论与实践的统一'吗?"

王教授摇头说道："我从中感悟到的是知行合一。"

马克思笑道："'一千个读者眼里有一千个哈姆雷特。'你们两人看到一组雕塑，好像看出了两个东西，实质上却是一个东西。这是因为，孔老师的知行合一与我的理论与实践的统一，本质上是相通的。"

---

① 《马克思恩格斯文集》第 1 卷，人民出版社，2009 年，第 192 页。
② 《马克思恩格斯文集》第 1 卷，人民出版社，2009 年，第 500 页。

马克思既是理论家又是革命家,密切关注和研究实际经济社会问题。一方面,他通过报刊、演说等形式传播自己的理论主张,指导实际的革命斗争;另一方面,当革命需要的时候,他立即放下研究工作,投身革命实践的实际活动。一句话,马克思是把理论研究与实际斗争密切结合的光辉典范。

孔子说道:"请您说说,看看是不是相通的。"

马克思说道:"首先我认为,理论对实践具有指导作用,但这种指导作用必须紧密联系具体的实际。'批判的武器当然不代替武器的批判,物质力量只能用物质力量来摧毁。'① 事实上,没有革命的理论,就没有具有先进性的无产阶级,就没有坚强、团结的无产阶级政党,也就不会有革命的运动。"

"同时,我们也要看到,"恩格斯说道,"马克思主义理论是任何坚定不移和始终一贯的革命策略的基本条件;为了找到这种策略,需要的只是把这一理论应用于本国的经济条件和政治条件。"②

党教授说道:"你们的后继者继承发展了这一思想,比如列宁就认为,决不能把马克思的理论看作某种一成不变的和神圣不可侵犯的东西,它只是给一种科学奠定了基础,应当在各方面把这门科学推向前进。'对于俄国社会党人来说,尤其需要独立地探讨马克思的理论,因为它所提供的只是总的指导原理,而这些原理的应用具体地说,在英国不同于法国,在法国不同于德国,在德国又不同于俄国。'③ 我觉得,不论是马先生本人,还是恩格斯先生和列宁,都认为革命理论——或者说马克思主义理论运用于实践,必须与当时当地的具体实际紧密联系,必须考察现实的确切事实,否则理论就可能成为空谈,指导实践也会出问题甚至历史性错误。"

李思通说道:"在中国共产党的历史上,就有一个叫王明的。他对马

---

① 《马克思恩格斯文集》第 1 卷,人民出版社,2009 年,第 11 页。

② 《马克思恩格斯文集》第 10 卷,人民出版社,2009 年,第 532 页。

③ 中共中央马克思恩格斯列宁斯大林著作编译局编:《列宁专题文集·论马克思主义》,人民出版社,2009 年,第 96 页。

克思列宁主义颇有'研究',特别是'背功'很厉害,马先生、恩格斯先生的很多著作,他都能倒背如流。他虽然理论学得不错,但是不注重与中国实际相结合,在指导中国革命时犯了教条主义的错误,混淆民主革命与社会主义革命的界限,企图超越民主革命一举夺得社会主义革命的胜利;他推行'城市中心论',组织城市武装暴动,命令处于劣势的红军攻打中心城市,结果给中国共产党和中国革命造成极大损失,被迫进行长征。他就是没有做到理论与实践相统一的反面典型。后来,毛泽东探索出了适合中国革命实践的'山沟里的马克思主义',还把'理论联系实际'作为中国共产党的三大作风之一,领导中国革命取得了成功。"

"这正是,'长征走过的道路,不仅翻越了千山万水,而且翻越了把马克思主义当做一成不变的教条的错误思想障碍'①。"党教授说道,"在理论与实践的统一问题上,既不能犯本本主义、教条主义的错误,同时也不能走到另一个极端,犯经验主义、主观主义的错误。"

马克思说道:"我认为,坚持理论与实践的统一,还应体现在人在改造世界的过程中也改造自身。'人类活动的一个方面——人改造自然。另一方面,是人改造人。'② 可以说,人们在社会实践的过程中,在改造客观世界的同时也在改造主观世界,在'人化'自然的同时也在'进化'人类社会。"

此时的徐翔阳正在孟子身边,他猛然想起孟子非常有名的一段话,但又拿不准在这里说合不合适,显得有些底气不足地说道:"我记得孟老师说过一段话,这段话不知是不是能够体现人自身'进化'的意思?"

孟子一听很高兴,鼓励他说出来。徐翔阳将这一段话一字不落地背了下来。

故天将降大任于是人也,必先苦其心志,劳其筋骨,饿其体肤,空乏

---

① 《习近平谈治国理政》第二卷,外文出版社,2017年,第51页。
② 《马克思恩格斯文集》第1卷,人民出版社,2009年,第540页。

其身，行拂乱其所为，所以动心忍性，曾（增）益其所不能。

这段话被后人广为引用，成为励志名言，孟子也视之为得意之笔。孟子说道："我认为，这段话虽然是告诫人们'生于忧患、死于安乐'的，但其中也蕴含了马先生所说的人自身'进化'的涵义。经过了大苦大难的磨砺之后——其实这也是一种实践，人的能力素质、意志品质、精神境界等都得到了大幅提升——其实这也就是改造自身。其中，也蕴含着知行合一、理论与实践的统一的重要道理。"

孔子、马克思、恩格斯等人都觉得有道理。

人在改造世界的过程中也在改造自身，这是对普遍意义上的人来说。马克思非常关注工人阶级，关注无产阶级革命，他认为对于工人阶级、革命者来说，他们在革命实践中也在改造自身。

马克思说道："事实上，理论武装是教育革命者的途径，而革命斗争实践更是改造革命者的更为重要的途径。工人阶级、革命者在革命活动中，在改造环境的同时也改变着自己。革命之所以必需，不仅因为没有任何其他的办法能够推翻统治阶级，而且还因为推翻统治阶级的那个阶级，只有在革命斗争实践中，才能抛掉自己身上的一切陈旧的肮脏东西，才能胜任重建社会的工作；只有在革命斗争实践中，才能认识到自己的力量有多大、缺点在哪里，从而进一步拓宽眼界、提高能力、启迪智慧、锻炼意志。"

"是的。"孔子说道，"'行'或者说'实践'太重要了啦！"

恩格斯对马克思的理论创造和革命实践都非常了解。他说道："马克思从来都没有向往和羡慕过那种书斋中的百科全书式的学者的角色，他的理论兴趣总是带有实践的倾向，这种'实践'可以理解为一种对现存社会的批判。如果说理论是'批判的武器'，那么实践就是'武器的批判'。实际上，在《黑格尔法哲学批判导言》中，马克思就对'实践'赋予了'武器的批判'的内涵：'哲学把无产阶级当作自己的物质武器。同样，无产阶级也把哲学当作自己的精神武器.'① 与以往的哲学家不同，马克思并不满足于对世界的解释和说明，而是致力于使理论与实践相结合，以自己的具体行动实践自己的理论。"

"是这样的。"马克思说道，"思想根本不能实现什么东西，为了实现思想，就要有使用实践力量的人。我坚定地认为，一步实际运动比一打纲领更重要。'对实践的唯物主义者即共产主义者来说，全部问题都在于使现存世界革命化，实际地反对并改变现存的事物。'② "

党教授总结性地说道："事实上，作为理论与实践相统一的、能够'改变世界'的马克思主义，其科学性和真理性在于它能够随着实践的发展而不断发展，其巨大价值和强大力量在于服务于实践、改造着现实，'彻底揭露旧世界，并积极建立新世界'。"

第四节　道德实践与社会实践

一行人边走边聊，不知不觉中已经来"雕塑森林"的一个休息区。这是一个人性化的设计，在景区快要结束的区域，有一个用雕塑做成的巨型树头状的大圆桌，周围16个手掌托举状的凳子也是雕塑。

孔子、马克思一行有13人，大家一起围坐下来，刚好可以开一个圆桌论坛。

大家都落座后，李思通率先说道："触景生情，有感而发。今天我们来游览'雕塑森林'，没想到引发了一场关于'知行合一论'与'科学实践观'的讨论。其实，我们还有一个问题没有弄明白。"

马中哲问道："什么问题？"

"刚才，王教授和党教授争论，一个说'知行合一'提炼得更精妙，一个说'理论与实践的统一'概括得更科学；一个说'知行合一'更形

① 《马克思恩格斯文集》第1卷，人民出版社，2009年，第17页。
② 《马克思恩格斯文集》第1卷，人民出版社，2009年，第527页。

象，一个是'理论与实践的统一'更抽象……到底二者有什么异同，我们还没有完全弄明白呢。"

大家一听，感觉这确实是一个很好的问题。

李思通说道："那好，我们一起来看看孔老师的知行合一与马先生的理论与实践的统一，或者说知行合一论与科学实践观的异同如何？"

孔子自谦道："我的'知行合一论'，根本比不上马先生的'科学实践观'。"

"您的'知行合一论'非常高妙，孔老师不必谦虚。"马克思连忙道。

李思通环视一下众人说道："我认为，孔老师的知行合一论与马先生的科学实践观，在学理上相通，在内容上相异，二者之间是'异中有同''同中有异'啊！"

马克思说道："你们现代人，用现代的视角来研究我们的思想，比较我们的思想。我们只有洗耳恭听啰！"孔子心中也这么想。

李思通说道："我觉得'知行合一论'与'科学实践观'，首先，二者具有内在一致性和融合性。毛泽东的'两论'之一——《实践论》，其副标题是'论认识和实践的关系——知和行的关系'①。虽然《实践论》是毛泽东用马克思主义的科学实践观、唯物辩证法对中国传统知行观的改造、升华和发展，但从中可以看出，中国儒家'知行合一'思想与马克思主义哲学的实践观念，或者具体到孔老师的知行合一论与马先生的科学实践观，是相互契合、紧密联系的。"

党教授说道："从理论上进行粗略对照，'知'就是'认识'，'行'就是'实践'；知与行的关系，从现代意义而言就是理论与实践或者说认识和实践的关系；'知行合一'，在一定程度上相当于理论与实践、认识与实践的统一。我们可以这样简单理解，孔老师的'知行合一论'和马先生的'科学实践观'，是科学的认识论在不同时代的理论表达和呈现。"

程思汉质疑道："我有一个模模糊糊的感觉，就是孔老师的'行'主

_____

① 《毛泽东选集》第1卷，人民出版社，1991年，第282页。

要是体现在道德方面。不知对不对?"

"程先生这个问题提得好。"王教授说道,"虽然孔老师眼中的'行',主要是指伦理道德行为,知行合一论从本质上说是一种道德修养论与道德实践论,但从孔老师'修齐治平'和'力行'的思维逻辑和理论旨趣而言,其道德修养必定要落实到伦理实践、政治实践和社会实践上,最终造成现实的改造和改变。也就是说,孔老师崇尚入世,要'明明德'于天下,就不能仅是停留在理念、化知识为德性,必须见于事功、化德性为德行。《大学》'三纲领、八条目'即是知行的统一过程,三纲领即'明明德''亲民''止于至善',八条目即'格物''致知''诚意''正心''修身''齐家''治国''平天下'。除了'修身',孔老师的'齐家''治国''平天下'与马克思'改造世界'的实践指向不谋而合,具有高度相似性。从这一角度看,知行合一论与科学实践观是一致的。"

李思通对此非常认同:"孔老师的思想本质上就是一种平实的力行哲学,知行合一论也得到后世儒家,以及共产党人的继承和发展,这也为马克思主义实践观的中国化发展,在哲学上提供了坚实的思想文化基础。可以说,倘若没有二者精神理论的相通性,马克思主义中国化的历史进程可能不会这样通畅、这样成功。"

程思汉心想:这也进一步印证,马克思主义中国化不是偶然的,有其内在的哲学基础、思想基础、文化基础。他心中这样想,但口中却说道:"我倒认为,孔老师的知行合一论与马先生的科学实践观,二者之间的差异性也是显而易见的。"

"程先生说得有一定道理。"党教授说道,"我看,知行合一论与科学实践观,这第一个差异,就是二者在各自理论体系中的地位、作用不同。"

孔子、马克思等人都在静听其详。

党教授说道:"知行合一论无疑在孔老师的思想体系中占有重要位置,但并不是最核心的思想观点。而马先生却把实践的观点作为马克思主义哲学的核心观点,以此为出发点去认识世界、把握世界,要求'把感性世界理解为构成这一世界的个人的全部活生生的感性活动',要求把对象、现实、感性'当作感性的人的活动，当作实践去理解'。"

孟子问道："为什么实践的观点在马先生的思想体系中，占有这么重要的位置呢？"

党教授回答道："马克思主义哲学区别于其他哲学的最显著特征，就是它的实践性。正是以科学的实践观为基础，马先生和恩格斯先生正确解决了思维与存在、主体与客观的辩证关系，坚定认为实践是人类社会得以存在的基础，全部社会生活本质上是实践的；认为实践本身就是一个否定性的辩证运动，而思维的辩证运动是以之为基础的；认为实践是认识发生和发展的基础，是检验认识真理性的唯一标准，而认识是主体在实践基础上对客观的能动反映。这样，就第一次实现了唯物主义和辩证法的统一、唯物主义自然观和历史观的统一，使哲学唯物主义成为辩证唯物主义、历史唯物主义，形成了'由一整块钢铸成的'理论体系。"

李思通补充道："我们还要看到，实践的观点之所以是马克思主义哲学的核心观点，还因为只有在实践性的基础上，马克思主义才体现出革命性。马克思主义来源于实践，又在实践中检验提升，反过来指导工人阶级改造世界、进行革命斗争的实践。离开了实践活动，马克思主义就丧失了指导革命活动、引领革命进程的功能。"

孔子听后，啧啧称赞，说道："由此看来，实践的观点确实太重要了。"

党教授说道："二者的第二个不同，就是'知行合一论'更多强调的是道德实践，而'科学实践论'聚焦于社会实践。道德实践这种'实践'，并非皆指人类改造客观世界的实践活动，如事君、事父、事夫、事主等都是封建道德行为，更多包括的是心理活动和内省方法。我们在读孔老师著作中，发现孔老师有不太重视农业生产的倾向，至少是不喜欢自己的学生学习这方面的技能、从事这方面的工作。孔老师规定学生们要学贵族统治阶级那套礼、乐、诗、书等课程，其中尤其注重'周礼'。至于生产劳动之类的事，那是根本不必学、也不屑于学的。"

孔子自嘲道："我还被说成是一个'四体不勤，五谷不分'的人。而

'四体不勤，五谷不分'，已经成了部分读书人脱离劳动、脱离实践的代名词了。"

大家见孔子这么豁达大度、诙谐幽默，一方面更加崇敬、更加亲近，另一方面也更加知无不言、畅所欲言了。

王教授说道："孔老师的学问，用现代的观点概括起来说，是一种政治伦理学。孔老师崇尚的'实践'，多是为实现'忠''孝''信''义'等道德原则的个人修身养性活动。'子以四教：文、行、忠、信。'除了'文'一项外，其余三项都属于道德修养的范围。孔老师培养出的高足，分别在德行、言语、政事、文学等方面表现出出色才能的，不过十余人，而孔老师最看重的是德行第一的颜回。可见孔老师的'行'，很重要一部分内容是讲道德修养问题。孔老师所说的'非礼勿视，非礼勿听，非礼勿言，非礼勿动'，这'四勿'更是强调用政治伦理去规范人们的思想、言论和行动。可以说，从孔老师开始，中国哲学史上的知行问题就不单纯是一个认识论问题，道德上的知和行往往成为讨论的主题。"

孟子说道："老师这样推崇道德，也许是他那个时代的需要吧。"

党教授说道："孔老师，我有一句话想说出来，请您不要在意。"

孔子回答道："您尽管说，直接指出问题的可以看作是挚友。我不是说过吗？益者三友：友直，友谅，友多闻。"

"那好。"党教授说道，"这个问题，其实刚才已经提及过。我们从您的著作中可以看到，您有轻视生产劳动的意味。您不讳言自己的青年时代干过一些体力劳动的活。'吾少也贱，故多能鄙事。君子多乎哉？不多也。''吾不试，故艺。'但后来您就有轻视体力劳动的倾向。《论语》中记载：'樊迟请学稼。子曰：吾不如老农。请学为圃。曰：吾不如老圃。樊迟出，子曰：小人哉，樊须也！上好礼，则民莫敢不敬；上好义，则民莫敢不服；上好信，则民莫敢不用情。夫如是，则四方之民襁负其子而至矣，焉用稼？'我感到，这段记载暴露出您轻视生产劳动和劳动人民的'治人者'观点。因为在您看来，只要掌握好了礼、义、信这些政治道德原则，老百姓自然会种出粮食和蔬菜来供统治者享用。技能或才艺乃是小人之事，君子和多能、多艺是不相容的。所以，您将一些实际技能，如卜医、农圃、货殖、军旅等，称为'小道''小知'。卫灵公问阵于您，您以'军旅之事，未之学也'支吾过去。而实际上您是善于骑射的，您的学生子路就是一个军事家。您的学生中以艺能著称并善于处理经济事务的，如冉求老师、端木老师等，多次受到您的警告和斥责，而颜回老师却多次受到褒奖和鼓励。这也从另一个方面佐证您更重视道德实践。"

孔子听后深为折服，起身拜谢道："感谢党教授指出我的缺陷与不足之处，您真是我的挚友啊！"

大家见孔子这样坦诚和谦虚，都为之敬佩。

"相较于孔老师，马先生和恩格斯先生更加注重社会实践。"李思通说道，"马先生认为，实践是社会的历史的活动，一开始就是社会的实践，是历史地发展着的实践。以物质生产为首要形式的实践，构成了人特有的存在方式。"

党教授补充道："社会生活在本质上是实践的，人们为了能够创造历史必须能够生活，而人们生产自己的生活资料，同时间接地生产着自己的物质生活本身。人类生存的第一个前提是必须首先满足基本物质需要，这样人们就必须进行物质生产活动，生产出自己需要的生活资料和物质产品。"

"两位教授说得对。"恩格斯说道，"人的本质在其现实性上是社会关系的总和，而现实的社会关系是在人的实践活动中形成的。正是在改造自然的实践过程中，创造和生产出人的社会联系、社会本质，从而使自己成为社会存在物。"

"是这样的。"马克思说道，"'人是最名副其实的政治动物，不仅是一种合群的动物，而且是只有在社会中才能独立的动物。'① 人的实践活动是社会性的，只有结成一定的社会关系，构成能够同自然力相作用的社会力量，人们才能够进行生产活动进而改造自然。"

---

① 《马克思恩格斯文集》第 8 卷，人民出版社，2009 年，第 6 页。

几个人的一番讨论让孔子越来越明白，他发自内心地说道："由此可见，我的'道德实践'确实不同于您的'社会实践'。"

李思通一看孔子有自愧不如之意，安慰孔子道："我们在这里比较'道德实践'与'社会实践'，并不是说哪个错了，哪个更高明、更科学，而应该把二者结合起来思考。应该说，'道德实践'也是'社会实践'的一个重要方面。道德实践是人们在一定的道德观念支配下从事的实际活动，它也应该是社会实践的一个重要组成部分。所以，把'道德实践'一直排斥于'社会实践'概念的内容之外，是不对的，也是不科学的。"

马克思自谦地说道："客观地说，不太注重道德实践是我的实践观的一个欠缺之处，孔老师的道德实践对我的社会实践补益很大啊！"

孔子、孟子等人听后都甚感欣慰。

走出"雕塑森林"后，大家坐上车向住宿点疾驶而去。大家从车窗向后看，又看到了那个巨大的手形雕塑。这个雕塑越来越远、越来越模糊，最后消失在视野中。

在车内，李思通和子贡向孔子、马克思等人汇报明天的行程——到"大美江山"景区游学。大家心中都充满期待，期待看到一些未曾见到、未曾想到的景象，期待体悟这些景象背后的丰厚意蕴。

当晚，程思汉在日记中写道："中国人强调坚持和发展马克思主义，必须同中华优秀传统文化相结合，这是对的，也十分必要。比如，孔子强调道德实践，而马克思强调社会实践，这都是哲学传统的产物。中国的哲学，尤其是先秦哲学，哲学与伦理学、与道德是很难截然分开的。而西方哲学，自柏拉图以来，逐渐开始了'爱'与'智'的二元分裂运动，以至于哲学到了有'智'而无爱、几乎接近冷酷无情的程度。作为在西方哲学基础上形成的马克思主义哲学，强调实践、社会实践、带有理性的社会实践比较多，这正好需要道德实践来补充，正好需要中华优秀传统文化蕴含的道德观来滋养。中国人是明智的，他们会因为这种结合而变得更加富有理性和德性，更加具有凝聚力和行动力。"

第六章

民本思想　群众史观

第一节　人民江山

根据游学行程安排，一大早，孔子、马克思一行人继续向"大美江山"游艇基地进发。

这个游学项目，是乘坐空中快艇，去游览中国十大名山：东岳泰山、西岳华山、五台山、峨眉山、中岳嵩山、普陀山、九华山、龙虎山、南岳衡山、北岳恒山；俯瞰十大河流：长江、黄河、黑龙江、珠江、澜沧江、塔里木河、怒江、雅鲁藏布江、辽河、海河的部分区域。其中，一个"网红打卡点"，就是在飞艇上，观看虎跳峡——这个全球著名大峡谷中长江之水的滚滚之势。

由于他们只安排了一天的游览时间，就搞了个"一日游"项目，具体是看西岳华山、南岳衡山和珠江、长江这"两山两江"，长江主要看虎跳峡那一段。

一行人来到"大美江山"游艇基地。进入大门的通道，是一条由长条巨画铺设的道路。大家一了解才知道，原来是北宋画家王希孟创作的《千里江山图》。这幅画的原作纵 51.5 厘米、横 1191.5 厘米，这条路把原画作按比例扩大 20 倍，利用平板显示材料铺设而成，构成一个由烟波浩渺的江河、层峦起伏的群山、渔村野市、水榭亭台、茅庵草舍、水磨长桥等静物，捕鱼、驶船、游玩、赶集等动景穿插其中，宽约 10 米、长约 220 米的通道。大家走在上面，真有一种千山万水尽在脚下的豪迈之情。或许这种感觉，只有实地体验才能真正体会到，可能还是"心中有、口中无"。

进入游艇基地待乘区，横幅、宣传册、视频做的各式广告扑面而来。其中，一条广告语更为引人瞩目：到大美江山，俯瞰万水千山，感悟"江山就是人民，人民就是江山"。

看到这条广告语，孔子对马克思等人说道："这条广告语做得好，既有大美江山尽收眼底的豪迈，又有天下苍生尽在我心的气度，既开阔了眼界，也拓宽了胸襟啊！"马克思等人欣然认同。

一行人坐上飞艇后，体形胖大的飞艇缓缓升起。由于孔子、孟子、马克思、恩格斯以及子路、子贡、颜回等人是第一次坐飞艇，不免有些恐高，但很快就适应了，兴奋之情冲淡了些许的恐惧。飞艇在飞向目的地的途中速度很快，达到目的地上空后则放慢速度，有时候甚至是静止状态，方便大家游览观看。

飞艇飞行中，噪声比较大，大家只是进行一些简单的交流，诸如景色美、山峰险、云雾大之类的话。

很快，飞艇到达了第一个点——华山的上空。导游介绍："五岳之一的华山海拔 2154.9 米，因山峰自然排列若花状，故得华山之名，华者花也。华山南接秦岭，北瞰黄渭，以险峻称雄于世，自古以来就有'华山天下险''奇险天下第一山'的美誉。《山海经》中说：'太华之山，削成而四方，其高五千仞，其广十里。'……"

大家俯身下望，果然是山势峻峭，壁立千仞，群峰挺秀，天地空阔，八方一极，不觉生出飘然欲仙、展翅高飞之感，一股豪气由脚底直贯头顶，胸中也升腾出一种"欲与天公试比高"的豪情。

飞艇离开华山飞向衡山，很快到达衡山的上空。这时，导游又开始了介绍："南岳衡山，雄居南天，巍峨壮丽，气势磅礴，延绵 72 座山峰，特别是祝融、天柱、芙蓉、紫盖、石廪五座山峰最为著名。唐代大诗人有诗曰：衡山苍苍入紫冥，下看南极老人星。回飙吹散五峰雪，往往飞花落洞庭……"

俯瞰着云雾缭绕、群峰连绵的衡山，听着导游时不时把故事、传说、诗句穿插其中的略带幽默感的介绍，孔子的耳边一直萦绕"江山就是人民，人民就是江山"这句话，心中不禁想到"老百姓就是天地、就是山河"，正所谓"人民江山"。

马中哲以前背诵过毛泽东的《沁园春·雪》，"江山如此多娇，引无数英雄竞折腰"等词句一时间浮现在脑海。

徐翔阳曾看过《康熙王朝》，此时嘴上不由哼起该剧主题曲《向天再借五百年》："沿着江山起起伏伏温柔的曲线，放马爱的中原爱的北国和江南……"

离开衡山，飞艇一直往南飞，到达广东佛山思贤滘后，沿珠江流域的主流西江，溯江而上，经过广东、广西、贵州，一直到达发源地——云南曲靖的马雄山。导游介绍道："西江是珠江水系中最长的河流，华南地区最长的河流，为中国第三大河流，长度仅次于长江、黄河，航运量居中国第二位，仅次于长江……"大家沿江看去，只见西江时而穿过低山丘陵，时而穿过高原斜坡，最后进入云贵高原。江面船只来往如梭，经过的城市一片繁荣、农村美丽如画，经过的平原郁郁葱葱、高山森林如盖。

程思汉不禁感叹：以前听说中国保护生态环境力度大，不乱砍、乱排、乱挖，全国各地都是绿水青山，今日一看，果然如此，名不虚传。"中国的发展，真是绿色发展、可持续发展啊！"

最后，飞艇到达虎跳峡区域。由下虎跳、经过中虎跳、再到上虎跳，飞艇飞得很慢，在峡谷中穿行。导游介绍道："从上虎跳峡至下峡口，落差达 210 米，平均每千米 14 米，江流湍急，不少江段的水流流速达到每秒 6 至 8 米……"

由于飞艇距离水面很低，只见峡中谷坡陡峭，两岸悬崖壁立，峡底水流湍急，有些地方直接成了瀑布一泻而下，真像是千万只猛虎扑将过来，那些声音也像千万只老虎怒吼着、咆哮着，最大限度展示着大自然的神奇和威力。

孔子、马克思一行人在飞艇上，既惊奇又紧张，身上不由得惊出了一身汗，再加上江水不断溅来，浑身都湿漉漉的。这真是一场身临其境的美妙体验。

游览完毕，飞艇返回，一行人回到"大美江山"游艇基地。那些广告语又扑面而来，尤其是其中那条"到大美江山，俯瞰万水千山，感悟'江山就是人民，人民就是江山'"的广告语，让大家有了更真切、更深刻的体悟。

大家又沿着《千里江山图》巨画通道，走出了游艇基地，感觉和来的时候明显不同。

李思通、子贡等人提议："游艇基地出口不远处，有一个饭店叫江山饭店，据说都是当地的一些土菜，我们到江山饭店吃饭如何？"

在游艇上，大家只是吃了些点心，这时大家都感觉饿了，一致同意。

到江山饭店后，找了一个安静的大包间，一行13人落座。这时饭菜还未上来，大家开始聊天，聊起这次飞艇游览。

子路心直口快："第一次乘飞艇浏览大美江山，真是开了眼界，饱了眼福。"

孔子问道："由，今天在天上飞了一大圈，有什么感受啊？"

子路回答道："山河壮观，景色美好，物阜民丰，生机盎然，真是见所未见、闻所未闻。"

孔子一听，也不接话，但面带愠色。

颜回一看，心里就明白了。孔门谈话、教学，一般都不说直接的具体的感受，而要说背后的深层次的东西。颜回说道："老师，今天看了大美江山，真切感受到了什么是'江山就是人民，人民就是江山'。由此，自然而然地想到了老师您一直倡导的民本思想。"

孔子一听，心中满意，对子路说道："由，看问题要往深里想，不要浮于表面，要懂得举一反三。"

子路在一旁小声嘟囔了几句，不再说话。

程思汉一看，觉得孔门的教学方式还真有可借鉴之处。

马中哲很机智地说道："我还想到了先生的群众史观，想到了人民是历史的创造者、是真正的英雄。"

马克思一听，甚感欣慰。

大家问孔子有什么感受，孔子说道："今天大半天游览下来，我最深刻的感受或者说感悟就是'江山就是人民，人民就是江山'。"

孟子曾说过"民为贵，社稷次之，君为轻"的话。他对"江山就是人民，人民就是江山"也非常认同，说道："老师，我觉得，'江山就是人民，人民就是江山'这句话，既体现了您的民本思想的精髓，又丰富拓展了您的民本思想的内涵。"

恩格斯带有请教的语气问道："孔老师，您真有远见，两千多年前就有了民本思想。请问，您的民本思想有哪些主要内容啊？"

孔子回答道："其实，民本思想在商周交替之时就有了，经历了从重天敬鬼、到敬德保民，再从重民轻天、到民贵君轻的发展历程。我在修订《尚书》时，发现《尚书·五子之歌》中就有'皇祖有训，民可近，不可下，民惟邦本，本固邦宁'的语句。"

马中哲说道："这应该是历史文献中首次提出'民惟邦本，本固邦宁'的民本思想。"

"这句话什么意思呢？就是人民、民众是国家的根本，民众富裕安康了，根本牢固了，国家就安定了。"孔子接着说道，"除了《尚书·五子之歌》提出'民惟邦本，本固邦宁'外，类似的说法还有很多。比如，商朝开国元勋伊尹有'无轻民事'之训，商王盘庚迁殷时有'重我民'之谕；武王孟津会诸侯作《泰誓》三篇，有'民之所欲，天必从之''天视自我民视，天听自我民听'等句；周公作《康诰》《酒诰》《梓材》，提出'明德慎罚''用康保民''无于水监，当于民监'等思想。我通过修订《尚书》等古代典籍，一方面将体现民本思想的内容加以系统整理、妥善保留；另一方面也从中汲取了思想营养，形成了一些自己关于民本思想的观点。"

马克思赞道："中国古圣先贤能有这样的见识和胸怀，真不简单啊！"

子贡说道："老师的民本思想里，既有'敬天保民'的主张，也有'顺天应人'的追求，比如'汤武革命，顺乎天而应乎人'；既有对'民'的关注、重视、爱护，也有对统治者的'仁''德''贤'的要求；既重视'足食''足信'，也注重教民育民、立人达人。特别是老师一生中只重'民、食、丧、祭'四件大事，民与食是治国理政的群众基础和物质保障；而丧与祭，是'慎终追远'以教化安民。把这几条抓住了，就能够休养生息、政通人和了。"

程思汉听到这里，联想到近年来中国大力传承弘扬中华优秀传统文化，觉得那是有道理的。不说别的，刚才孔子师生的话就包含着关于"民为邦本、为政以德"等深刻思想。"这也是作为中国老百姓的一种幸福吧！"程思汉心生羡慕。

马克思不无感慨地说道："孔老师崇尚'民惟邦本，本固邦宁'，我非常赞同。我和恩格斯的思想观点与您的思想观点有一致之处，我们认为'人民群众是历史的创造者'。"

孟子说道："我认为，您说'人民群众是历史的创造者'，也体现出'江山就是人民，人民就是江山'的蕴涵。"

"是的。"马克思说道，"在历史进程中，占社会成员中绝大多数的人民群众的活动，构成了整个社会生活的基础。正是在物质生产中占主体地位的人民群众，创造了整个社会的物质财富和精神财富。而整个人类历史的发展过程，都是建立在人民群众创造物质财富和精神财富的基础之上的。不仅如此，人民群众还是实现社会变革的决定性力量，人民群众的斗争始终是推翻旧社会、建立新社会的变革力量。我曾说过：'批判的批判什么都没有创造，工人才创造一切，甚至就以他们的精神创造来说，也会值得整个批判感到羞愧。'[1] "

子贡听后，心中产生疑惑，问道："马先生说人民群众是历史的创造

---

[1]《马克思恩格斯全集》第 2 卷，人民出版社，1957 年，第 22 页。

者，请问人民群众创造历史，他们的动因或动机是什么呢?"

"这个问题问得好。"马克思答道，"人民群众创造历史是有动因的，这个动因主要是物质动因或利益动因，再说得明白一些，这种动因就是追求一定的物质利益。应当看到，一切思想、观念、目的和意识，归根到底总是反映一定的实际利益。'人们为之奋斗的一切，都同他们的利益有关'[1]。'思想一旦离开利益，就一定会使自己出丑……这种利益是如此强大有力，以至顺利地征服了马拉的笔、恐怖主义者的断头台、拿破仑的剑，以及钉在十字架上的耶稣受难像和波旁王朝的纯血统'[2]。"

孟子说话、作文气势磅礴，善于运用对偶、比喻等手法以增强语言力度。他听了马克思的一连串借喻后，不禁赞道："马先生，您的话真有力量、真有气势啊!"

"孟老师过奖了!"马克思说道，"我和恩格斯作为彻底的唯物主义者，认为隐藏在人们的思想、观念、意识形态背后的真正动因是物质利益，而物质利益是推动人们改造自然、创造历史、不断提高生产力的直接动因，是促使人们变革同生产力不相适应的生产关系、在上层建筑和意识形态方面彼此联合或彼此斗争的内在动因。一句话，人民群众对物质利益的追求是历史得以创造的根本动因。"

徐翔阳听后有些不解，提出了和子贡等人一样的疑惑："既然人民群众可以创造历史，又有追求物质利益的内在动因，那他们为什么不把自己的生活创造得更美好一些呢?我在上历史课时了解到，过去一些朝代，很多老百姓连饭都吃不饱、衣服都穿不上，遇到天灾和战乱时，还饿死、冻死了不少人。不过，有幸的是，今天的中国已经历史性地解决了中华民族千百年来的绝对贫困问题。"

"能够解决绝对贫困问题，让所有老百姓都不愁吃、不愁穿，这个很不容易啊，也是要下很大、很艰苦的功夫的。"马克思说道，"这可能也佐

---

[1]《马克思恩格斯选集》第 1 卷，人民出版社，1995 年，第 187 页。

[2]《马克思恩格斯文集》第 1 卷，人民出版社，2009 年，第 286—287 页。

证了这样一个道理，人民群众作为历史创造者，不是随心所欲地创造，总会受到一定历史条件的制约。这是因为，人的活动总是离不开一定的社会历史条件，总是在一定的经济、政治和文化条件下进行的，是在直接碰到的、既定的、从过去承继下来的条件下创造。说直接一些，这就是人的历史制约性、时代局限性。这种局限性，既表现为阶级的局限性，主要是指特定的社会生产关系对于在这种生产关系中处于特定地位的人的活动的制约；又表现为生产力的局限性，主要是指人们创造历史的活动，不得不受到处于不同时代的生产力发展水平和科学文化发展水平的制约和影响。人民群众的历史活动受制于一定的历史条件，但人们又会通过持续不断的社会实践，在认识条件、改变条件、创造条件中推动历史发展进步。"

子贡听后明白了："人民群众创造历史，不能脱离历史阶段、脱离生产力发展水平而随心所欲地创造，但是随着时代的发展，这种创造力是越来越强了。比如说，我们那个时候想上天但没有飞行工具，现在我们坐上飞艇就能在天上飞了。"说着，还故意用手做了一个有点滑稽的飞翔之状。

大家一看，都笑了起来。

这时，饭店服务员开始上菜，大家的话题又转移到菜很新鲜、饭很可口上来。

第二节　群众史观

大家正在大快朵颐之时，服务员又上来一道菜，并向大家介绍道："这是江山饭店的主打菜——佛跳墙。这道菜是用本地农民自家养的土鸡、土鸭，以及羊肘、猪蹄、排骨、鸽蛋等，在柴火灶上煨制而成。由于味道鲜美可口，我们也叫它'佛跳墙'。可能与大家常说的'佛跳墙'有些不一样。"

大家一品尝，果然味道鲜美、口感极佳，纷纷叫好。

孔子一听，若有所思，他抬头问马中哲、李思通等人："说起佛跳墙，我倒想起一件事。今天我们看华山、衡山，发现山中都有一些寺庙，烟雾缭绕、香火很旺，是不是现在的人很迷信、信神信鬼啊？"

李思通回答道："绝大部分人是不信的，只不过是通过烧香拜佛求个心理安慰罢啦！但也有极少数人，特别是老年人，有些相信神灵，常常烧烧拜拜，祈福求财盼长寿，还盼多子多孙、人丁兴旺。"

"几千年了，尚鬼、尊神的思想还没有彻底根除。"子路转念一想又说道，"其实，老师的民本思想就是从神本演变而来的。"

孔子听后说道："由说得好！"

子路一听老师表扬，心中高兴，继续说道："商朝统治者'尚鬼''尊神'，认为'帝'这个最大神能控制天气的变化，能主宰人世间的祸福，能决定战争的胜负和政权的兴衰，所奉行的最高政治原则就是依据上天、鬼神的意志治理国家。商王曾自称是上天的儿子即天子，法律都以'天'与'神'的名义制定，祭祀、打猎、出征的时候都要用龟甲和兽骨来占卜，看吉利还是不吉利。"

"师兄说得对。"颜回接着说道，"在这种以神为本的社会里，人们只能在冥冥之中寻求神的庇护，人成了神的奴隶。到了殷商后期特别是西周时期，逐渐出现了由神本向民本的转变。这里还有一个故事。"

据记载，武王决定出兵伐商，在大军出动时占了一卦，结果卦象是大凶。周武王正犹豫不决时，姜太公说了一句有名的话："枯骨死草，何知而凶？"姜太公还说："用兵这种事情，其实是属于人事，顺天之道未必吉，逆之也未必就是凶。但倘若失去人心，乱了军法，则三军必败。而且天道和鬼神，一般人想看也看不见，想听也听不到。请务必按计出兵。"结果，战争旗开得胜，武王灭了商纣王，建立了延续近800年的周朝。

"这个事例从一个侧面说明了周人不再迷信神灵的威力，而相信人心的力量。老师传承了周人这一观念，在鬼神和人面前，早把人摆上了更重要的位置，以人为重、以民为本。"

"你们说得对。"孔子说道，"我的民本思想不仅是从神本演变而来，

— 181 —

而且也对'君本'带来了冲击。我删减的《诗经》中有'溥天之下，莫非王土；率土之滨，莫非王臣'的诗句。在我们那个时候，君主言出而法随，天下事无论大小皆决于君主。"

"是的。"王教授接过话来，"那个时候，皇帝、王或者君打着'君权神授'的名义，既是通天大教主也是最高家长，既是最高政治首脑也是三军统领，在各个领域都具有至高无上的权威。在这种政治体制和政治氛围下，君本位现象出现是再正常不过了。"

"然而君本位容易出现暴君、昏君，这是人们不愿意看到的。"孔子接着说道，"周王朝建立政权之后，鉴于殷商灭亡的教训，提出治国要'当于民监'，这是《尚书·酒诰》里的话。'监'即照镜子之意，在治理国家中要把民众当作镜子，时时相照。不仅如此，周人还提出'天视自我民视，天听自我民听'，这是《尚书·泰誓》中的话；提出'天聪明，自我民聪明。天明畏，自我民明威'，这是《尚书·皋陶谟》中的话。从中可见，民本思想受到周王朝的重视，在执政中也得到体现和彰显。我在整理历史文献时都把这些内容予以保留，这对'君本'带来不小的影响和冲击啊！"

马克思听到这里，说道："孔老师，您的民本思想不但反对'神本'，而且还反对'君本'，'君本'思想本质上是一种英雄史观。其实，我的群众史观也是与英雄史观相对立的。"

恩格斯对孔子说道："孔老师，您可能有所不知，围绕人在历史上的作用问题，哲学史上存在着两种根本对立的观点，即英雄史观和群众史观。在唯物史观创立以前，唯心主义的英雄史观长期占据支配地位。这种错误的英雄史观，抹杀人民群众的历史作用，要么认为少数帝王将相、英雄豪杰是决定社会发展进程的最终原因，要么认为某种客观的神秘的精神力量如'上帝'决定着历史。这些都是非常错误的，甚至是荒谬可笑的。我和马克思对这些思想都进行了坚决批判。"

子路是带兵打仗的将领，最是看重个人英雄主义，他对此持不同观点，说道："千军易得，一将难求。如果离开了英雄，恐怕打不了胜仗。

我个人觉得，英雄史观还是有一定道理的。"

"子路老师，您听我道来。"李思通说道，"对于人类历史，乍一看，好像都是帝王将相、英雄豪杰，或站立时代潮头带着广大民众前进，或站在历史关头作出影响人类历史的抉择，或在重大战争、战役中指挥千军万马而取得重大胜利。但是仔细考量，如果没有广大民众、广大士兵的支持和参与，成了'孤家寡人'后，他们什么也干不成。"

党教授说道："中国共产党人经常说，淮海战役的胜利是靠老百姓用小车推出来的，渡江战役的胜利是靠老百姓用小船划出来的，其中蕴含的就是这个道理啊！"子路一听，觉得是这个理。

这时，程思汉似乎想到了什么，脸上露出欣喜之色，说道："西方资产阶级革命的时候，也强调'主权在民''天赋人权'，赢得了民众的支持，取得了革命的胜利。"

党教授曾研究过西方资产阶级革命史，对其中的前因后果、是非曲直甚是了解。

他严肃地说道："程先生说得没错。只是二者的结局不一样，西方资产阶级革命胜利后，通过宪政将平民排除在外。也就是说，资产阶级对平民所许诺的民主权利没有得到兑现。比如，美国独立战争中，为了赶走英国殖民者，美国资产阶级不得不借助于平民的力量。在战争胜利后，美国开始了制宪历程，在富兰克林领导下制定了 1776 年《宾夕法尼亚州宪法》。这部宪法规定'所有权力来自人民；政府官员是他们的受托人和公仆，且时时向他们负责'；同时，还规定议员选举没有财产权限制。这部宪法的出台，使富人们开始恐慌起来，但如果要修宪的话，又须经过立法机关三分之二的议员同意，而这在平民议员占大多数的情况下根本行不通。美国的宪法之父们急了，他们抛开 1776 年《宾夕法尼亚州宪法》，1787 年 5 月在费城召开制宪会议，制定了一部将大多数美国人排除在外的《1787 年宪法》。这部宪法'保持民众政府的形式'，但对平民的权力进行诸多限制，避免了多数的穷人侵害少数的富人的利益。也正是这部宪法规定：参议院取消人民直选，改为州议会选举；总统取消直选，改为选举人选举；法官取消直选，改为总统提名后报参议院批准，终身任职。这些都一直沿用至今。这就是美国'主权在民、天赋人权'的本原、真相和现实啊！"

这段历史是清晰的，事实是确凿的，程思汉无言以对。

马克思接着说道："我是通过对英雄史观特别是以青年黑格尔派为代表的英雄史观进行批判，形成了唯物史观基础上的群众史观。我得出的结论是，历史是由人民群众创造的，人民群众才是历史发展的根本动力和主体力量。"

马克思还对蒲鲁东的英雄史观进行了批判。"蒲鲁东认为，'历史是由学者，即由有本事从上帝那里窃取隐秘思想的人们创造的。平凡的人只需应用他们所泄露的天机'[①]。我对此进行了坚决的批判。我们知道个人是微弱的，但是我们也知道整体就是力量。"

马中哲说道："这些自命不凡的人，对人民大众充满了傲慢与偏见、歧视与蔑视甚至厌恶与憎恨，其实这正是他们的短视和浅薄、愚蠢和无知、狂妄和自大之处。这是因为，人民群众的力量是巨大的，人民群众的智慧也是无穷的。我们不是常说'智慧在民间''三个臭皮匠抵上一个诸葛亮'吗？"

此时，在马克思的眼前，又浮现出在飞艇上看到的虎跳峡那汹涌澎湃、势不可当的滚滚江水。他说道："中国四大名著之一《三国演义》是一部不朽的著作。但运用唯物史观来分析这部著作时会发现，此书仅仅停留于历史的表面和外观，仅仅关注在历史前台活动的英雄豪杰，夸大个别人物的历史作用，这是不对的。还应该看到那些平凡的普通的人，应该看到历史上的无名英雄，正是他们像无数涓涓细流汇集成推动历史进步的滚滚洪流。任何伟大杰出的历史人物，离开了广大民众的支持都是不可能成功的。只有在集体中，个人才可能获得全面发展其才能的手段。"

党教授若有所思，想到了什么，说道："其实，马先生早在1842年关

---

① 《马克思恩格斯文集》第10卷，人民出版社，2009年，第51页。

于林木盗窃法的辩论等文章中，就公开捍卫政治上、社会上受压迫的贫苦群众的利益，公开表明自己站在备受压迫的贫苦人民一边①。马先生的群众史观，从根本上彻底颠覆了人类思想史上把社会历史变化、人的活动都看作是神灵、上帝运作安排的谬论，有力鞭笞和驳斥了资产阶级思想家既主张'天赋人权'又把人民群众看作愚昧无知、缺乏理性的唯心史观，在科学实践观的基础上得出了人民群众是社会历史的主体、是推动社会历史发展真正动力的科学论断，为我们提供了正确认识人民群众的历史地位和作用的'金钥匙'。"

孔子说道："所谓'时势造英雄，英雄造时势'。英雄人物、杰出人物或者说历史人物的作用，也不可忽视啊！"

马克思说道："是的。我们坚持群众史观，是与承认个人尤其是杰出人物的重要作用辩证统一的。也就是说，既要确认人民群众的历史主体地位，同时也要认同历史人物包括杰出人物在社会发展中的作用。对历史人物的评价既不夸大偶然性作用，又不因为历史必然性而忽视历史偶然性的存在。"

恩格斯接着说道："历史人物都是一定时代的社会历史条件的产物，每个时代都会有伟大人物作为时代的代表站在斗争的前列。正如马克思所说：'每一个社会时代都需要有自己的大人物，如果没有这样的人物，它就要把他们创造出来。'② 刚才孔老师说'时势造英雄'，历史也确实证明了这一点。为什么会有'时势造英雄'呢？这是因为，当历史任务和时代使命逐渐成熟时，时和势会把人们的注意力吸引到这个使命任务上去，从而使具有这方面才干的人脱颖而出，成为历史人物。而那些比其他人更早、更清晰、更深刻地洞悉和把握新的历史条件和社会发展需要，并领导和组织群众开展和实现这一使命任务的，堪称杰出人物。这是历史的必然，至于这样的人物具体落到谁身上，这却是纯粹偶然的现象。"

---

① 萧灼基：《马克思传》，中国社会科学出版社，2008 年，第 45—47 页。

② 《马克思恩格斯文集》第 2 卷，人民出版社，2009 年，第 137 页。

马中哲问道："这种'偶然性'与一些人所说的'神秘性',有什么不同吗?"

"当然有不同。"马克思说道,"'如果偶然性不起任何作用的话,那么世界历史就会带有非常神秘的性质。这些偶然性本身自然纳入总的发展过程中,并且为其他偶然性所补偿。'① 但是,发展的加速和延缓在很大程度上是取决于这些偶然性的,其中也包括一开始就站在运动最前面的那些人物的性格这样一种偶然情况。也就是说,不承认历史人物及其性格在内的种种偶然因素对历史发展的重大影响,历史将变得很神秘。作为历史的这种偶然性,起着加速或者延缓历史的进程、改变局部事件发展方向的作用。"

一直在旁边听的徐翔阳突然想起一个问题,有些兴奋地说道:"像孔老师和孟老师,像马先生和恩格斯先生,可以说都是杰出人物、历史人物。你们肯定与我们这样的凡夫俗子有很大的不同啊?"

这个问题问得好,提出了一个深刻甚至有些敏感的问题。孔子、孟子、马克思、恩格斯四人相互推辞着,最后由马克思来回答。

"历史人物的历史作用是受多种因素和条件左右的,同时其自身内在的特殊素质是他们得以发挥历史作用的重要因素。历史人物必须在他自身中打破欲望的力量和纯粹自然的力量,也只有不断战胜自身和外在物质的力量,才能有政治品格、精神追求、作风操守的极大提升。杰出人物如何打破自己的局限?科学理性的批判精神是极为重要的。这种批判精神,是对现存事物的肯定的理解中同时包含对现存事物的否定的理解,即对现存事物的必然性的理解。可以说,批判精神,科学理性的批判精神,是历史人物、杰出人物参与历史活动不可缺少的内在素质。"

子路也想起一个问题,问道:"发明刀枪的人,创造兵法的人,发明飞艇的人,尽管他们中大多数人对历史的作用方式具有某种无形的、潜在的特点,不像政治家、军事家、改革家那样显赫,但他们的贡献和功劳应

---

① 《马克思恩格斯文集》第 10 卷,人民出版社,2009 年,第 354 页。

该也是不可磨灭吧?"

"没错。"马克思回答道，"这类人应该属于知识分子中的杰出人物，他们是历史上杰出人物中不可或缺的重要组成部分，特别是科技领域的杰出人物为推动人类社会历史的发展，提供了探索自然的理性触角及其改变自然与社会的知识工具。科学技术的重大发明和运用，对社会发展会产生重要影响，直接促进人们的生产方式、生活方式、交往方式等的深刻变革。'火药、指南针、印刷术——这是预告资产阶级社会到来的三大发明。火药把骑士阶层炸得粉碎，指南针打开了世界市场并建立了殖民地，而印刷术则变成新教的工具，总的来说变成科学复兴的手段，变成对精神发展创造必须前提的最强大的杠杆。'[①] 从中可见，知识分子中的杰出人物举足轻重、厥功至伟。"

第三节　民为邦本

江山饭店的老板甄幸福听说孔子、孟子、马克思、恩格斯等人来饭店吃饭，满面春风地端着酒杯来到包间敬酒："孔老师、孟老师、马先生、恩格斯先生等人来到敝店就餐，敝店荣幸之至，这也为敝店做了广告。有你们这样一来，敝店的生意就更红火啦!"

说完，向孔子、马克思等人一一敬酒。

孔子一看甄老板，厚道中透露出精干，实在中蕴含着执着，心生欣赏之意："甄老板，你家的饭菜做得不错，既新鲜又可口。还有就是你家的饭店名字起得好，叫'江山饭店'。请问，为什么叫'江山饭店'啊?"

甄幸福一听孔子夸他家的饭菜好，还说饭店名字起得好，很是兴奋，略带三分酒意答道："为什么取名'江山酒店'? 最直接的原因当然是离'大美江山'游艇基地近，想吸引游客坐完游艇来吃饭。同时，这里面还有两层我个人的理解：第一个是，我们打心眼里对现在老百姓的好日子感

---

① 《马克思恩格斯全集》第 47 卷，人民出版社，1979 年，第 427 页。

到高兴，有赞颂国强民富的大好时代之意；第二个是，我开饭店后不能忘记为老百姓着想，价格要'亲民'啊！我要让顾客吃得好、花得少。"大家一听，觉得这个老板挺有见识、有胸怀。

甄老板又说了一些感谢、祝福的话，还特意要求与孔子、孟子、马克思、恩格斯等人照一张合影，说是要挂在店门口留作纪念。而后，他又敬了好几杯酒方才离去。

孔子听了甄老板的一番话，又想起这些天来看到的物阜民丰、朝气蓬勃、生机盎然的情形，不免发出感慨："我一生追求庶民、富民、教民，看来这些目标都实现了。"

《论语·子路》中记载：

子适卫，冉有仆。子曰："庶矣哉！"冉有曰："既庶矣，又何加焉？"曰："富之。"曰："既富矣，又何加焉？"曰："教之。"

大约在公元前 497 年的时候，孔子到了卫国，弟子冉有给他赶车。一路上，孔子看到卫国人口众多，非常惊讶也非常高兴。冉有问，人口多了后该干什么？孔子说："富之"。冉有又问，富了以后该干什么？孔子说："教之"。这一段文字，点明了孔子民本思想的三个重要方面：庶民、富民、教民。

恩格斯问道："孔老师，您的民本思想里，首先要'庶民'，这是为什么呢？这个很重要吗？"

"'庶民'的意思，是使老百姓的人口数量多起来。"孔子回答道，"这个很重要吗？很重要，非常重要。为什么呢？这是因为，在我们春秋战国时期，人口多寡是一个国家能否成为强国的重要标志。在冷兵器时期，在生产力不发达的农业经济时代，有足够多的人民就意味着有足够多的士兵参与打仗，就意味着有足够多的劳动力生产粮食。除了经济发展水平的原因之外，古代还经常发生战争、瘟疫以及地震、洪灾、旱灾等天灾人祸，会使人口急剧减少，人的平均寿命大大缩短。春秋时期曾经有五霸，它们在鼎盛的时候，吴国有 150 万左右人口，秦国有 200 万左右人口，楚国有 250 万左右人口，齐国有 300 万左右人口，晋国有 500 万左右人口。当时的各国人口比较少，有一两百万人口就已经是大国了。"

孟子带有委屈的口气说道："我说过一句话：'不孝有三，无后为大'。这引来后人不少批评和诟病。其实我说这句话，其中也含有增加人口数量的考虑，人都没了，还能干啥，还能有啥？"说后苦笑起来。

马中哲与徐翔阳相互之间开玩笑："不要做'剩男'了，赶快找个对象结婚，一口气生三个孩子，也算是为国家作贡献。"

马中哲止住笑，说道："老师，现代人有个认识误区，说您看重礼乐、重视道德，对现代所说的经济建设不够重视。刚开始我也这样认为，后来通过学习您的思想和著作，发现并不这样的。特别是您的'富民'思想，放到今天也是难能可贵的。"

孔子说道："'富民'，用现在的话说，是让百姓富起来、过上好日子。'富与贵，是人之所欲也；贫与贱，是人之所恶也。''富而可求也，虽执鞭之士，吾亦为之。'《礼记·礼运》有这样的话：'饮食男女，人之大欲存焉；死亡贫苦，人之大恶存焉。'老百姓追求富贵，是正当的、合理的，统治者必须尊重人性、尊重社会发展规律，'因民之所利而利之'。"

子贡曾和孔子专门讨论过有关为民爱民的事，说道："有一次，我向老师问政事。老师说：'足食，足兵，民信之矣。'我又问：'必不得已而去，于斯三者何先？'老师说：'去兵。'我再问：'必不得已而去，于斯二者何先？'老师说：'去食。自古皆有死，民无信不立。'所以，在老师的思想里，为政关键是做到政府仓廪充实，国家武器库充足，执政者对民守信、取信于民。如果遇到灾荒饥馑之年，不仅要缓征军赋、公粮，还要开仓放粮，以保民生、安民命。这也体现了老师民生至上、爱民富民的思想。"

子路说道："老师常说：'道千乘之国，敬事而信，节用而爱人，使民以时。'这是说统治者节制用度才能省力役、薄赋敛，使民不违农时才能发展生产。老师曾称赞子产'其养民也惠，其使民也义'，因为子产爱民养民，让老百姓过得好、干合乎义的事。这些都反映了老师的一贯主张，希望国家、君王、官员都要为民服务，让人民过上安乐幸福的生活。"

恩格斯在研究孔子的思想时，看到过一些有关减轻赋税的记载："孔老师，我在您的著作中，看到您主张'轻徭薄赋'，应该说，这种主张是很超前、很亲民的。"

颜回抢先说道："关于这件事，从老师对弟子的评价中就可看出来。"接下来，颜回讲了两个故事。

冉求是孔子的弟子，曾在鲁国三家之一的季氏那里做官。当时鲁国是按照"丘赋"进行收税的，九家为"井"、十六井为"丘"，每"丘"出马一匹、牛三头。而"田赋"是季孙氏按鲁国人口、土地及家财多寡，另外制定的增加赋税的税收政策，与"丘赋"相比较，百姓实际负担增加许多，因此遭到孔子的反对。季孙氏比周朝的公侯还要富有，结果冉有仍旧听从季氏实行田赋制度，帮他搜刮百姓以增加财富。孔子斥责冉有"非吾徒也"，其他学生可以"鸣鼓而攻之"。孔子建议废除田赋，只征收丘赋，主张通过变革赋税制度减轻百姓负担。

闵子骞是孔子的弟子，崇尚节俭，主张为政要爱惜民力，注重让民众休养生息。鲁国的执政大臣准备翻修改建藏财货、武器的府库。闵子骞却道："照老样子，怎么了？何必一定要翻修改建呢？"孔子说："闵子骞这个人平日里不大喜欢说话，但一开口必定一语中的。"他给予闵子骞"夫人不言，言必有中"的高度评价。

颜回继续说道："老师不但庶民、富民，还重视教民。也就是教化老百姓，提高他们的文化和道德水平。老师设教授徒，实施'有教无类'，教出了很多学生，这样从点到线、由线及面，大大拓展了教育的社会基础和人才来源，也提高了全体社会成员的文化素质和道德素养。"

"读孔老师的书，有一点我印象特别深刻。"王教授说道，"就是孔老师教民，十分注重运用道德、榜样的力量。'季康子问政于孔子曰：如杀无道，以就有道，何如？孔子对曰：子为政，焉用杀？子欲善则民善矣。

君子之德风，小人之德草，草上之风，必偃。'季康子向孔老师问政，说
杀坏人、推好人如何？孔老师说，干吗用杀戮的手段呢？你追求善，老百
姓自然向善。在位者的品德好比风，在下位的人品德好比草，风吹到草
上，草必定跟着倒。孔老师还说：'道之以政，齐之以刑，民免而无耻；
道之以德，齐之以礼，有耻且格。'为政不能单靠政令刑罚，更要崇礼尚
德，只有这样，老百姓才会有羞耻心，自觉严格遵守法令规定。这里不是
说孔老师不要刑罚，孔老师也没有这样说过，只有孔老师更注重、更强调
德治的力量，以德育人、以德化人，只有这样，老百姓才会更守礼仪、有
道德、讲诚信。"

程思汉想起孔子说的一句话，说道："颜回老师，您说孔老师重视教
民，可说孔老师说的一句话中，怎么有愚民的意味？"

子路一听，面有怒色，正要发作。只听颜回问道："哪句话？"

"就是'民可使由之，不可使知之'这句。"程思汉有点得意地说道，
心中也想，这次可抓住孔子的"小辫子"了。

"这是我说的话，还是让我解答吧。"颜回刚想张口，孔子面色凝重地
说道，"程先生，这句话，首先要通过上下文来理解，这句话的上一句是
'兴于诗，立于礼，成于乐'。其次，断句要这样断，即'民可，使由之；
不可，使知之'。这样一来，整个句子的意思应该是：人的修养开始于学
诗，自立于学礼，完成于学乐。如果人民掌握了诗、礼、乐，就让他们自
由发挥、自主运用；如果人民还没有掌握诗、礼、乐，就要去教化他们，
让他们知道和明白这些东西。中国古代没有标点符号，这不知引发了多少
误会、争论甚至矛盾。我的这句话引起了您的误解，我向您表示歉意。"
说着，要给程思汉鞠躬。

程思汉连忙道："孔老师，这使不得，使不得。我误听、误解了您的
原文原意，说您有愚民思想是不客观、不正确的，是我的错，我要向您道
歉。"说着也要给孔子鞠躬。

孔子弟子中，子路好武尚勇，功夫十分了得，一度成为勇士的代名
词。他说道："老师教民，还注重文武兼备，以备不虞。当然，这并不是

老师好斗，而是因为当时诸侯国之间相互征伐，各方霸主攻城略地，战争时常发生，老百姓要时刻能'足兵'，做好打仗准备。老师说：'善人教民七年，亦可以即戎矣。''以不教民战，是谓弃之。'其实，老师本人就是习武、精通武艺之人，除了我之外，老师弟子中有不少能带兵打仗的人。受老师影响，我也非常重视文武兼备。事实上，教文与授武，两手缺一不可，一个也不能少。"

马克思、恩格斯心中不觉赞叹：在中国古代民本思想的形成中，孔子作出了重大贡献，他汇集以往为民、爱民、护民等思想之精华，并融入庶民、富民、教民等新内涵，把民本思想提高到了新境界。

马克思说道："孔老师重视'教民'，其实我也重视对工人阶级进行教育，只是教的内容有所不同，应该说有本质的不同。我重视的是对工人阶级进行共产主义教育。"

孔子、孟子等人一听，不觉耳目一新："关于共产主义教育，能给我们详细讲一讲吗？"

马克思说道："进行革命要争取和团结其他阶级和阶层的力量，这时候进行正确的理论武装十分重要。'理论一经群众掌握，也会变成物质力量。理论只要说服人，就能掌握群众；而理论只要彻底，就能说服人。所谓彻底，就是抓住事物的根本。'① 如果其他阶级出身的人参加无产阶级运动，那么首先就要求他们不要把资产阶级、小资产阶级等偏见的任何残余带进来，而要无条件地掌握无产阶级世界观。我于 1847 年 8 月底，在布鲁塞尔成立德意志工人教育协会，进行政治问题的讨论，开办各种专题讲座，不断提高工人阶级的阶级觉悟。通过先进意识的启迪和科学理论的指导，工人阶级的主体意识和阶级意识不断增强，革命斗志和热情大大提高，这些变化又推动了革命活动走向深入。"

恩格斯听到这里，会心一笑，说道："历史实践表明，群众作用的发挥不是自然而然体现的，群众活动的开展也不是完全自发的，既有赖于当

---

① 《马克思恩格斯文集》第 1 卷，人民出版社，2009 年，第 11 页。

时社会历史发展的状况，也有赖于宣传群众和组织群众的状况，否则只能是一盘散沙、一群乌合之众。"

马克思接着说道："要把人民群众有效组织起来，就需要有无产阶级政党来领导，而无产阶级政党是无产阶级先锋队，在反对资产阶级的思想斗争和政治斗争中起着宣传、组织和领导作用。我认为，'工人们所具备的一个成功因素就是人数；但是只有当群众组织起来并为知识所指导时，人数才能起决定胜负的作用。'① 在反对有产阶级联合力量的斗争中，无产阶级只有把自己组织成为与一切旧政党不同的相对独立的政党，才能作为一个阶级来行动，也才能更有力量。'在实践方面，共产党人是各国工人政党中最坚决的始终起着推动作用的部分；在理论方面，他们胜过其余无产阶级群众的地方在于他们了解无产阶级运动的条件、进程和一般结果'②，能够始终把握整个运动的方向、代表整个运动的利益。"

"是的。"恩格斯说道，"只有组成由以先进思想为指导、以先进分子为主体的政党，才能把工人群众、无产阶级的力量凝聚起来，形成统一的意志和行动，才能使活动更有成效；没有无产阶级政党的核心作用，工人群众就可能成为一盘散沙，就不会有无产阶级斗争的胜利。"

"我明白了。"徐翔阳兴奋地说道，"恩格斯先生，您说的这句话，正可以说明'1921年中国共产党成立后，中国革命的面貌焕然一新'的道理。"

"翔阳说得对。"党教授接着补充道，"列宁进一步指出：'群众是划分为阶级的……在通常的情况下，在多数场合，至少在现代的文明国家内，阶级是由政党来领导的；政党通常是由最有威信、最有影响、最有经验、被选出担任最重要职务而称为领袖的人们所组成的比较稳定的集团来主持的。'③ 马先生、恩格斯先生虽然没有在理论上对群众、阶级、政党、领

---

① 《马克思恩格斯选集》第 2 卷，人民出版社，1995 年，第 606—607 页。
② 《马克思恩格斯选集》第 2 卷，人民出版社，1995 年，第 44 页。
③ 《列宁选集》第 4 卷，人民出版社，2012 年，第 151 页。

袖的关系作出系统论述，但你们的革命斗争实践很好诠释了这一关系。"

马克思、恩格斯一听，觉得党教授说得非常恰切。这也许就是后来人的优势所在，能够充分占有前人的思想成果。

孔子听了马克思等人的言论，再联系自己的主张，颇有感慨地说道："不管怎么说，我们的谈话还是脱离不了那句话：'江山就是人民，人民就是江山。'此行，我们看了'大美江山'，也进一步弄清了什么是真正的江山。虽然在万里江山中，时不时有几座奇山险峰显得那么突出，就像无数普通人中涌现出的杰出人物一样。"

大家都说孔子概括得好。

谈到这时候，大家已经吃好了饭。根据明天的游学安排，要在附近一个城市活动。于是，一行人就坐车赶往这个城市。

第四节　民本思想与群众史观之异同

曾参是孔子的弟子，说过一句名言："吾日三省吾身。"曾参每天多次反省自己，孔子对他十分喜爱。其实，孔子也具有"日三省吾身"的精神，其中包括经常反思自己学问的缺陷和不足。

一天下来，孔子觉得自己的民本思想虽有许多可取之处，且与马克思的群众史观有相同相通之处，但还是有差异、有差距的。

到住处后，孔子把孟子、马克思、恩格斯请到自己房间，又叫李思通、马中哲一起过来。五人不知孔子叫他们有何事。

见到孔子后，马克思先开口问道："孔老师把我们几个叫来，不知有何贵干？"

孔子微笑道："我是想向几位请教一个问题、一个学术问题，这也是今天一天我们都在谈论的话题：我的民本思想与马先生和恩格斯先生的群众史观有何异同？"

话音刚落，响起了敲门声，孔子开门一看，除了屋子里的六个人外，其他七个人全在门外，都说要一起参与讨论。孔子一向喜欢热闹，践行对话式讲学，满口答应。于是，七个人进来，又拉了几把凳子进来，方才坐下，一屋子十三人显得比较拥挤，但大家其乐融融，毫不介意。

王教授还开玩笑地说道："我们这是人才'挤挤'、共话杏林啊！"

孔子又把刚才的话说了一遍，想了想又说道："既然大家都来了，我看大家有什么话就讲，有意见就发表吧。"

马中哲率先说道："我先来说说老师的民本思想和先生的群众史观的相同相通之处吧。"

大家都把目光集中到马中哲身上。

"老师的民本思想与先生的群众史观，乍看起来好像是两个不同视域的思想，但细究起来二者又有内在联系和同一性。其一，从历史范畴看，'民'和'人民群众'有交集的部分。一般来说，人民群众是社会成员中的绝大多数，劳动群众是人民群体的主体部分。老师所认为的'民'与氓同义，民、民人、民氓也同义，均指治于人的除了贵族和奴隶的普通民众，应该也属于先生所认为的'人民群众'之列，至少二者的重合度非常高。其二，民本思想与群众史观都重视'民'或'人民群众'的地位作用。老师认为，'民'是国家的根本，人口多了、民众富了，才能'足食''足兵'，国家才能强盛起来；先生则认为人民群众是物质财富和精神财富的创造者，也是人类社会历史的创造者。其三，民本思想与群众史观都体现了教育和组织'民'或'人民群众'的思想。老师主张要'庶民'以繁衍人口，'富民'以藏富于民，'教民'以修文习武；先生认为要用先进理论武装群众，建立政党组织群众，组织活动发动群众。我觉得，老师的民本思想与先生的群众史观的相同相似点，主要有这些。有了这些相同相似点，二者'会通'就有了前提和基础。"

王教授认为马中哲有一点没有涉及，说道："我觉得二者还有一个相同点，那就是民本思想与群众史观都注重发挥历史人物的作用。在孔老师那里希望有明君、贤臣、清官、能吏，靠他们来推行仁政、造福民众；在马先生那里希望有思想家、政治家、军事家、科学家等，以自己卓越才能、特殊本领和坚定的意志品格宣传教育、组织、领导群众，引领推动社

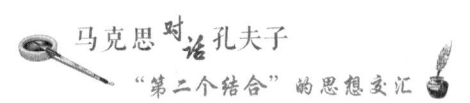

会发展进步。"

孔子、马克思等人听后，感觉把马中哲与王教授的观点融合在一起就更全面了。

孔子说道："那么，民本思想与群众史观又有什么不同之处呢？我感觉我的民本思想与马先生的群众史观相比，还是有差距的。"

李思通说道："我感觉，孔老师的民本思想带有时代局限性，马先生的群众史观则展现出更强的科学真理性。比如，民本思想带有一定程度的天命色彩，而群众史观则以科学的唯物史观为理论基础。关于'天命''天命之道'，我们在前面已经讲过，这里我们从另外一些侧面再加以论述。在孔老师的思想中，'天'是一个非常重要的概念，它既代表着一种自然现象，也代表着一种超自然的神秘力量。在天命论的指导下，现实的君与民之间统治与被统治的关系，由于天的介入，而形成一个'天、君、民'的大三角关系：民服从君、君服从天、天服从民。这种大三角关系长期以来在中国社会产生了广泛而深刻的影响。"

李思通边说边观察孔子的表情，只见孔子一副态度诚恳、谦虚接受的样子，继续说道："孔老师的民本思想作为一种政治学说，鲜明倡导'民惟邦本，本固邦宁'，有它的可贵之处和历史进步性。但这种民本思想是从神本思想演变而来，并没有完全走出神本的影响，没有超越'天、君、民'的大三角关系。如前面已经说的'天生民而立君，以为民也''天聪明，自民聪明，天明畏，自我民明畏''天视自我民视，天听自我民听'等等，都带有明显的天命论色彩。在这样的理论指导下，民本思想就会很自然地认为，创造历史的是替天行道的圣贤明君，而不是无数普通的人民大众。"

子路听了有些不服气，瓮声瓮气地说道："有点天命论的思想，也未必是坏事。当一个人想去偷盗、杀人的时候，想一想'举头三尺有神明'，害怕神鬼报复他、收拾他，就不去偷盗、杀人了，这不是很好吗？"

孔子对子路的话不予理会，说道："李教授讲得非常中肯、非常有道理，我虚心接纳吸收。"

"谢谢孔老师！"李思通继续说道，"马克思主义形成以前，历史观领域一直被唯心主义占据，'天命''神意'、英雄人物的主观创造或抽象人性的展开等错误观念，充斥着人类历史的发展过程。即便是最坚决的唯物主义者，一旦进入了历史领域，大都会陷入各式各样的唯心主义幻想，成了'半截子'式的唯物主义者。马先生有一句话非常有名：'当费尔巴哈是一个唯物主义者的时候，历史在他的视野之外；当他去探讨历史的时候，他不是一个唯物主义者。在他那里，唯物主义和历史是彼此完全脱离的。'[①] "

说到这里，不知因为什么，李思通猛咳起来，以至于说不出话来。

"李教授是不是说太多了，您暂时先休息一会儿，我替您来说。"党教授边笑边拍着李思通的背部，随后又严肃起来，"只有当唯物主义立足于科学的实践观基础之上时，唯物主义原则才在历史的领域得到彻底贯彻，'唯心主义从它的最后一个避难所即历史观中被驱逐出去了'[②]，形成了历史唯物主义这一'唯一的科学的历史观'。马先生的群众史观，植根于历史唯物主义，站在社会存在决定社会意识的立场，肯定人民群众创造历史的决定作用，承认人民群众在历史发展进程中的主体作用，不会只盯着孤立的个体活动和历史事件、把个别人物神圣化，因而是科学认识和把握历史规律性的正确历史观。"

马克思、恩格斯他们在创立群众史观的时候，也没有想这么多、这么深。

"再比如，民本思想摆脱不了君本位影响，群众史观突出人民群众主体地位。"李思通缓过来后，继续说道，"孔老师的民本思想，有其亲民、爱民、护民的一面，这是非常值得肯定的。但其植根以君权为中心的封建专制社会，价值取向是君本位，根本目的是维护封建秩序、缓和阶级矛盾、永续君位王位，并非真正地将民的地位置于君主之上。"

---

① 《马克思恩格斯文集》第 1 卷，人民出版社，2009 年，第 530 页。
② 《马克思恩格斯文集》第 9 卷，人民出版社，2009 年，第 388 页。

王教授说道:"孔老师非常推崇周公,推崇周公的仁政爱民思想。但周公要求对老百姓'若保赤子',首先是为了维系周朝的长治久安,'予小子新命于三王,惟永终是图','惟王子子孙孙永保民'。也就是说,周公主张行仁政,是站在君本位的立场上,希望周王的子孙能够永远保有民众、延续周朝的统治;而不是纯粹站在民本位的立场上,希望周王的子孙能够永远保护百姓、一直为他们服务。"

"我这里作个补充,"党教授说道,"如果用现代的观点来分析,孔老师的民本思想也把民作为国家的根本,但没有也不可能把民真正放在主人的位置上,这里的民不是本体、不是主体,而是'跟随者''附属物';也不是目的、不是价值,而是实现目的和价值的手段。"

孟子说道:"你们常说,人不太可能超越自己的时代,超越自己所处的阶级,听李教授、王教授、党教授这么一说,还真是这样的。"

程思汉心想,自己应该也有资产阶级学者的阶级局限性、历史局限性吧?

"是的。"李思通说道,"而马先生的群众史观则认为,作为社会生产力中最活跃、最革命的因素,人民群众是物质生产活动的主体、物质财富的创造者,又是精神生产活动的主体、精神财富的创造者。离开了人民群众的生产实践和生活实践,任何思想家、科学家的精神创造都失去了源头活水。人民群众在创造社会物质财富和精神财富的同时,也创造并不断改造着社会关系,推动社会不断向前发展。理解体悟马先生的群众史观,我们深刻认识,人民群众的主体地位体现在各个领域、各个方面和各个维度,既是社会生产力、社会生活和社会历史的主体,也是实践主体、认识主体、利益主体、权力主体和价值主体。"

马中哲说道:"坚持唯物史观关于人民群众在社会历史中决定作用的观点,可以概括为坚持人民群众主体地位,而坚持人民群众主体地位集中体现了先生的政治信仰和政治灵魂,实现人民群众主体地位也是先生一直以来的价值追求和政治理想。"

党教授说道:"纵观马先生的著作不难发现,人民群众主体原则,是马克思主义唯物史观、群众史观的理论基石，也是马克思主义科学性和先进性的重要标志，为中国共产党人形成'实践——认识——实践'的认识路线与'一切为了群众，一切依靠群众，从群众中来、到群众中去'的群众路线提供了内在根据，为无产阶级政党肩负起推动人类社会最终走向'自由人的联合体'的历史重任提供了根本力量支撑和精神支撑。"

程思汉问道："党教授，请问一下：走群众路线与发挥领导核心作用的关系，应该如何来理解呢？"

这个问题虽然有些刁钻，但也是一个不能回避的问题。

"这个问题提得好。"党教授说道，"有一个古希腊神话故事您可能早就听过：古希腊神话中有一个大名鼎鼎的英雄叫安泰，是海神波塞冬和地神盖娅的儿子。这个安泰力大无比，但他的力量来自大地母亲，只要身体不离开大地，他在战斗中就所向披靡。但是，他一旦离开大地，就丧失了力量。后来，安泰的对手、希腊神话中另一个伟大的英雄——赫拉克勒斯发现了他这个致命弱点，在一次交战中，赫拉克勒斯将他举到空中，击毙了他。这虽然是一个希腊神话，但能比较恰切地回答您这个问题。道理我就不再说了，您可以细细体悟。"

李思通最后说道："我认为，孔老师的民本思想与马先生的群众史观，主要就是以上两点区别。"

马中哲认真思考一会儿，说道："我觉得还应该有一点，就是老师的民本思想实质上是'为民做主'，先生的群众史观则号召人民做主人翁。"

李思通说道："中哲说得对。"

马中哲说道："其实上面两层已经包含了这一层意思。老师的民本思想，实施执行的力量是统治阶级，主动权也在统治阶级手中，而民处于被动参与和接受的位置，君王重民、爱民、恤民往往变成了为民做主，而非让人民当家作主。"

徐翔阳笑着说道："地方戏剧《七品芝麻官》中，唐成唐知县说过一句经典台词：'当官不为民做主，不如回家卖红薯。'说的是不是这个意思？"

— 199 —

"应该就是。"马中哲说道,"其实,'民主'一词,不是近代以来才有的名词,也不是什么舶来品,早在周朝的官方文献就出现了'民主'一词。《尚书·多方》中说:'天惟时求民主''代夏作民主''诞作民主'。但从上下文的语境来理解,这里的'民主',是臣民的主人即君王的意思。在封建专制制度下,君王具有至高无上的权力,君民关系是主人与奴仆的关系,是统治与被统治、拥有与被拥有、上位与下位的关系,民众不可能拥有、也不可能被赋予现代意义上的民主权利。"

"中哲说得对。"王教授说道,"中国民间俗话说,地方官是'父母官'。其实,'父母官'一词有久远的历史渊源。《大学》中说:'《诗》云:乐只君子,民之父母。民之所好好之,民之所恶恶之,此之谓民之父母。'这段话的大意是,快乐的国君是天下民众的父母,民众所喜爱的东西他也喜爱,民众所厌恶的东西他也厌恶,这样就称得上天下民众的父母。这应该也是父母官的最早来历。"

"是的。"马中哲说道,"这样一来,君民关系就成了类似父母和子女的关系。这里面,既有号召君王像父母一样慈爱子民的一面,但更多的是要求子民像孝敬父母一样敬爱君王;既有倡导'民贵'的一面,但更多的是凸显'君尊';既有君养民、爱民的一面,但更多的是君大包大揽民的一切事务的一面。"

孔子频频点头,虚心接纳,没有一点不高兴、不自然的神色,坦然说道:"你们点出了我的思想的最大软肋,那就是君本位的思想根深蒂固。"

孟子说道:"老师也不必自责,您能站老百姓的立场上,为老百姓考虑、替老百姓说话,在当时的历史条件下,亦属难得。"

马克思说道:"孔老师的庶民、富民、教民思想,有其进步、先进的一面,也是我需要学习、需要借鉴的地方。孔老师主张采取的'轻刑薄赋'的具体办法,则是我们没有关注到的。"

恩格斯也说道:"孔老师的民本思想在中国得到知识分子的高度推崇,不断发展并产生深远影响,这也为马克思主义群众史观、唯物史观在中国落地生根、开花结果,奠定了厚实的思想基础、价值基础、现实基础。孔老师大可不必自惭形秽、妄自菲薄！"

大家一听，相视而笑，这是一种发自肺腑的笑。

马中哲继续说道："先生的群众史观认为，人民群众作为历史主体，这种参与不是被动的、消极的，而是'随着历史活动的深入，必将是群众队伍的扩大'①。随着群众队伍的扩大，群众的历史作用也会越来越大；随着历史活动的深入，群众的积极性也会不断增强，就会激发出强烈的愉快心情、工作热情和创造激情，甚至能展现出感天动地、改天换地的巨大力量。"

党教授说道："只有人民群众广泛关注和参与，只有人民群众高度认可和支持，社会发展中许多难过的关口、难啃的硬骨头才能被攻破。比如，近年来中国开展的轰轰烈烈的脱贫攻坚战，就是把扶贫和扶志、扶智结合起来，把救急纾困和内生脱贫结合起来，变输血为造血，充分调动广大贫困群众的积极性、主动性、创造性，推动广大贫困群众物质生活水平和精神境界的双重提升，所以才取得巨大的成功。"

马克思说道："说了这么多，归结起来，还是'大美江山'游艇基地的那句广告词：'江山就是人民，人民就是江山。'"

"是的。"党教授说道，"这正是，'打江山、守江山，守的是人民的心'②。"

孔子是一位音乐家，一生弹琴唱歌，遇到好听的歌一定要让别人多唱几遍，自己还会不由自主地和音配合。他对马中哲说道："我听说有一首歌叫作《人民江山》，明天找来给我听听，我要学一学。"

当天晚上，马中哲静躺沉思，他感觉自己内心有了一种"为天地立心、为生民立命、为往圣继绝学"的使命感，有了一种"救万民于水火，解百姓于倒悬"的责任感，也有了一种"如欲平治天下，当今之世，舍我

---

① 《马克思恩格斯文集》第1卷，人民出版社，2009年，第287页。

② 中共中央宣传部编：《习近平新时代中国特色社会主义思想学习纲要（2023年版）》，学习出版社、人民出版社，2023年，第66页。

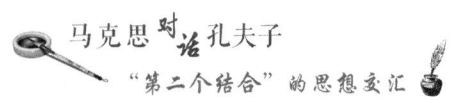
其谁也"的担当意识。

也是当晚，程思汉在日记中写道：受中华优秀传统文化中民本思想的影响，坚持马克思主义群众史观的中国共产党人，对人民的态度、为人民办事是真心诚意、用力用情的，这是由他们的性质宗旨、初心使命所决定的。而醉心于选举的西方政治家们，对待选民的态度则带有明显的功利色彩，他们在选举前深入选民中间、关注选民需求、向选民做出承诺，但很多时候是为了选民手中的那张选票而已。二者相较，高下立见！！！

第七章

理想人格　完美之人

第一节　心中理想之人

马中哲有一个高中同学，叫阚拓，从小爱好新科技，喜欢搞些小发明，考大学时报的是互联网专业，对元宇宙技术特别感兴趣。他大学毕业后，就和几个志同道合的同学，创办了一家元宇宙公司——"太虚时空"公司，最近开发出一款元宇宙游戏——"太虚圣境"。前期，阚拓邀请马中哲来玩。马中哲心中一动，有了一个想法，并与李思通、子贡等人做好沟通，决定把这款游戏作为游学的一个项目。

孔子、马克思等人问下步游学具体安排。

马中哲说道："我有一个同学开了一家元宇宙公司，最近研发出一款元宇宙游戏，叫'太虚圣境'，主题是怎么成为自己心目中的理想之人、完美之人。听说很有意思，应该也会比较好玩，想邀请大家一起玩一下。"

孔子一听，脸色沉了下来。他认为"节礼乐，道人之善，多贤友"是高尚之趣，"乐骄乐，乐佚游，乐宴乐"则是人生之害。所以，他一听说是玩游戏，就有点不太高兴。

李思通看出孔子脸色的变化，马上解释道："孔老师，元宇宙技术是现代社会的前沿科技，是人们使用现代信息技术创造出来的一个与现实世界平行的数字世界。现在的人既生活在现实世界，同时在元宇宙这个虚拟世界中也可以有自己的学习和生活，听说在元宇宙中还可以做生意呢。"

子贡一听做生意，马上来了兴致，好奇地问道："这么说，元宇宙中也充满商机？"

李思通说是的。

"那我赶快研究研究，看准了就做些投资。做生意一定要赶早、抓先机，晚了就是不行了。这是我生意经的第一条。"子贡很感兴趣。

李思通接着对孔子说道："而且，元宇宙游戏是泛文娱领域，能为玩家包括青年人提供更丰富、更细腻的文化体验，在玩中学到知识、掌握技能、提升素质。这也符合您的主张——寓教于乐、潜移默化嘛！"

孔子听了这话，心中半信半疑，脸色也好看了许多。

马克思也在一旁劝说道："不管我们承认不承认、愿意不愿意，元宇宙已经成为一种新生事物。现在虽然不敢说元宇宙一定是符合客观规律、具有强大生命力和远大前途的新生事物，但我们对新生事物要抱有宽容、接受的态度。况且，网络游戏是元宇宙的初级形态或者说入门必修课，可以去玩一玩、体验一下。"

孔子被大家说动了，同意一起去玩玩，嘴里说道："不扫大家的兴，我也去'赶赶时髦'，'潮'一把。"

徐翔阳作为青年人，一听说可以玩元宇宙游戏，非常兴奋。

马中哲的同学阚拓听说孔子、孟子、马克思、恩格斯等人要到公司玩"太虚圣境"，亲自到门口迎接，一阵寒暄之后，热情地向他们介绍道："'太虚圣境'这款游戏的开发，实际上是受到了孔老师、孟老师'内圣外王'思想的影响，同时也受到了马先生、恩格斯先生'人的自由而全面发展'思想的影响。你们玩一玩就知道了。"孔子、马克思等人一听这款游戏还和他们有关，兴致更高了一些。

孔子、马克思一行人来到一个摆满显示器的房间，在工作人员帮助和指引下，穿戴好触觉手套、一体式 VR 头显、电子触觉皮肤和专用耳机等装备，进入了不同语言背景的"太虚圣境"游戏。

孔子刚开始还有点不太适应，但这款游戏的设计极为人性化，玩起来比较简单易学，大部分时间只需点点鼠标即可，再加上阉拓的"亲自培训"，很快就"入境"了。

孔子进入游戏后，发现自己是一个七八岁，穿着中国古代衣服的男孩，叫郑朝昇。

此时，父母正送他第一次去私塾上学。母亲拍着他的后背说道："朝昇儿，你到了私塾，一定要听郝先生的话，读书认字、知书达理。"一向懂事的郑朝昇认真地点了点头。

郑朝昇到了私塾后，发愤苦读，勤学苦思，成为品学兼优的好学生。私塾郝先生说："大家要向朝昇学习，他读过的书都能背，字写得漂亮，对经典的理解也有独到之处，还时常拿圣人之言来品评当下之事，一针见血、切中肯綮。大家要向他学习啊！"

五年后，郑朝昇考中秀才，又过了五年考中举人，再过六年后考中进士，被任命到国家边境一个县做县令。

刚上任不久，他就遇到了两个邻居因宅基地发生纠纷的案子。其中，一家为了打赢官司，悄悄送他 50 两银子，他断然拒绝；另一家托了一个好朋友来说情，也被他婉拒。有一天晚上，一个妙龄女子进入他的卧室，说是崇拜他的学识和官品，想献身于他，也被他坚决"请"了出去。

郑朝昇当县令三年后，这个县政通人和、百姓富足，他因政绩卓著被升任为知州。

这个时候，边境异族经常来犯。由于州刺史无军事才能，郑朝昇又不懂军事，结果异族军队到郑朝昇的辖区大肆抢掠，搞得人心惶惶，民众纷纷外逃。

郑朝昇恨自己无能，痛定思痛，下决心学习军事。他研读兵书，操演阵法，实地察看地形，派细作刺探敌情。两年后，异族军队又来侵犯，他组织军民，设"反间计"和"口袋计"，几乎将来犯异族全歼，吃了大亏的异族军队再不敢来犯。他后来又因政绩卓著直接升任巡抚。

由于功劳大、升迁快、职位高，他渐生骄傲之气，遇事独断专行，同僚们纷纷写密奏弹劾他，皇上大怒，将他贬为知州。他在知州位上，在办好差事的同时，反思己过、修身养性，还经常访圣问贤，到山中静坐，突然有一天在驱马疾驰时顿悟圣人之道，从而达到宠辱不惊、去留无意、超脱生死的境界。

此后，他不但政声日益显赫，官德也愈益彰显，一直做到吏部尚书，死后配享太庙，谥号文卓。

游戏结束，屏幕上显示：

用时：95 分钟。

过关：学习关，诱惑关，能力关，磨难关，彻悟关。

涉及人物：167 人。

故事情节：虽有平铺直叙之感，但也不乏跌宕起伏之处。

精彩度：92。

您的理想人格：圣人君子。

再来看马克思。

他进入游戏后，成了一个穿着兽皮、满头长发、一脸长胡须的原始人，游戏系统给他起了个名字叫卡尔·狄龙，具有时空穿越能力，但此时的他还不知道自己具备这种特异功能。

一天，他正和其他原始人一起，围着一堆篝火，一边烤鹿肉、一边取暖。首领说道："卡尔，这次围猎鹿群，你跑在最前面，是第一个用标枪刺中这头鹿的人，功劳头一份，你要吃大块。"首领说着，割下一大块肉分给卡尔。

肉还没有吃完，突然放哨的来报，附近一个部落的人来抢肉。首领站起来，把右手的一根长矛举上空中，大声喊道："敌人来袭，列队迎候。"卡尔作其中一员，迅速站到自己的位置。那个部落一看这边有准备且人多势众，很快就跑掉了。

接下来的几天，整个部落只捕到两只小猪，而且是别人捕到的。吃饭的时候，卡尔只分到一根几乎没什么肉的猪肋骨。卡尔饿了好几天，觉得这样下去会饿死，就想跑。结果他一想，就穿越到了资本主义社会，成为一名纺织工人。这个时候，他知道了自己具有穿越时空的超能力。

长长的纺织流水线上，卡尔每天要工作16个小时，虽然发的工资能吃饱饭，但稍有差池，监工就用皮带猛抽他一顿。有一次，他不小心把中指伸进了纺织机，只听到"咔嚓"一声，中指断了。幸亏他抽得快，要不然整个手掌都没了。

卡尔手脚不灵活了，老板给了他一些钱就把他辞退了。他失业了，没有了工资，身上的钱很快花完了。他在贫民窟里，每天只能从救济站领到一小块面包。由于缺乏营养，他瘦骨嶙峋，不久又得了肺病。他觉得自己如果再不治疗，就会死了。"赶快离开这个地方吧，到一个不用为吃穿发愁的地方。"他这样一想，结果就穿越到了共产主义社会。

他惊奇地发现，这里的物质真丰富，想吃什么吃什么，想要什么有什么，还不用付钱，他首先把自己吃得饱饱的。他吃饱后在街上溜达，发现他想干什么就可以干什么，别人对他的选择没有反对的。于是，他上午打猎，下午捕鱼，傍晚从事畜牧，晚饭后从事批判，活得非常逍遥自在。

他决定，就在这个社会里生活下去，再也不穿越逃跑了。

游戏结束，屏幕上显示：

用时：95分钟。

经历社会形态：原始社会，资本主义社会，共产主义社会。

过关：人的依赖关，物的依赖关。

涉及人物：231人。

故事情节：由于主人翁在原始社会、资本主义社会，生活十分凄惨，可能会博得一些人的眼泪。

精彩度：92。

您的理想人格：自由而全面发展的人。

孟子、恩格斯等人也都在 100 分钟左右时间完成了游戏。

游戏系统显示,孟子推崇的理想人格是"富贵不能淫,贫贱不能移,威武不能屈"的大丈夫;恩格斯推崇的理想人格和马克思的一样,也是自由而全面发展的人。其他人推崇的理想人格,有的是外交家,有的是军事家,有的是哲学家,还有的是足球明星,等等。

游戏结束后,大家在阙拓的引领下,来到了一间大型会议室,分作两排依次坐下。

阙拓问道: "刚才,大家玩了一把'太虚圣境'游戏,不知感觉如何?"

大家都说这个游戏很好、很"潮",虽然都是虚拟化的,但是让人感觉场景、人物、情节很真实,视觉、听觉、触觉甚至刺痛感、灼热感、冰冷感也很真实。

马中哲带着切身体会说道:"我感觉这个游戏还有一个神奇之处,就是它好像已经知道了游戏玩家推崇的理想人格,玩家一步一步地变成了理想中的那个最理想的人物。怎么会这么神奇?"

阙拓带有自豪的语气回答道:"我们这款游戏,运用了当下最先进的人脑意识智能感知系统。也就是说,这套系统能够根据玩家的成长经历、个人爱好、性格特征、外在表现以及实时脑电波等,大致推断出您的理想人格。然后,再根据您对场景各部位的关注度,随时调整接下来的场景设置。最终,通过二者的"双向奔赴"、叠加融合,使您在游戏中变您心目中最想成为的人。"

大家不由得赞叹、感慨,马中哲等人预判,这款游戏一定会很快"火"起来,有一个很好的市场前景。

阙拓向孔子问道:"孔老师,您在游戏中找到您理想中的人了吗?"

"找到了,不仅找到了,而且是准确无误、天衣无缝。"孔子满心佩服地说道,"作为一个'士',或者作为一个人,至少做一个君子,文质彬彬,谦谦有礼;最好做一个圣人,去私成圣,内圣外王。为了达到圣人君子的境界,必须以格致诚正(即格物、致知、诚意、正心)、修齐治平

（即修身、齐家、治国、平天下）为门径，建构人生理想的精神坐标，确立安身立命的根本取向，自强不息、止于至善。刚才，我在游戏中，就经历了从一个毛孩子到成为圣人君子的转变。"

阚拓点头，然后又转向马克思问道："马先生，您在游戏中找到您理想中的人了吗？"

"找到了，不仅找到了，而且是十全十美、无懈可击。"马克思也是心服口服，继续说道，"我推崇的理想人格，是自由而全面发展的人，是人被全面地、彻底地解放，综合素质得到自由、全面、和谐的提升。人的自由而全面的发展是一个历史过程，只有到未来的共产主义社会，这样的理想人格才能真正地普遍地实现。这一点，我在游戏中的共产主义社会里，'真实'地体验到了。"

这时，阚拓的手机响了，是工作人员的电话，说是前一段已经接洽的投资方，来人敲定投资"太虚圣境"游戏的事。大家一听，知道这是好事，让他赶快去接待洽谈。

第二节 君子圣人境界

阚拓一走，大家就热烈谈论起刚才在游戏中的奇妙感受来，话题越来越集中到孔子推崇的圣人君子和马克思推崇的全面发展的人上面来。

马克思问孔子道："孔老师，您推崇的圣人君子人格，在前面的交流讨论中也听到一些。到底是什么样的人是君子，又是什么样的人才称得上圣人啊？"

孔子著作和言论中，根据政治社会地位、品德修养、能力素质等方面的不同，对人进行了区分，主要有小人、士、仁者、成人、善人、贤者、知者、勇者、君子、圣人。有关小人、士、君子、圣人的言论比较多，而有关成人、善人、贤者、仁者、知者、勇者的言论也有一些。

比如成人。"子路问成人。子曰：'若臧武仲之知，公绰之不欲，卞庄子之勇，冉求之艺，文之以礼乐，亦可以为成人矣。'曰：'今之成人者何必然？见利思义，见危授命，久要不忘平生之言，亦可以为成人矣。'"成人也可称为全人，具有四种品性、三种行为，四种品性即智以知物、不欲以明德、勇以敢为、艺以有能；三种行为即见利思义、见危授命、不忘平生之言。由此可见，成人是一个很高的标准要求。

再比如善人。"善人，吾不得而见之矣；得见有恒者，斯可矣。亡而为有，虚而为盈，约而为泰，难乎有恒矣。"从中理解，善人应该是指低于圣人君子、有仁无恶的那类人。

又比如贤者。"见贤思齐焉，见不贤而内自省也"，"事其大夫之贤者，友其士之仁者"。可见，贤者也是人们应该学习效仿的典范。

还比如仁者、知者、勇者。"知者乐水，仁者乐山。知者动，仁者静。知者乐，仁者寿。""知者不惑，仁者不忧，勇者不惧。"要做一个仁者、智者、勇者，也很不容易。

而"君子"一词在孔子著述中是高频词，在仅 16000 字左右的《论语》一书里就出现 100 多次，可见孔子对君子人格的重视和推崇。

针对刚才马克思提出的问题，孔子回答道："我们前面好像已经讨论过，君子从本义上讲，是'君之子'，可指位高者，如'君子笃于亲，而民兴于仁'。但从理想人格的角度看，'君子'被赋予了更多的道德色彩。首先从外表看，君子讲究风度。'文质彬彬，然后君子'，'视思明，听思聪，色思温，貌思恭，言思忠，事思敬，疑思问，忿思难，见得思义'。"

"这么说，中国古代的君子与西方的绅士应该较为类似。"程思汉心想，西方绅士一定不会输于东方君子。

孔子对什么是西方的绅士不太了解，一脸茫然。马中哲早看出来，俯在孔子耳边轻声说道："所谓西方的绅士，主要是从外表上看，衣冠楚楚，彬彬有礼，谈吐高雅，待人谦和，而且尊重女性。"

孔子会意，回应道："从外表看，君子与绅士有些类似，但君子还有以下四个方面的特征，不知绅士具不具有：一是忧道不忧贫。'君子谋道不谋食'，'君子务本，本立而道生'。二是重义轻利。'君子喻于义，小人喻于利'，'君子之于天下也，无适也，无莫也，义之与比'。三是乐天知命。'君子坦荡荡，小人长戚戚'，'不知命无以为君子'。四是居安思危。'是故君子安而不忘危，存而不忘亡，治而不忘乱，是以身安而国家可保也'，'君不密则失臣，臣不密则失身，几事不密则害成。是以君子慎密而不出也'，'君子安其身而后动，易其心而后语，定其交而后求；君子修此三者，故全也'。这四个方面，再加上外表，可见君子是内外兼修、德才兼备、全面优秀的人。'君子体仁，足以长人；嘉会，足以合礼；利物，足以合义；贞固，足以干事'。也就是说，君子兼具元、亨、利、贞四德。"

程思汉一听，感觉西方的绅士与东方的君子相比差远了。

恩格斯听后说道："听您这么一说，想做一个君子，标准蛮高的，还真不容易。"马克思也有同感。

"是的。"孔子说道，"但我认为，君子还不是理想人格中的最高层次，圣或圣人才是理想人格的完美化身和最高境界。"

"圣"和"圣人"在《论语》中各出现 4 次，而在《周易·系辞传》中则出现 20 多次。圣人指的是具有崇高道德、高超能力又有极高政治地位的人，他们既是道德楷模，又能领袖群伦，还能善治天下。

夫大人者，与天地合其德，与日月合其明，与四时合其序，与鬼神合其吉凶。

是故对圣人以通天下之志，以定天下之业，以断天下之疑。

唯天下至圣，为能聪明睿智，足以有临也；宽裕温柔，足以有容也；发强刚毅，足以有执也；齐庄中正，足以有敬也；文理密察，足以有别也。

从中可以看到，圣人是一个多么高、大、上的境界！

孔子说道："其实圣人并不多见，只有尧、舜、禹等先王才有资格德配圣名。尧舜'巍巍乎''荡荡乎'，既有至德，又具伟业。圣人之德是人们通过努力可能达到的，而圣人之位及其功业则非一般人通过努力所能达到，这要看人的时与命。所以说，'成圣'比'成仁'还难，原因就在于成仁是一个单纯的道德问题，而成圣不仅要有仁者之德，而且要有王者之位、王者之业。一个人在德行上做到'克己爱人'，那便是一个仁人了；而要做到'博施于民而能济众'，只有圣人才有可能。可见成仁难，成圣更不易。所以，我说'圣人，吾不得而见之矣！得见君子者，斯可矣'。"

"如果成不了圣人，也做不了君子，那该怎么办呢？"马克思问道。

"最差也要做个士，具有士的品格。士原是古代的一个阶层，介于庶人与大夫之间，或位居士、农、工、商'四民之首'，是以某种专门知识或特长为统治者服务的一个特定的社会群体。'士'在《论语》中出现15次，除'执鞭之士''避世之士''避人之士'等几处中指一般的人之外，大多带有理想人格的意味。例如'士志于道'，讲士的品格；'士不可以不弘毅'，讲士的责任等。所以，我经常与弟子们讨论'何如其可谓之士'的问题。'行己有耻，使于四方，不辱使命，可谓士矣。''士志于道而耻恶衣恶食者，未足与议也。'"

徐翔阳笑着说道："那我就做一个'士'吧！既不至于太刻意、太辛苦，又不至于太堕落、太庸俗。"

马中哲拍了拍徐翔阳笑道："你想做好一个'士'，就立志做一个'君子'吧！正所谓'取法于上，仅得为中；取法于中，故为其下'。"

大家一听，都笑了。

马中哲的同学、"太虚时空"公司创始人阚拓送走客户后，匆匆走了进来。一进来，先向大家道歉，而后邀请大家到他的办公室参观一下。

"恭敬不如从命。"孔子、马克思一行人跟着来到阚拓的办公室。

大家进门一看，着实吃了一惊。没想到这个思想前卫、年纪不大的青年人，满屋子悬挂了不少字画，字写得不错，画画得挺好。有的写着"慎独""见贤思齐""内圣外王""博学之，审问之，慎思之，明辨之，笃行之"等，有的写着"每个人的自由发展是一切人的自由发展的条件"①

---

① 《马克思恩格斯文集》第2卷，人民出版社，2009年，第53页。

"从全部才能的自由发展中产生出创造性的生活表现"① 等。大家仔细一看，也并不是名人字画，这些字画的落款上都盖着"求索小子"的印章。

马中哲说道："阚拓，几年不见，没有想到你的字、画都大有进步，看来平时下的功夫不小啊！"

大家这才明白，"求索小子"就是阚拓本人。从这些字画的内容上看，刚才阚拓说的"太虚圣境"这款游戏的开发，受到孔子、孟子"内圣外王"思想和马克思、恩格斯"人的自由而全面发展"思想的影响，并非虚言。大家对他不由得刮目相看。

此时，大家的目光集中到办公桌后面墙壁上一个宽大条幅上，只见上面十分醒目地写着两行、八个大字：先为君子，再入圣域。

孔子道："'先为君子，再入圣域'。阚拓，你志向不小啊！"

阚拓自谦道："孔老师，我是以此激励自己。成为君子难，成为圣人几乎不可能。但我们不能因为难就不去追求啊！"

他说着，让工作人员搬来一些折叠椅让大家坐下喝茶说话。

马克思感叹道："君子的标准高，圣人的标准就更高了，甚至是难以企及。那么怎么才能成为君子，并最终修炼成圣人呢？"

"没有别的办法，只有通过'修己安人'才能达到'内圣外王'的境界。"孔子回答道。

修己或者说修身，是一切人、一切事的根本，其目标指向却是家、国、天下。从孔子开始，儒家就确立一条修己安人、内圣外王的自我修炼、自我完善、自我提升之路。

孔子说道："修己主要包括修德、为学和养性三个方面。每个方面都有很多内容，还是让我的学生给马先生、恩格斯先生、程先生汇报一下吧！"

子路先说道："修德是修己的重要基础。老师一方面承认'食、色，性也'，另一方面主张用'克己复礼'改造和克服这种本能的人性。'见善

---

① 《马克思恩格斯全集》第 3 卷，人民出版社，1979 年，第 248 页。

如不及，见不善如探汤。'看到善的行为，就唯恐自己达不到；看到不善的行为，就好像把手伸到热水中一样赶快避开。'汤'古时指热水，老师用'探汤'来生动比喻一个人看到不好的事情所应采取的态度。'见贤思齐焉，见不贤而内自省也。'这句话成为后世儒家修身养德的座右铭，要取他人之长补自己之短，又以他人的过失为镜鉴不重蹈覆辙。'见贤思齐'昭示了榜样的示范作用，'见不贤而内自省'则是说明反面典型的警示作用。这些既是修德的要求，也修德的目标。"

"慎独"。颜回指着墙上的一幅字念道，"'慎独'两字，历来为老师所看重、所倡导，指的是君子在无人监督的情况下，凭着高度的自觉，按照一定的道德规范行动，不做任何有违道德信念、做人原则的事。《大学》中说：'此谓诚于中，形于外，故君子必慎其独也。'《中庸》开宗明义就论及'慎独'：'是故君子戒慎乎其所不睹，恐惧乎其所不闻。莫见乎隐，莫显乎微，故君子慎其独也。'君子在没有人看见的时候也谨慎守道，在没有人知道的时候也生怕离道，即使在隐蔽之处或在细微的事情上，也没有离道的表现，所以君子在独处独知的时候也十分谨慎。可见，慎独是一种很高的修养境界，也是很重要的人生修为，修德必须慎独。"

马克思、恩格斯、程思汉等人心中赞道，中国古人的修德功夫真不简单、真了不得。

子贡说道："为学则是修己的重要途径。有一次，我听到老师与子路师兄对话，老师说：'由也！女（汝）闻六言六蔽矣乎？'子路师兄回答说：'未也。'老师说：'好仁不好学，其蔽也愚；好知不好学，其蔽也荡；好信不好学，其蔽也贼；好直不好学，其蔽也绞；好勇不好学，其蔽也乱；好刚不好学，其蔽也狂。'老师针对子路师兄的'好德不好学'，告诫他警惕六种不学之弊，在修习仁、知、信、直、勇、刚之时，莫忘学习，也就阐明了为学的重要性、必要性。"

子路一听，心中不悦，暗暗说道："怎么又扯上我了？"

"老师有一句话，叫'古之学者为己，今之学者为人'。"子贡继续说道。

"先停一下。"马克思做出了一个暂停的手势，"'为己''为人'，是什么意思啊，有什么区别吗？"

"二者的区别大啦！也容易引起误解。"子贡说道，"'为己'，是说学习的目的在于修养自己的学问和道德；'为人'，是说学习的目的在装饰自己、给别人看。"

"原来是这个意思，猛一听，好像'为人'要比'为己'好。"马克思说道。

"老师还道出了学习的三重境界。'知之者不如好之者，好之者不如乐之者。'在这里，'知之'是较低境界，相当于'要我学'；'好之'是较高境界，相当于'我要学'；而'乐之'是最高境界，相当于'我爱学'。"子贡说得铿锵有力。

王教授指着墙上另一幅字说道："'博学之，审问之，慎思之，明辨之，笃行之'。这是儒家名篇、四书之一《中庸》里的一句话，把学习分成五个紧密相连、阶梯递进的环节和阶段，一步一步地扎实学习，才能学有所依、学有所成、学有所用。"孔子点点头，对这五句话非常赞赏。

"养性也是修己的重要方面。"颜回说道，"'知者乐水，仁者乐山。知者动，仁者静。知者乐，仁者寿。'人性是有弱点的，对此老师提出'三戒'：'少之时，血气未定，戒之在色；及其壮也，血气方刚，戒之在斗；及其老也，血气既衰，戒之在得。'老师认为，好色、好斗、好得都与血气有关系，只有通过修心养性才能真正戒除。'暴虎冯河，死而无悔，吾不与也。必也临事而惧，好谋而成者也。'徒手斗虎曰暴虎，徒足过河曰冯河，这样死了都不后悔的人，老师是不与之共事的。所找的可以共事的人，一定是面临任务恐惧谨慎，善于谋略而能完成任务的人。"

马中哲拜了孔子做老师，自认为是孔子的嫡传弟子，说道："老师，三位师兄说了修己，让我来汇报一下对'安人'的理解，不知妥否？"孔子一听很高兴。

"安人是圣人君子的大责任、大担当、大境界，最高境界是'齐家、治国、平天下'。安人，首先要安百姓。老师要求弟子'博施于民而能济众'，'博施于民而能济众'就是仁德。'夫子之得邦家者，所谓立之斯立，道之斯行，绥之斯来，动之斯和。'如果老师为诸侯或为卿大夫施政，那就会像人们说的那样，教百姓立于礼，百姓就会立于礼；引导百姓，百姓就会跟着走；安抚百姓，百姓就会归顺；动员百姓，百姓就会齐心协力。如何让百姓'立、行、来、和'呢？一方面要'道之以政，齐之以刑'，也就是用政令、刑法等强制约束的一手；另一方面要'道之以德，齐之以礼'，也就是用道德、礼制等引导教化的一手。"

马中哲说到这里，阚拓插话道："孔老师的'道之以政，齐之以刑'与'道之以德，齐之以礼'这两句话，非常有道理，也非常管用。我就是按照这两句话对公司进行管理的，效果很不错，大家人心安定、工作积极，公司氛围融洽、绩效颇高。"

"这真不错。"马中哲继续说道，"安人，还要安君主。安君主贵在忠、敬和任事。'为人谋而不忠乎？'这是说事君要忠诚。'子路问事君。子曰：勿欺也而犯之。''勿欺'就是敬，'犯之'就是敢于直言、犯颜直谏。不仅如此，老师还要求能够'见危授命'，能够不怕危险、替君主分忧解难。"

徐翔阳说道："我理解，这个'安君主'放到现在也可以抽象性继承。'君主'可以理解为上级、老板。'见危授命'的人，无论是上级，还是老板，肯定都喜欢、都信任。"大家都赞同这一观点。

孔子说道："我再补充一下，修己安人，做到极致就是内圣外王。内圣是外王的前提和基础，外王是内圣的体现和目的。通过格物、致知、诚意、正心，持续不断地修己、克己、去私、慎独，最终可达到内圣的境界。通过齐家、治国、平天下，坚持不懈地安人，立德、立言、立功，就可达到外王的境界。"

马克思问道："孔老师，我看到不少学校张贴的标语，可能就是校训之类的，有很多是'自强不息，厚德载物'。这两句话应该也是对圣人君子的要求吧？"

"您说得很对。"孔子回答说，"'自强不息，厚德载物'出自《周易·象传》。原文是：'天行健，君子以自强不息'，'地势坤，君子以厚德载物'。什么意思呢？天（即自然）的运动刚强劲健，君子应该像天那样自强不息、刚健有为；大地的气势厚实和顺，君子应该效仿地而厚植美德、容载万物。自强不息、厚德载物，蕴含着自信、自尊、自强、自立的精神力量，折射出包容、宽恕、豁达、和谐的道德力量，高度概括和凝练了作为君子包括圣人为人、处世、从政应具有的宏阔视野、奋斗精神、博大智慧以及高尚道德。"

孟子进一步扩充道："古代先圣'仰以观于天文'，发现'天'呈现出一片生机勃发、刚健有力、经久不衰的景象。老师由感而作，发出'大哉乾元'的赞叹，认为作为君子包括圣人要向'天'学习，具备'天'那种刚健不已、踔厉奋发、勇毅前行、百折不回、永不止步、永不懈怠的性格。同时，古代先圣还'俯以察于地理'，看到'地'呈现出生长万物、滋养万物、容纳万物的景象。老师由感而作，发出'至哉坤元'的赞叹，认为作为君子包括圣人，要向'地'学习，具备'地'那种胸怀博大、虚怀若谷、大德无边、大爱无疆、和而不同、和合与共的可贵品格。"

"子舆说得很好。"孔子说道，"自强不息与厚德载物，就像'天'与'地'一样，密切相关、相融相长。'自强不息'让人立'大志'，有责任感和使命感；'厚德载物'让人有'大气'，有包容心和宽恕心；'自强不息'让人去'求真'，不因循守旧、敢突破创新；'厚德载物'让人去'求善'，善于聚众人之力、集众人之智。有了大志、大气，'故能弥纶天地之道'；有了求真、求善，方能'止于至善'，这样就能达到圣人君子的层次和境界。"

马克思、恩格斯以及程思汉等人听后，感觉孔子、孟子等人说得太好了，不由得鼓起掌来。这掌声是送给孔子、孟子的，也是送给孔孟之道、送给中华优秀传统文化的。

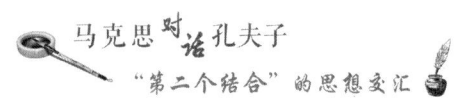

第三节　全面发展的人

孔子等人看到墙上写有"每个人的自由发展是一切人的自由发展的条件"① 等几个条幅，知道这些内容都来自马克思、恩格斯的著作。

孔子问道："马先生，您对人的人格也非常重视啊！"

在马克思著作中，有不少关于人的本质、人的人格等论述，通过对人格的内涵本质进行研究，对人的物化、异化状况进行揭露和批判，形成一个比较完整的人格思想，为我们探究马克思的理想人格、把握什么是全面发展的人，提供了重要线索和理论依据。

"是的。"马克思说道，"全部人类历史的第一个前提是有生命的个人的存在，一旦人开始生产自己的生活资料，人本身就开始把自己和动物区别开来。'特殊的人格的本质不是胡子、血液、抽象的肉体的本质，而是人的社会特质。'② 我认为，人格是人的规定，人格只有作为人才存在。也就是说，人之所以区别于动物，除了具有动物的机能外，还有其他的东西，这里面就包括人格。"

马中哲说道："先生说得是。既然人有人格，就应该认识人格、把握人格、尊重人格，决不能把人看作是有生命的'物'而随意奴役、驱使、压榨。"

孟子的理想人格是"大丈夫"人格，但他对什么是人格还没有清晰的概念，问道："马先生，您认为人格到底是什么呢？"

"这是一个较为复杂的问题。"马克思说道，"人的本质在其现实性上，是一切社会关系的总和。现实的个人只是经济范畴的人格化，而人们扮演的经济角色不过是经济关系的人格化。由此我们看到，社会关系特别是经济关系对人格的塑造和发展具有决定性作用，人格就是各种社

①《马克思恩格斯文集》第 2 卷，人民出版社，2009 年，第 53 页。
②《马克思恩格斯全集》第 1 卷，人民出版社，2002 年，第 270 页。

会关系尤其是经济关系的人格化。进一步说，生产力决定生产关系，更高水平的生产力往往会催生更高层级的生产关系，进而推动人格的更高更好发展。"

孟子听后说道："您的这个人格，想理解透还真不容易。"

"我们还可以进一步深入理解。"李思通说道，"人的本质与人的人格具有内在统一性，人的人格是人的本质的内在尺度和鲜明体现，人在创造和体现自己本质的过程也是确定和展现自己人格形象的过程。但是，人格的生成和塑造并不是完全被动的、受制约的，人在进行社会实践、创造环境的同时也在改造着自己的人格。不仅如此，人可以预先设定好自己的人格，这个人格可以是神圣的、崇高的、纯粹的，而后朝着这个目标不懈努力，并最终实现自己理想中的人格。"

"说得好！"孔子说道，"您说'人还可以预先设定好自己的人格，这个人格可以是神圣的、崇高的、纯粹的'，这也与我们一直强调的'立志'是相通的。如果我们把这个'神圣的崇高的纯粹的人格'设定为圣人君子，并且立志实现它，经过努力就可能最终实现它。单从这一点看，我和马先生对人格的认识，也有相通之处。"

马克思联想起刚才游戏中的场景，说道："谈到人格，不能不说'人的依赖性''物的依赖性'。'人的依赖关系，起初完全是自然发生的，是最初的社会形式，在这种形式下，人的生产能力只是在狭小的范围内和孤立的地点上发展着。以物的依赖性为基础的人的独立性，是第二大形式。在这种形式下，才形成普遍的社会物质变换、全面的关系、多方面的需要以及全面的能力体系。建立在个人全面发展和他们共同的、社会的生产能力成为从属于他们的社会财富这一基础上的自由个性，是第三个阶段。第二个阶段为第三个阶段创造条件。'[①] 刚才，我在阖拓设计的游戏中，经历一个由在人的依赖关系之下的依附人格，到在物的依赖性之下的独立人格，再到在人的全面发展之下的自由人格这样一个'人格发展三部曲'。

---

① 《马克思恩格斯文集》第 8 卷，人民出版社，2009 年，第 52 页。

这是在虚拟世界中实现的，如果在现实世界中能够实现就好了。"

孟子问道："我还得再问一下，什么是人的依赖关系、物的依赖性啊？"

"在原始社会，由于生产力水平十分低下，人们只有群居在相对固定狭小的地盘上，共同劳作生产、共同抗御灾害、共同对付敌人，才能生存下来。在游戏中，'我'所在的那个原始部落就是这样的，人与人的关系是相互依赖、相互依存的关系，群体高于个体，个体依附群体，个体没有独立生活能力，没有主体性、自主性，只能形成依附型的人格。"马克思回答道。

马中哲问道："有人说，原始社会的人比较自由，应该属于自由人格啊？"

"其实不然。"马克思回答道，"那时的人虽然比较自由，但只是一种接近动物式的'自由'，实质上是发展极不充分条件下的极不自由，个体离开了群体很难活下去，个体对群体的依赖性很强，根本不可能有自由人格。"

孟子说道："这应该就是'人的依赖关系'，那'物的依赖性'呢？"

"'物的依赖性'是这样的，"党教授回答道，"随着社会分工和私有制的形成发展，特别是到了资本主义社会，生产力大大发展，整个世界建立了全面联系、形成了世界市场，包括工人阶级在内的大多数人因参与机器大生产而具备了相应技能，同时随着法律和契约制度的建立完善，人的民主意识也在增强，形成了比较强的独立人格。但是，由于资本主义私有制和资产阶级的局限性，大多数人被剥夺了生产资料和劳动财富，常常处于被剥削、被侮辱、被蔑视的地位，形成了人对物的依赖性，也就形成了物性化、片面化甚至畸形化的人格。"

王教授插话道："中国有句俗语，叫'钱压奴婢手，艺压当行人'。这'钱压奴婢手'是指财物可以降伏奴婢，让人成为钱财的奴隶。这应该也是'物的依赖性'的一种现实表现。"大家都认同这一说法。

马中哲说道："我曾看过一本书，是美国学者马尔库塞在1964年出版的《单向度的人》。马尔库塞经过深入研究提出，美国虽然是发达工业社会，但不是真正自由开放的社会，而是'单向度'的社会，生活在这种社会中的人是丧失了真正自由的'单面人'。这个'单向度'的社会，用无尽的消费和享受来'贿赂'大众，让人们陷入'舒适的不自由'之中。在这个更加富裕的社会里，无论是经济、政治还是文化都被商品拜物教所支配，人的'异化'不仅没有消失，反而更深入、更广泛、更隐秘地渗透到生活的各领域。"

"虽然资本主义制度下，人格具有物的依赖性，但近年来，西方推行'宪政民主'，实施'新自由主义'，这应该有利于人的人格发展吧?"程思汉反驳道。

党教授近年来深入研究了西方"宪政民主""新自由主义"等资本主义思潮，说道："您所说的所谓'宪政民主''新自由主义'，好像听起来非常诱人、非常光鲜，事实上也欺骗了一些人。我要说的是，所谓'宪政民主'、所谓'新自由主义'，说到底是资本的民主、资本的自由。在其中的人们，仍然没有摆脱被奴化、被物化、被异化、片面发展和自由个性被束缚的社会现实。从近年来美国发生的'黑人的命也是命'运动到'国会骚乱'，从'控枪立法'再到所谓'民主峰会'等等，无数事实、无数闹剧，以及那些逝去的生命、那些被战争搞乱了的国家，都证明了这一点。"

程思汉听后，张口结舌，一时语塞。

马克思说道："我所推崇的是人的全面发展之下的自由人格。这是只能到了共产主义社会才能实现，正如刚才党教授说的，绝对不会在资本主义社会实现。当私有制被推翻、阶级对立被消除，人的自由发展才没有了障碍，每个人的自由发展与一切人的自由发展也不再对立。这样，人的人格自由就真正由美好的愿望成为真正的现实。"

颜回问道："马先生的理想人格是全面发展的人，那么到底什么样的人，才算是全面发展的人呢?"

"概言之，全面发展的人，就是'人终于成为自己的社会结合的主人，从而也就成为自然界的主人，成为自身的主人——自由的人'①；这种'人以一种全面的方式，就是说，作为一个总体的人，占有自己的全面的本质'②。"

子路听了马克思的这番话，感觉不明就里，说道："马先生，能不能再具体一点、通俗一些呢？"

马克思也笑了，觉得自己讲得太抽象、逻辑太烦琐。

"我来说说看。"党教授说道，"我深入学习研究马先生关于全面发展的人的相关论述，感到全面发展的人至少有以下三个特征：其一，全面发展的人，是生产力高度发达背景下的劳动能力全面发展的人。只有实现体力和智力的充分和谐发展，才能实现人的全面发展。"

徐翔阳问道："一些西方国家，他们的生产力也很发达呀，为什么不能实现人的全面发展？"

"这个问题问得好。"马克思说道，"在资本主义条件下，劳动被异化了，而且一直被异化着，这使得人们'像逃避鼠疫一样逃避劳动'。'而在共产主义社会里，任何人都没有特定的活动范围，而是都可以在任何部门内发展，社会调节着整个生产，因而使人可能随自己的兴趣今天干这事，明天干那事，上午打猎，下午捕鱼，傍晚从事畜牧，晚饭后从事批判，这样就不会使我老是一个猎人、渔夫、牧人或批判者'③，从而在自由王国中'诗意地栖居'。"

"在自由王国中'诗意地栖居'，这是一个多么美好的场景啊！"阚拓感叹道。

"其二，全面发展的人，是社会高度和谐背景下的社会关系全面发展的人。"党教授说道，"社会和谐对人的自由而全面发展非常重要。这也是中国共产党人把'和谐'作为中国特色社会主义本质属性的原因所在。"

---

① 《马克思恩格斯文集》第 3 卷，人民出版社，2009 年，第 566 页。
② 《马克思恩格斯文集》第 1 卷，人民出版社，2009 年，第 189 页。
③ 《马克思恩格斯文集》第 1 卷，人民出版社，2009 年，第 537 页。

"这个'和谐'一词，真是太重要了。"孔子赞叹道。

党教授继续说道："其三，全面发展的人，是充分尊重个性背景下的个人个性全面发展的人。马先生曾说过，共产主义社会要'建立在个人全面发展和他们共同的、社会的生产能力成为从属于他们的社会财富这一基础上的自由个性'①。我理解，在共产主义社会，不是按照一个模式、一个标准去培养人、塑造人、要求人，而是在客观承认人的体力、精神、能力差别的基础上，充分尊重每个人独一无二的价值，尊重个人的爱好、兴趣、特长，从而使每个人的自觉性和自主性充分发展，使他们能自由追求并保持着独特的人格、理想和社会形象。其实，有个性的人越来越多，而整个社会就越和谐有序，就越更加丰富多彩。"

听到党教授说到这里，程思汉苦笑道："过去，我一直认为，共产主义要消除个性，看来也是误解啊！"

"其实，关于这一点，我和马克思早在1848年《共产党宣言》中就已经说过，现在我将两段话原文引用如下。"恩格斯充满睿智且坚定地说道。

"因此，在资产阶级社会里是过去支配现在，在共产主义社会里是现在支配过去。在资产阶级社会里，资本具有独立性和个性，而活动着的个人却没有独立性和个性。而资产阶级却把消灭这种关系说成是消灭个性和自由！说对了。的确，正是要消灭资产者的个性、独立性和自由。"②

"从劳动不再能变为资本、货币、地租，一句话，不再能变为可以垄断的社会力量的时候起，就是说，从个人财产不再能变为资产阶级财产的时候起，你们说，个性被消灭了。由此可见，你们是承认，你们所理解的个性，不外是资产者、资产阶级私有者。这样的个性确实应当被消灭。"③

---

① 《马克思恩格斯文集》第8卷，人民出版社，2009年，第52页。
② 《马克思恩格斯文集》第2卷，人民出版社，2009年，第46—47页。
③ 《马克思恩格斯文集》第2卷，人民出版社，2009年，第47页。

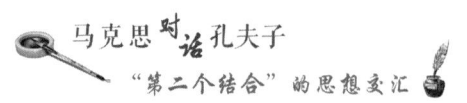

第四节　理想人格之别

孔子向马克思说道："今天玩了一把'太虚圣境'游戏，各自找到了理想中完美的人。但我有一种感觉，我的圣人君子与您的全面发展的人，好像有些一样，又好像不完全一样。"

马克思正想答话，李思通说道："孔老师、马先生，我觉得这个问题，涉及圣人君子与全面发展的人之间的异同。"

孔子、马克思都说道："是的，这个问题应该弄清楚。"

"那好的。"李思通说道，"我先说说二者的联系之点或者说相通之处。我觉得，圣人君子与全面发展的人都是集真、善、美于一体的人。虽然各个民族、各个阶级、各个时代、各个国家有不同的理想人格，但真、善、美是共性要求，也是共同特征。这也恰恰是理想人格的真谛所在。无论是孔老师的圣人君子，还是马先生的全面发展的人，都要求拥有'全德'的品质，集真、善、美等所有美好品质、美好事物于一身。"

"李教授说得真好。"王教授说道，"孔老师著作言论中，多次谈到君子应具有的品格，最基本的要求是仁、义、礼、智、信。同时，还有许多具体要求。比如，为人要遵循忠恕之道，处事要遵循中庸之道，对君要忠和敬，对亲要孝和悌，对民要仁和礼，对友要义和信，在精神状态上要自强不息、止于至善，还要有忧道畏天、居安思危的忧患意识，等等。而孔老师心目中的圣人，更是集真、善、美于一体的化身。"

恩格斯说道："我看，所谓的圣人，不仅是有真、善、美等所有品质，而且要至真、至善、至美。"

党教授说道："在马克思主义哲学视域内，真、善、美可以从主客体相统一、人我他相贯通的角度来加以理解和阐释。'真'是获得了真相、真知、真理，契合了内在本质和客观规律；'善'既指道德高尚、修养很高，彰显了群体价值和社会效应；'美'是在真和善的基础上达到的更高层次和境界，体现为气质之美、神韵之姿。在未来的共产主义社会，由于生产力高度发达，物质极大丰富，伦理道德充分彰显，人类社会进入自由王国，每个人在思想上、行为上充分契合自然发展规律、人类社会发展规律和人类思维发展规律，能够尊重科学、按规律办事，达成一个'真'字；关照和满足在自然关系和社会关系中各方面的需要和诉求，达成一个'善'字；在改造世界的创造性活动及其成果中，个人的才能、个性和自由得到充分展现和发展，达成一个'美'字。真、善、美及三者的和谐统一，造就了全面发展的人。"

孔子问道："刚才说的是共同之处，肯定还有不少差异之处吧？"

"是的。"李思通说道，"我认为，这差异之一，圣人君子是为当时士大夫阶层树立的标杆，全面发展的人是为一切人设定的目标。士大夫的称谓到战国中叶才流行开来，指的是士人与官僚的合二为一。孔老师关于君子圣人的理想人格主要是针对士大夫阶层树立的，涉及的范围小、人数少，而后由士大夫做榜样起到示范带动、'化民成俗'作用；而马先生的理想人格是针对绝大多数人来说的，容纳的范围极大、人数极多，可以说涵盖了未来共产主义社会的所有人。"

"确实是这样。"马中哲说道，"老师的理想人格主要是为士大夫阶层设立的向往、崇敬、追求、期许的目标。这本质上是一种精英式的统治和文化，与柏拉图提出的'不会有为数众多的人，不论他们可能是谁，能够获得政治统治的技艺并能以智慧管理一个国家，而我们唯一正确的政府模式必须要在少数人或一个人那里去找'①的贵族式政体有些类似。老师是想把封建统治阶级特别是士大夫阶层打造成'贤者''仁者''有德者'，用他们来治理天下，天下就太平了；用他们来统治老百姓，老百姓就安宁了。这一理念，既有老师的时代局限性，也是无奈的现实选择，或者说是当时历史条件下的最佳选择。"

党教授说道："在谈未来社会是个什么样子时，马先生、恩格斯先生明确指出：'代替那个存在着阶级和阶级对立的资产阶级旧社会的，将是

---

① 〔古希腊〕柏拉图：《政治家》，黄克剑译，北京广播学院出版社，1994年，第98页。

这样一个联合体，在那里，每个人的自由发展是一切人的自由发展的条件.'① 实现一切人的自由发展，必须使每个人都得到自由发展；实现每个人的自由发展，必须使一切人得到自由发展。'两个自由而全面发展'的著名论断揭示出，真正的共同体是'自由人联合体'。在这里，消灭了私有制，消除了阶级对立、阶级差别，国家也消失了，人人平等、个个自由。由于'每个人的自由发展'和'一切人的自由发展'不再对立，因此可以说，全面发展的人是未来共产主义社会中每个人、一切人的人格。从这一点也能看出，马克思的理想人格是多么崇高、多么伟大。"

马克思自谦地说道："我听说，孔老师的圣人君子人格对后世读书人影响很大，这些人中了科举、当了官后，还真出了不少一身正气、一心为民的好官，成为一方人学习崇拜的对象。而全面发展的人，只有到未来很远的时候才能实现啊！"大家都觉得马克思说得有道理。

马中哲继续说道："我认为，这差异之二，圣人君子推崇高度利他精神，全面发展的人注重个性自由发展。由于受当时历史条件下民族历史、社会形态、文化心理等影响，不同理想人格的构建有其鲜明的价值取向。老师的理想人格即圣人君子，看重的是道德素养，弘扬和践履利他精神；先生的理想人格即全面发展的人，要求的是综合素质，注重和鼓励个性自由发展。"

"是这么回事。"王教授说道，"孔老师所塑造的圣人君子人格，是一种道德力量的人格，体现着高尚的道德品质和道德境界。而这里的德，包含着浓厚的、强烈的利他思想。孔老师对自己讲'仁者爱人''君子素其位而行'，而对别人讲'己欲立而立人，己欲达而达人''己所不欲，勿施于人'。朱熹在《论语集注》中，把'己所不欲，勿施于人'诠释为'推己及物'。意思是说，用自己的心意去推想别人的心意，设身处地替别人着想，类似于现代的'换位思考'。当孔老师谈'己欲'和'己所不欲'的时候，都是站在设身处地、推己及人的立场上，时时事事处处都替他人

---

① 《马克思恩格斯文集》第2卷，人民出版社，2009年，第53页。

考虑、为他人着想，体现了鲜明的利他精神。久而久之，这种利他精神就形成了高度重视群体而忽视个体、为了群体利益甚至可以牺牲个体利益的文化传统。"

"马先生的主张则不同。"党教授说道。"在马先生看来，人作为'现实的人'，是活生生的、历史的、完整的人，应该是占有自己的全面的本质的人。马先生从青年时代开始，就着力于人的本质、人的主体性和个性的研究，探寻建立个人的自由的社会共同体形态，对人的自由个性的认识经历了一个由浅入深的过程。而随着研究的深入，马先生揭示出，只有到了共产主义社会，人的独立自主、自由自觉和主体性、创造性得到充分展现，才成为全面发展的人。在这个阶段，对个人而言是'自由人'，对社会而言是'自由人联合体'。"

徐翔阳问道："我看社会上有少数人，特立独行、性格怪异，这是不是有个性？是不是全面发展的人？"

"追求'独特''另类'甚至是'异类'，绝不是全面发展的人的'个性'。在共产主义社会实践中，人形成的是与社会发展相一致的积极协调的社会特质，人的个性发展与社会的发展之间是一种良好和谐的互动。"党教授回答道。

"我认为，老师的圣人君子和先生的全面发展的人都具有巨大影响力。"马中哲说道，"理想人格让人'高山仰止、景行行之'，一般人无法达到，但通过现实实践活动，又有转化为现实的可能。因而，理想人格的范型一旦形成，便具有强烈的导向作用，吸引着人们不断趋向于它，会对一个民族、一个国家的历史和文化产生不可估量的影响。"

"是的。"王教授说道，"孔老师圣人君子的理想人格，具有高尚美好的主旨、丰富深刻的内涵和实在管用的修养方法，是一种比较科学完整、经世致用的人格学说，对中国乃至世界都产生了超越时空、深远持久的影响。正如中国当代作家余秋雨所说，孔老师对我们最大的遗产就是做个君子。"

圣人君子的理想人格对中国后世的理想人格构建产生了重要影响。无论是西汉哲学家董仲舒的"与天相配"的道德人格，还是玄学家的"内儒外道"的人格，无论是理学家的"道问学"之人格，还是心学家的"尊德性"之人格，在内容上、形式上、修养方法上都受孔子圣人君子理想人格的深刻影响。

"另一方面，圣人君子的理想人格对中国人的精神文化气质产生了重要影响。从孔老师以后的中国人特别是读书人，有不少人以成为圣人君子为努力方向，用圣人君子的标准要求规范、检束自己，在物质财货、名利得失、是非荣辱甚至危难生死面前，都展现了圣人君子应有的风度和气节。可见，圣人君子人格对中国人的精神气质乃至生活方式的影响之大、之广。告诉大家一个我个人的选择，我就是用君子的标准来规范自己做人做事的。"王教授说到这里，神色十分郑重。

"孔老师圣人君子的理想人格在世界上的影响也很大。1789年法国大革命时期颁布的《人权宣言》引用了'己所不欲，勿施于人'，现在联合国大厦里刻着'己所不欲，勿施于人'，1993年世界宗教领袖集会提出的两条黄金规则之一是'己所不欲，勿施于人'。"程思汉说道。

听到这里，孔子、孟子等人甚感慰藉。孔子说道："我想，马先生的理想人格的影响力必然会更大更广。"

"是的。"党教授说道，"马先生的理想人格，内蕴着人类解放和人的自由而全面发展的最高价值追求，是迄今为止人类最完美的、最理想的人格。全面发展的人的理想人格，吸引和激励一代又一代人为之抛头颅、洒热血，前仆后继、义无反顾。"

大家听后，觉得一个比一个概括得好、理解得深。

这时，孔子笑了起来。大家很好奇，问他笑什么？他回答道："我推崇圣人君子，其局限性或者消极性的一面你们还没有完全说出来，不知道是没发现，还是不愿意说。那我自己说出来吧。整体上看，圣人君子理想人格基本上属于道德人格，对人格的智、体、美等方面的要求不多也不高。具体地说，圣人君子的人格，强调谦逊、不倡导竞争，强调德治、不重视法治，强调尊长、而忽视底层，强调道德、不注重全面发展，其不足和缺陷是显而易见的。我近期在社会上听到的一些议论，促使我深刻反思。所以，我的圣人君子理想人格还是比不上马先生的全面发展的人的理想人格啊!"

孔子的自省、自谦精神和一腔赤诚，深深感动了大家。

孔子、马克思一行离开"太虚时空"公司时，阚拓向众人汇报道："我们这个元宇宙游戏，我准备打造成一个'理想'系列，这一个是'理想人格'，下一个是……"

阚拓还未说完，徐翔阳插话道："下一个是'理想伴侣'，对吗?"

大家一听都笑了。阚拓也笑了："你这个'idea'（想法）倒不失为一个方向。但我要做的，比你这个想法更高尚、更宏大、更高端，下一个我准备搞'理想社会'的元宇宙游戏。"

"理想社会?"马中哲说道，"我们明天去景点'人类巅峰'，听说那是一个理想社会集大成的地方。我建议你跟我们一起去看看，从中受些启发、找些灵感吧!"

"那敢情好!"阚拓爽快答应。

第八章

○○○ 天下大同　共产主义

第一节　念兹在兹的大同世界

次日上午，天高气爽，云淡日丽，天气好大家心情更好。孔子、马克思一行人，来到"人类巅峰"景区。

这个"人类巅峰"，是世界第一高的人造建筑物，高端、现代、大气，共 25 层、高达 2050 米，比世界第二高楼迪拜塔整整高出 1200 多米。据说，这幢楼是用一种最新研发出的质量最轻、韧性最强、最耐恶劣天候的类纳米材料建成，建设时用的是最先进的建筑机器人。同时，建筑材料的表面是经过特殊处理过的，有密密麻麻的孔洞结构，能够把风速高达每小时 450 公里的飓风给几乎完全吸附掉。所以，这栋高大建筑无论是安全性还是舒适性上，都是世界一流的。

这栋世界第一高楼的主要功能，是从文本、实验、未来三个维度，展现古今中外对理想社会的探索、实验和构想。第一层为总序厅。第二层至第 15 层，为文本及文本的虚拟场景区，分别展示《礼记·礼运》中的小康社会和大同世界、老子的"小国寡民"、庄子的"至德之世"、列子的华胥国、陶渊明的"桃花源"、康有为"大同书"，以及柏拉图的"理想国"、莫尔的"乌托邦"、培根的"新大西岛"、康帕内拉的"太阳城"、安德里亚的"基督城"、哈林顿的"大洋国",等等。

第16层到第24层,为实验的虚拟场景区,主要有希波达摩斯的乌托邦、亚当主义乌托邦、马斯·莫尔的乌托邦、美洲印第安人的乌托邦、拉伯雷的乌托邦、夏巴泰·泽维的乌托邦、傅立叶的乌托邦、法朗吉实验、曙光城(黎明新村),等等。

最高层25层为未来共产主义区。顶层上是一个大型的俯瞰观测平台。

其实,每一层就是大球体,直径从60米到110米不等,比较神奇的是,人们穿上特制的鞋子和衣服后,进入每个球体,可以像在地面上走路一样,走到内球面的任意一个位置,几乎没有失重、不舒服的体感。

因此,这种体验是身临其境的,同时还可以参与其中,与虚拟人物对话。其中,最高的楼层,或者说最大的球体有两个:一个是第三层"大同世界",另一个是最顶层即第25层的"共产主义"。

孔子、马克思一行人,坐上建筑物一侧的电梯,先是到达第一层,看了"人类巅峰"的总体介绍:

国泰民安、政通人和、国强民富的理想社会,一直是古今中外人们的共同追求。不少有识、有志之士,要么通过手中的笔,用心用情描绘出心中理想社会的美好场景;要么付诸行动,去实验或建设一个理想中的社会。打造"人类巅峰"的初心是:利用当今最先进的思想理念、最前沿的科学技术,向大家最"真实"地呈现这些理想社会,让大家"身临其境"体验这些理想社会,以形成思想共识、价值共识、行动共识,来共同构建未来的理想社会。走向理想社会,从这里起步……

看完第一层后,一行人坐电梯来到第二层。第二层呈现的是《礼记·礼运》中的小康社会。大家一进来,首先看到门口墙壁上的一段话:

今大道既隐,天下为家。各亲其亲,各子其子,货力为己。大人世及以为礼,城郭沟池以为固,礼义以为纪,以正君臣,以笃父子,以睦兄弟，以和夫妇，以役制度，以立田里，以贤勇智，以功为己。故谋用是作，而兵由此起。禹、汤、文、武、成王、周公，由此其选也。此六君子者，未有不谨于礼者也。以著其义，以考其信，著有过，刑仁讲让，示民有常。如有不由此者，有势者去，众以为殃。是谓小康。

这段话，对孔子、孟子等人来说太熟悉不过了，对马克思、恩格斯等人来说也并不太陌生。看完后文字介绍后，大家抬头望去，整个是一个城郭的形象。最头顶区域是君王的宫殿，在朝堂上君王正和几个大臣议事；郊外农田里，几个农夫在收割稻子，并把打出的稻谷用牛车拉回自己家里；一个小院里，一位父亲模样的人在教小孩练习祭祀祖先之礼；城墙上，几位拿着刀枪的军士在巡逻……

孔子向马克思、恩格斯等人介绍道："这个'小康'城郭，还真的如实反映了当时人们的小康理想。你们认真看，就会从中发现以'礼义以为纪'而构筑的阶级秩序和社会关系，以'天下为家''货力为己'为特征的财产私有制，以"各亲其亲，各子其子"等基于血缘伦理的家庭赡养和社会帮扶制，以及'城郭沟池以为固''刑仁讲让，示民有常'等兵役制和刑罚体系，等等。"

马克思听了，无奈地摇头说道："我虽然看出了有人在议事、有人在劳动、有人在站岗，但我还不能看出他们背后体现的东西。"

孔子说道："这也没有关系，您只要知道这是'小康'社会即可。从历史渊源来说，'小康'一词源出《诗经》。《诗经·大雅》中有'民亦劳止，汔可小康'的诗句。但作为一种社会理想，在《礼记·礼运》中得到系统阐述，就是我们在门口看到的那段话。小康社会虽然是'大道既隐'之后的'天下为家'，但在仁、义、礼、信等道德规范下，再加上大力宣扬禹、汤、文王、武王、成王、周公等圣贤的作用，也是一种'退而求其次'的理想社会。"

党教授说道："孔老师推崇的'小康'思想，也是中国共产党人从'小康社会'到'全面建设小康社会'再到'全面建成小康社会'的思想理论渊源。2021 年，在中华大地上已经全面建成小康社会。现在，老百姓的日子越过越红火。"

孔子、马克思等人听后甚感欣慰，只有程思汉心中泛起一些嫉妒之意。

孔子、孟子、子贡、颜回、子路等人对"小康社会"看了又看，在马中哲等人的提醒下，才继续向上参观。

一行人乘坐电梯进入第三层"大同世界"，这个球状空间比第二层"小康社会"大了许多。

大家一进来，首先看到了门口墙壁上的一段话：

大道之行也，天下为公，选贤与能，讲信修睦。故人不独亲其亲，不独子其子，使老有所终，壮有所用，幼有所长，矜寡孤独废疾者皆有所养。男有分，女有归。货恶其弃于地也，不必藏于己；力恶其不出于身也，不必为己。是故谋闭不兴，盗窃乱贼而不作，故外户而不闭。是谓大同。

——《礼记·礼运》

孔子笑着对马克思说道："我们第一次在文庙见面时，我还给您背过这一段话呢。"

马克思也笑道："这段话太经典了，我印象很深刻。"

大家抬头望去，虽然看到的是简陋的房屋、简朴的服饰以及不是太丰富的各类物质，但却呈现出一种有序、和谐、合理的状态，人们的脸上也流露出满足、舒适、自由、平静的神态。

孔子感慨道："什么是'天下有道''天下为公'，这就是'天下有道''天下为公'。我心目中的理想社会，非此莫属。"

孟子、子路、子贡、颜回等人也十分兴奋，好像是见到了已经找了很久、以为找不到的"好宝贝"。

大家沿着球面往上走，看到了一幕幕动人的场景。

一群人正在推举村长，本来大家推举张三当村长，而张三说自己没有李四有才能，最后是更贤明的李四当了村长。李四当上村长，带领大家去修水渠，大家一呼而应。很快，一条水渠修好了，水从河道引到农田里。

两个年轻女子在路上边走边说话，其中一个说："王奶奶这两天身体不好，我们赶快去照看她吧。"另一个说："王奶奶的唯一的儿子去年得病去世了，我们就当她的女儿，让她吃不愁、穿不愁，安享晚年。"

每家每户都是大门不关、二门没锁。路人经过，看也不多看一眼……

马克思边走边对孔子说道："从表面上看，这个社会的生产技术落后，物质也较为匮乏，但是这种有房大家住、有饭大家吃、有衣大家穿、小孩大家带、老人大家养的公有制形态，值得大力推崇。这应该是私有制产生之前的社会景象。《礼记·礼运》关于大同世界的论述，虽有美化低水平的原始社会之嫌，但这样的社会的确让人羡慕、令人向往啊！"

孔子说道："我称其为'大道之行也'，并非赞美其社会的富足程度，而是取其'天下为公'的大境界、好风气。"

恩格斯禁不住赞道："在当时的生产力水平下，这真可称得上是人类历史上的黄金时代。在这里，没有人性的扭曲，没有人伦的异化，没有阶级的压迫，没有族类的歧视，可谓'天下为一家，四海皆兄弟'，就是原始的共产主义。"

孔子颇为感慨地说道："我推崇尧舜，其中一个原因就是认为尧舜之世即大同之世。'大哉尧之为君也！惟天为大，惟尧则之。荡荡乎！民无能名焉。巍巍乎！其有成功也，焕乎其有文章。''巍巍乎！舜、禹之有天下也，而不与焉。'我赞叹尧舜等古之圣王功绩崇高、建立的制度美好，给人民带来了实实在在的恩惠。"

马中哲看了大同世界后，也是感慨颇多，说道："老师对上古'大同'之世的憧憬，其实也意味着对人类理想社会的自觉设计与向往。这种社会理想，既不同于老子设计的民至老死不相往来、结绳而记的'小国寡民'社会，也不同于庄子幻想的不食五谷、吸风饮露的'无何有之乡'，更不同于释迦追求的断灭了一切人性现实要求的涅槃世界。它虽然在时代上属于遥远的上古，但它的精神、原则却可适用、运用于人类的未来。"

程思汉所在国家的历史比较短，而且建国的历史伴随着对原住民的疯狂屠杀，不但不美好，而且很血腥。看到"大同世界"的这一幕幕温馨的场景，心中又羡慕起具有 5000 多年文明史的中国人来。

王教授说道："孔老师的'大同'思想，具有深刻的文化意义和深远的历史影响。孟老师的'仁政'思想，以及近代洪秀全的'太平天国'主张、康有为的'大同世界'设想等，无不体现着'公平、公正、天下为公'的大同传统。革命先驱孙中山先生在《上李鸿章书》中，曾设想建设一个'人能尽其才，地能尽其利，物能尽其用，货能尽其畅'的理想社会，还说要致力于'孔子所希望的大同世界'。"

孟子听王教授说起自己的"仁政"思想，说道："我也曾设想过一个理想社会。"

五亩之宅，树之以桑，五十者可以衣帛矣。鸡豚狗彘之畜，无失其时，七十者可以食肉矣。百亩之田，勿夺其时，八口之家可以无饥矣。谨庠序之教，申之以孝悌之义，斑白者不负戴于道路矣。七十者衣帛食肉，黎民不饥不寒；然而不王者，未之有也。

"这何尝不是大同世界的另一种描绘呢？"孔子对孟子说道："您的这种描绘，也是对大同思想的进一步拓展啊！"

孔子生活的春秋时代末期，是一个臣弑君、子杀父、列国兼并、夷狄相残的大动荡时期，引发了包括孔子在内的有责任感、正义感的思想家的深刻反思，纷纷寻求、构设心目中理想的社会。孔子以怀古的方式憧憬未来，把古代社会加以美化、神化，构想出"小康"社会、"大同"社会。"小康"以西周为典型，也就是西周文武时代和夏、商、周三代的"盛世"景象，重礼乐之治，是孔子的近期目标。而"大同"则是以尧舜为代表的五帝时代，重道德之治，是孔子的最高理想。

阚拓看着"大同世界"，开始构思有关"理想社会"元宇宙游戏的剧

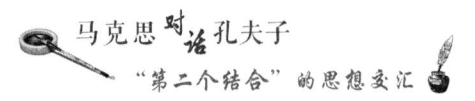

本。他兴奋地对马中哲说:"这里的场景,很多可以借用到游戏中。看来,我是来对了。"

第二节 "大一统" 的文化基因

一行人继续往前走,一个场景映入眼帘:山顶上正在修一座石头房子,很多人正在以"滚石"的方式往山上运石头。其中,有两个青年人一起往山上滚一块大石头,突然其中一人脚下一滑,整个人也跟着滑了下去。只剩下另一个人双手推着那块大石头,眼看着快要撑不住了,大石头随时可能滚落下来,豆大的汗珠从这个人的额角流下来。危急时刻,旁边一个小伙子迅速跑过来,用两只手共同撑在了开始慢慢下滚的大石头上,一场危机解除了。两个人一起把石头滚动到山顶后,其中一个拉着另一个的手说道:"真是感谢,真是感谢啊!"另一个摆摆手说道:"都是兄弟,何必言谢。"

子路带着憨笑对孔子说道:"老师,刚才那个人说'都是兄弟',这让我想起了您的弟子卜商说过一句话:'四海之内,皆兄弟也。'"

司马牛忧曰:"人皆有兄弟,我独亡。"子夏曰:"商闻之矣:死生有命,富贵有天。君子敬而无失,与人恭而有礼。四海之内,皆兄弟也——君子何患乎无兄弟也?"

"我觉得,'四海之内皆兄弟'这句话,既体现了老师以天下为一家的宏阔胸怀,也折射出您追求天下大同的宏大理想。"子路说道。

孔子用赞许的眼光看着子路,说道:"由说得对啊!'四海之内,皆兄弟也。'天下之大,到处都是好兄弟。如果大家之间没有这种兄弟般的感情,哪来的大同世界呢?"

恩格斯问道:"孔老师这里说的'四海',是个泛指的概念呢,还是真的有四海啊?我听说,中国早期《共产党宣言》的中译本,曾把最后一句话'全世界无产者联合起来'译为'四海之内皆兄弟'。"

"是啊!"李思通说道,"现在我们说的'四海',一般是指渤海、黄海、东海、南海。"

孔子答道:"我们那个时代的'四海',不是指真实的大海,而是指天下疆域的范围。《尚书·禹贡》中说:'东渐于海,西被于流沙,朔南暨,生教讫于四海。''生教'是指天子的教化。这段话说的是天子的教化,影响的范围非常广。《礼记·王制》中说:'西不尽流沙,南不尽衡山,东不尽东海,北不尽恒山。凡四海之内,断长补短,方三千里。'从这些话中,我们可以进一步理解到,'四海'实际上指的是当时周王朝疆域的范围。可见,'四海'的'海'字,有远、深、广的含义,也就是向四面八方拓展到包括夷、狄、戎、蛮四方异族的所有地方,这也反映出中国自古以来就有'大一统'思想。"

"'大一统'?这个词听起来很有气势、很有内涵。但它和您的大同思想有什么关系呢?"马克思有些好奇地问道。

"用现代人的话语体系说,'大一统'思想就是大同思想的政治基础和制度支撑。"孔子十分肯定地答道。

子贡说道:"'大一统'一词,最早见于《春秋公羊传》:'何言乎王正月?大一统也。'正所谓'溥天之下,莫非王土;率土之滨,莫非王臣'。但真正倡明'大一统'思想的却是我们老师。在《论语》中,我们常常看到'天下''四方''四海之内''远方''万方''他邦''诸夏''南人''远人'等词语,都反映出老师胸怀天下的境界和天下一统的追求。在《礼记·礼运》中,更是鲜明提出'以天下为一家,以中国为一人'。"

孟子说道:"老师这一思想为后世儒家所继承和发扬,成为儒家的重要思想之一。在此基础上,我还提出了'天无二日,民无二主'。"

王教授说道:"汉代大儒董仲舒则把'大一统'提到了'天地之常经,古今之通谊'的高度。"

程思汉心怀叵测地说道:"我在研究中国历史时发现一个现象,就是很多中国人特别儒家学者,有'尊王攘夷'的思想倾向,甚至把这个思想倾向的源头引向孔老师这里。这个'尊王攘夷'与'大一统'思想是否相互矛盾、格格不入呢？"

这个问题虽然有点恶毒，但也确实不能回避。《论语》有言："夷狄之有君，不如诸夏之亡也。"这里"亡"通"无"。文化落后国家虽然有个君主，还不如中国没有君主。"管仲相桓公，霸诸侯，一匡天下，民到于今受其赐。微管仲，吾其被发左衽矣。"这里"微"是假如、没有的意思。这句话是说，管仲辅助桓公称霸诸侯，使天下一切得到匡正，百姓到如今还受到他的好处。假如没有管仲，我们还披散着头发、衣襟向左边开，沦为落后民族了呢。孔子所著《春秋》，贯穿的一种基本精神就是"尊王攘夷"。

"听起来矛盾，事实上并不矛盾。"孔子回答道，"我这里的'尊王'，是维护一统天下的周天子的绝对权威，'礼乐征伐自天子出'，坚决反对诸侯的僭越行为。'攘夷'，是遏制夷狄外族的侵扰，坚决维护'诸夏'礼仪习俗的纯正性；而且'攘夷'并非完全排斥和遏制夷狄，其实含有对夷狄实行德化、教化的涵义。我曾把当时的'天下'划作三个圈，即鲁国、诸夏（中原诸国）和诸夏周边的夷狄部落。我所周游的诸侯国，既有姬姓国，如卫国、蔡国、曹国，也有先代遗民封国，如陈国、杞国、宋国，还有比较特殊的楚国，而后两类国家奉行的是'夷礼'。"

王教授补充道："后代儒者韩愈曾说：'孔子之作《春秋》也，诸侯用夷礼，则夷之；进于中国，则中国之。'孔老师作《春秋》的时候，凡是诸侯中采用夷礼的就把他看作夷人，夷人如果能够采用中原地区礼仪的，就把他看作是中原地区的诸侯。可见，孔老师不但懂周礼还知'夷礼'，对夷狄并不是拒斥的。"

"我之所以主张'尊王攘夷'，是针对当时诸侯崛起争霸、四周夷狄内侵中原、周天下权威日渐式微的情况下提出的，具有对其他异族文化的包容性、开放性的一面，其目的是维护周天子一统天下的局面和华夏文化的整体性。"

徐翔阳想起自己比较熟悉的一段来自《中庸》的话，说道："《中庸》有言：'是以声名洋溢于中国，施及蛮貊。舟车所至，人力所通，天之所覆，地之所载，日月所照，霜露所队（坠），凡有血气者，莫不尊亲，故曰配天。'这一论述也可以说是孔老师主张'大一统'思想的'硬核'注脚。"

孔子、马克思都赞许地看向了徐翔阳，他们心中都认为这小伙子有进步。

王教授说道："同时期及后儒的一些著述中，也从不同侧面阐明孔老师的这一思想。《春秋公羊传》说，孔老师写《春秋》，'所见异辞，所闻异辞，所传闻异辞'。西汉董仲舒进一步发展了这一学说，认为'《春秋》分十二世以为三等，有见有闻有传闻'。东汉经学家何休明确提出'三世'概念，他认为孔老师著《春秋》，是取春秋时期 242 年'著治法式'，将社会兴衰治乱分为三世：衰乱—升平—太平。根据公羊学派的'三世说'：'所传闻世'是'据乱世'，'内其国而外诸夏'；'所闻世'是'升平世'，'内诸夏而外夷狄'；'所见世'是'太平世'，正如梁启超所说的'天下远近大小若一，夷狄进至于爵'。"

"中国'大一统'思想真是源远流长、经久不息啊！"马克思赞道。

"需要说明的是，"李思通说道，"孔老师的'大一统'思想，对于形成中央统一的有权威的政权，对于促进华夏民族大团结，对于激励中华儿女维护民族独立、反抗外来侵略、实现民族自强，都发挥了重要作用。"

"是的。"党教授说道，"现在，中国还未完全统一，几十年来台湾一直孤悬海外，至今仍未回归。所以，'解决台湾问题、实现祖国完全统一，是党（中国共产党，作者注）矢志不渝的历史任务，是全体中华儿女的共同愿望，是实现中华民族伟大复兴的必然要求'[①]。"

程思汉两眼一转说道："解决台湾问题，关键要看台湾岛内的民意。"

党教授马上反驳道："必须由包括台湾 2300 万人民在内的 14 亿中国人民说了才算。"

李思通一看两人话中有火药味，劝解道："中国有'和为贵'传统，

---

① 《习近平著作选读》第一卷，人民出版社，2023 年，第 48 页。

两岸若能实现和平统一,那是再好不过了。"

"您这个'和为贵'倒提醒了我。"马中哲说道,"我认为,老师非常重视且大力倡导'和合'思想,而这个'和合'思想正是老师'大同'思想的价值基础和文化支撑。"

"中哲说得对。"孔子鼓励马中哲继续说下去。

"《周礼》一书中提到一个叫'媒氏'的低级官员,其职责是'和合使成婚姻',这里的'和合'有调和、促合的意思,同时也蕴含着喜庆、吉利、顺当的意思。《周易》有言:'乾道变化,各正性命,保合太和,乃利贞。首出庶物,万国咸宁。''保合太和'就是阴阳会合冲和之气,也就是阴阳二气不离、和谐的状态。'太和'就是最大的"和",是极致意义上的"和"。有了'保合太和',就可以促使万物繁庶、政通人和、天下太平了。"马中哲说道。

这时,歌声响起:"大同世界到底同不同,大道之行也天下为公,金发碧眼和黄皮肤会不会相同,如果懂得博爱的道理就会相同;大同世界到底同不同,科技之行也天下为公……"

孔子本来就是实力派的"歌唱家",对音乐、歌曲相当敏感,问道:"这首歌好像唱的是'大同世界'?歌词写得不错,曲子配得也不错。"

马中哲回答道:"这是一名台湾歌手作词作曲并演唱的歌,名字就叫《大同世界》。"

徐翔阳打趣道:"如果台湾极少数'台独'分子也有这首歌的境界,两岸可能早就和平统一了。"

"这首歌写得不错,唱得也不错,后面有时间马中哲把这首歌找给我,我也要好好学一学、唱一唱。"孔子说着,不自觉"和"唱起来:"大同世界到底同不同,同不同,同不同……"

众人见孔子这么高兴,也都十分高兴。颜回见孔子久久不愿离开"大同世界",就悄悄提醒孔子说:"老师,我们继续向上参观吧!"

孔子这才反应过来,有些不情愿地离开"大同世界"向上继续观览,还一步三回头地恋恋不舍。

第三节 无比美好的共产主义

从第四层到二十四层，大家看得比较快，感觉这些理想社会的设想和实践都非常好，只是有些太理想化、想当然了，实现的难度比较大。有些理想社会的实验，刚开始很成功，可是时间一长，弊病百生，难以维系，最终不了了之。对于这些理想社会的设想和实践，其中的利弊得失值得认真总结。

很快，大家来到了顶层——第 25 层："共产主义"。大家在门口墙壁上看到一段话：

共产主义的社会图景：①阶级消亡、国家消亡、民族消亡；②社会生产力高度发展，物质财富极大丰富；③社会成员共同占有全部生产资料；④城乡之间、工农之间、体力劳动与脑力劳动之间彻底消除差别；⑤各尽所能，按需分配；⑥人们的思想觉悟和道德品质极大提高；⑦人人实现自由而全面的发展。

——根据马克思、恩格斯相关论述概括提炼

孔子对马克思说道："您心目中的共产主义，从字面看起来就极美好、极理想啊！"

共产主义是马克思全部思想的目标取向。邓小平曾讲过："马克思主义的另一个名词就是共产主义。我们多年奋斗就是为了共产主义，我们的信念理想就是要搞共产主义。"[1] 这句话抓住了马克思主义的精髓。马克思心目中，共产主义是人类历史上最进步、最合理、最科学的社会制度，是人类最崇高、最伟大、最美好的社会理想。这一理想社会制度如若完全实现，就实现了无产阶级自身的最后解放，就实现了全人类的彻底解放。

---

① 《邓小平文选》第 3 卷，人民出版社，1993 年，第 137 页。

"我的全部理想、我的最高理想，就是实现共产主义。"马克思回答道。

大家抬头望去，看到的是一派现代、高端、智能，自由、有序、安定，充满生机、活力、灵气的场景。

马中哲对徐翔阳开玩笑道："你看这座城市'city 不 city'（这里的'city'指的是时髦、现代化，又指刺激、开心的感觉)?"

徐翔阳拍了一下马中哲，也笑着说道："那简直太'city'了!"

眼前的场景让大家心情更加愉悦，兴致更加高昂，一起信步向弧形球面走去。

只见几个人正在一个公园里散步，边走边聊。

程思汉向他们问道："请问一个问题。"

那些人很有礼貌地说道："请问。"

程思汉问道："你们现在的总统是谁啊?"

"总统。"其中一个人带有惊奇的神色说道，"我们从 3590 年起就没有总统了，总统这个词只有历史书、字典里才可以查到。"

"那你们这个国家叫什么名字?"徐翔阳问道。

这些人又是非常惊奇："国家早就消亡了，现在整个地球就是一个地球村。另外，我们在 260 多年前，已经运送了 20 多亿人到火星上去。如果非要取一个名字，应该叫地火村——地球火星联合村。"

"火星上能大规模送人上去吗?"马中哲又问道。

"我们的技术高度发达，人们不但住到了火星上，而且在银河系的边缘发现了几颗类地行星，已经在那里建立基地啦! 前几天，我还乘量子运输机去了一趟呢。"

孔子、马克思等人听完，无不暗暗称奇，继续向前走。

他们看到一个家庭里，一个家庭主妇模样的人在半空中点开一个对话窗口，很自然地说道："我需要五升牛奶、三斤牛肉、五种蔬菜各一斤、四种水果各半斤，还需要小孩的尿不湿两包。"男主人说道："我需要纸质版的《论语》和《共产党宣言》各一本。"说完一点，对话窗口消失了。

不一会儿，一架配送无人机，将这些东西放到了他家门口，家庭机器人又把这些东西分门别类地摆放到了厨房、育婴室和书房。

子贡向男主人问道："我看你们买东西都不付钱，难道说买东西不花钱吗？"

男主人笑着说道："我听说，用来买东西的货币已经消失几百年了。刚才您不是在门口的牌子上看到了吗？'各尽所能，按需分配'。您需要什么，只要说一声就有了。"

子贡笑着说道："在共产主义社会，看来我这个商人要失业了。"

"你们这是'按需分配'，也就是说衣来伸手、饭来张口。但是这样，会不会养懒汉、养'躺赢者'啊？"徐翔阳问道。

"什么是懒汉？什么是'躺赢者'？"男主人不解地问道。

"懒汉、躺赢者，大体是指那些只想吃饭、不愿意干活，只想成功、不愿意奋斗的人。"徐翔阳回答道。

"噢，我明白了。"男主人说道，"我要告诉您的是，我们的字典里，什么'偷懒''装病''占便宜''耍滑头''躺平''躺赢''佛系'等词语，早就消失几百年了。在大家的思想里，学习就是快乐，劳动就是享受，付出就是幸福。有劳动能力的人谁会不去参加劳动呢？"

众人一听，又是一阵啧啧称赞。

这时，大家看到一个人正在换衣服，他把一套简易宇航服脱掉后，换上一套看起来像农民的服装，而后开车到野外的田园去摘桃子，而后将桃子送到了水果基地。返回家中后，他吃了晚饭后，散了一会儿步后，到书房开始写作，大家凑近一看，他正在写《人类基因进化史》。

颜回对孔子说道："这里的人怎么这么'多能'啊？好像什么都能干，就像老师您一样。"

孔子谦逊地说道："这里的人，比我'多能'多了。"

那人听到后，对颜回说道："我们这里是能干什么干什么，想干什么干什么，即使一开始不会，很快就能学会了。"

孔子转身向马克思、恩格斯问道："马先生、恩格斯先生，这里的社会、这里的景象、这里的生活，是不是你们理想中的共产主义社会？"

马克思说道："是的，这就是我理想中的社会，是我最想要的社会。"

马克思第一次使用"共产主义"，是在他同恩格斯合著的《神圣家族》一书中。当时他是使用费尔巴哈的术语来阐述自己的辩证唯物主义的共产主义观点，把共产主义社会看作是私有制社会的客观矛盾发展所必然导致的结果。此后，在他的著作中有着关于共产主义的丰富的深刻的彻底的论述和论断。

马克思说道："我和恩格斯曾经设想，'在共产主义社会高级阶段，在迫使个人奴隶般地服从分工的情形已经消失，从而脑力劳动和体力劳动的对立也随之消失之后；在劳动已经不仅仅是谋生的手段，而且本身成了生活的第一需要之后；在随着个人的全面发展，他们的生产力也增长起来，而集体财富的一切源泉都充分涌流之后，——只有在那个时候，才能完全超出资产阶级权利的狭隘眼界，社会才能在自己的旗帜上写上：各尽所能，按需分配！'① 我们今天看到的这个社会景象，就是'各尽所能，按需分配'。"

孟子问道："我在光明山时，看了不少书，其中就曾看过您的《1844年经济学哲学手稿》。您在这本书里提出'历史之谜'，似乎还说共产主义是历史之谜的解答。这是怎么一回事呢？"

"共产主义是私有财产即人的自我异化的积极的扬弃，因而也是通过人并且为了人而对人的本质的真正占有。这种共产主义，作为完成了的自然主义，等于人道主义，而作为完成了的人道主义，等于自然主义，它是人和自然之间，人和人之间矛盾的真正解决，是存在和本质、对象化和自我确立、自由和必然、个体和类之间抗争的真正解决。它是历史之谜的解答，而且它知道自己就是这种解答'"② 马克思答道。

"原来是这么回事。"孟子说道。

恩格斯说道："我和马克思，根据我们所处的社会历史条件，对未来的共产主义进行了具体畅想，认为共产主义必须采取不同于以往国家的措

---

① 《马克思恩格斯文集》第 3 卷，人民出版社，2009 年，第 435—436 页。
② 《马克思恩格斯文集》第 1 卷，人民出版社，2009 年，第 185—186 页。

施。这些措施至少有十条：（1）剥夺地产，把地租用于国家支出；（2）征收高额累进税；（3）废除继承权；（4）没收一切流亡分子和叛乱分子的财产；（5）通过拥有国家资本和独享垄断权的国家银行，把信贷集中在国家手里；（6）把全部运输业集中在国家的手里；（7）按照总的计划增加国家工厂和生产工具，开垦荒地和改良土壤；（8）实行普遍劳动义务制，成立产业军，特别是在农业方面；（9）把农业和工业结合起来，促使城乡对立逐步消灭；（10）对所有儿童实行公共的和免费的教育，取消现在这种形式的儿童的工厂劳动，把教育同物质生产结合起来，等等。①"

孔子听后，感觉这些措施与他的大同世界设想，具有相通之处，但似乎感觉少了什么？又把这十条在头脑中过了一遍，感觉少了有关道德的内容，觉得不妥。"马先生、恩格斯先生，你们这十条，没有说全吧？"

恩格斯说道："说全了，就是这十条。"

"但我怎么感觉少了有关道德的内容啊？"孔子有些遗憾地问道。

程思汉在一旁"添油加醋"地说道："马先生曾明确表示共产主义要'废除宗教、道德'，好像还有提出'共产主义者不向人们提出道德要求'的主张，看起来似乎表达了一种'反道德'的立场。"

"程先生提出了一个非常好的问题。"恩格斯坚定地说道："首先，我要说的是，认为马克思持'反道德'立场的观点，是绝对错误的。在马克思的著作中，对'异化''剥削''奴役'进行了坚决的系统的批判，对共产主义美好生活进行了前瞻的充分的憧憬，这些都在一定程度上体现了马克思的道德关怀和道德诉求。"

"孔老师的大同世界，非常强调道德的力量。"马克思进一步解释道，"事实上，我也认为，共产主义不仅建立在生产力基础、物质基础之上，还必须建立在高尚的道德基础之上。是的，我曾说过：'共产主义不向人们提出道德上的要求，例如你们应该彼此相爱呀，不要做利己主义者呀等等；相反，他们清楚地知道，无论利己主义还是自我牺牲，都是一定条件

① 《马克思恩格斯文集》第 2 卷，人民出版社，2009 年，第 52—53 页。

下个人自我实现的一种必要形式。'① 事实上，我的这种批判，是对道德说教的批判，是对资本主义道德观的批判，并不是说共产主义不需要道德。"

党教授说道："我理解，马先生是认为，共产主义不作以利他主义反对利己主义这样的道德说教，而是极力寻找造成道德冲突的现实社会原因并极力消灭它。"这句话抓住了事物的本质。

徐翔阳认真琢磨后说道："马先生、恩格斯先生，我这样理解不知道对不对：在共产主义社会，已经达到'天下无贼'的境界了，因为已经没有不道德的人了，所以就不用强调道德了?"

"翔阳说得对啊!"马克思用赞赏的口气说道。

孔子、孟子等人似乎一下明白了，马克思不是"反道德"，而是共产主义社会根本不需要强调道德、提倡道德，大家都是具有高度道德观念的人。

阚拓敏锐地注意到程思汉的表现，突然之间灵光闪现，心想：在设计"理想社会"元宇宙游戏时，一定要多设计一些"搅局者"，这样玩起来才更刺激、更有悬念，人物形象也更丰满。

孔子、马克思等人漫步在共产主义，感觉这个社会真是太好了，好得让人感觉到有点不真实，事实上这个世界就是虚拟的。

孔子问道："共产主义实在是太好了，但是这样的社会恐怕一下子很难实现吧？如果需要过渡一下，那是一个什么样的社会呢？"

马克思一听笑道："关于这个问题，其实我和恩格斯早有考虑。您认为大同世界实现起来有难度，退而求其次，追求小康社会。我和恩格斯这里其实也一样，共产主义一下子实现不了，就从社会主义社会过渡一下。"

"什么是社会主义社会，社会主义社会是什么样子啊？"孔子问道。

"我和马克思认为，社会主义社会是从资本主义社会中产生出来的社会。"恩格斯回答道，"我们对社会主义社会的基本特征进行了描述和前

---

① 《马克思恩格斯全集》第3卷，人民出版社，1960年，第275页。

瞻。主要有五个重要特征。"

接下来，恩格斯说出每个特点，而马克思作出具体解释，把社会主义社会的"样子"简要描绘了出来。

恩格斯："一是生产资料公有。"

马克思："就是除了个人的消费资料，没有任何东西可以转为个人的财产。"

恩格斯："二是没有阶级差别。"

马克思："就是它（指平等的权利）不承认任何阶级差别，因为每个人都像其他人一样只是劳动者。"

恩格斯："三是实施按劳分配。"

马克思："就是每一个生产者，在作了各项扣除之后，从社会领回的，正好是他给予社会的。他所给予社会的，就是他个人的劳动量。例如，社会劳动日是由全部个人劳动小时构成的；各个生产者的个人劳动时间就是社会劳动日中他所提供的部分，就是他在社会劳动日中他的一份。他从社会领得一张凭证，证明他提供了多少劳动，他根据这张凭证从社会储存中领得一份耗费同等劳动量的消费资料。他以一种形式给予社会的劳动量，又以另一种形式领回来。"

恩格斯："四是商品等价交换。"

马克思："这里通行的是调节商品交换的同一原则。内容和形式都改变了，因为在改变了情况下，除了自己的劳动，谁都不能提供其他任何东西。至于消费资料在各个生产者之间的分配，那么这里通行的是商品等价物的交换中通行的同一原则，即一种形式的一定量劳动同另一种形式的同量劳动相交换。"

恩格斯："五是给予与劳动成比例的权利。"

马克思："生产者的权利是同他们提供的劳动成比例的；平等就在于以同一尺度即劳动来计量。所以就它的内容来讲，它像一切权利一样是一种不平等的权利。权利决不能超出社会的经济结构以及由经济结构制约的社会的文化发展。"①

马克思总结性地说道："从这些特征来看，社会主义比资本主义大大前进了一步，但不可避免地有一些需要改进和完善的地方。"

"听你们这么一说，社会主义社会其实也很不错。"孟子说道。

"马先生、恩格斯先生关于社会主义社会的设想很不错，而现实中的社会主义尤其是中国特色社会主义也是非常棒的。现在，我们已经进入中国特色社会主义新时代，继续保持世界第二大经济体的地位，广大人民群众的获得感幸福感安全感是很高的。"党教授颇为自豪地说道。

程思汉想了想，又把矛头对准马克思、恩格斯，说道："我研读马先生和恩格斯先生的文章，发现你们很少使用'社会主义'一词啊！"

"是的。"恩格斯回答道，"我和马克思在最初创立新学说和领导无产阶级运动时，大多使用'共产主义'这个名词，而不是'社会主义'。因为'在1847年，社会主义是资产阶级的运动，而共产主义则是无产阶级的运动'②。在《共产党宣言》中，我们旗帜鲜明批判了形形色色的社会主义。在此后的相当长时期里，我们更愿意把未来更高的社会形态称为'共产主义'。巴黎公社以后，欧美各国都形成了无产阶级的社会主义政党。为了与空想的社会主义和共产主义体系相区别，从1873年起我们开始用'社会主义'一词来称呼后资本主义社会。"

"是的。"马克思说道，"我在《哥达纲领批判》一书中，论述了共产主义社会发展的两个阶段，即'经过长久的阵痛刚刚从资本主义社会里产生出来的形态'——共产主义社会的第一阶段，和'在它自身基础上已经发展了的'阶段——共产主义社会的高级阶段③。这里的共产主义社会第一阶段，也就是我们一般说的社会主义社会阶段。"

"噢，我明白了。"程思汉说道，"您是说，社会主义是共产主义的初

---

① 《马克思恩格斯文集》第3卷，人民出版社，2009年，第434—435页。
② 《马克思恩格斯文集》第2卷，人民出版社，2009年，第14页。
③ 《马克思恩格斯文集》第3卷，人民出版社，2009年，第434—435页。

级阶段或者说第一阶级。这么说，社会主义也是共产主义啊？"

"也可以这么说吧。"马克思回答道，"其实，我们对社会主义的认识有一个不断发展和深化的过程。"

党教授说道："根据后人的研究，19 世纪 40 年代至 60 年代末，是马先生、恩格斯先生关于社会主义理论的创立时期。在这一时期，你们立足于唯物史观，对资本主义社会进行深入细致考察，深刻揭示资本主义生产方式内在的不可调和的根本矛盾，得出资本主义必然被社会主义所代替，并认为社会主义是资本主义高度发展的必然产物，还说这是'铁的必然性'。19 世纪 70 年代至 80 年代初，是你们关于社会主义理论的丰富、完善和发展时期。正是在这一时期，你们从人类社会发展一般规律和各民族发展道路特殊性的辩证统一的视角，提出东方社会有可能不通过资本主义的'卡夫丁峡谷'而直接过渡到社会主义的论断。"

"'卡夫丁峡谷'，什么是卡夫丁峡谷啊？"孔子好奇地问道。

马中哲告诉孔子道："'卡夫丁峡谷'是个典故，出自古罗马历史。公元前 321 年，萨姆尼特人在古罗马卡夫丁城附近的卡夫丁峡谷击败罗马军队，并迫使罗马战俘从峡谷中用长矛架起的形似城门的'牛轭'下通过，借以羞辱战败军队。后来，人们就以'卡夫丁峡谷'来比喻灾难性的历史或经历。这样'卡夫丁峡谷'成了'耻辱之谷'的代名词，并可以引申为人们在谋求发展时所遇到的极大困难和挑战。"

马克思说道："我这里所说的'卡夫丁峡谷'，是指资本主义生产过程中，因为私有制引发的经济危机，或者是处于经济危机中的资本主义生产的某些时期。"

"原来是这个意思。"孔子等人明白了。

"孔老师、孟老师，需要特别指出的是，"党教授说道，"马先生和恩格斯先生高度肯定中华文明对人类文明进步的贡献，科学预见了'中国社会主义'的出现，甚至为他们心中的新中国取了靓丽的名字——'中华共和国'。这真是科学预见、精准预测啊！就在 1949 年 10 月 1 日，新中国成立，全称是'中华人民共和国'。"

"马先生、恩格斯先生，你们真了不起啊！"孔子说着，向马克思、恩格斯竖起大拇指。

第四节　"世界历史"的开辟拓展

一行人继续向前走，走到一幢气势宏伟的建筑物前。大家一看，建筑物前摆着一块大石头，石头朝路的一面光滑平整，上面写着五个大字：历史博物馆。五个大字的下面，写着一排小字：区域历史、世界历史、地球火星联合村历史。

李思通看到"世界历史"四个字，眼前一亮，对众人说道："我有一个观点：孔老师提出的'大一统'思想，是实现大同世界的重要思想基础；而马先生的'世界历史'思想，也为马先生心目中的共产主义社会提供了重要理论支撑。不知道对不对？"

众人听后仔细一琢磨："大一统"，"世界历史"，二者在涵盖、规模、气象上还真有些相通之处。

马克思关于世界历史的思想，主要体现在《神圣家族》《德意志意识形态》《共产党宣言》等著述中，是马克思基于历史唯物主义对社会历史的客观规律与发展趋势的整体把握，指明了工人阶级和共产党人的时代方位和历史使命。

"也可以这么说吧。"马克思说道，"世界历史的建构，是基于历史唯物主义根基之上的世界普遍交往。近代以来，康德、黑格尔等思想家都对世界历史作出过有启示性的论述，但在本质上属于唯心史观，我对此作出鲜明的批判。'历史向世界历史的转变，不是自我意识、世界精神或者某个形而上学幽灵的某种纯粹的抽象行动，而是完全物质的、可以通过经验证明的行动，每一个过着实际生活的，需要吃、喝、穿的个人都可以证明这种行动。'[1] '各民族的原始封闭状态由于日益完善的生产方式、交往以

---

[1]《马克思恩格斯文集》第 1 卷，人民出版社，2009 年，第 541 页。

及因交往而自然形成的不同民族之间的分工消灭得越是彻底，历史也就越是成为世界历史。'[1]"

孟子听后感觉到，世界历史与共产主义好像距离有些远，遂问道："世界历史又和共产主义有什么关系呢？"

"世界历史的演进发展会导致共产主义现实运动。"党教授回答说道，"资本主义生产方式改变了世界历史的发展进程。资本主义进入19世纪40年代以来，随着工业革命的兴起、世界市场的建立、社会关系的变革，把一切封建的、宗法的和田园诗般的关系都破坏了，把一切民族'都卷到文明中来了'。特别是资本与市场的力量，不断破坏和摧毁那些阻碍商品流通、货币交换、市场扩张的限制，超越了一切宗教、政治、民族和语言的界限，这是因为'资本按其本性来说，力求超越一切空间界限'[2]。不仅如此，资产阶级由于开拓了世界市场，使一切国家的生产和消费都成为世界性的了。物质的生产是这样，精神的生产也是如此。"

"是的。"马中哲说道，"资产阶级属性的大工业力量，在全球建立了剩余价值榨取链条，在历史上曾起过非常革命的作用，塑造了全世界的相互交往和高度依赖，同时也使大工业本身的产物即无产阶级越来越强大、越来越团结。他们完全丧失人格尊严、处于绝对贫困之中，在理论武装和罢工斗争的影响和训练中，在思想上、政治上、组织上日益成熟起来，必然能够在大工业发展进程中消灭资产阶级、同时也消灭自身，从而完成自己的世界历史使命。"

经过解答，孔子、孟子等人初步认识了世界历史与共产主义的内在关系。

党教授说道："我通过研究发现，马先生关于世界历史的思想还含着丰富的社会共同体的政治主张。"

"是吗？说说看。"马克思说道。

---

[1]《马克思恩格斯文集》第1卷，人民出版社，2009年，第540—541页。
[2]《马克思恩格斯全集》第30卷，人民出版社，1995年，第521页。

"马先生认为，资本主义社会是'以物的依赖性'为基础的虚幻的社会共同体，而共产主义是真正的共同体。'只有在共同体中，个人才能获得全面发展其才能的手段，也就是说，只有在共同体中才可能有个人自由。在真正的共同体的条件下，各个人在自己的联合中并通过这种联合获得自己的自由。'① "党教授说道。

"'共同体'？应该就是大家坐在一条船上、团结起来一起干大事吧？"子路大大咧咧地问。

"这样理解有一定道理。"马克思答道，"资产阶级属性的世界历史，造成了压榨全世界无产阶级的世界资产阶级联盟，同时也造成了全世界普遍贫穷的无产阶级。各国工人的生活水平是相同的，他们的利益是相同的，他们的敌人也是相同的，那么他们就应当共同战斗，以全世界工人兄弟联盟来对抗世界资产阶级联盟。"

"所以才有'全世界无产者，联合起来！'② 的口号？这也是《共产党宣言》的结束语。"孔子说道。

恩格斯说道："'全世界无产者，联合起来！'这个口号，不但是《共产党宣言》的结束语，更是我和马克思经过冥思苦想、深思熟虑后提出来的。这个共产主义运动的政治口号，深刻指明了共产主义的力量支撑和实现形式。"

此时在马克思、恩格斯的脑海里，浮现出"全世界无产者，联合起来！"这个口号的提出过程。

1847年6月，在伦敦举行的共产主义者同盟第一次代表大会上，用了"全世界无产者，联合起来！"的新口号，代替原来的阶级观点比较模糊的"人人皆兄弟"的口号。

1848年，马克思和恩格斯郑重地把"全世界无产者，联合起来！"作为《共产党宣言》的结束语。恩格斯在德文版《共产党宣言》序言中写

① 《马克思恩格斯文集》第1卷，人民出版社，2009年，第571页。
② 《马克思恩格斯文集》第2卷，人民出版社，2009年，第66页。

道："'全世界无产阶级，联合起来！'当 42 年前我们在巴黎革命即无产阶级带着自己的要求参加的第一次革命的前夜向世界上发出这个号召时，响应者还是寥寥无几。可是，1864 年 9 月 28 日，大多数西欧国家中的无产者已经联合起来成为流芳百世的国际工人协会了。固然，国际本身只存在了九年，但它所创立的全世界的无产者永久的联合依然存在，并且比任何时候更加强固……今天的情景将会使全世界的资本家和地主看到：全世界的无产者现在真正联合起来了。"①

1864 年 11 月，国际工人协会中央委员会（总委员会）全体会议，一致通过了马克思起草的《成立宣言》和《临时章程》。在《成立宣言》中，马克思再次发出号召"全世界无产者，联合起来！"。

孔子说道："'全世界无产者，联合起来！'比起我的'四海之内皆兄弟'，立场更鲜明、指向更明确，也更有号召力、凝聚力、战斗性。"

党教授说道："是的，'全世界无产者，联合起来！'这一口号用'全世界'标定其国际性，充满着世界历史的蕴含。无产阶级必须抛弃狭隘的民族主义以及种族主义、地方主义，抛弃鲁迅说的'皮袍下的小'，真正打成一片、融为一体。这一口号用'无产者'标定其阶级性，彰显其鲜明的政治立场。不是像'人人皆兄弟'那样没有明确的阶级界限，而是包括不占有资本和生产资料、出卖劳动力给资本家的雇佣工人在内的所有无产者。这一口号用'联合起来'标定其革命性，显现出勇于斗争、善于斗争的属性。它号召全世界无产者联合起来，通过建立无产阶级政党、工会、合作社等组织，运用经济罢工、议会斗争、群众集会甚至武装斗争等进行坚持不懈的斗争。总的来说，这一口号充满着信仰力量、组织力量、旗帜力量、群众力量、团结力量、斗争力量，激励着全世界一批又一批无产者联合起来、不怕牺牲、英勇斗争，向着解放自己进而最后解放全人类的宏伟目标不断前进。"听到这里，大家都不由自主地鼓起掌来。

程思汉亲眼看到过他们国家发生的 18.5 万快递员罢工、7.5 万码头工

①《马克思恩格斯文集》第 2 卷，人民出版社，2009 年，第 21—22 页。

人罢工，亲身感受到团结起来的工人的力量是巨大的。他心想，如果全世界无产者真的联合起来，这股历史洪流的力量是任何力量也挡不住的。"看来，资产阶级政府、资本家们是到了深刻反思的时候了。不反思，不最大限度地缓和基本矛盾，说不定哪一天，真的要被赶下台了。"一想到这里，程思汉心中充满着消极、悲观甚至绝望。

第五节　"大同世界"等于"共产主义"吗？

大家继续在"共产主义"中穿行，看到一个人正在书桌前研究《周易》六十四卦。只见这个人，头发是周朝式样的发髻，戴着近代欧洲绅士常戴的金丝眼镜，穿着一件汉朝式样的长袍，长袍外还套着一件西装上衣，土不土、洋不洋、古不古、今不今，土洋结合、古今融合，却显得十分得体、协调。特别是那双眼睛炯炯有神，给人一种聪明睿智的感觉。

大家心中疑惑，共产主义社会的人还需要算卦吗？

子贡上前问那人道："请问，你们已经实现了共产主义，还用《周易》这样的书吗？"

那人一笑道："我们共产主义社会，人们想干啥就干啥，没有人会干涉的。我小时候就对中华优秀传统文化感兴趣，特别是对《周易》感兴趣。中国古代一些知识分子，在遭受磨难的时候'感悟《周易》'，而我是出于兴趣和喜爱研读《周易》。所以，经常拿出来看看。"

"有什么心得体会吗？"子贡又问道。

"体会可多了，特别是其中有两个卦，我感觉是特别好的卦，两个卦组合在一起，就更好啦！"那个人一脸严肃地说道。

"哪两个卦？"子贡不禁又问道。

"就是'大有'和'同人'二卦。"那人说道，"'大有'是从物质层面来讲的，就是物质极大丰富；'同人'是从精神层面来讲的，就是道德极大提升。二卦合在一起就是'大同'世界，就是共产主义。"

"您的研究还真是深入细致，您的见解也很独到啊！"子贡听后不觉赞叹。大家也觉得，这既是巧合，也是必然。

孔子认真地问那个人：“您觉得‘大同世界’与‘共产主义’是一回事吗？”

“‘大同世界’主要是以孔子为代表的儒家的理想社会主张，而‘共产主义’主要是马克思、恩格斯的理想社会主张。”大家一听，知道这个人不知道他们是孔子、马克思一行人，觉得这样挺好，可以不用有所顾忌。

那个人继续说道：“我通过研究发现，这是两个不同时代的智者贤者，为解决当时的现实社会问题而提出的两种社会理想模式。虽然在本质属性、依靠力量和实现途径等方面存在明显差异，但在思想境界、目标指向和价值追求等方面有很多契合之处。大同世界和共产主义都是没有压迫和剥削，没有异化，人与人之间、人与自然之间和谐相处的理想社会。”

党教授说道：“1840 年鸦片战争以来，特别是甲午战争之后，中国的先进知识分子之所以能够认同和接受马克思主义、追求和向往共产主义，与孔老先生大同思想根深蒂固的熏陶影响不无关系。中国共产党人曾用小康社会来对应社会主义社会，也从一个侧面印证了大同世界与共产主义的会通、相合之处。”

孟子问那人道：“请问您尊姓大名？”

那人回答道：“我叫未来智者。”

“您是日本人的后裔吗？”马中哲有点惊奇地问道。

“我是中国人的后裔。因为我崇拜世界有史以来的大智大慧之人，一直以来都在研究他们的思想，也想成为一名智者。所以，给自己取了‘未来智者’的名字。”

“您觉得大同世界与共产主义有哪些异同之处？”马克思问道。

“我觉得，二者异同之处至少体现在四个方面。”未来智者伸出四个手指。

众人一听都有了兴趣，都想知道这个未来智者会有什么高见。

“第一，大同世界是原始的共产主义，共产主义是未来的大同世界。为什么这么说呢？大同世界与共产主义这两种社会理想模式，相隔数千年、相距数千里，但二者却存在着许多惊人的相同、相似、相通、相融之处。我们至少可以说，大同世界中存在着与科学社会主义原则相类似的原始表达，存在着共产主义社会的胚胎因素、萌芽状态。比如，二者都崇公祛私、大公无私。"

王教授一听，马上接过话来，说道："未来先生说得对。大同世界的实现目标就是'天下为公'。'公'者，既有公家、大家、大众之意味，也有公平、公正、公开，资源公有、财货公用、权力公享，大公无私、先公后私、公而忘私等多重涵义。实现了这个'公'，就能达到'不独亲其亲，不独子其子''货恶其弃于地也，不必藏于己''谋闭不兴，盗窃乱贼而不作，故外户而不闭'的理想境界。"

党教授接着道："而共产主义的基石是公有制。公有制是相对于私有制而言，在这种制度下，生产资料不进行排他性占有，人们共同占有生产资料，共同进行劳动，共同占有产品，共享劳动成果。实现了公有制，就是'把资本变为公共的、属于社会全体成员的财产''生产工具将要公共使用''对所有儿童实行公共的和免费的教育'等。"

"说得好。可以看出，儒家思想和马克思主义都提倡集体主义，都主张天下为公。"未来智者说道，"再比如，二者都强调各尽其能、各得其需。"

"未来先生说得对。"李思通说道，"在大同世界里，'壮有所用''男有分，女有归''力恶其不出于身也，不必为己'。在共产主义社会里，'劳动已经不仅仅是谋生的手段，而且本身成了生活的第一需要'①。'根据共产主义原则组织起来的社会，将使自己的成员能够全面发挥他们的得到全面发展的才能'②。同时，在大同世界里，'老有所终''幼有所长''矜寡孤独废疾者皆有所养'等，与共产主义社会里的'按需分配'，具有高度的同一性。"

"说得不错。"未来智者说道，"又比如，二者都关注人性、体现理性。"

---

① 《马克思恩格斯文集》第 3 卷，人民出版社，2009 年，第 435 页。
② 《马克思恩格斯文集》第 1 卷，人民出版社，2009 年，第 689 页。

"未来先生说得是。"马中哲说道，"大同世界和共产主义社会，都是从现实生活实践中的人出发，围绕保障人的生存和发展、完善人的人格和尊严，而对人类理想生存空间所做的设计和构想，体现强烈的人性尊重和人文关怀。同时，二者虽是对理想社会的构想设计，但理性主义色彩浓厚。孔老先生不讲彼岸世界，不谈来生来世，而追求在现实世界里实现大同理想。马克思先生所关注的是资本主义社会所固有的矛盾以及彻底根除的方法，'这个自由王国只有建立在必然王国的基础上，才能繁荣起来'①。"

大家一听，觉得说得有道理。

"二者的第二个异同之处就是，"未来智者伸出两个手指，"大同世界是对尧舜之世的理想化改造，共产主义是对未来社会的理想化构想。孔子十分推崇尧舜，认为尧舜之世就是大同世界。其实，尧舜之世到底是什么样子，孔子也没有见到过，他只能根据以往的文字记载来推断尧舜时代的社会是什么样子。我们有理由做出这样的推测，在孔子眼中，他所生活的时代十分糟糕。于是，他就采用'复古'方法回溯到上古时代，发现尧舜之世非常好，就基于尧舜之世，以其为'模板'并进行美化、理想化，构想出一个理想的社会形态——大同世界。后世儒家对孔子大同世界作了进一步阐发，特别是王阳明在《传习录》中有这样一段话更具有代表性。"

说到这里，未来智者找出一本《传习录》，拿在手上，但没有打开，背出了下面一段话：

夫圣人之心，以天地万物为一体……其教之大端，则尧、舜、禹之相授受，所谓"道心惟微，惟精惟一，允执厥中"。而其节目由舜之命契，所谓"父子有亲，君臣有义，夫妇有别，长幼有序，朋友有信"五者而已。唐、虞、三代之世，教者惟以此为教，而学者惟以此为学。当是之时，人无异见，家无异习，安此者谓之圣，勉此者谓之贤，而背此者虽其启明如朱，亦谓之不肖。下至闾井、田野，农、工、商、贾之贱，莫不皆

---

① 《马克思恩格斯文集》第 7 卷，人民出版社，2009 年，第 929 页。

有是学，而惟以成其德行为务……当是之时，天下之人熙熙皞皞，皆相视如一家之亲。其才质之下者，则安其农、工、商、贾之分，各勤其业以相生相养，而无有乎希高慕外之心。其才能之异若皋、夔、稷、契者，则出而各效其能，或一家之务，或营其衣食，或通其有无，或备其器用，集谋并力，以求遂其仰事俯育之顾，惟恐当其事者之或怠而重己之累也。故稷勤其稼，而不耻其不知教，视契之善教，即己之善教也；夔司其乐，而不耻于不明礼，视夷之通礼，即己之通礼也……譬之一人之身，目视、耳听、手持、足行，以济一身之用。目不耻其无听，而耳之所涉，目必营焉；足不耻其无执，而手之所探，足必前焉；盖其元气充周，血脉条畅，是以痒痾呼吸，感触神应，有不言而喻之妙。①

　　未来智者说道："在这一段论述中，王阳明先生向我们描述了一个全社会上下如身使臂、如臂使指，各尽所能、各安其事的'三代之治'。在这个世界里，人人皆以成德为务，人与人之间没有高低贵贱、也从不希高慕外，都能够分别安于农、工、商、贾等本职工作，一些有特殊才能的人各自尽力从事于社会事务，没有人己、物我之分，人人都怀有万物一体的仁心。这是一个多么美好、和谐的世界啊！王阳明先生这段话是对尧舜之世的进一步具体描绘，也是对孔子大同世界思想的丰富和发展。"

　　徐翔阳心想，王阳明先生的这段话文采好、思想更好，写得太好、太美啦！回去之后，一定要把这本书找来读一读。

　　未来智者把书放回原位，转过身来接着说道："与孔子'复古'的方式不同，马克思则采取'前瞻'的方式来设计和构想未来社会。共产主义是什么样子？现实中没有实现，只能进行科学化、合理化的构想设计。"

　　程思汉看到了一个机会，迅速插话道："听您这么一说，马克思、恩格斯的共产主义是不是空想和'空中楼阁'呢？"

　　"当然不是。"未来智者断然说道。程思汉一听顿时泄气不少。

---

① ［明］王守仁：《王阳明全集》（上），上海古籍出版社，2011 年，第 61—62 页。

未来智者继续说道："马克思的崇高和伟大，就在于他致力于建设一个新社会、一个新世界即共产主义，并为共产主义构建了坚实的理论基础、实践基础、人性基础和力量基础等。马克思创立唯物史观和剩余价值学说'两个伟大发现'，论证了共产主义构想的科学性和真理性；深刻分析资本主义社会化大生产同生产资料私人占有之间的基本矛盾，揭示了社会主义、共产主义取代资本主义的历史必然；用人类的解放和人的自由而全面发展，诠释了共产主义社会是最符合人的本性的理想生活；将用科学理论和斗争实践武装起来的无产阶级推上历史舞台并赋予其历史使命，阐明了实现共产主义的依靠力量和现实可能。共产主义一经提出，便'在世界的一切文明语言中找到了拥护者'，变成了改造旧世界、创造新世界的巨大物质力量。"

大家听后，都觉得未来智者对共产主义的研究很深入、很系统。

程思汉心中不觉感叹：未来共产主义社会的人，距离我们这个时代已经好多年了；他们研究问题的立场、态度应该是公正的；他们得出的结论应该是科学的；看来，共产主义虽然遥远，但确实是大势所趋，一定能够实现啊！

"第三，大同世界看重道德力，共产主义强调生产力。"未来智者面无倦色，伸出三根手指，继续侃侃而谈。

"未来先生说得真对。"颜回说道，"不管是《礼记·礼运》中的'小康篇'还是'大同篇'，从中可以体悟出丰沛的道德力量：人人要有德行，如'人不独亲其亲，不独子其子'，'货恶其弃于地也，不必藏于己'等；社会要有德治，如'选贤与能，讲信修睦'，'老有所终，幼有所长，矜寡孤独废疾者，皆有所养'等。所谓大同世界，是一个天下为公、人人有德，人人敬老、人人爱幼，无处不均匀、无人不饱暖，友爱敦睦、平等博爱，没有压迫、没有斗争的世界。

徐翔阳说道："我这样说不知对不对。孔老先生所构想的大同世界是以道德为核心的，把道德拓展到社会生活的方方面面，推广到社会治理的方方面面，以善恶、义利、是非、荣辱之辨为标准规范个人的行动和治理者的行为。大同世界是一个道德的世界。孔老先生之所以这样做，一个重要原因，是他希望通过复兴周礼，以道德教化来彻底结束'礼崩乐坏'的乱世。"

李思通听后说道："翔阳跟了一路、学了一路，进步不小。你说得很对。"翔阳听后很是高兴。

马中哲说道："而马克思先生的共产主义社会，除了道德思想极大提升外，十分强调生产力的高度发达，以及在此基础上物质财富的极大丰富。只有这样，才能实现人的解放和自由而全面的发展，才能随自己的兴趣今天干这事，明天干那事。"

"是的。"未来智者说道，"马克思在这方面的论述有很多。"未来智者说着，熟练背出了马克思著作的三段原文，并稍作讲解。

生产力的这种发展之所以是绝对必需的实际前提，还因为如果没有这种发展，那就只会有贫穷、极端贫困的普遍化；而在极端贫困的情况下，必须重新开始争取必需品的斗争，全部陈腐污浊的东西又要死灰复燃。①

"这是说，共产主义革命的任务和目标之一就是发展生产力。"

作为价值增殖的狂热追求者，他（指资本家）肆无忌惮地迫使人类去为生产而生产，从而去发展社会生产力，去创造生产的物质条件；而只有这样的条件，才能为一个更高级的、以每一个个人的全面而自由的发展为基本原则的社会形式建立现实基础。②

"这里的'一个更高级的、以每一个个人的全面而自由的发展为基本原则的社会形式'，应该就是指共产主义。在资本主义社会，生产力的高度发展为共产主义奠定了物质基础。"

---

① 《马克思恩格斯文集》第1卷，人民出版社，2009年，第538页。
② 《马克思恩格斯文集》第5卷，人民出版社，2009年，第683页。

在共产主义社会高级阶段，随着个人的全面发展，他们的生产力也增长起来，而集体财富的一切源泉都充分涌流之后——只有在那个时候，才能完全超出资产阶级权利的狭隘眼界，社会才能在自己的旗帜上写上：各尽所能，按需分配！①

"'按需分配'是共产主义社会的标配，要实现'按需分配'需要的是生产力的高度增长和集体财富的充分涌流。"

子贡小声问马中哲道："这个未来智者，记忆力怎么这么好呢?"

"其实他不需要记忆，因为在他的身后，有一个庞大的知识支撑体系，也就是说人类有史以来的所有知识都可以送到他的大脑里。他只要有调动这些知识的意识，这些知识就会自动呈现出来了。不过，这些知识虽然能够自动呈现出来，但是理解、梳理、归纳、提炼甚至再创造，则要靠自己。"子贡听后感觉长了见识。

"第四，大同世界是限于局部的桃花源，共产主义是面向世界的地球村。"此时的未来智者又伸出四根手指。

"前面说过，孔子眼中的大同世界是尧舜之世。尧舜是唐尧和虞舜的并称，两人都是远古部落联盟的首领、传说中的圣明君主。《周易·系辞传》曰：'黄帝尧舜，垂衣裳而天下治。'《大学》云：'尧舜率天下以仁，而民从之。'《禹贡》有言：'冀州地，即尧舜之都。'《史记·五帝本纪》也有言：'舜冀州之人。'根据文字记载和考古发现，古冀州之所在，大约在西黄河和东黄河两翼之间，这是尧舜统治、管辖的地盘。就是说，以尧舜之世、尧舜之治为'模板'的大同世界，是限于古冀州这一地区的世外桃源，这是一个不太大的地方。而与孔子的大同世界不同的是，马克思的共产主义立足于世界历史、面向整个地球，是要形成一个涵盖每个地区、每个民族、每个人的地球村。也就是说，孔子大同世界与马克思的共产主义在地域上、涉及范围上有很大不同，相应地在规模和体量上、在系统性

---

① 《马克思恩格斯文集》第3卷，人民出版社，2009年，第435—436页。

和复杂性上也有很大不同。"

孔子听完后，深深地向未来智者鞠躬施礼，还说要拜他为师，感觉他太多知多能了。马克思上前想与他握手，结果一握，竟握空了。未来智者笑着说道："我只是一个智能化很高的虚拟人而已。"

大家你看看我、我看看你，都不觉大笑起来，继续向前走去。

未来智者望着他们远去的背影，面带微笑，心中说道："以前，都是在书中、在影视资料中看到孔子和马克思，今天能亲眼看到他们本人，感受他们的风度和神采，还真是名不虚传。我还会和他们相见的。"

在"共产主义"球体的上面，是一个大平台，安装了多台超广角、高精度望远镜。孔子、马克思一行人来到大平台，身处 2050 米的高度，用望远镜俯瞰远方。

大家看到的景象，到处繁荣昌盛，到处美丽如画，到处生机盎然，到处欣欣向荣。此时此刻，在孔子、孟子等人的头脑中，涌现出一句话：我们念兹在兹的大同世界正在变成现实；在马克思、恩格斯的头脑中，也涌现出一句话：我们毕生追求的共产主义正在实现。

他们看啊看啊，久久不愿离开，直到晚霞满天、明月初升。

"无限风光在险峰。""人类巅峰"为大家留下了久久不能磨灭的美好回忆。景色美处也是思想妙处，景色收眼底、智慧入脑中，理想美，现实也美，未来更美。

当晚，程思汉在日记中写道："不管承不承认、认不认同，共产主义是最美好的理想社会，全部社会形态都将归于共产主义社会；不管乐不乐意，服不服气，未来社会发展的方向在中国，实现共产主义的希望在东方。这段时间在中国访学，还需要尽可能多地了解中国的道路、中国的制度、中国的文化，了解马克思主义中国化时代化的历史进程和理论成果，争取从中找到一些'药方'，治一治那个已经病得不轻、还说自己没有病的资本主义。可是，只有把病根——私有制给挖了，才能真正治好病，否则……"

第九章

彼此契合　互相融通 ○○○

第一节　能够会通的思想体系

一连七天游学，大家感觉有些累了。孔子、马克思一行人决定休息两天再去游学。于是，子贡、李思通、马中哲他们在"人类巅峰"景区旁找了一幢经济实惠、环境优美的民宿，安排大家住下。

阚拓因为公司有事，就要先回去。走的时候他还说，"理想社会"元宇宙游戏已经构思好了。他回去后就和研发团队抓紧研发，尽快把这一款新游戏呈献给大家。

第二天刚吃过早饭，马中哲的手机铃声响起。他一看屏幕，并无号码显示，只是一连串的点点点。马中哲好生奇怪，从来没有见过这样的号码，本来不想接，但在第六感的驱使下接通了电话。

"请问哪位？"马中哲问道。

"我是未来智者，'人类巅峰'共产主义区域的虚拟人。"电话那头说道。

马中哲一听，很是激动："未来先生，您好！您怎么找到我的电话的？有什么事吗？"

"电话怎么找到的，我就不告诉你啦！我有一个研究成果，也是我多年一直研究的课题，最近结果出来了。我很兴奋，想把研究成果向孔子、孟子、马克思、恩格斯报告一下。能替我约个时间吗？"电话那头的声音显得有些激动。

"什么研究成果？能透露一下吗？"马中哲问道。

"是关于孔子和马克思、儒家思想和马克思主义的，具体细节我想当面报告一下。"未来智者说道。

"好的，我向老师和先生说一说，再回话给您。但我怎么联系您呢？"马中哲问道。

"您问完后，我就会打过来的。"未来智者答道。

"您怎么知道我有没有问完呢？"马中哲心生疑问。

"我会知道的。您要相信我的能力！"未来智者肯定地说道。

"好的。"马中哲答应下来。

他先向孔子、马克思等人作了汇报，大家都想知道是什么研究成果，就答应了。

马中哲向孔子和马克思汇报完后没多久，未来智者就打来电话，马中哲把消息告诉了他。未来智者爽快说道："知道了，十分感谢！那我们十点钟见面。"

这天风和日丽、温度适宜，约十点许，大家来到民宿楼顶的空旷处，围坐在一起。

突然，未来智者出现在大家面前。还是那样一身装束，还是那样一副神色。

众人看见未来智者后，既高兴又期待，一起站起来，相互问候、寒暄一番后转入正题。

马克思代表大家问道："未来先生，听说您有一个重要研究成果要宣布。不知是什么内容、什么结果？我们都翘首以盼啊！"

"十多年前，我的研究关注点聚焦到了人类思想史的演进上。看了许多人类历史上有名的思想家、哲学家，对人类的本质、本性是什么，人类的未来、前途在哪里，现实的问题、矛盾如何解决，人类发展进步的方案哪个最优等问题，作了一系列思考、设想、构思，想从中找出一个最完美、最理想、最优化的思想或主张。"未来智者认真地说道。

众人听后不觉惊叹。马中哲问道："未来先生，人类历史上的思想家、哲学家有很多，您要看多少书、下多大功夫啊？"

"其实，在共产主义社会，科技高度发达，几乎所有书籍、知识已经完全数字化，检索、梳理起来相对来说方便、快捷多了。"未来智者说道，"前几年我初步研究发现，仅靠某一个思想，达成这样的结果难度会大一些。有一天，我突发奇想，如果是'强强联合'，哪两种思想融合在一起，能够产生'化学反应'，爆发出更强的能量呢？"

李思通笑着说道："我觉得您的这一想法挺有意思，也挺有意义，可以冠一名称，叫作'未来智者之问'。"

大家一听"未来智者之问"，都觉得这个提法既有思想内涵、又十分高端大气。

马克思欣然说道："未来先生提出的这个问题，应该是一个重大理论和实践问题，冠之以'未来智者之问'也不为过。"

"随你们怎么说吧。"未来智者饶有兴致地讲道，"于是，我就把我的想法，上传到了'奇思妙想'平台。这个平台，是我们共产主义社会一个数字化的共同服务空间。一个好的'idea'（想法）提出来，就会有大量的人去共同研究。因为在共产主义社会，研究问题已经成为一种乐趣。虽然是当作一种乐趣，却有相当高的专业水准。"

"后来呢？"徐翔阳忍不住追问道。

"后来，一批具有人文社科背景的软件专家帮了大忙。他们设计了一个'思想之强强联合'软件系统。这个软件的设计思路是：把每种思想主张，按照时代背景、思想主旨、核心思想、具体思想观点、重要影响等28个大的方面、195个细分指标，进行条目化、指标化，通过一定的算法进行'强强联合'，最终找出哪两种思想'联合'在一起，产生的'化学反应'乃至'聚合反应'是最强的。"未来智者讲道。

马中哲与徐翔阳对视了一下，小声说道："现在的世界上还没有类似的软件。"

未来智者接着说道:"有了这个软件后,我就开始了'录入'工作。也就是把每种思想主张按照 28 个大的方面、195 个细分指标,一个一个录入软件系统,当然有的思想主张可能只有几十个细分指标。这项工作的任务量非常大,本来是可以发动大家一起干的,但考虑到这是一个重新学习的过程,也是一个需要统一标准、规范流程的工作,我就决定自己来做。我把有史以来比较有名、有影响的 655 种思想主张一个一个录入软件系统。"

"这可能需要很多时间吧?"孔子关切地问未来智者。

"是的,整整十年时间。前不久,我全部录入完成了。"未来智者对自己这项工作颇感自豪。

李思通说道:"您的这项壮举,也堪称'十年磨一剑'啊!"

"录入完成后,在软件系统辅助支撑下,结果很快就出来了。我一看,这个结果与孔子、孟子、马克思、恩格斯有关,就赶快来告诉你们。"未来智者又有些激动,好像是盼望已久的怀胎十月的孩子终于出生了。

"那么结果是什么呢?"大家关切地问,一个个都把心提到了嗓子眼。

这个时候,未来智者整了一整身上的西装,拍了拍长袍,又端正了一下鼻梁上的眼镜,一字一句、神色庄严地宣布:

"我的研究结果是,马克思主义基本原理与中华优秀传统文化是'强强联合'的优胜者;马克思主义基本原理与中华优秀传统文化相结合所产生的思想理论成果,为中国发展乃至人类发展指明了康庄大道,众心所向、前景光明、一路通途!"说着,未来智者还摆出了一个"pose"(姿势),把右臂高高举过头顶。

大家掌声一片。

"为什么我要把这个消息尽快告诉孔子和马克思等人呢?因为我知道,儒家思想是中华优秀传统文化的重要组成部分,孔子、孟子是中华优秀传统文化的代表人物,而马克思、恩格斯则是马克思主义的创始人。"说到这里,未来智者停顿了一下,把目光移到了马中哲身上。

"我为什么要通过马中哲来传达我要来的消息？因为马中哲既是马克思的秘书，也是孔子的弟子，是一个兼具马克思主义理论素养与中华优秀传统文化学养的有志青年。而青年代表了未来。"

大家都用羡慕的眼光看向马中哲。徐翔阳心中对马中哲充满了崇拜之情。

"以上就是我今天要说的全部的话。我的愿望已经实现，我的目标已经达成，我还要回去进行一项重要研究，要和大家说声再见了。就此告别，有机会再会！"

未来智者说完，眨眼之间不见了，真是来无踪、去无影。

本来，大家有好多话要对未来智者说，有好多事要问未来智者。但是未来智者走得太匆忙，大家都意犹未尽、怅然若失地站在原地。

本来，程思汉想问一下，还有没有其他思想也进入了"强强联合"排名靠前的位置，未来智者一点机会都没给他。

这时，马中哲的手机又响了，他一看屏幕，就知道是未来智者打来的。

"马中哲，我走得太匆忙了，忘记了向你们发出邀请。我希望你们有机会再去'人类巅峰'景区。不，我希望你们用最短的时间达到'人类巅峰'。"

说完电话挂断，声音消失了。未来共产主义社会的人，个性还挺鲜明。

马中哲给孔子、马克思等人说道："未来智者已经走了，我们还是坐下谈论吧。"一句话提醒了大家。

大家坐定后，孔子对马克思说道："马先生，未来智者告诉了我们这么一个消息，实际上也是给我们出了一个题目：为什么马克思主义基本原理与中华优秀传统文化是'强强联合'的优胜者？"

"确实是这么一回事。那我们就试着回答一下这个考题吧。"马克思说道。

李思通想了想说道："马克思主义、中华优秀传统文化，思想太博大、内容太丰富。我提议，还是从孔老师、马先生你们二位的思想入手，对这个问题作一回答吧。这样既具有代表性，又不至于太复杂。不知这个提议如何？"

孔子、马克思等人一想，这不失为一个好办法、一条捷径。

李思通说道："那好，我们就对孔老师与马先生的思想，进行一个系统全面的比较吧。"

黑格尔曾说过一句话："伟大的灵魂——哲学史上的英雄们的身体，他们在时间里的生活，诚然是一去不复返了，但他们的著作（他们的思想、原则）却并不随着他们而俱逝。"[①] 思想家随着时间的流逝离人们而去，但他们的思想却能够永久保存下来、流传开来，持续产生影响。

任何一种真正的哲学思想，大都是由概念、范畴构成的比较完整系统的理论体系，并且由于民族特性和历史时代的差异，在概念、范畴上又呈现出不同的民族特色和时代特征。

王教授说道："我先来说说孔老师的思想吧。孔老师的思想主要体现在《论语》，以及后学记录孔老师的言论中。我们可以通过阅读四书五经以及《孔子家语》《史记·孔子世家》等书籍，学习、了解、领悟孔老师的思想，并以现代视角对其进行系统化、条理化的归纳提炼，把一颗颗思想珍珠贯穿成体系完整的思想之链。我认为，孔老师的思想，以'己欲立而立人、己欲达而达人'为己任，以修齐治平、内圣外王为实践指向，深入思考天、地、阴、阳、性、命、礼、义、人、己、知、行等概念和范畴，又探寻天地、阴阳、性命、礼义、人己、知行等之间的平衡、互补和融合，是内涵丰富、睿智通达、用出世精神做入世事业的哲学思想，是旨趣高远、气度非凡、既'顶天'又'立地'的哲学思想，是历久弥新、经世致用、能'咨政'又能'育人'的哲学思想。"大家都说王教授概括得好。

李思通接着说道："中华民族的基本精神不能简单归为儒家精神，毫无疑问，儒家学说是对中华民族基本精神影响最大、最为久远的学说。[②]孔老师开创的儒家学说，长期以来在中国封建社会是统治者组织科举考试的主要依据，是知识分子晋身仕途的学问阶梯，长期在政治、思想、文化

---

① 《哲学史讲演录》第1卷，三联书店，1956年，第42页。

② 陈先达：《马克思主义和中国传统文化》，人民出版社，2015年，第81页。

领域处于主导性的统治地位。宋朝开国宰相赵普有'半部《论语》治天下'的说法，这个说法可能有些过了，但从中可以看出，孔老师的思想对治国理政的功用、对中国人的影响。"大家听后纷纷点头。

"两位教授说得很好。"马中哲说道，"我再补充一下：老师的思想中，内蕴着天人合一的宇宙观、大一统的国家观、与时偕行的发展观、自强不息的人生观、厚德载物的道德观、义高于利的价值观、天下大同的理想观等，从中可以探寻到古代中国经世致用的广博智慧，以及解决当代世界难题的重要启示。作为中国传统文化的鲜明符号和重要代表，孔子、儒家思想早已是了解中国传统文化、中国传统政治伦理思想的一个重要窗口，也是认识当今中国人精神世界历史来由的一个重要内容。"

三人的话虽然不长，但既抓住了要害，又有高度概括，都说到了关键处，说出了精彩内容。孔子却认为，对自己、对儒家思想评价太高了。

党教授多年以来一直深入研究马克思主义，他说道："马先生的著作卷帙浩繁、汗牛充栋，洋洋洒洒千百万言。马先生生前没有对自己的著作进行归纳整理，甚或浓缩成体系化的马克思哲学。后人依据马先生、恩格斯先生的著作，编辑形成《马克思主义基本原理》《马克思主义哲学》等书籍，为学习掌握马克思主义提供了重要参考、重要教材。我们在掌握马克思主义基本原理的基础上，再去读原著、学原文特别研读经典篇目，原汁原味感悟马先生的思想观点和学说体系，有助于我们知其一更知其二、知其然更知其所以然，知晓每个基本原理提出的时代背景、进行的理论批判和论战、涵盖的丰富内涵和实践指向等。"这一番话不算太长，却道出了党教授学习研究马克思主义的心得。

李思通接着说道："马克思主义立足于对所处时代和世界的深入考察，以无产阶级和人类解放作为主题，以新的政治经济学和辩证唯物主义、历史唯物主义、科学社会主义为主要内容，以唯物史观和剩余价值学说为鲜明标志，以科学的实践观为基础，深刻揭示人类历史发展的规律，揭示资本主义运行的特殊规律，并进一步深入揭示资本主义必然灭亡、社会主义必然胜利的人类社会发展大势。我们在学习中感到，马先生的思想内蕴着解释世界和改变世界的理论力量、实践力量，为正确认识和处理个人与社会、自由与必然、理想与现实、有限与无限等内在辩证关系提供了科学世界观和方法论。"

"两位教授概括非常好。"马中哲说道，"我补充一下：先生是马克思主义的主要缔造者、奠基者，他给我们留下的最有价值、最具影响力的精神财富是以他名字命名的科学理论——马克思主义，这是发展着的马克思主义的思想源头、创新源泉。"

"是的。"党教授说道，"马克思主义是中国共产党人的精神旗帜、社会主义中国的指导思想。中国共产党诞生后，中国共产党人把马克思主义基本原理同中国革命、建设和改革的具体实际结合起来，同中华优秀传统文化结合起来，坚持和运用辩证唯物主义和历史唯物主义的世界观、方法论，特别是以马克思主义的实践观、群众观、阶级观、发展观、矛盾观等为指导，团结带领人民经过长期不懈奋斗，取得了中国革命、建设和改革的一个又一个胜利，实现了由站起来、富起来到强起来的伟大飞跃。马克思主义影响了一代又一代中国共产党人，在中国大地上镌刻了永不磨灭的历史印记。"

马中哲说道："尤其需要指出的是，中国共产党人推进马克思主义中国化时代化的根本途径是'两个结合'，即把马克思主义基本原理同中国具体实际、同中华优秀传统文化相结合。习近平新时代中国特色社会主义思想是"两个结合"的光辉典范，不仅坚持马克思主义基本原理，着眼于解决新时代改革开放和社会主义现代化建设的实际问题，而且从中华五千多年文明的积淀中汲取哲学思想、人文精神、道德价值、历史智慧，"是当代中国马克思主义、二十一世纪马克思主义，是中华文化和中国精神的时代精华，实现了马克思主义中国化时代化新的飞跃"[1]。

两个人的话在大家思想中引发共鸣，马克思、恩格斯听后也很欣慰。

---

[1] 中共中央宣传部编：《习近平新时代中国特色社会主义思想学习纲要（2023年版）》，学习出版社、人民出版社，2023年，第1—2页。

马中哲说道：“上面大家讲的，是从总体上对老师的思想与先生的思想进行比较，结合这一段与老师、先生近距离接触学习，让我们对老师的思想和先生的思想以及二者的关系有了更为全面系统的了解。我认为，还可以在此基础上进行具体深入的比较。”接下来，马中哲作了以下具体分析比较：

总的来说，孔子和马克思都是具有大胸怀、大境界、大智慧、大追求的思想家、哲学家，他们都对宇宙、自然、社会和人生最普遍的原则进行了探讨，并以不同的语言和方式形成了自己的一套认识和把握世界的思想理论体系。这是人类思想史的两座高峰。

在社会理想上，大同世界可看作是古代的、生产力相对落后的共产主义，共产主义可看作是未来的、生产力高度发达的大同世界。

在思想方法上，从“阴阳辩证法”到“概念辩证法”再到“唯物辩证法”，这是一个否定之否定的“三一”进行式，结果是马克思的唯物辩证法更接近于中国的阴阳辩证法——当然，它是在更高层次和更高势位上的接近。①

在认知世界的方式上，孔子的知行观与马克思的科学实践观，实质上是不同时代的认识论的不同表达和呈现，孔子的知行观为马克思主义实践观的中国化提供了丰厚土壤和坚实基础。

在对人民群众的立场和态度上，他们都看重人民群众的地位作用，都有一颗悲天悯人、普济众生的心，想救民于贫穷与压迫、水火和苦难之中，并提出了许多比较切实可行的思路想法。

他们都强调模范者、先进者的表率带动作用，孔子重视“士”“君子”“圣人”的示范引领作用，马克思则强调保持和发扬无产阶级政党的先进性纯洁性。

……

① 张允熠：《中国文化与马克思主义》，人民出版社，2015 年，第 380—381 页。

"老师与先生的思想有许多相同、相通之处，这是不同思想、不同智慧之间进行对话、会通或"结合"的前提和基础。"

马中哲这番话，言之凿凿，让人信服。

李思通说道："当然，由于时代背景、生产方式、阶级立场、文化渊源等方面的迥然不同，孔老师与马先生的思想也必然存在诸多相异之处。"李思通接下来作出如下比较分析：

总的来说，孔子的思想是研究探讨人生问题、道德问题为主的人生伦理型哲学，蕴含着丰富的仁政主张、人文精神、教化思想、道德理念等。马克思的思想是以认识世界和改造世界为目的的实践型哲学，蕴含着辩证思维、革命主张、实践特点、科学理性等。

二者的世界观不尽相同。孔子的世界观可称之为朴素的唯物主义，但其中也带有天命论的色彩；马克思的世界观是科学实践观基础之上的辩证唯物主义和历史唯物主义，这在当时是一种"新世界观"，也是科学的理论化、系统化的世界观。

二者的阶级立场不同。孔子自己是统治阶层中的一员，是站在封建统治阶级的立场上的，当然其中也带有浓厚的民本思想，或者说他是站在君主立场上为人民大众服务的；马克思则公开申明他的哲学是服务于无产阶级和人民群众批判旧世界、创造新世界的解放事业，体现出鲜明的阶级性、人民性。

二者要处理的社会关系有差异。儒学要处理的是等级关系，这是一种以宗法制度为基础、以血缘为纽带、以家庭为细胞的人与人的关系，是同一社会内部的君臣、父子、夫妇、兄弟、朋友关系即五伦关系，处理方法是正名；马克思主义要处理的是阶级关系，立足点是阶级、阶级关系和阶级斗争。[1]

二者的研究指向不同。孔子主要探究的是以格致诚正、修齐治平为门

---

[1] 陈先达：《马克思主义和中国传统文化》，人民出版社，2015年，第8页。

径，以达到修己安人、内圣外王的目标，从而构建人们"安身立命"的精神坐标；马克思主要研究的是人类社会历史运动的规律及其作用方式，把实现无产阶级和人类的彻底解放作为根本价值追求和历史使命，最终目标是实现共产主义。

……

"而这些相异点，正好凸显了二者对话、会通或'相结合'的必要性和领域的广阔性。"李思通这番话，理性客观，说服力强。

"是的。"马中哲补充道，"儒学倡导中庸与协调，马克思主义坚持原则和斗争；儒学主张改良与和平，马克思主义重视革命的暴力；儒学轻视体力劳动，而马克思主义认为劳动创造了人本身……这些相异之处正是马克思主义与儒学本质差异的不同形式的表现，同时差异也是二者结合的最佳互补点。①"

第二节　被人误解的儒家思想

这时，程思汉说话了，他说出一番让人刮目相看的见解，其中可能有"旁观者清"的因素。

"下面，是我的一点浅薄之见，不对的地方请大家指正。受近代以来西学东渐特别是新文化运动的影响，不少人会觉得，马克思主义是高于、优于、强于儒家思想的。我认为，这种认识是片面的、不科学的。"

马克思听后说道："我觉得程先生说得对。"

孔子也说道："请程先生说一说理由。"

"好的。"程思汉说道，"哲学是在思想中所把握的时代，人类的生产方式决定着人对世界以及人与世界关系的总体性把握，生产方式的发展从根本上决定着哲学的发展。"

---

① 张允熠：《中国文化与马克思主义》，人民出版社，2015年，第82页。

"程先生说得对。"马克思说道,"每个原理都有其出现的时代。例如,权威原理出现在 11 世纪,个人主义原理出现在 18 世纪。为什么该原理出现在 11 世纪或者 18 世纪,而不出现在其他某一世纪,我们就必然要仔细研究一下:11 世纪的人们是怎样的,18 世纪的人们是怎样的,他们各自的需要、他们的生产力、生产方式以及生产中使用的原料是怎样的;最后,由这一切生存条件所产生的人与人之间的关系是怎样的。"①

"是这样的。"程思汉说道,"由于受到当时人们的认识水平、时代条件、社会制度的制约和影响,孔老师创立了儒家学说固然有它的时代局限性和阶级局限性,因而也不可避免地会存在陈旧过时或已成为糟粕性的东西,但它仍然那个时代思想文化发展的高峰,是中国传统文化的瑰宝。同样的,马先生也不可能预见到他逝世以后共产主义运动的形态和路径,马克思主义也不可能包括马先生逝世以后所有马克思主义的发展的内容。但这并不会影响马先生的伟大、马克思主义的科学性真理性。"

程思汉这一番见解,大家觉得比较客观、不无道理。

鸦片战争后,中国面对西方列强落后挨打,国家蒙辱、人民蒙难、文明蒙尘。在深刻反思中,有人陷入历史虚无主义、文化虚无主义,把中国积贫积弱的原因完全归结为中华传统文化,特别是儒家思想的落后和局限,出现了文化自卑自弃心理,对中国传统文化特别是儒家思想采取全盘否定的态度。

程思汉继续说道:"文明没有高低优劣之别。人类思想文化的多样性是世界文明的基本特征,也是人类进步的源泉。孔老师与马先生的思想都扎根于自己的生存土壤,凝聚着自己国家、民族的非凡智慧和精神追求,形成了从世界观到方法论、从历史观到价值观、从实践观到认识论等方方面面的特色和差异,这是自然而然的,也是值得尊重的。这种文化上的差异,只是文化特性与呈现形式的不同,而不是以什么标准评判出的文化上的高与低、优与劣、先进与落后。特别是应该看到,孔老师的思想属于封

---

① 《马克思恩格斯文集》第 1 卷,人民出版社,2009 年,第 607—608 页。

建时代的文化，但不能说它就是文化糟粕。"

"我觉得程先生说的是公道话。"致力于研究中国传统文化包括儒家思想的王教授说道，"我们应该运用辩证唯物主义和历史唯物主义的观点，来分析中国传统文化包括儒家思想，从中看到和吸收合理的、正确的、适合当下的思想营养。毛泽东强调，要区分封建主义文化和封建时代的文化，封建主义还处在发生和发展的时候，它有很多东西还是不错的[①]。针对关于'孔孟之道是中国文化的不良传统'这个观点，毛泽东还说：'剥削阶级当还能代表群众的时候，能够说出若干真理，如孔子、苏格拉底、资产阶级，这样的看法才是历史的看法。''孔孟有一部分真理，全部否定是非历史的看法。'[②]"

徐翔阳曾看到网上流传的一种观点，问道："有人认为，近代以来，中国之所以落后挨打，一个重要原因是文化的落后特别是儒家思想的影响制约。这种观点应该是不对的或者说不全面的吧？"

"这个问题问得好！"王教授说道，"我认为，不能简单地把近代以来中国落后挨打，归咎于文化的落后特别是儒家思想的制约。为什么呢？我们一起来看看。"

纵观孔子的时代，世界各地或处于原始野蛮之中，或处于宗教蒙昧之中，希腊哲学虽已开始产生，但是它的辐射面仅限于爱琴海的狭隘岛国。而以孔子思想为代表的中华文明领先于世界文明，这是以孔子为代表的思想家对世界文明的突出贡献。

"有一个名叫利玛窦的传教士，他于 1579 年到达中国，在中国生活了27 年。1687 年，他将《论语》翻译成了拉丁文在法国巴黎出版，以后便有法文、英文版的《论语》在西方流传。孔子及儒家思想传入后，迅即在欧洲形成了百年的'中国文化热'，孔子的思想令不少西方思想家'着迷'。"王教授继续说道。

---

① 《毛泽东文集》第 8 卷，人民出版社，1999 年，第 225 页。
② 《毛泽东文集》第 3 卷，人民出版社，1999 年，第 84 页。

"我曾系统阅读过法国启蒙运动领袖和导师伏尔泰的书。他在书中极力推崇孔子，大力赞颂中华文化，尤其是儒家思想的价值意义，认为中国文人的宗教（指儒家）是令人钦佩的。他们没有任何迷信和荒谬的传说，也没有侮辱理性和曲解自然。他更认为，儒学是最好最合乎人类理性的哲学，中国是理想国，提倡以中国文化为标准，向往中国的理性道德。"程思汉说道。

"美国汉学家顾立雅在他的《孔子与中国之道》一书中曾说：'在欧洲，在以法国大革命为背景的民主理想的发展中，孔子哲学起了相当重要的作用。通过法国思想，它又间接地影响了美国民主的发展。'我们也可以这样说，欧洲文艺复兴其实有'偷师'孔子思想和中华文明的因素。"李思通说道。

"西方一些学者喜欢编一些'历史上最具影响的一百人''十大思想家和文化名人'之类的书，从他们评出的思想家看，孔老师大都位列其中、名列前茅。"徐翔阳说道。

"前一段时间，我在光明山巅，曾与莱布尼茨、康德、黑格尔等西方思想家交流，他们也是这么说的。他们还从传入西方的中国文化中吸取了许多思想营养，为他们创立新思想、开创新学说提供了深刻启示。"孔子说道。

"是的。"王教授说道，"但到了清朝中期以后，中国开始落后、落伍了。在西方列强洋枪洋炮、坚船利炮之下，中国屡遭侵略、割地赔款、丧权辱国、国将不国、民不聊生。分析当时中国落后挨打的原因，既有政治因素也有军事因素，既有经济因素也有深层次的文化因素。我认为，最重要的还是政治原因，是政治腐败、贪污成性，军备废弛、文恬武嬉，维新失败、变法不力。如果清廷政治清明、朝野一心，文官不贪财、武官不惜命，也不会出现几千英军打败二三十万清军的奇闻怪事，也不会出现不平等条约一份接着一份签、赔款割地越来越多的惨痛局面。"说到这里，王教授和大家一样都十分"扎心"。

"我们不禁要问，"王教授继续说道，"同样是封建社会，同样是中国传统文化特别是儒家思想占据主流意识形态，为什么会出现汉朝的文景之治、唐朝的开元盛世、明朝的仁宣之治、清初的康乾盛世？从文化视角上去找寻、去剖析近代以来中国落后挨打的原因，是必要的、必须的。毕竟中国传统文化或者说儒家思想、孔子的思想，具有维旧制、强等级、重道轻器等历史局限，从一定意义上讲也阻碍了中国近代化、现代化的主动性和进取性。但是，不能简单地把根本原因或主要原因归咎于文化的落后，不能把原本由于政治和人为因素造成的落后当作是文化落后，更不能说'孔子成为中国发展的阻碍'。"

孔子站起身对大家连连作揖："没有想到，大家有这样的高见识！特别是程先生有这样的高风格！"

马中哲说道："2014年9月24日，纪念孔子诞辰2565周年国际学术研讨会暨国际儒学联合会第五届会员大会隆重开幕。习近平总书记在重要讲话中指出：'孔子创立的儒家学说以及在此基础上发展起来的儒家思想，对中华文明产生了深刻影响，是中国传统文化的重要组成部分。儒家思想同中华民族形成和发展过程中所产生的其他思想文化一道，记载了中华民族自古以来在建设家园的奋斗中开展的精神活动、进行的理性思维、创造的文化成果，反映了中华民族的精神追求，是中华民族生生不息、发展壮大的重要滋养。中华文明，不仅对中国发展产生了深刻影响，而且对人类文明进步作出了重大贡献。'[①] 从这段重要论述中可以看出，老师、儒家思想在中国传统文化、在中华文明、在人类文明中的地位作用、理论贡献和实践价值。"

"的确是这样。"党教授说道，"我们还应该看到，建设社会主义先进文化，要旗帜鲜明地以马克思主义为指导，但也不能脱离包括儒家思想在内的中国传统文化这个文化源头和母体。当代中国社会主义先进文化建设面对两个传统，其中之一就是以儒家思想为主导的文化传统。对这个文化

---

① 习近平：《在纪念孔子诞辰2565周年国际学术研讨会暨国际儒学联合会第五届会员大会开幕会上的讲话》，《人民日报》2014年9月25日第2版。

传统，应该取其精华、去其糟粕，进行创造性转化、创新性发展，变为与社会主义相适应、与中华民族伟大复兴相适应的当代中国文化。"

孔子听到这里，又站起身一阵作揖拜谢，心中充满着欣慰和感激之情。

第三节　真理和道义的制高点

这时，程思汉提出疑问："前面的讨论很深入、很活跃，但好像还没有真正回答未来智者得出的结论，也就是为什么说'马克思主义基本原理＋中华优秀传统文化'是'强强联合'？"

其实对于这个问题，李思通、王教授、党教授、马中哲等人已经有所思考，经程思汉直截了当提出，几个人头脑中迅速形成了解答思路。

"程先生这个问题，可谓一语击中要害。"马中哲年轻气盛，率先说道，"为什么说'马克思主义基本原理＋中华优秀传统文化'是'强强联合'？对于这个问题的回答，我们还是要聚焦到老师的思想和先生的思想上来。如果用一句话来回答，那就是老师的思想、先生的思想充满着智慧——治国理政智慧、人类生存发展智慧以及人生智慧。特别是先生的思想，揭示了人类社会发展规律，为全人类的前途和命运指明了根本方向、提供了前进路径。这是其他思想、主义所不能比拟的。"

"你的回答没有错，但不免笼统了一些。"程思汉心犹不甘地说道。

"如果具体来回答，也并不困难。"马中哲昂然说道，"我觉得，老师和先生是真理和道义——至少是他们各自的时代所能认识和达到的真理和道义——的化身，他们的思想是占据着真理和道义——至少是他们各自的时代所能认识和达到的真理和道义——的制高点。"

大家一听，都更想知其然和知其所以然。

"还真是这样的。"王教授说道，"孔老师诞生于2500多年前，儒家思想形成也已2500多年，孔老师的名字一直与'大圣人'的称号连在一起，'己所不欲，勿施于人'至今镌刻在联合国大厦前，'大同世界'仍是世人所向往和追求的目标。'世界上一些有识之士认为，包括儒家思想在内的中国优秀传统文化中蕴藏着解决当代人类面临的难题的重要启示'①。"

"而马先生诞生于 200 多年前，马先生和恩格斯先生开创的马克思主义，是凝结着科学和实践智慧、公开宣称为全世界无产阶级和人类利益服务的思想体系，至今依然闪烁着真理的光芒，共产主义仍然是真理和道义结合的最高追求。'无论时代如何变迁、科学如何进步，马克思主义依然显示出科学思想的伟力，依然占据着真理和道义的制高点。'② 而且，科学社会主义在中国的伟大实践，已经证明并将继续证明马克思主义的科学性、真理性。"党教授说道。

十月革命一声炮响，给中国送了马克思列宁主义。从中国共产党"建党伟业"，到中国人民解放军"建军大业"，再到中华人民共和国"建国大业"；从实现了中华民族从"东亚病夫"到站起来的伟大飞跃，到实现了中华民族从站起来到富起来的伟大飞跃，再到迎来了从富起来到强起来的伟大飞跃，马克思主义为中国革命、建设、改革提供了强大思想武器，使中国这个古老的东方大国创造了人类历史上前所未有的发展奇迹。它的科学性和真理性、人民性和实践性、开放性和时代性在中国得到了充分检验、充分贯彻、充分彰显。

"中国共产党为什么能，中国特色社会主义为什么好，归根到底是马克思主义行，是中国化时代化的马克思主义行。"③ 党教授自信而坚定地说道。

程思汉听到这里，心中有点不以为然，觉得这一理由虽然很充分，但

---

① 习近平：《在纪念孔子诞辰 2565 周年国际学术研讨会暨国际儒学联合会第五届会员大会开幕会上的讲话》，《人民日报》2014 年 9 月 25 日第 2 版。

② 习近平：《在哲学社会科学工作座谈会上的讲话》，《人民日报》2016 年 5 月 19 日第 2 版。

③ 中共中央宣传部编：《习近平新时代中国特色社会主义思想学习纲要（2023 年版）》，学习出版社、人民出版社，2023 年，第 6 页。

还不足以彻底地说服他。

马中哲从程思汉的表情中读出了他的心思，进一步说道："这种真理和道义的制高点，其重要体现和未来指向是要构建人类命运共同体。老师和先生都有一种强烈的'天下'意识或'世界历史'意识，老师倡导'以和为贵''协和万邦''天下大同'，先生倡导建立无阶级、无国家、无压迫、无剥削的共产主义，都从整个世界和全人类的角度看待历史发展，也为解决全球性、世界性难题提供了重要启示和方法论指导。"

当今世界，虽然和平、发展、合作、共赢仍是时代潮流，但金融危机、经贸争端时有发生，逆全球化和单边主义有所抬头，冷战思维和强权政治阴魂不散，俄乌冲突、巴以战争久拖不决，整个人类正处于一个风险挑战层出不穷、矛盾问题日益增多的"多事之秋"，如果用一个字来概括，就是"乱"，乱糟糟、乱哄哄，整个地球正处于一个十分危险的边缘。这个时候应该怎么办？

程思汉说道："对一些全球性问题和危机，西方学者、西方政治家、西方政府也提出了一些全球治理理念、方案和模式。应该说，这些理念、方案和模式也是十分不错的。"

党教授坚决反驳道："这些所谓的理念、方案、模式，都是以西方价值观为主要取向的'西方中心论'，甚至是种族优越论、西方文明优越论、国强必霸论，充斥着独断论文明观、唯我主义价值观、干涉主义政治观，难以适应新的国际格局和时代潮流。事实证明，冷战思维、零和博弈的思维理念已经落后于时代，妄自尊大或独善其身也已经很难实现。中国共产党人着眼世界各国携手合作、共赢多赢，注重从包括孔子、马克思在内的前人思想智慧中汲取营养，提出并积极推进了构建人类命运共同体，致力于推动解决当今世界的和平赤字、发展赤字、治理赤字，受到国际社会的高度评价和热烈响应，已被多次写入联合国文件。"

王教授说道："构建人类命运共同体，需要不同民族、不同信仰、不同文化、不同地域、不同国家的人民普遍参与。我们应广泛凝聚全世界人民的共识，共襄构建人类命运共同体的宏图伟业，努力建设一个远离霸凌和强权、远离战争和对抗、远离贫困和疾病、远离傲慢和偏见、远离封闭和单边的美好世界。到那个时候，我们离孔老师的大同世界、马先生的共产主义社会又大大前进了一步。"

程思汉觉得构建人类命运共同体这个倡议非常好，也比西方提出的全球治理理念、方案和模式更合理更科学，却不愿直接说出来。

马中哲继续说道："这种真理和道义的制高点，还昭示我们要坚持走和平发展道路。"

"对的。"王教授说道，"孔老师开创的儒家学说，历来崇尚礼义、道义、仁义，追求和平、和睦、和谐，倡导以和为贵、与邻为善、协和万邦。受这种思想理念的深刻影响，中国历史上大多数统治者注重对外交往通商，而不是殖民掠夺、侵略扩张；致力于保家卫国，而不是开疆拓土、强占市场。世界举世闻名的'丝绸之路'，就是一条贸易之路、文化之路、和平之路、共赢之路。600 多年前，处于鼎盛时期的明朝，派郑和率领当时世界上最强大的船队七下西洋，远涉亚非 30 多个国家和地区，没有把一块土地当作殖民地，带去的是中华灿烂文明和先进科技，播下的是和平与友谊的种子。"

党教授结合中国近代以来的历史，说道："近代以来，中国国势渐弱、落后挨打，长期遭受西方列强的侵略、殖民和欺凌，被迫签订不平等条约，割地赔款、丧权辱国，但中国人民没有从中学习弱肉强食的强盗逻辑，而是更坚定了强国富民、保家卫国、维护和平的决心。特别是进入中国特色社会主义新时代以来，面对世界之变、时代之变、历史之变，中国致力于构建人类命运共同体，愿意与世界各国人民和睦相处、和谐发展、共享和平。这样的自信和自觉，同样也有中华文明包括儒家思想中仁礼、和合、'己所不欲，勿施于人'等思想渊源。"

程思汉心想：近年来，西方一些发达国家，一直在国与国之间、国家与地区之间、单个国家内部煽风点火，挑起事端，甚至直接制造冲突、参与战争，把这个世界搞得很乱，甚至存在打第三次世界大战的危险，这与中国的和平发展、永远不称霸不扩张，形成了鲜明对比。"某些西方国家的表现，真是让人看不下去！"他心中这样想。

马中哲说道："这种真理和道义的制高点，还强化了不同文明之间的交流互鉴。"

王教授说道："孔老师的和而不同思想，是中华文明具有强大包容性的一个重要思想基础，也指明了世界上不同文明共存和交流之道。正是因为有了和而不同的精神文化基因，中华文明在同其他文明不断交流互鉴中兼收并蓄、历久弥新。"

马中哲说道："不管是历史上的佛教东传、'伊儒会通'，还是近代以来的'西学东渐'、新文化运动，再有马克思主义和社会主义思想传入中国，中华文明不仅没有被取代、被中断，反而增添了新的内涵、拓展了新的体量。现在的世界，有亚洲文明、非洲文明、欧洲文明、美洲文明、大洋洲文明等共存着。对待不同国家和民族的文明、对待传统文化和现代文化，应该秉持相互尊重、和而不同、交流互鉴的理念，坚持海纳百川、兼收并蓄。"

"可是，你有你的文明，我有我的文明，他有他的文明。这些文明之间肯定会导致冲突的。"程思汉反问道。

党教授反驳道："多样性是文明的本性，各种文明之间本没有冲突，异质性不一定会导致冲突。西方一些学者认为冷战后世界冲突的基本根源不再是意识形态，而是文化方面的差异，主宰全球的将是'文明的冲突'。类似这样的文明冲突论，要么是故意隐藏文明冲突背后的经济利益和政治利益冲突，要么是想借文明冲突来宣扬西方主导价值观，进而输出自己的文化，推行文化霸权、意识形态霸权。我们应透过所谓'文明冲突'看清其经济和政治斗争的实质，决不能把'文明冲突'看成是当今世界文明的现状和未来，更不能把'西方文明'作为高于、优于其他文明的文明来盲目推崇。"

此时的程思汉不得不心服口服，至少是自知理亏的心服口服。

孔子、孟子、马克思、恩格斯等人，从讨论和批判之中，从理论与实践的结合上，弄清了未来智者得出的结论，甚感欣慰和快意。那种文化创造、理论创造的成就感和自信心油然而生。

这个由未来智者引发的讨论，也画上了一个圆满的句号。

第十章

相互塑造　文化再造 ○○○

第一节　"结合"是深刻的"化学反应"

根据前期的游学计划安排，大家休息两天后，第三天上午，孔子、马克思一行人前往"超能化工"园区参观，现场感受一下中国在高端科技领域的最新发展。

大老远，大家就看见前面道路上方一个大的广告牌，上面写着：欢迎来超能化工园区参观，更欢迎大家一起来创造、创新、创业，这是一个筑梦、追梦、圆梦的地方。

不一会儿，就来到了园区，园区管委会主任赵前程亲自迎接并担任解说。相互寒暄、介绍后，大家分坐两台园区通勤车，来到第一参观点——硬霸公司。

到公司厂区门口后，大家换上特制的无尘服，戴上安全帽，鱼贯而入、进厂参观。

赵前程带着自豪的神情介绍道："这家硬霸公司，能生产世界上最坚硬却又很轻的东西——硫化碳炔。有人说，钢铁硬，金刚石更硬，但这种硫化碳炔的硬度颠覆了人们的想象。被平常人认为最坚硬物体的金刚石，它的硬度只有硫化碳炔的 30% 左右。更为神奇的是，这么坚硬的东西，重量却很轻，而这正符合材料科学家们追求的方向——高强度与轻量化。"

说到这，赵前程扭头问马中哲、徐翔阳道："你们看过刘慈欣的科幻小说《三体》吧？"

两人回答道："看过。"

赵前程又转向孔子、马克思等人道："你们可能有所不知，在小说《三体》里，作家构想出了一种叫'水滴'的武器。'水滴'对地球人的钢铁宇宙飞船进行降维打击，犹如快刀切豆腐一样，轻而易举全部穿破，没有丝毫抵抗力。为什么'水滴'威力如此巨大？原因就是'水滴'内部的分子间没有任何间隙、绝对致密，在数千万倍显微镜下依旧看不到其分子结构。硫化碳炔为什么这么硬？其原理与'水滴'大致相同，当然其硬度还不能与'水滴'相比，但我们可以通过类比了解其大概物理性能和内在原理。不过'水滴'只存在于科幻小说里，而硫化碳炔则真实存在于我们的现实生活中。"

这让孔子、马克思等人惊讶不已。子路曾经带过兵、打过仗，对兵器颇感兴趣，心想如果自己当年有这种东西作为战刀，就什么也不用怕了。

马克思问道："这么坚硬的东西是怎么生产出来的呢？"

赵前程微笑着回答："想知道这个问题，就让我们进入生产车间去参观参观吧。"

大家走进车间一看，错综复杂的反应釜、管道和阀门等器物构成了一幅工业版的迷宫图。车间里空无一人，只有两三个工业机器人在其中穿梭，熟练地操作着各种设备。

孔子、马克思等人看了半天，也看不出什么名堂，满脸困惑。

赵前程看出大家心中的疑问，向一行人介绍道："大家可能表面上看不出来。实际上，这些管道、器物的里面进行着复杂的化学反应。你们看这双层壁碳纳米管，它能将碳原子排列成特定的碳链，而后立即被引入到高温高压环境中与硫元素进行化学反应。这一过程非常敏感复杂，需要精准控制温度和压力，确保硫和碳能够充分、全面地反应，以生成硫化碳。"

"化学反应，什么是化学反应啊？"孔子不解地问道。

赵前程与马克思、恩格斯相视一笑道："孔老师，你们那个时候，还没有化学这一概念，当然也就不知道什么是化学反应。"

马中哲补充道："要知道什么是化学反应，首先要知道什么是物理反应。物理反应是指物质的状态发生了改变，而物质本身的性质没有变化。比如，水变成了水蒸气、变成了冰，就是物理反应。"

孔子等人听后恍然大悟："这个我明白。"

"而化学反应指的是分子破裂成原子，原子重新排列组合生成新物质的过程，这种新物质是与原来不同的物质。比如，刚才赵前程主任介绍的硫化碳炔的生产过程，就是一个典型的化学反应。"马中哲继续介绍说。

这时，赵前程端上一个大托盘，托盘上放着三个小碟。他指着托盘说道："孔老师、马先生你们看，这个小碟里是碳，这个小碟里是硫，而这个小碟里就是坚硬无比的硫化碳炔。"

孔子、孟子等人齐声说道："这个化学反应这么厉害啊！"

李思通听后心中一动，说道："孔老师、马先生，这个化学反应，不但能在有形之物间发生，也能在无形之物间发生。当然无形之物间发生的'化学反应'，是指其深层次重构和融合之意。"

"是吗？能举个例子吗？"子路道出了大家的疑问。

"可以。比如说，'马克思主义基本原理同中华优秀传统文化相结合'。'结合'不是'拼盘'，不是简单的'物理反应'，而是深刻的'化学反应'。①"

"为什么能这么说呢？"这个弯转得有点急，这个界跨得有点大，大家一下子反应不过来。

"马克思主义基本原理同中华优秀传统文化的结合，并非中外文化的简单碰撞，不是外在的机械式结合、简单的观念嫁接，而是文化重塑和再造，二者结合的'化学反应'过程，也是马克思主义基本原理和中华优秀传统文化发生内在的、深层次的、有机结合的过程。这一过程中，既实现

① 习近平：《在文化传承发展座谈会上的讲话》，《求是》2023年第17期，第7页。

了马克思主义与中华优秀传统文化的互相成就，而且还造就出了一个新的文化生命体，让经由'结合'而形成的新文化成为中国式现代化的文化形态①。这种新文化，极具生机活力，具有未经'结合'的单独的马克思主义或单独的中华优秀传统文化各自所不具有的一些新的文化属性。"李思通尽量用通俗易懂的语言来解释。

程思汉觉得这里有"做文章"的地方，说道："我听说有一些学者认为，在马克思主义与中华优秀传统文化的关系上，无论是阶级性、时代性、区域性、民族性、功能性等方面都有很大的不同，甚至是'异质'的。特别是认为马克思主义是国家意识形态，中华优秀传统文化是民族主体文化，二者是两类不同性质的文明，是类似于两条平行线的关系；认为马克思主义是一种非中华民族的外来文化，甚至说中国接受马克思主义是走上了'文化歧途'，还提出要以儒家思想取代马克思主义。不管怎么说，这些说法都认为马克思主义与中华优秀传统文化是'异质'的，既然是异质的，就会相异排斥，就不可能发生化学反应，或者说不可能很好地发生化学反应。不知我的理解对不对？"说完后，还略显得意地看着孔子、马克思等人。

李思通刚要回答，马中哲抢先说道："让我来回答程先生的问题。其实，我们一路走来，已经对这个问题有了比较深刻的认识。我理解，之所以说马克思主义基本原理同中华优秀传统文化的结合，是一种深刻的'化学反应'，因为这一过程具备了以下条件：第一，无论是马克思主义还是中华优秀传统文化，都是优质文化，都具有强大的生命力、创造力与对话能力，这是'结合'的前提；第二，中华优秀传统文化，由于自身原因或者说时代需要亟待更新和转型，同时只靠其内在力量，在短时间内无法实现自我更新和转型；第三，马克思主义作为一种文化来到中国，绝非要替代或消灭中华优秀传统文化，而是采取彼此结合、相互融合的方式，在保存中华优秀传统文化的优秀基因和宝贵元素的同时，实现深层次和高阶位

---

① 习近平：《在文化传承发展座谈会上的讲话》，《求是》2023年第17期，第8页。

的本土化。这样一来，二者既有发生'化学反应'的可能，也有发生'化学反应'的需要。可以说，中华优秀传统文化的创造性转化、创新性发展，与马克思主义的中国化时代化是一个同时发生、同向同行的发展过程。"

李思通接着说道："由此，我们可以很肯定地说，您刚才提出的马克思主义与中华优秀传统文化是'异质文化'的说法，是错误的、偏颇的，都是无视、割裂马克思主义与中华优秀传统文化关系的二元对立的观点，既不符合100多年来二者相结合的历史事实，也无视在中国特色社会主义理论创新和实践创新中，两者相结合所形成的中国化时代化的马克思主义理论成果。"

程思汉听了，又是脸一红，头一低，不再说话。

第二节　激活了中华文明的基因

一行人在赵前程的引领下，走出硬霸公司，经过一条长廊，走进金韬公司。

赵前程介绍道："这家公司是一家专门生产硝酸金的化工企业。由于金的化学稳定性高，抗腐蚀性强，硝酸金广泛用于电镀和镀金工艺中。金和硝酸的化学反应在实验室中非常常见，但需要在特定条件下进行，以确保安全和实效。我们到生产硝酸金的车间去看一看。"

一行人跟着赵前程一进入车间，就闻到了一股淡淡的有些刺激性的气味。

赵前程说道："大家闻到的这种味道是硝酸的味道，虽然这种气味有些刺鼻，但并不会对健康带来危害。"

车间的中心是一个大型反应釜，反应釜的周围安装着温度计、压力表、各种阀门和泵等设备，五台工业机器人在这些设备之间不停穿梭，时而看看温度计，时而观察压力表，密切关注着仪表数据的变化。

大家走近反应釜仔细观看，只见一条管道缓缓将适量的硝酸注入反应釜内，另外一个约 20 厘米宽的传送带将一些小金块输送到硝酸液中，猛然间产生大量的热量和气体。这些热量和气体被上方的一些网格型管状物吸收排出，而后反应釜里出现了橘红色的溶液。

赵前程介绍道："这种橘红色的溶液叫硝酸金溶液，可以用于装饰性镀金和工业用镀金，还可以用于制作染发剂和其他化妆品。"

子贡看后不禁说道："这种化学反应真神奇呀！"

徐翔阳回想起自己几年前曾把头发染成金黄色，没想到可能就用了这种特殊的化学物质。

孔子看到这个化学反应，心生疑问，说道："我在春秋时期曾使用过作为货币的金子。在我的印象中，黄金不生锈、不变色，放好多年都不会坏，它怎么可能与其他物质发生反应呢？"

赵前程笑着回答道："孔老师这个问题问得好！金子是一种惰性金属，具有良好的耐腐蚀性，在常温条件下不会被氧化、氢化、硫化，但当它遇到适当的物质时，比如说硝酸，就会被激活并与其发生化学反应。"

李思通听到"激活"一词，头脑中灵光一闪，一句话映入他的脑海，这句话是"马克思主义把先进的思想理论带到中国，以真理之光激活了中华文明的基因，引领中国走进现代世界，推动了中华文明的生命更新和现代转型"①。

他兴奋地说道："'激活'这个词用得好、用得妙啊！它让我触发了对孔老师的思想、马先生的思想之间关系的联想。这个事，一句话两句话可能也说不清楚。"

赵前程说道："那好吧，我们刚好要到公司接待室去喝杯咖啡。"

一行人在接待室坐定，工作人员把热腾腾的"酱香拿铁"端上来了。大家边喝边聊，既兴奋又思路清晰。

孔子、马克思等人第一次喝"酱香拿铁"饮料，觉得新奇、新鲜，喝了一口觉得味道很独特，就问这种饮料是怎么做的。

---

① 习近平：《在文化传承发展座谈会上的讲话》，《求是》2023 年第 17 期，第 7 页。

马中哲回答道:"'酱香拿铁'是茅台酒和咖啡的混合物。这里需要强调的是,它们只是混合在一起,并没有发生化学反应,只是刺激性物质相互叠加后,对中枢神经系统产生了更多更强的刺激。"

李思通说道:"与'酱香拿铁'饮料不同的是,金和硝酸之间却是发生了化学反应,硝酸激活了具有惰性的金,成为硝酸金溶液,生成有更多使用价值的物质。"

马中哲问道:"李教授,刚才您说这一化学反应触发了您对老师的思想、先生的思想之间关系联系的思考。这是怎么回事?"

李思通向孔子和马克思说道:"我的这个譬喻可能不是很恰切,甚至可能有些'简单粗暴',但这一'激活'的确触发了我的联想。这一个化学反应中的'激活',引申开来,可以用来比喻马克思主义以真理之光激活了中华文明的基因。"

孔子、孟子与马克思、恩格斯等人一听,一时还转不过弯来。

王教授早已明白李思通的想法,说道:"这个问题,我来说说,看是不是在理?"

王教授见大家都端坐静听,继续说道:"中华文明是革故鼎新、辉光日新的文明。'中华优秀传统文化源远流长、博大精深,是中华文明的智慧结晶,其中蕴含的天下为公、民为邦本、为政以德、革故鼎新、任人唯贤、天人合一、自强不息、厚德载物、讲信修睦、亲仁善邻等,是中国人民在长期生产生活中积累的宇宙观、天下观、社会观、道德观的重要体现'①。然而由于历史的隔阂、时代的变换,中国传统文化中难免有一些内容不能适应时代发展的需要,封建礼教禁锢了普通老百姓的思想,八股取士制度更是钳制了读书人的思想,传统文化似乎变得越来越僵化、越来越落后、越来越缺乏活力。特别是 1840 年鸦片战争之后,中国逐步沦为半殖民地半封建社会,一些人对中国传统文化全盘否定,将中国传统文化视为落后文化。这导致了中华文明的优秀基因尘封于历史长河之中,就好

---

① 《习近平著作选读》第一卷,人民出版社,2023 年,第 15 页。

比一块金子被深埋于地下，尘封于历史的不显眼之处。"

说到这里，王教授不觉黯然神伤，孔子、孟子等人神色凝重。

王教授想继续说下去，党教授抢过话来说道："十月革命一声炮响，给中国送来了马克思列宁主义，也激活了中华优秀传统文化，使之更好地与当代中国实践相适应、与民族复兴时代主题相契合。"

程思汉反问道："马克思主义有什么特别之处，能够以自己的文化生命'激活'中华文明？"说的时候，脸上显出一副不服气的样子。

"这种'激活'是全方位、深层次、彻底性的。"党教授郑重回答道，"其实，我们前面已经讲过。作为随着时代、实践、科学进步而不断发展的开放的理论体系，马克思主义深刻揭示了自然界、人类社会、人类思维发展的普遍规律，为人类社会发展进步指明了方向，让中华优秀传统文化打开了历史视野和世界眼光；马克思主义始终坚持实现无产阶级和人类的解放的主题、维护广大人民群众利益的立场，反映了人类对理想社会的美好憧憬，让中华优秀传统文化提升了价值追求和精神境界；唯物辩证法这一'马克思主义的活的灵魂'，提供了认识世界和改造世界的根本方法，让中华优秀传统文化提升了科学精神和斗争品格，等等。总之，马克思主义特别是贯穿其中的科学立场、观点、方法，这一'以前没有听说过'的科学真理，像一道道思想闪电，在中国人的精神世界中开辟出一片新天地，通过推动中华优秀传统文化创造性转化、创新性发展，使其展现出与当代社会相适应、相协调、相融通的新的时代价值与当代意义。"

这一番话，马克思、恩格斯听后心感欣慰，但对程思汉却产生了有力震撼和冲击。

孟子问道："文化的发展是一个历史过程，马克思主义激活中华文明基因的过程，恐怕也不是简简单单、一朝一夕的事吧？"

李思通回答道："是的，马克思主义激活了中华文明的基因，使中华文明赓续更新、重焕荣光。但这一过程，不是一个个基因优选、基因激活的简单流程，也不是一蹴而就、仅靠外力刺激就能完成的短暂历程，而是需要在相互作用中不断影响、碰撞、塑造，需要经过整体性、历史性的艰辛探索。特别需要说明的是，在这一过程中，中国共产党人坚持辩证唯物主义和历史唯物主义，以强烈的历史主动精神和文化自信，在'第二个结合'的过程中，对中国传统文化进行科学鉴别和正确取舍，并赋予其新的时代内涵特别是中国式现代化的灵魂，使得中华民族的文化基因、中国传统文化的精华部分真正激活，这也让中国人进一步找到了文化归属感和安身立命的精神家园。"

徐翔阳无意间抬起头，刚好看到会议室墙壁上张贴着"不忘初心、牢记使命"的标牌。他从小喜欢看古代的志怪小说，想起"初心"一词好像哪个小说里看到过，仔细想了想，应该是东晋史学家干宝著录的《搜神记》。他拿出手机一搜，果然是，一个想法冒了出来。

他问道："各位老师，我有一个想法，不知对不对？我们现在讲的'不忘初心'的初心，是不是从中国传统文化里的'初心'激活而来的？"

王教授答道："你说得没错。'初心'一词，最早出自晋代《搜神记》一书，意指最初的心愿、信念。习近平总书记在中国共产党第十九次全国代表大会上的报告中强调：'中国共产党人的初心和使命，就是为中国人民谋幸福，为中华民族谋复兴。'湮没已久的具有修身养性意味的'初心'一词，由此得以激活，被赋予了马克思主义党性思想的崭新内涵，激励新时代中国共产党人接续奋斗。"

徐翔阳听后心有所悟。

李思通说道："不仅是'初心'，还有'实事求是'。'实事求是'一词出自《汉书·河间献王刘德传》。《汉书》称赞河间献王刘德'修学好古、实事求是'。意思是说，研究学问要掌握充分的事实根据，然后再从中找出真实结论。1941年5月，毛泽东在延安干部会上所作《改造我们的学习》的报告中，对'实事求是'作出了新的阐释：'实事'就是客观存在着的一切事物，'是'就是客观事物的内部联系，即规律性，'求'就是我们去研究。[①] 从而使'实事求是'成为中国共产党思想路线的核心和最重

---

① 《毛泽东选集》第3卷，人民出版社，1991年，第801页。

要的思想方法、工作方法。从《反对本本主义》到《实践论》《矛盾论》以及延安整风关于整顿党风、学风、文风的报告等，都以实事求是为武器。"

孔子、孟子等人听后异口同声说道："这确实是'激活'了。"

程思汉口中嘟囔道："不就是激活了这一两个词吗？这也没有什么稀奇的。"

马中哲回应道："这种'激活'，不仅仅是几个词的问题。在华北联大的开学典礼上，毛泽东借用元始天尊送给姜子牙杏黄旗、四不像和打神鞭三样法宝的故事，提出统一战线、武装斗争和党的建设是我们党的三大法宝；邓小平用'小康'说明中国式现代化的阶段性目标涵义。包括'为人民服务'以及干部是'人民公仆'的思想，固然是马克思主义的思想，但追溯源流可以说远绍孟子。如此等等，都是'激活'。"

"是的。"李思通说道，"这种'激活'是一个全面性、整体性的激活，从民本到民主，从九州共贯到中华民族共同体，从万物并育到人与自然和谐共生，从富民厚生到共同富裕，中华文明别开生面。"

"'别开生面'，这个词好熟悉啊！"徐翔阳说道，"记得小时候背过一首诗，是杜甫写的《丹青引赠曹霸将军》。其中，有两句是'凌烟功臣少颜色，将军下笔开生面'。这首诗里的'别开生面'，应该是指开创了新的画风。马克思主义让'中华文明别开生面'，是让中华文明发展出新形态、实现新跨越。"

李思通说道："正是这样。从这话可以听出，翔阳长进不少啊！"

民本思想是儒家思想中极其重要的思想资源，孔子、孟子向来秉持以"仁政"为核心的民本思想，他们一听"从民本到民主"，十分感兴趣，不约而同地问道："这个'民本'是怎么发展到'民主'的呢？"

李思通答道："两位老师的这个问题提得好。我们在前面已经讨论过，在中国古代的传统文化特别是儒家思想中，民本思想一直占据着重要的地位，这种思想强调人民是国家的基础和根本，强调要爱民、利民、为民。但历代统治者并没有真正把人民当作国家的主人来看待，广大人民也从来没有真正实现当家作主。而中国共产党人坚持继承马克思主义民主观，注重从中国传统民本思想中汲取精华，结合中国具体实际探索人民当家作主的实现路径，不断丰富发展社会主义民生，直至提出全过程人民民主的重大理念。我们也可以这样说，从民本到民主，是马克思主义民主观激活了中国传统文化中的民本思想。"

马中哲说道："马克思主义民主观对中国传统民本思想的激活，是从民主实质、民主原则、民主形式等全方位的激活。有些比较不一定恰当，但能从一个侧面说明问题。比如，从为民作主到人民当家作主，从'明堂之制''询民之法'到人民代表大会制度，从'和而不同'到民主集中制，从'博施于民而能济众'到全过程人民民主，等等，中国传统民本思想得到极大升华。"

颜回问道："什么是全过程人民民主啊？"

党教授说道："全过程人民民主，从字面上就可以看出来，它是全链条、全方位、全覆盖的民主，'实现了过程民主和成果民主、程序民主和实质民主、直接民主和间接民主、人民民主和国家意志相统一'[①]。因此，全过程人民民主也是最广泛、最真实、最管用的社会主义民主。"

程思汉听后，心生嫉妒和不满，很不服气地问道："从民主发展的历史进程来看，真实广泛的民主是很难实现的。为什么你们就敢说全过程人民民主最广泛、最真实、最管用呢？"

党教授听后心中不由冷笑，但表面上不露声色，说道："民主不是装饰品、不是摆设，看一种民主到底民不民主，关键看它是不是真正做到了人民当家作主。具体来说，'要看人民有没有投票权，更要看人民有没有广泛参与权；要看人民在选举过程中得到了什么口头许诺，更要看选举后这些承诺实现了多少；要看制度和法律规定了什么样的政治程序和政治规则，更要看这些制度和法律是不是真正得到了执行；要看权力运行规则和

---

① 中共中央宣传部编：《习近平新时代中国特色社会主义思想学习纲要（2023 年版）》，学习出版社、人民出版社，2023 年，第 169 页。

程序是否民主，更要看权力是否真正受到人民监督和制约'①。对照这样的标准和条件，说全过程人民民主最广泛、最真实、最管用，一点也不为过。再看看西方一些国家的人民，在竞选时聆听天花乱坠的口号，在投票时被唤醒，在选举后被冷落，毫无发言权，这样的民主是一种假民主、伪民主。"

马克思对孔子说道："看来，从民本到民主，真是一个质的飞跃啊！"

子路问道："刚才李教授还说到'从九州共贯到中华民族共同体'，这怎么来理解呢？我觉得，'九州共贯'这个词挺霸气，而'中华民族共同体'则更大气。"

王教授率先说道："'九州共贯'出自《汉书·王吉传》，原文是'《春秋》所以大一统者，六合同风，九州共贯也'。'六合'指天地与东、西、南、北四方；'九州'一般指《禹贡》中的冀州、兖州、青州、徐州、扬州、荆州、豫州、梁州和雍州，是中国古代的代称；'同风'与'共贯'指的是共同的风俗习惯。何谓'六合同风，九州共贯'，用现在的话讲就是共同的文化习俗、共同的价值追求、共同的家国情怀，遍及中华大地、贯穿华夏神州。"

马克思对孔子说道："您在《春秋》推崇的大一统思想，后人又进行了丰富和拓展啊！"

孔子面带微笑、甚感欣慰。

王教授说道："从诸华、诸夏到华夏，从华夏到中华，从中华到中华民族，从赵武灵王胡服骑射到北魏孝文帝改革，从红军长征途中的"彝海结盟"到新中国成立后的民族区域自治制度等等，纵观中国历史，'六合同风，九州共贯'的'大一统'文化始终贯穿其中，形成了一部各族民族共同缔造、发展、巩固统一的伟大祖国的历史。"

党教授接着说道："新中国成立以来，特别是党的十八大以来，中国

---

① 中共中央宣传部编：《习近平新时代中国特色社会主义思想学习纲要（2023年版）》，学习出版社、人民出版社，2023年，第169页。

共产党人对中华民族的认识不断深化，鲜明提出中华民族共同体，提出积极培育、牢固树立中华民族共同体意识。"

颜回谦虚地问道："请问，什么是中华民族共同体啊？"

党教授回答道："中华民族共同体是中华各族人民在长期历史演进中形成的，建立在共同历史条件、共同价值追求、共同物质基础、共同身份认同、共有精神家园的基础之上。'我国各民族在分布上交错杂居、文化上兼收并蓄、经济上相互依存、情感上相互亲近，形成了你中有我、我中有你，谁也离不开谁的多元一体格局'①。"

这时，园区工作人员端上来十几个石榴，说是自己园区种植的，到了成熟的季节，摘了十几个给贵宾品尝。

孔子、孟子、马克思、恩格斯等人，都觉得石榴既好看又新鲜，各拿起一个吃了起来。

赵前程边吃边介绍道："石榴在中国传统文化中被视为吉祥物，象征着多子多福。不管过去，还是现在，很多人家里都种石榴。"

孔子、马克思等掰开后看了看说道："这石榴果，多室多子，籽粒饱满，颗颗相抱，内部的结构太独特、太精致了。"

党教授说道："是啊！从形状上看，石榴'千子同一''千房同膜'，石榴籽虽然众多，成千上万，但各自同形同貌，相差无几；石榴果里多房、多室，但能紧紧抱在一起。刚才，我们说到中华民族共同体。在这方面，习近平总书记用'像石榴籽一样紧紧抱在一起'来比喻各民族大团结，促进各民族共同建设伟大祖国、共同创造美好生活。"

孟子写文章善用比喻、譬喻，说道："用'像石榴籽紧紧抱在一起'来比喻各民族大团结、中华民族共同体，既生动具体、形象贴切，又寓意深刻、饱含期望、意境深远，太好了！"

李思通说道："'从万物并育到人与自然和谐共生'，'从富民厚生到共

---

① 中共中央宣传部编：《习近平新时代中国特色社会主义思想学习纲要（2023年版）》，学习出版社、人民出版社，2023年，第177页。

同富裕',这两个方面的内容我们在前面的游学中已经交流过了,就不再讨论了。我们继续向前参观吧。"

大家起身离开接待室,向下一个参观点走去。

第三节　充实了马克思主义的文化生命

不一会儿,大家来到"月壤化学元素分析中心",这是一家最近入驻园区的重点化学实验室,主攻月壤的分析研究和产业化运用。这几天,分析中心刚得到 10 克月壤用于科学研究。这 10 克月壤对于嫦娥五号带回来的 1731 克月壤样本来说,已经占了不小的分量,相当稀有和珍贵。

实验室首席科学家钱大观院士早在门口迎接。大家跟随钱院士进入实验室,立即感受到满满的科技感和严谨氛围。大家看到内部摆放着各种复杂的仪器和设备,墙壁上挂满了各种图表和数据。通过介绍,孔子、马克思一行人才知道,这些仪器里有 X 射线荧光光谱仪,能够快速对月壤进行无损定性分析;X 射线衍射仪,能够探究月壤的晶体结构;热重分析仪,能够分析月壤材料的热稳定性;差示扫描量热仪,能够探究月壤的热力学性能,等等。

钱院士把大家带到一个透明的小玻璃瓶旁边,大家看到玻璃瓶里面装着灰色的粉末,均匀而又细腻,让人联想到建筑材料水泥的质感。

钱院士把这些月壤拿到一个大型电子显微镜下,让大家逐个观看。大家通过显微镜清晰地观察到月壤的微小颗粒,其形状各异,颜色深浅不一,仿佛在诉说着自己在月球表面经历高温、高剂量射线的沧桑岁月。

钱院士笑眯眯地说:"大家看到的,就是传说中的月壤,是嫦娥五号从月球表面带回来的,足足有 10 克之多。这些珍贵的'天外来物',跨越了 38 万多公里,携带着月球的'密码',来到这里,对我们来说是如获至宝啊!"

孔子等人感叹道:"过去,飞天只是梦想,嫦娥奔月也是神话。没想到你们竟然能够从月球上带回东西来,神话变成了现实。真是不简单,不简单啊!"

马克思极具探索真理的科学精神,很认真地问道:"你们分析研究月壤,有没有什么重大发现?"

钱院士回答道:"说句实在话,我对月壤进行了初步研究,发现月壤的主要成分有铁、金、银、铅、锌、铜、锑、铼等矿物颗粒。特别是其中含有一种神奇的物质即氦-3。这是一种氦气同位素气体,可以作为核聚变的清洁能源使用。如果人类掌握了核聚变技术后,氦-3 就会成为人类的理想能源。"

"看来月壤对我们地球人,用途很大啊!"马克思颇为感慨。

恩格斯问道:"你们研究月壤,有什么体会吗?"

"有啊!"这时钱院士若有所思,语气深沉地说道,"我个人觉得,这里面有一个比较关键的问题,就是月壤物质的地球化运用问题。"

孔子、马克思等人问道:"为什么会有这个问题呢?"

钱院士回答道:"这是因为环境的问题。月球为真空状态,缺少氧气、水。这个环境与地球环境有显著的不同。月壤来到地球上,就会与月球上没有的物质发生化学反应。比如,月壤会吸收空气中的水蒸气,使得自身的结构从疏松变得紧密。再比如,月壤中的一些金属元素也可以与地球上的其他物质发生反应,生成更纯的金属或合金。我们的研究方向,就是如何让月壤与地球上的物质比如氧气等发生反应,以产生更有价值、更多用途的物质。所以说,这里面的关键问题是月壤物质的地球化运用问题,也就是用地球上的物质来'充实'月壤物质。"

党教授听到这里,不觉心有所悟,说道:"其实,月壤需要适应地球环境的'地球化',科学真理也需要'本土化';不仅物质与物质之间可以'充实',思想文化之间也可以'充实'。"

这个"弯"转得有点急,大家一时没有反应过来。

孔子、马克思等人不解地问道:"可以举个例子吗?"

党教授笑着说道:"远在天边,近在眼前。你们两位的思想就是一个最好的例子。马克思主义从国外传入中国后,'中华优秀传统文化充实了马克思主义的文化生命，推动马克思主义不断实现中国化时代化的新飞跃，显示出日益鲜明的中国风格与中国气派，中国化马克思主义成为中华文化和中国精神的时代精华'①。"

李思通笑着说道："党教授说得好，说得好。还确实是这么回事。"

孔子、马克思等人一听，也觉得很有道理。

程思汉对此还是很不理解，遂问道："能说具体些吗？"

党教授说道："中国共产党人在推进马克思主义中国化时代化的过程中，创立毛泽东思想，实现了马克思主义中国化的第一次历史性飞跃；此后，形成包括邓小平理论、'三个代表'重要思想、科学发展观在内的中国特色社会主义理论体系，实现了马克思主义中国化新的飞跃；创立习近平新时代中国特色社会主义思想，实现了马克思主义中国化又一个新飞跃。中华优秀传统文化在这一过程中，发挥了重要的作用。"

"是的。"李思通接着说道，"比如毛泽东思想中，就有不少内容是从中华优秀传统文化中吸收借鉴、继承创新的。毛泽东的'两论'之一——《实践论》，其副标题是'论认识和实践的关系——知和行的关系'②。知和行的关系，我们在前面已经充分讨论过。《实践论》就是毛泽东批判吸收中国古代在知与行关系上的正确观点和合理因素，并用马克思主义的科学实践观、唯物辩证法对其进行改造、升华和发展，丰富和发展了马克思主义实践观。"

党教授说道："作为毛泽东辩证法思想的代表作，《矛盾论》继承和发展了马克思主义的辩证法思想，同时也吸收了中国历代辩证法思想的精华。《韩非子·难一》中有下面这样一个故事。"

楚人有盾与矛者，誉之曰：吾盾之坚，物莫能陷之。以誉其矛曰：吾矛之利，于物无不陷也。或曰：以子之矛陷子之盾，何如？其人弗能应

---

① 习近平：《在文化传承发展座谈会上的讲话》，《求是》2023年第17期，第8页。
②《毛泽东选集》第1卷，人民出版社，1991年，第282页。

也。夫不可陷之盾与无不陷之矛不可同世而立。

"毛泽东借用'矛与盾'的寓意，将其上升到哲学范畴，开创出具有中国特色的唯物辩证法理论体系。他还用老子《道德经》中的'祸兮福所倚，福兮祸所伏'，阐明在观察分析问题时不但要看到正面、积极的因素，也要看到反面、消极的因素；借用班固所著《汉书·艺文志》中所说的'仁之于义，敬之于和，相反皆相成也'，用于阐明矛盾在斗争中的同一性，等等。这样的例子还有很多，我就不再一一列举了。"

孔子、马克思等人听后，心中喜悦。

李思通是个"60后"，亲身经历中国改革开放前后的沧桑巨变。他颇为感慨地说道："邓小平是中国社会主义改革开放和现代化建设的总设计师，可以说他也是中国新小康社会的设计师。他承继儒家小康社会的理想，亲自设计并规划了中国实现小康社会的蓝图，提出了极富民族特色的'三步走'战略，鼓励一部分人、一部分地区先富裕起来，带动其他人、其他地区逐步达到共同富裕，先由温饱而进小康，再达到人民生活比较富裕的中等国家水平。可以说，小康社会丰富和发展了马克思主义关于社会主义建设的理论，让马克思主义更具有中国特色。"

孔子、孟子和马克思、恩格斯不住地点头称是，都觉得小康社会是马克思主义与中华优秀传统文化相结合的标志性成果之一。

党教授说道："正如毛泽东对中国古语'实事求是'赋予新的思想内涵、进行马克思主义转换一样，'与时俱进'是中国共产党人借用中国古代经典中的话语，来阐述马克思主义固有的理论品质。从词义上看，'与时俱进'是说时代前进了、形势变化了，我们的思想、认识和工作也必须跟上时代步伐，不断向前推进，不守旧、不落伍。"

子贡说道："好像《周易》中有类似的说法，比如'与日消息''与日偕行'。"

党教授笑着说道："是的。"

颜回说道："商代的《盘铭》有九字警句：'苟日新，日日新，又日新。'老师非常赞赏这句话，还说'日新之谓盛德'，其中应该也有类似的意味。"

党教授笑着说道："没错。"

王教授插话道："后来的《魏书》中有'与时俱化'，宋代张君房所辑《云笈七签》中也有'颜与日而俱新'等，其意思也和'与时俱进'是相近的。"

"是的。"党教授说道，"可以说，用中华优秀传统文化中的时变思想，来概括马克思主义的理论品质，不仅是对中国传统文化的高度提炼和现代运用，也是马克思主义中国化的一个伟大创新。"

恩格斯说道："在 1872 年《共产党宣言》德文版序言中，我和马克思就指出，'这些原理的实际运用，正如《宣言》中所说的，随时随地都要以当时的历史条件为转移'①。我还曾经说过，'马克思的整个世界观不是教义，而是方法。它提供的不是现成的教条，而是进一步研究的出发点和供这种研究使用的方法。'② 但我们始终没有总结提炼出马克思主义的理论品格。中国共产党人的确运用中华优秀传统文化丰富和发展了马克思主义。"

马克思也非常认同。

党教授说道："再比如，科学发展观。科学发展观的第一要务是发展，核心是以人为本，基本要求是全面协调可持续发展，根本方法是统筹兼顾。其中，就传承了中华优秀传统文化中的以人为本、中庸协和、贵和尚中、天人合一等人文精神，是对中华优秀传统文化精髓的有机整合和发展。我们说，科学发展观是对马克思主义关于发展思想的继承和发展，中华优秀传统文化的作用不可忽视。"

大家边说边往下一个参观点走，这时大家看到路两侧的学习宣传栏上，"坚持不懈用习近平新时代中国特色社会主义思想凝心铸魂"等标语在滚动播放。

① 《马克思恩格斯文集》第 2 卷，人民出版社，2009 年，第 5 页。
② 《马克思恩格斯文集》第 10 卷，人民出版社，2009 年，第 691 页。

马中哲指着标语对孔子、马克思等人说道："党的十八大以来，以习近平同志为主要代表的中国共产党人，坚持把马克思主义基本原理同中国具体实际相结合、同中华优秀传统文化相结合，科学回答一系列重大时代课题，创立了习近平新时代中国特色社会主义思想。这一重要思想，是'两个结合'的光辉典范，当然也是马克思主义基本原理同中华优秀传统文化相结合即'第二个结合'的光辉典范。"

程思汉问道："为什么说习近平新时代中国特色社会主义思想是'第二个结合'的光辉典范呢？"

党教授说道："中华优秀传统文化是中国共产党创新理论的'根'。习近平总书记强调指出，'去挖掘、去结合中华优秀传统文化，真正实现马克思主义中国化时代化'，'把马克思主义思想精髓同中华优秀传统文化精华贯通起来、同人民群众日用而不觉的共同价值观念融通起来，不断赋予科学理论鲜明的中国特色，不断夯实马克思主义中国化时代化的历史基础和群众基础，让马克思主义在中国牢牢扎根'[1]，等等。习近平新时代中国特色社会主义思想，以中华文明为源头活水，从5000多年璀璨文明中汲取思想精华，使中国化时代化马克思主义更具中国特色、中国风格、中国气派。"

"能不能具体展开说一说呢？"子路等人提议。

马中哲说道："比如，习近平新时代中国特色社会主义思想坚持以人民为中心的发展思想，强调'江山就是人民，人民就是江山'，充分汲取中国古代关于以民为本、安民富民乐民等思想养分，充实和发展了马克思主义的群众观、人民观。再比如，强调铸牢中华民族共同体意识，充分吸取中华优秀传统文化中"多元一体"的民族史观，充实和发展了马克思主义的民族理论，等等。"

李思通说道："尤其需要指出的是，面对百年未有之大变局，面对全球当前面临的治理难题和发展困境，习近平新时代中国特色社会主义思想

---

[1]《习近平著作选读》第一卷，人民出版社，2023年，第15页。

坚持马克思主义关于世界历史的思想，汲取中华优秀传统文化中天人合一的宇宙观、协和万邦的国际观、和而不同的社会观、人心和善的道德观，提出以天下大同为目标，构建人类命运共同体，找到了人类共建美好世界的最大公约数。"

"确实不简单。"孔子、马克思等人赞道。

王教授说道："中国式现代化理论是习近平新时代中国特色社会主义思想的重要组成部分，丰富和发展了马克思主义现代化理论。这一重要理论中，就有许多中华优秀传统文化元素。比如，中国式现代化是人口规模巨大的现代化、是全体人民共同富裕的现代化、是物质文明和精神文明相协调的现代化、是人与自然和谐共生的现代化、是走和平发展道路的现代化。其中，就传递着'天下为公''民为邦本'的人文思想，彰显着'国之称富者，在乎丰民''治国之道，富民为始''厚德载物、义利兼顾'的治理理念，展现出'独阴不成，独阳不生'的辩证思维，折射着'万物并育''天人合一''道法自然'的发展理念，内蕴着'讲信修睦''亲仁善邻''和而不同'的社会理想，等等。"

党教授说道："坚持人民至上，坚持自信自立，坚持守正创新，坚持问题导向，坚持系统观念，坚持胸怀天下，这'六个坚持'是习近平新时代中国特色社会主义思想的世界观和方法论。这是对辩证唯物主义和历史唯物主义在中国特色社会主义新时代的创新发展，其中也吸收了中华优秀传统文化的智慧和精华，蕴含着中华优秀传统文化基因。"

"我这里补充一点，仅仅从我作为一个生意人的角度来补充一点。"子贡笑着说道，"我是做生意的，对钱、金融比较敏感。我听说，现在中国正在培育中国特色金融文化，要求做到'诚实守信，不逾越底线；以义取利，不唯利是图；稳健审慎，不急功近利；守正创新，不脱实向虚；依法合规，不胡作非为'①。诚实守信、以义取利等，都是我们儒家思想强调

---

① 习近平在省部级主要领导干部推动金融高质量发展专题研讨班开班式上的重要讲话，《人民日报》2024年1月17日第1版。

和推崇的。这不正是从一个侧面反映了中华优秀传统文化对马克思主义金融理论的充实和拓展吗？"

大家一听，都觉得有理。

听到这里，马克思情不自禁地对孔子、孟子等人说道："看来，中华优秀传统文化的确'充实'了马克思主义的文化生命。孔老师、孟老师，应该感谢你们啊！"

第四节　中国式现代化的文化形态

辞别钱大观院士，大家跟着赵前程继续往前走。

孔子问："这是去什么地方？"

赵前程略带神秘的语气说道："带你们去看一个神奇的地方。"

走着走着，大家看到不远处有一座不太高的山，山脚下有一个洞口，他们所走的路正通向这个洞口。大家走近一看，洞口的上方分明写着"化学梦想隧道"，洞口两边还写着一副对联，上联是"进此洞阅尽化学界造福人类之伟大梦想"，下联是"出该隧满怀化工人伟大梦想来造福人类"。

赵前程满脸自豪地介绍道："化学化工是需要创新创造的领域，而创新创造离不开梦想。这条化学梦想隧道里，是园区广大员工们历年来关于化学梦想的'涂鸦'之处。这些化学梦想，既有过去化学家的梦想成真，也有我们这些员工自己所追求的创新创造梦想。1500 多米的隧道，有 350 多幅图片。当然还有不少空白之处，需要后面的化学化工人来填补。"

大家走进化学梦想隧道，只见两侧墙壁上都是人工画的图画，再往隧道的尽头看，看到了一点亮光，堪称是"隧道微光"。

大家驻足看第一幅画作，一看画名是"大医孙思邈发明火药"。

子路笑着说道："医生能发明火药，这本身就是一件怪事。"

赵前程也笑道："说奇怪也不奇怪。孙思邈是一名医生，他发现一种名为'炮药'的药材可以用于治疗疾病，且具有能爆炸的性质。他在'炮药'中加入硝石、炭粉等物质，制成了一种新的爆炸性物质，即火药。这

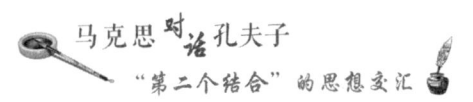
可是迄今为止，我们所知最早的化学炸药。"

大家细看这幅图画，只见孙思邈身穿宽袖深色长袍，长袍上没有太多的图案或花纹，头上戴着一顶绸缎制成的道士帽，脸部消瘦，眼光慈祥，短须垂颌，席地而坐。他的旁边放着三个装药材的葫芦，前面是一块不大的石板，只见他右手拿着引火的小木棒，点燃石板上的粉末，粉末迅速爆炸、浓烟顿起。大家似乎嗅到了一股刺鼻的火药味。

画作的下面署着"无机化学：郑邦国"。

大家接下来看第二幅图画，画名是"门捷列夫梦见元素周期表"。

子贡问道："什么是元素周期表？"

赵前程回答道："所谓元素周期表，就是根据元素原子核电荷数从小至大排序的化学元素列表。"

子贡听后似懂非懂。

大家看这幅画作，只见画中的一幢俄式建筑里，一个人（门捷列夫）睡在沙发上，他身上随意地盖着一件大衣，一连串由小到大的圆圈从这个人的头部向外延伸，在最大圆圈里，是一个呈弯曲状的表，表上密密麻麻写着一些化学元素符号。

画作的下面署着"基础化学：崔国强"。

徐翔阳在中学时学过元素周期表，听老师说过这个事，不等赵前程开口，自告奋勇对孔子、马克思等人介绍道："1860 年，俄国化学家门捷列夫开始构思其著作《化学原理》一书，但他深为无机化学缺乏系统性所困扰。他没日没夜地工作了大约九年时间，但研究在已知成果面前徘徊不前、毫无进展。1869 年 2 月一天清晨，门捷列夫再一次疲惫地横躺在书房的沙发上，不知不觉中睡着了，突然一张表浮现在他的眼前，元素之间排列的规律十分清晰。他喜出望外，一下子清醒过来，迅速动手制作了标有元素符号的卡片，按照梦中的记忆排列出卡片的次序，伟大的元素周期表就此诞生了。就这样，一个神秘莫测的梦，与一个伟大的化学发明结合在了一起。"

马克思无比感叹地对孔子、孟子、恩格斯等人说道："看来科学需要梦想，从梦想获得灵感和启发。"

接下来，大家又看许多画作，反映的是原子结构、化学键和分子结构、化学反应速率、合成氨、锂电池、纳米材料等重大发现是怎么来的。

走着走着，一幅画作吸引了大家，一看名字是"生命起源"。

只见画作的左边，是火山喷发后地球表面形成了有机化合物。这些物质又流入右边的海洋里，形成了更加复杂的有机化合物，这些化合物最终演化成了最初的细胞。

画作下面署名是"有机化学：许家威"。

赵前程介绍道：　"在化学界，有许多未解之谜，生命起源算是第一个。"

大家接着往下看。

孔子、马克思等人在一幅画作前停下来，画作的名字叫"大脑思考"，署名写的是"生物化学：董万祥"。

大家一看，这幅画既简单，又复杂。说简单，因为它只有一个大的图形，就是一个没有头颅骨的脑神经图；说复杂，这个脑神经图内，各种图形、曲线、不规则分布的点聚在一起，相互发生复杂的联系。

赵前程边看图边介绍道："人的大脑是非常复杂的神经网络，是神经系统的最高级部分。大脑皮层主导着人类机体内一切活动过程，并调节机体与周围环境的平衡。而大脑思考的过程中，会发生一连串的生物化学过程。这些过程，我仅仅弄清了一部分，还有相当大一部分没有搞清楚。所以，探索大脑思考的生物化学过程，也是化学领域的待解之谜。"

正在这时，一直跑在前面的徐翔阳小跑过来，激动地说："孔老师、马先生，前面有一幅画，画的是好像你们两位。"

孔子笑道："画我干吗？我又不是研究化学的。"

马克思也笑道："我虽然在《资本论》中讨论过化学过程对工业生产的影响，并提到了燃烧和化学变化等概念，但实际上我对化学研究不多。"

徐翔阳说道："这幅画作好像与生命化学和文化创新发展有关，你们先来看看吧。"

赵前程拍了一下脑袋说道:"好像是有这么一幅画作,应该是最近才画上去的。"

大家走了四五十米,果然看到一幅画作,名字叫作"新的文化生命",署名是"生命化学:柳海琦"。

大家再来看画作,只见孔子与马克思的头像十分清晰,特别是两人的眼睛,显得十分有神、深邃、睿智。大家走近细看,在孔子、马克思头像的上方,两条断断续续的DNA(脱氧核糖核酸)双链螺旋分别从两个头像上方斜拉出来,在更高的地方交汇在一起,形成新的DNA双链螺旋。

在旁边的空白处,还写着几行漂亮的楷体毛笔字:我的梦想是,先合成出带有优秀文化基因的生命基因,再合成出带有新的文化基因的DNA双链螺旋,而后注入人体胚胎内,从而提升人类文明进化的速度和质量。

马中哲看了一会儿后,一脸严肃地说道:"这个梦想,虽然在科学技术领域还是个梦想、很难实现,但在现实生活中从某种程度上讲已经实现了。"

孔子、马克思等人听后都是一脸疑惑:"真的吗?"

"大家听我说来。"马中哲说道,"对人类文明最大的礼敬就是创造人类文明新形态。'第二个结合'让马克思主义成为中国的,中华优秀传统文化成为现代的,让经由'结合'而形成的新文化成为中国式现代化的文化形态。[①]"

孔子、孟子、马克思、恩格斯等人先是低头沉思,而后相视一笑:"还真是如此。"

徐翔阳感觉听不太懂。

程思汉也是一脸狐疑,不禁问道:"中国式现代化的文化形态是什么呢?"

"在回答程先生这个问题之前,有个前提必须先搞清楚。"王教授听到程思汉的问题后,若有所思地说道,"这个前提,就是中国式现代化与中

---

① 习近平:《在文化传承发展座谈会上的讲话》,《求是》2023年第17期,第8页。

国古老文明或者说中华文明的关系。"

"是的，这对关系必须先搞清楚。"大家都觉得很有必要。

"二者的关系应该是这样的：'中国式现代化是赓续古老文明的现代化，而不是消灭古老文明的现代化；是从中华大地长出来的现代化，不是照搬照抄其他国家的现代化；是文明更新的结果，不是文明断裂的产物。中国式现代化赋予中华文明以现代力量，中华文明赋予中国式现代化以深厚底蕴。中国式现代化是中华民族的旧邦新命，必将推动中华文明重焕荣光'①。"王教授说得掷地有声。

"王教授说得好。在此基础上，我们再来回答程先生的问题。"马中哲说道，"首先，中国式现代化的文化形态，是中国式现代化的本质要求在文化层面的集中体现。马克思主义的根本特性和中华文明的突出特性，决定了中国式现代化的文化形态本质上仍然是中国特色社会主义文化，是民族的科学的大众的文化。其次，中国式现代化的文化形态，是马克思主义与中华优秀传统文化'结合'的产物，因而它包含了马克思主义基本原理的精髓、中华优秀传统文化的精华。同时，它还包含了革命文化和社会主义先进文化的优秀成果，以及世界文化的积极成果等。"

"为什么说中国式现代化的文化形态，还包含了革命文化和社会主义先进文化的优秀成果，以及世界文化的积极成果呢？"子路不解地问道。

"中国共产党和中国人民在伟大斗争中孕育产生的革命文化和社会主义先进文化，与在5000多年文明发展中孕育的中华优秀传统文化一样，同样积淀着中华民族最深层的精神追求，体现着中华民族独特的精神标识。同时，这种文化形态对世界文明兼收并蓄，既反映中华文明的突出特性、具有鲜明的民族性，也反映世界各国现代化文化发展的共性、具有世界性。"马中哲回答道。

党教授补充说道："中国式现代化的文化形态，是在中国特色社会主

---

① 中共中央宣传部编：《习近平文化思想学习纲要》，学习出版社、人民出版社，2024年，第31页。

义'五位一体'总体布局中，在物质文明、政治文明、精神文明、社会文明、生态文明协调发展中形成的，是对中国式现代化'五个文明'的反映。"

程思汉问道："中国式现代化的文化形态，与资本主义现代化的文化形态，有什么不同呢？"

党教授回答道："二者至少有四个方面不同。首先，指导思想不同。中国式现代化文化形态兼具政治意义和文化意义，无论其探索形成、理论阐释还是创新发展，都离不开马克思主义的指导。其次，文化基础不同。中华优秀传统文化、革命文化和社会主义先进文化，共同支撑中国式现代化。再次，根本立场不同。中国式现代化的文化形态，是能够满足广大人民群众多样化、多层次、多方面精神文化需求的文化。最后，胸怀格局不同。中国式现代化的文化形态，弘扬和平、发展、公平、正义、民主、自由的全人类共同价值，推动构建人类命运共同体，具有天下大同、协和万邦的大格局、大胸怀。"

听党教授这么一说，程思汉自觉在中国式现代化的文化形态面前，资本主义现代化的文化形态真是自愧不如、自惭形秽。

马克思不禁感叹道："这么说来，中国式现代化文化形态的提出和阐释，是马克思主义中国化时代化的创新突破。"

颜回听了半天，心有感悟，说道："听你们这么一说，我深切体会到，在中国式现代化的文化形态中，在这一新的文化生命体中，马克思主义和中华优秀传统文化是水乳交融的，从中既能感悟到马克思主义的真理力量，也能体悟到中华优秀传统文化的精髓要义，既彰显了马克思主义的价值追求，又体现了中华文明的鲜明特征，是适应时代发展潮流和文明发展趋势的文明形态。可以说，这一'化学反应'突破原先的文化形态，在组成要素、内容结构等方面实现了深层次重构。"大家一起看向颜回，都觉得他举一反三、闻一知识，还真不简单。

孟子喜酒，同时坚持"唯酒无量，不及乱"。他说道："我这个人爱喝两杯。我就用酒打一个比方：中国式现代化的文化形态，绝不是简单地把马克思主义与中国传统文化，尤其是儒家思想杂糅一起形成的，而是'新瓶装新酒'的重大原创性创新。"大家拍手称善。

李思通说道："我有一个观点，不知对不对？"

马克思说道："您尽管讲。"

"我认为，作为新的文化生命体，中国式现代化的文化形态还有一个成长成熟的历史过程。我们要站在文化自觉的高度，不断丰富其内涵，使之更加具有生命活力。"

党教授说道："李教授说得好。中国式现代化的文化形态不是超越时空的存在，是与历史进步同频共振的。今天，中国式现代化的伟大实践，为新的文化生命体成长发展提供了丰富养料。我们坚信，在强国建设、民族复兴的伟大历史进程中，马克思主义基本原理同中华优秀传统文化相结合的逻辑通路和广阔空间将不断拓展，新的文化生命体一定会不断成长成熟、拓展丰富、发展壮大。"

大家听后，都对中国式现代化的文化形态充满期待。

第十一章

○○○ 融通中外　贯通古今

第一节　东汉以来儒佛之争

离开"超能化工"园区后，孔子、马克思问子贡、马中哲等人道："今晚有安排吗？"

马中哲道："今晚新世纪大剧院上演一台话剧，叫《思想争锋》，是反映'古今中西之争'的，听说是圈内的名编剧、名导演、名演员编导演出的，其中也涉及老师和先生的思想主张。于是，我就买了十几张票，晚上请大家一起去看一下。"

孔子、马克思等人一听，很感兴趣。一行人吃过晚饭，就前往新世纪大剧院。进场一看，观众很多，座无虚席。孔子、马克思一行人的座位在第五排、第六排中间位置，第五排中间依次为颜回、孟子、孔子、马克思、恩格斯、程思汉，第六排中间依次为徐翔阳、子路、子贡、李思通、马中哲、党教授、王教授。众人的位置观看效果极佳，又便于交流。

不一会儿，随着两次不同音高、三声一组的钟声响起，具有艺术气息的灯光渐暗，一束聚光灯照到舞台的一角，一个穿着汉服的中年男子走了出来，站在聚光灯的光束下。他举起话筒，朗声说道："各位观众，我是今晚话剧的编剧刘光明。大家晚上好！"说完，他深深鞠了一躬。台下观众掌声响起。

刘编剧见剧场安静下来，继续说道："'古今中西之争'肇始于先秦时期。两千多年来，各家各派许多有见识、有担当、有勇气的大学问家、大思想家、大政治家、大实干家，以舌为剑、以笔为刀，唇枪舌剑、激烈交锋，时而平缓、时而激越，特别是到了民族生死存亡、改革发展的关键时期，更是达到高峰。但各派观点却始终伯仲之间、难辨优劣、不分高下，'古今中西之争'似乎成了难以破解的世纪难题。进入中国特色社会主义新时代，这个问题柳暗花明，有了更多得以破解的条件。今天这台话剧，我们试图以时间为维度、以人物为线索，来展示这一场场波澜壮阔、动人心魄、荡气回肠，甚至撕心裂肺的思想争锋。首先来看第一幕：东汉以来儒佛之争（即旧的中西之争）。"

孔子、孟子、马克思、恩格斯等人看后不解，小声问道："'东汉以来儒佛之争'怎么是'旧的中西之争'？"

李思通回答道："佛教是在与中国社会迥异的古印度社会成长起来的宗教，它的教义思想蕴含着独特的印度文化特点，自然与儒家思想有很大不同。所以，佛教于东汉时期传入中国后，与儒家思想发生争执、冲突在所难免。由于印度位于中国的西方，所以，儒佛之争又被称为'东西之争'。同时，相对于近代特别是鸦片战争以来的'中西之争'，又被称为'旧的中西之争'。"

马中哲说道："中国四大名著之一《西游记》，这部书里唐僧到西天取经，这里的'西天'，指的就是古印度；不过，要取的真经却是大乘佛教真经。"

孔子、马克思等人点头，表示理解了。

（舞台上灯光渐亮，大幕缓缓开启。）

午后，雨住初晴，河水大涨、水流湍急。五六个老妇人来到河边，蹲在几块青石板上浆洗衣服，几个人有说有笑，议论着家长里短。突然，一块青石板松动，滑进河里，蹲在这块青石板上的两位老妇人都掉进河里，顺着河水往前漂去。岸上的几个老妇人见状，都慌了神，大喊道："有人落水了，快来救人啊！快来救人啊！"

正在河边田里锄草的一个年轻小伙子，听到喊声后，放下锄头跑到河边一看，大声喊道："母亲，别慌，我来救您！"

说完，"扑通"一声跳进河里，向其中一位老妇人游去，迅速把她救上岸来。

这位被救上岸的老妇人一边咳、一边说道："孩儿，快去救你三堂婶。"

这个小伙一看母亲没事了，又跳进河里，将另外一位老妇人救出。一起来洗衣的另外几个老妇人，搀扶起这两个落水的老妇人，边安慰、边回家换衣服。

这一幕正被一个佛家装束的僧人在岸上看得明明白白，他拉住这个年轻小伙，有话要说。

僧人问道："你救人的行为实属可嘉，显现慈悲心肠。但有一个问题，我不太明白：就是你为什么先救这位老妇人，而后再去救那位老妇人？"

小伙很自然答道："第一位被救出的老妇人是我母亲，所以我要先救她。"

僧人面带愠色说道："由此看来，你的慈悲心是有区别的慈悲心。如果是我救人，必然是先看到谁，就救谁，不去分别这位是我的母亲、那位不是我的母亲。"

小伙正色道："我是研读儒家思想、信奉儒家思想的儒生。我们讲究慈悲、讲究仁爱，是有'三部曲'的。先是'亲亲'，首先要对自己的父母尽到孝敬心，对自己的儿女尽到慈爱心。这些都做到了，再去仁爱同族、同村其他人的父母子女，最后去仁爱全天下之人。这样一层一层扩大开来，最后达到'老吾老以及人之老，幼吾幼以及人之幼''仁民爱物、民胞物与'的境界。"

僧人不解地说道："为什么非要分出个差别来，对每个人都一视同仁不是很好吗？"说完，僧人拂袖而去。

（灯光渐弱，人物、场景隐隐去，大幕缓缓拉上。而后灯光又渐亮，大幕拉开。）

利用中间这点空隙，马中哲向孔子、马克思等人小声介绍道："上面这个小片段，反映了儒佛之间的争论，特别是关于孝道的争论，忠孝之道是儒佛争论的核心焦点之一。实际上，佛教传入中国后就争论不断。其中，比较著名的有两次大争论：第一次，是发生在东晋及南北朝前期，争论的焦点是灵魂存灭、因果报应和敬不敬王者等问题；第二次，由唐代大文学家韩愈发表坚决排斥佛教的文章，而引发的一场持久性辩论。下面的剧情里，说不定就会演韩愈反佛的故事。"

正说韩愈，"韩愈"就来了。

画外音："公元805年，唐宪宗李纯继位。他勤勉政事，重用贤良，改革弊政，平定诸藩，重振朝廷威望，史称'元和中兴'。他希望借助佛教的力量巩固统治地位，便大力推崇佛教。当时，法门寺地宫供奉着佛骨真身指骨舍利，高宗、武后、肃宗、德宗曾先后四次迎请佛骨真身指骨舍利，形成了30年一迎请的惯例。宪宗继位第十四年，又到了30年一迎请佛骨之年。宪宗十分重视这次迎请，隆重地将佛骨请入皇宫，供奉三日后，又送到京城诸寺供养，满城空巷、盛况空前。"

（伴随着画外音，舞台上出现迎请的场景。）

在盛大的仪仗队和无数宝物的簇拥下，佛骨被迎进了长安城。从平民百姓到达官贵人，都手持鲜花和香烛，争先恐后地前来瞻仰佛骨，虔诚地跪下顶礼膜拜，祈求佛祖庇佑。

皇宫内，唐宪宗亲率文武百官迎请佛骨。只见他身着龙袍、手持香炉，一脸虔诚地跪在佛骨前。随着佛骨被缓缓地抬进皇宫，整个宫殿里充满着庄重而神圣的气氛。

此时的长安城内热闹非凡，人们载歌载舞，僧侣们诵经念佛，各种佛教活动也纷纷展开，整个长安城仿佛成了一片佛教的海洋。

（人物、声音渐渐隐去。）

一个唐代官员的书房缓缓显现在舞台中央。书桌上摆放着笔、墨、纸、砚，上面铺展着一张写满字的纸张，两个人坐在书桌边的茶几旁，边饮茶、边交谈。

"李翱"说道："退之（韩愈的字）兄，你这是在写什么文章？"

"韩愈"回答道："习之（李翱的字），我在写《谏迎佛骨表》。你也看到了，举国上下迎请佛骨，劳民伤财，不利国运。我必须劝阻这样的行为。"

"李翱"说道："退之兄，我觉得您做得对。这篇谏文您是怎么写的呢？"

"韩愈"回答道："我这篇谏文，主要想表达两层意思。一是批佛是夷狄。'口不言先王之法言，身不服先王之法服，不知君臣之义、父子之情'，佛教与祖宗的传统礼仪是相悖的，因此是不对的。二是指出信佛的帝王都短命。佛教传入之前，中国的帝王一般都长寿，国家也长治久安。但自从佛教传入中国后，国运不振，且信佛的帝王都不长寿，特别是'三度舍身施佛'的梁武帝，信佛至深、虔诚至极，却落了个亡国之君、饿死台城的命运。"

"李翱"说道："退之兄，佛教的危害远不止于此吧？"

"韩愈"回答道，"是的。我觉得至少还有两大危害：一方面，现在我朝，儒、道、释三家并立，从总体影响和地位来看，佛教第一、道教第二、儒教第三，儒家的主导地位受到冲击。我们必须大力宣扬儒家'道统'，坚决反佛、抑佛。另一方面，现在朝廷实施对和尚免税的政策，很多老百姓为了逃税都出家当了和尚。种地的人少了，政府的财政收入也就少了。长此以往，国家如何繁荣昌盛？人民如何丰衣足食？"

"李翱"说道："退之兄，您觉得应该怎么做呢？"

"韩愈"回答道："所谓'不塞不流，不止不行'。不堵塞佛老之道，儒学就不得流传。我觉得，应该'人其人，火其书，庐其居'。必须把和尚、道士还俗为民，烧掉佛经道书，把佛寺、道观变成平民的住宅。只有这样，才能从根本上解决问题啊！"

"李翱"说道："退之兄，您说得极对。那您抓紧写，我就不叨扰了。告辞！"

"李翱"说完，辞别"韩愈"。

（灯光渐弱，人物、场景隐隐去，大幕缓缓拉上。）

这时，王教授向孔子、马克思等人介绍道："韩愈上书《谏迎佛骨表》后，非但没起到劝阻作用，反而触怒了唐宪宗。他下令处死韩愈，后经一些大臣劝谏，方才赦其死罪，但狠狠地贬了他的官职。韩愈的反佛主张虽然没有被唐宪宗采纳，影响却十分深远。佛教在儒家的挑战面前，越来越呈现靠拢、迎合、调和的色彩。"

马中哲接着说道："其中，有代表性的人物是北宋的佛教徒契嵩禅师。他采取调和的态度，力图化解当时儒者对佛教的攻击，使佛教与儒家思想融为一体。比如，他以佛教的'五戒'比附儒家的'五常'：'不杀，仁也；不盗，义也；不邪淫，礼也；不饮酒，智也；不妄言，信也。'在契嵩禅师看来，'五戒'与'五常'天然相通。这样的会通，从理论上和经义层面清除了儒佛会通之路的障碍。同时，契嵩禅师针对'孝道'这一儒佛冲突的焦点，极力宣扬孝道，提出了'孝为戒先'这一重要命题。这实质上是承认了儒家的主导地位，自愿使佛教向儒家靠拢。"

（舞台上灯光又渐亮，大幕慢慢开启，呈现一幕老师讲学的场景。）

讲堂的周围竹林茂密，微风拂过，竹叶摇曳，远处不时传来鸟儿的鸣叫声，整个场景显得愉悦与祥和。

"王阳明"说道："各位弟子，我围绕儒佛之别讲了自己的观点。下面，看大家有什么问题，我们共同探讨探讨。"

弟子"黄直"问道："先生曾说过，'佛氏不着相，其实着了相，吾儒着相，其实不着相'。我对这句话不是很理解，能不能给我们讲一讲？"

"王阳明"答道："佛怕父子累，却逃了父子；怕君臣累，却逃了君臣；怕夫妇累，却逃了夫妇。都是为君臣、父子、夫妇着了相，便须逃避。如吾儒有个父子，还他以仁；有个君臣，还他以义；有个夫妇，还他以别。何曾着父子、君臣、夫妇的相？①"

王教授在后面悄悄给孔子、马克思等解释道："'着相'是佛学的术语，'相'指的是事物在人脑中形成的意识或概念，比如声、色、欲相等。佛家持'万法皆空'的观念，认为世间诸相皆是虚妄，世俗之人却执着于虚妄之'相'，所以有'着相'之病。尤其是佛家认为君臣、父子、夫妇等人伦是对人造成负累的'相'，讲究人伦是'着相'，为了不'着相'他们选择了逃避人伦。而儒家认可父子、君臣、夫妇等人伦，以仁、义、别等伦理来处理人伦关系。顺应伦理就是顺应天理，就是不'着相'。"

"王阳明"说道："我曾醉心于佛老三十年，并多次萌生离尘出世的念头，只是心中常存一念孝亲，所以犹豫不决。后来，终于顿悟，'此念生于孩提。此念可去，是断灭种性矣'。也就是说，人的爱亲之心萌发于孩童时期，是人的自然本性。人若不能做到孝，相当于泯灭了人性。而佛道逃避父子，失去人性的根基，绝不是我们所追求的圣人境界。"

此时，马中哲心中想：佛家在逃避中寻求解脱，儒家敢于直面人生，不回避，不退缩，这才是真正的勇者、强者。

弟子"陆澄"问道："《大学》以'心有好乐、忿懥、忧患，恐惧'为'不得其正'。请问先生，不'着相'的境界是什么呢？"

"王阳明"答道："我觉得，不着相的境界就是两句话，而且这两句话还是佛家所说。这就是'情顺万事而无情''无所住而生其心'。良知之体皦如明镜，略无纤翳。妍媸之来，随物见形，而明镜曾无留染，所谓'情顺万事而无情'也。'无所住而生其心'，佛氏曾有是言，未为非也。明镜

---

① ［明］王守仁：《王阳明全集》（上），上海古籍出版社，2011年，第112页。

之应物，妍者妍，媸者媸，一照而皆真，即是生其心处。妍者妍，媸者媸，一过而不留，即是无所住处。①"

王教授又解释道："王阳明认为，圣人的良知无私欲之遮蔽，能够物来顺应，生出万事万物之理，此为'情顺万物''生其心'。而万事万物对良知本体也没有丝毫'染着'，良知依然'皦如明镜'，此为'无情''无所住'。从中可见，王阳明对'着相'的理解与佛家截然不同。在他看来，'着相'指的是违背天理、'着'于私欲，不'着相'指的是无私欲遮蔽的良知的圣人境界。"

弟子"郑骝"问道："儒、佛、道三家各有所长，儒可治世，佛可治心，道可治身，是否应该兼收并蓄？"

"王阳明"答道："所谓儒家、道家、佛家三者之间的分离，只不过是儒家人士不懂得儒家自身是如此这般的广大，门庭是如此这般的宏大。'譬之厅堂三间共为一厅，儒者不知皆我所用，见佛氏，则割左边一间与之；见老氏（即道家，作者注），则割右边一间与之；而己则自处其间，皆举一而废百也。圣人与天地民物同体，儒、佛、老、庄皆吾之用，是之谓大道。'②。儒家本是以天下万物为一体的，真正的圣人就应该有包容天地万物的胸怀。佛也好，道也好，所有这些本来就是儒家之有、儒家之用，不能把自身的胸怀、格局、境界搞小了。"

（灯光渐弱，人物、场景渐隐去，大幕缓缓拉上。而后场内灯光亮起，第二幕结束。）

话外音："现在进入中场休息。"

孔子、马克思一行起身，向场外走去。

---

① ［明］王守仁：《王阳明全集》（上），上海古籍出版社，2011年，第79页。
② ［明］王守仁：《王阳明全集》（下），上海古籍出版社，2011年，第1423页。

王教授边走边说道："上面这几个片段，只是反映了儒佛之争的几个侧面。总的来说，这次旷日持久的儒佛之争，实际上却促进了儒佛的融合。特别是到了宋元明时期，儒佛之争已进入既斗争又融合而以融合为主的新阶段，再没有发生过大的论争。比如理学大家朱熹、心学大师王阳明等，虽然都曾在公开的言论中激烈地批评过佛教，但他们对佛学精深的哲学思想都不乏尊仰、肯定之处。而且，在他们的学说和著述中，都不同程度地吸收、融入了佛教的思想营养。"

马中哲说道："儒佛之争或者说旧的东西之争，比较充分地反映了中华文明突出的包容性。'中华文明从来不用单一文化代替多元文化，而是由多元文化汇聚成共同文化，化解冲突，凝聚共识。中华文化认同超越地域乡土、血缘世系、宗教信仰等''越包容，就越是得到认同和维护，就越会绵延不断'①。"

王教授说道："《吕氏春秋·有始》的一段话，可以代表中华文化的包容性：'天地万物，一人之身也，此之谓大同。众耳目鼻口也，众五谷寒暑也，此之谓众异。（众异）则万物备也。天斟万物，圣人览焉，以观其类。'"

孟子说道："物之不齐，物之情也。文化也是如此"。

孔子说道："这也正是'道并行而不相悖'。"

马克思也笑道："儒家思想与佛、道二教不断互动交融，最终走向'三教融合'，岂非好事？"

徐翔阳看过《西游记》，记得其中一段故事，说道："在《西游记》这部书里，故事一开始，孙悟空拜了一个'三家配合本如然'的菩提祖师为师。在第四十七回，孙悟空在车迟国打败了虎、鹿、羚羊三个妖精，最终却吩咐道：'望你把三教归一，也敬僧，也敬道，也养育人才。'从中可见，三教合一体现了《西游记》的宗旨，这也从一个侧面反映了当时儒家知识分子的学术主张。"

---

① 习近平：《在文化传承发展座谈会上的讲话》，《求是》2023年第17期，第6页。

大家听后都笑起来。

马中哲说道："中华文明除了具有突出的包容性，还具有突出的连续性、突出的创新性、突出的统一性、突出的和平性。'中华优秀传统文化有很多重要元素，比如，天下为公、天下大同的社会理想，民为邦本、为政以德的治理思想，九州共贯、多元一体的大一统传统，修齐治平、兴亡有责的家国情怀，厚德载物、明德弘道的精神追求，富民厚生、义利兼顾的经济伦理，天人合一、万物并育的生态理念，实事求是、知行合一的哲学思想，执两用中、守中致和的思维方法，讲信修睦、亲仁善邻的交往之道等，共同塑造出中华文明的突出特性。'[①]"

马克思听后对孔子说道："其中，您作出的贡献不小啊！"

孔子自谦地说道："不敢当。"

这时，场内铃声响起，下一幕要开始了，大家又返回原位坐下观看。

第二节　近代古今中西之争

（舞台灯光渐亮，大幕缓缓开启。）

雄伟壮观的皇极殿内，崇祯皇帝正在批阅奏章。

"太监甲"跑过来，大声说道："皇上，日食了！"

"崇祯皇帝"问道："具体情况如何？"

"太监甲"回答道："五月乙酉朔（1629 年 6 月 21 日），顺天（北京）日食有二分多，琼州发生日全食，大宁以北不发生日食。"

"崇祯皇帝"说道："这么说来，钦天监使用《大统历》《回回历》推算的日食时刻又不准，而徐光启依据西洋历法推算的日食时刻是准确的？"

"太监甲"回答道："事实正是如此。"

"崇祯皇帝"拍案怒道："你到钦天监去，代朕痛责钦天监监正，数次

---

① 习近平：《在文化传承发展座谈会上的讲话》，《求是》2023 年第 17 期，第 5 页。

推算日食前后时刻的数值都不对。天文历法是大事，这样的错误不能再犯，如有再犯，重治不饶。"

"太监乙"上殿奏道："皇上，礼部上奏。"

"崇祯皇帝"说道："把奏书呈上来。"

"太监乙"呈上奏书。

"崇祯皇帝"边看边说道："开设历局，由徐光启督修历法。这个建议甚好，准奏。"

"崇祯皇帝"伏案用朱砂笔写下"准奏"二字。

（灯光渐弱，人物、场景渐隐去，大幕缓缓拉上。）

马克思问孔子道："中国古代人为什么对日食现象这么重视？"

孔子答道："人们认为日食是'天狗吃太阳'，是一种凶兆，会给国家和人民带来灾难。其实，我并不这样认为。我曾在《春秋》中，记载了公元前 770 年到公元前 476 年之间的 37 次日食，还以此为依据来分析了国家的政治状况和人民的命运。统治者要为政以德，不能只看天象。"

王教授补充道："由于古人认为日食不吉利，就需要运用历法及早预报。同时，也就需要对历法不断更新，以使得对日食等进行准确预报。"

子路问王教授道："王教授，什么是钦天监，什么是历局啊？"

王教授回答道："钦天监是明朝中央机构之一，主要职责是观察天象、颁布历法。钦天监的最高官员叫监正、正五品，副监是正六品。而崇祯皇帝设置的历局，是一个临时研究修改历法的机构，任务是编纂一部《崇祯历书》。而这个历局在大科学家徐光启的主持下，组织翻译西方科学著作，研究和推广科学技术，这事实上正式打开了中国通向近现代科学之门。"

子路点头。

（舞台灯光渐亮，大幕拉开。）

四个人正在礼部会客厅议事。

"徐光启"（礼部左侍郎）说道："皇帝下达修改了历法的圣谕。我觉得，要完成好这一任务，应该把西洋历法与郭守敬历法参互考订。西洋历法有许多'古所未闻'的东西，应该拿来为我所用。"

"李之藻"（南京太仆少卿）说道："是的，西洋历法十分精密。这些年来对日食、月食的推算都合乎天象、屡试不爽，应该借鉴。"

"邓玉函"（德国天主教传教士）说道："我和龙华民向利玛窦老师学了很多关于历法的知识。你们要借鉴西洋历法，编纂《崇祯历书》，我们一定会尽我们所能，帮助你们修纂好历法。"

"龙华民"（意大利天主教传教士）附和道："是的，我们一定会尽力而为。"

"徐光启"说道："你们两位，尤其是邓玉函先生，专攻历法，学问既博洽又精深，正是我们要深所倚仗的。"

"门人"来报："老爷，新征的四川资县诸生冷守中和河北满城布衣魏文魁求见。"

"徐光启"与"李之藻"听后相视一笑，说道："请二位进来。"

相互寒暄毕。

"冷守中"（四川资县诸生）说道："徐大人，我有一个观点不知对不对？"

"徐光启"说道："我们是探讨学问，不用顾虑。请讲。"

"冷守中"说道："修订历法，我不反对，但不一定要用西洋历法。因为'历理'起于'易理'，中国传统历法理论已经十分成熟。比如，宋代邵雍的《皇极经世》中就有许多历法理论，用这些理论观测天象已经足够。"

"徐光启"冷静说道："我国的历法正是由于不断改革而逐步完善的，治历要依据天时的变化，不能拘泥古法而违背天象。"

"魏文魁"（河北满城布衣）说道："徐大人，您主持的历局的改历方针是以西法为立足点，这似乎是一种外夷之论。"

"徐光启"愤慨说道："你说我是'外夷之论'，这一点我坚决反对。历法要以科学、准确为圭臬，而不在于是中国的还是西洋的。我们还是用事实说话，凡遇有日食、月食，我预先公布推算结论，看谁的测验结果正确且有优势。"

"冷守中""魏文魁"一时无语。

画外音："后来，凡遇有日食、月食，徐光启都预先公布推算结论，然后在北京观象台和国内其他地方观象测验，用测验的结果证实新法的正确和优越，借以回击守旧派，说服那些对新法怀有疑虑和成见的人。"

（灯光渐弱，人物、场景渐隐去，大幕缓缓拉上。而后灯光渐亮，大幕打开。）

"徐光启"一人在书房里写奏疏，书桌上摆着一部《崇祯历书》，奏疏的名字是《历书总目表》。

"徐光启"边写边说道："臣颇有不安旧学，志求改正者。《大统》既不能自异于前，西法又未能必为我用。臣等愚心，以为欲求超胜，必须会通；会通之前，先须翻译。"

画外音："'欲求超胜，必须会通；会通之前，先须翻译。'徐光启先生说得太好啦！在徐光启的思想观念里，'翻译'是起点，'会通'是路径，'超胜'是目的。'不易之法'是暂时的，'更改之法'是恒久的，以'更胜于今'超越前人、超越西人，这才是徐光启等古圣先贤的抱负和追求。"

（灯光渐弱，人物、场景渐隐去，大幕缓缓拉上。）

马中哲向孔子、马克思等人说道："徐光启等人'会通以求超胜'的主张和取向，被清代的天文历算学家王锡阐、'世界科学巨擘'梅文鼎等人所继承。而清朝经学家、天文历算学家黄宗羲，虽然认可西方天文历法的准确性，并主张汲取西方科学成果，同时又提出'西学中源'说。还有不少人认为，西方天文历法是'不可易之法'，不承认中国原有历法的价值。"

马克思说道："看来，其中的分歧不小、争论不少啊！"

李思通说道："这只是这场'古今中西之争'的萌芽和开端。争论的

'大戏'还在后头呢!"

（舞台内灯光渐亮，大幕拉开。）

伴随着枪炮声、喊杀声，画外音响起："以 19 世纪 40 年代鸦片战争为开端，帝国主义列强用坚船利炮打开了古老中国的大门。从第一次鸦片战争到清朝灭亡，清政府与外国签订了诸多丧权辱国的不平等条约，共割让领土 100 多万平方千米，赔款累计十几亿两白银。5000 多年的文明古国颜面尽失，中华民族陷入国家蒙辱、人民蒙难、文明蒙尘的悲惨境地。"

马克思对孔子说道："我曾经这样评价晚清政府：'一个人口几乎占人类三分之一的大帝国，不顾时势，安于现状，人为地隔绝于世并因此竭力以天朝尽善尽美的幻想自欺。这样一个帝国注定最后要在一场殊死的决斗中被打垮。'① "

此时的孔子满脸悲怆和愤怒。

画外音："为了救亡图存，各种政治势力纷纷探求强国复兴的道路。其中，不少人主张向西方文明学习，大体经历了一个'变夷之议，始于言技，继之以言政，益之以言教'② 的过程，也就是从器物、到制度、再到文化的三段式过程。"

一幢清朝官员的后花园内，晚清重臣、后期洋务派代表人物张之洞与弟子谬荃荪、蒯光典及好友张佩纶等人边散步边聊天。

"张之洞"说道："《周易》云：'穷则变，变则通，通则久。'鸦片战争以来，面对落后挨打的局面，只有变革图强一条路可走。至于怎么变，朝廷内争论不休啊！"

"谬荃荪"说道："是啊！您与曾国藩、李鸿章、左宗棠等洋务派提出

---

① 《马克思恩格斯文集》第 2 卷，人民出版社，2009 年，第 632 页。
② [清] 曾廉：《上杜先生书》。

'师夷长技以自强',主张在不触动既有制度的前提下,学习西方先进科学技术以求自强。这是一条可行、必走之路。"

"蒯光典"说道:"而以文渊阁大学士倭仁为代表的顽固保守派,却把西方科学技术视为'奇技淫巧',反对向西方学习,甚至试图恢复'闭关锁国'的局面。这样下去,不是越封闭越落后吗?"

"张佩纶"说道:"顽固派固执地认为,学习西方就是'用夷变夏',违反了'祖宗成法'和'立国之道'。想一想,这种想法是何等守旧甚至荒谬!"

"张之洞"说道:"同治五年(1866年)十一月,恭亲王奕䜣上奏,建议在京师同文馆内设立天文算学馆,专门教习天文、算术等自然科学知识。顽固保守派坚决反对,还散布谣言:'诡计本多端,使小朝廷设同文之馆;军机无远略,诱佳子弟拜异类为师。'① 倭仁更是亲自上奏,大谈什么'立国之道,尚礼义,不尚权谋'。最后,虽然天文算学馆也开办了,但报考的人数减少了不少。"

"谬荃荪"说道:"还有关于设厂制造船炮机器和筹备海防的事,也是闹得不可开交。1874年日本侵略我国台湾,那时候海防很空虚,洋务派上奏练兵、造船,顽固保守派又是坚决反对,还说出什么'洋人之所长在机器,中国之所长在人心'的陈词滥调。"

"张佩纶"说道:"修筑铁路的事也引起了巨大争论。李鸿章、刘铭传等主张修铁路。但顽固保守派却纷纷上奏表示反对,翰林院侍读周德润认为修筑铁路有'六不可解'。这真是愚腐之见。"

"张之洞"说道:"'旧者不知通',守旧者唯知守经而不能变通,走到了极端。同时,也确实有'新者不知本',维新者则背弃道统而一味权变,这又陷入另外一种极端。这样的结果,必然是'不知通则无应敌制变之术,不知本则有菲薄名教之心'②。要解决这个问题,就需要把'知通'

---

① [清]李慈铭:《越缦堂日记》。
② [清]张之洞:《劝学篇》。

和'知本'这两者有机融合起来。"

"谬荃荪"说道："老师，您曾写下著名的《劝学篇》。《劝学篇》之《内篇》主要讲'知本''务本'的道理，通过'在海外不忘国，见异俗不忘亲，多智巧不忘圣'来正人心。《劝学篇》之《外篇》主要讲'知变''务通'的道理，用'不变其习不能变法，不变其法不能变器'来开风气。"

"张之洞"说道："'知本、务本'涉及的是'体'，'知变、务通'涉及的则是'用'。而'务本'有赖'中学'，'务通'依靠"西学"。一句话，就是要'中体西用'。"

（灯光渐弱，人物、场景渐隐去，大幕缓缓拉上。）

李思通对孔子、马克思等人说道："应该说，张之洞等人的'中体西用'说是具有进步意义的。而到了戊戌变法时期，这种'中体西用'说因为强调固守传统政治制度和伦理纲常，反倒又成为进一步学习西方政治制度的障碍。"

子路问道："什么是戊戌变法啊？"

马中哲回答道："戊戌变法又称百日维新、维新变法，它发生在晚清时期，以康有为、梁启超为代表的维新派人士，在当时的皇帝光绪帝支持下，倡导学习西方，提倡科学文化，改革当时的政治、教育制度，发展农、工、商业，是一场资产阶级改良运动。"

孔子问道："康有为、梁启超是什么样的人啊？"

王教授回答道："这两个人，儒家思想功底很深，同时又受西学影响很大，都是会通中学西学的大家。特别需要说明的是，康有为先生为了给政治改革寻找理论根据，先写《新学伪经考》抨击'新学'、斥责'伪经'，目的是破除封建顽固派恪守祖训的观念。后又作《孔子改制考》，用西方资产阶级的政治思想附会公羊三世说，认为'据乱世'即君主专制时代，'升平世'即君主立宪时代，'太平世'即民主共和时代，既有力冲击了顽固派'敬天法祖'的思想，也为政治体制改革奠定了于古有征、于世

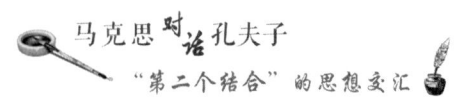

有济的理论基石。"

孔子轻声笑道:"这个人有些意思。"

（舞台内灯光渐亮，大幕拉开。）

画外音:"1894 至 1895 年，中日之间爆发了中日甲午战争，结果是中国战败，日本强迫中国签订丧权辱国的《马关条约》。这是继《南京条约》等之后又一个严酷的耻辱的不平等条约。洋务运动进行了 30 年了，怎么还会这样？民族危亡、大厦将倾的紧要关头，必须变法图强。"

此时，舞台上通过虚拟现实技术，动态显现 1898 年 6 月 11 日光绪帝下诏"明定国是"，以慈禧太后为首的守旧派强烈抵制变法，1898 年 9 月 21 日慈禧太后等发动戊戌政变、光绪帝被囚，康有为、梁启超分别逃往法国、日本，戊戌六君子被杀等场景。

画外音:"戊戌变法以变法始，以戊戌政变终。顽固派虽然用政治权力镇压了变法，但改良派却在思想文化领域拓展了自身的影响，并在变法后持续发力。"

台下的孔子、马克思等人，看到戊戌六君子被杀的场景，听到他们的慷慨言辞，不觉潸然泪下，都沉默不语。

只有恩格斯沉重地说道:"'每一种新的进步都必然表现为对某一神圣事物的亵渎，表现为对陈旧的、日渐衰亡的、但为习惯所崇奉的秩序的叛逆。'① 所以，变革的困难与艰巨是不言而喻的，有时候可能还是志士喋血、赍志而殁。"

画外音:"1911 年至 1912 年初，孙中山先生领导了旨在推翻清朝专制帝制、建立共和政体的辛亥革命，革命果实被袁世凯窃取。辛亥革命失败，人们反思'无量金钱无量血，可怜购得假共和'。正是这种反思，促

----

① 《马克思恩格斯文集》第 4 卷，人民出版社，2009 年，第 291 页。

使人们从民族文化上寻找原因。随着新文化运动的展开，'古今中西之争'逐渐进入'言教'的层面，在思想学术上的争论较量呈现出前所未有的参与度、激烈度和深刻性、复杂性。"

（新文化运动的代表人物陈独秀和李大钊、近代出版家杜亚泉、"清末怪杰"辜鸿铭等人随着灯光渐亮，出现在舞台上。）

"陈独秀"说道："中西之不同，非轮船、火车、飞机、声、光、化、电不如西方，实中西思想有根本之差异。西洋民族以战争为本位，东洋民族以安息为本位；西洋民族以个人为本位，东洋民族以家族为本位；西洋民族以法治为本位、以实利为本位，东洋民族以感情为本位、以虚文为本位。我们可以把东洋文明归结为古代文明，把西洋文明归结为近世文明，中国固有思想已不适合于当代社会。[1]"

"杜亚泉"说道："此言非也。东西方文明乃性质之异，而非程度之差。西洋文明浓郁如酒，吾国文明淡泊如水；西洋文明腴美如肉，吾国文明粗粉如蔬。而中酒与肉之毒者，则当以水及蔬疗之也。我们决不能希望于自外输入之西洋文明，而当希望于己国固有之文明。"[2]

"李大钊"说道："我认为，东洋文明主静，西洋文明主动。要以受西洋文明之特长，以济吾静止文明之穷，而立东西文明调和之基础。"[3]

"陈独秀"说道："儒家别尊卑、明贵贱的三纲伦理，与西方自由平等学说，是东西道德政治之大原和东西文明一大分水岭。儒家纲常礼教与现代共和政治水火不容，存其一必废其一。"[4]

子路在台下听到这话，火气往上撞，想站起来与之辩论。被旁边的子贡按住："他们只是在演戏，不要冲动。"

---

[1] 参见陈独秀《东西民族根本思想之差异》。

[2] 参见杜亚泉《静的文明与动的文明》。

[3] 参见李大钊《东西文明根本之异点》。

[4] 参见陈独秀《复辟与尊孔》。

"辜鸿铭"拖着大辫子说道:"我的看法与你不同,我认为西方文化不如中国文化,我们应该尊孔、拥帝、重传统礼教。中国人的性格和中国文明的特征正是深沉、博大、纯朴和灵敏的,而那些批判中国传统文化价值、主张全盘西化的人,实际上并不真正懂得中国人和中国语言,所以我坚持反对西方文化的输入。"①

"杜亚泉"说道:"我坚决支持辜老的观点。"

"陈独秀""李大钊"听后,拂袖而去。

(灯光渐弱,人物、场景渐隐去,大幕缓缓拉上。)

孔子对马克思小声说道:"真没有想到,我的学说惹出这么多是非来。罪过、罪过啊!"

马克思说道:"这正从一个侧面说明您的学说影响大啊!"

(舞台内灯光渐亮,大幕拉开。)

此时,民国时期王新命、何炳松、武堉干、孙寒冰、黄文山、陶希圣、章益、陈高佣、萨孟武、樊仲云等十位教授走上舞台,在场地中间站定后,他们双手捧着《中国本位的文化建设宣言》齐声诵读道:

"在文化的领域中,我们看不见现在的中国了……

"要使中国能在文化的领域中抬头,要使中国的政治、社会和思想都具有中国的特征,必须从事于中国本位的文化建设……

"要从事中国本位的文化建设,必须用批评的态度、科学的方法,检阅过去的中国,把握现在的中国,建设将来的中国……

"循着这认识前进,那我们的文化建设就应是:

"不守旧;不盲从;根据中国本位,采取批评态度,应用科学方法来检讨过去,把握现在,创造未来。

"不守旧,是淘汰旧文化,去其渣滓,存其精英,努力开拓出新的道

---

① 参见辜鸿铭《中国人的精神》。

路。不盲从，是取长舍短，择善而从，在从善如流之中，仍不昧其自我的认识……用文化的手段产生有光有热的中国，使中国在文化的领域中能恢复过去的光荣，重新占着重要的位置，成为促进世界大同的一支最劲最强的生力军。"①

画外音："2000多年来，中学西学之争、旧学新学之争、东方文化西方文化之争……始终或隐或显、或明或暗进行着。但争来辩去，始终没有统一的认识、标准的答案。古今中西之争似乎成了求解之难题。但是随着中国共产党人走上历史舞台，经过长期努力，特别是进入中国特色社会主义新时代以来，我们比以往任何一个时代都更有条件破解'古今中西之争'，也比以往任何一个时代都更迫切需要一批融通中外、贯通古今的文化成果。"

"今天的演出到此结束，再见！"

第三节　破解古今中西之争

孔子、马克思一行走出剧场，在大厅的靠墙一侧，剧场工作人员配合这次《思想争锋》演出，制作了一长排宣传展板。

本来时间有点晚了，子贡、李思通等人建议回宾馆休息。但这些展板做得十分精致，吸引了大家的眼光。孔子、马克思等人提议看一看。

前面的一些展板呈现的是儒佛之争、古今中西之争等，大部分内容在话剧中都看到过，他们就一掠而过。

孔子、马克思等人在一块展板上停了下来。毛泽东在延安文艺座谈会上讲话的照片、延安文艺座谈会与会人员合影、《白毛女》剧照等照片，吸引了大家的目光。展板的空白处，有一些配合照片的文字：中国共产党在延安时期提出"民族的科学的大众的文化"，这是人民大众反帝反封建的文化、新民主主义的文化以及中华民族的新文化。

---

① 《中国本位的文化建设宣言》，《文化建设》1935年第1卷第4期。

党教授介绍道:"那时的延安,不仅是全国闻名的革命圣地,更是中国文艺青年向往的圣地,是进步文艺作品生根发芽的沃土。像《白毛女》《兄妹开荒》《小二黑结婚》《保卫黄河》《夫妻识字》《太阳照在桑干河上》等一大批优秀文艺作品,就是在延安时期创作的。从照片看,大家穿得很破旧,但是大家精神上是昂扬的,文化上是自信的。"

李思通说道:"这正如 70 多年前,在中国革命取得胜利的前夜,毛泽东所宣告的:'自从中国人学会了马克思列宁主义以后,中国人在精神上就由被动转入主动。从这时起,近代世界历史上那种看不起中国人,看不起中国文化的时代应当完结了。伟大的胜利的中国人民解放战争和人民大革命,已经复兴了并正在复兴着伟大的中国人民的文化。这种中国人民的文化,就其精神方面来说,已经超过了整个资本主义的世界。'①"大家从毛泽东的这一番话中,充分感受到了坚定的文化自信。

接下来一块展板,呈现的是新中国成立初期的文化成就,配有"新中国成立后,中国共产党提出'古为今用,洋为中用'的方针"等文字。

马克思对孔子说道:"'古为今用,洋为中用',这个提法好!"

孔子说道:"是啊,应该这样做!"

党教授说道:"新中国成立后,处理好正在建设的社会主义文化与既有文化即传统文化和西方文化的关系,是文化建设需要重点解决的问题。基于此,毛泽东提出了'古为今用,洋为中用''推陈出新''百花齐放、百家争鸣'等原则,积极回应了长期以来'本位文化论'与'全盘西化论'等争论。具体说来,对于中国传统文化要'古为今用',对于西方文化要'洋为中用'。"

马克思对此十分赞赏,说道:"从'古为今用,洋为中用'的提出,可以看出中国共产党人在当时的历史条件下超越'古今中西之争'的努力。"

接下来的几块展板,反映的是 20 世纪 80 年代中期以来的"文化热"

---

① 《毛泽东选集》第 4 卷,人民出版社,1991 年,第 1516 页。

"国学热"。

党教授介绍道："1978 年开始的真理标准问题大讨论，带来了思想解放，文化领域也随之活跃和发展起来。人们开始对此前激烈反传统的做法进行深刻反思，对传统文化与现代化的关系进行深入思考。不少有识之士主张重新从中国传统文化中汲取智慧、寻找答案。"孔子与马克思对视了一下，心中都觉得应当如此。

接下来的几块展板，呈现的是进入中国特色社会主义新时代以来的文化建设成就，主要有"鲜明提出'两个结合'重大论断""引领中华文化创造性转化、创新性发展""习近平文化思想的形成"等内容。

党教授站在"鲜明提出'两个结合'重大论断"展板前讲道："孔老师、孟老师，马先生、恩格斯先生，这张展板呈现的是'两个结合'的提出和不断深化的过程。2021 年 7 月 1 日，习近平总书记在庆祝中国共产党成立 100 周年大会上，鲜明提出'坚持把马克思主义基本原理同中国具体实际相结合、同中华优秀传统文化相结合'。这是'两个结合'重大论断首次正式提出。后来，'两个结合'先后写入《中共中央关于党的百年奋斗重大成就和历史经验的决议》和党的二十大报告。特别是在文化传承发展座谈会上，习近平总书记深刻阐释'两个结合'的重大意义，指出'"两个结合"是我们取得成功的最大法宝'[①]。"

马中哲看到此时此境，心中一动，他郑重地把孔子、孟子、马克思、恩格斯请在一处、站在一排，依次是孟子、孔子、马克思、恩格斯，满怀欣喜地说道："什么是'第二个结合'？你们四位站在一起，就非常形象地体现了'第二个结合'。"

大家拍手称是，并拍照留念。

拍完照后，大家继续观看。

接下来的一块展板，主题是"引领中华文化创造性转化、创新性发展"，展现了敦煌文化保护研究工作等重大工程，《复兴文库》"中国历代

---

① 习近平：《在文化传承发展座谈会上的讲话》，《求是》2023 年第 17 期，第 6 页。

绘画大系"成果的编纂出版，以及《中国诗词大会》《经典咏流传》《朗读者》等多档节目的现场照片等内容。

颜回问道："什么是中华文化创造性转化、创新性发展啊？"

马中哲说道："创造性转化，就是要按照时代特点和要求，对中华文化中那些至今仍有借鉴价值的内涵和陈旧的表现形式加以改造，赋予其新的时代内涵和现代表达形式，激活其生命力。创新性发展，就是要按照时代的新进步新进展，对中华优秀传统文化的内涵加以补充、拓展、完善，增强其影响力和感召力。①"

孔子听后说道："推动中华文化创造性转化、创新性发展，应该也是破解'古今中西之争'的重要途径之一。"

最后一个展板是"习近平文化思想的形成"，主要是通过文字呈现出习近平文化思想的重大意义、丰富内容、精神实质和实践要求。

党教授说道："党的十八大以来，习近平总书记在新时代文化建设方面提出了一系列新思想新观点新论断，丰富和发展了马克思主义文化理论，构成了习近平新时代中国特色社会主义思想的文化篇，形成了习近平文化思想。"

李思通说道："习近平文化思想深刻回答了新时代我国文化建设举什么旗、走什么路、坚持什么原则、实现什么目标等根本问题，明体达用、体用贯通……"

"李教授，等一下。"李思通还未说完，孔子一下打断了他的话，"您把刚才两个词再说一下。"

"是'明体达用''体用贯通'这两个词吗？"李思通有些疑惑地问道。

"是的，是'明体达用''体用贯通'。这两个词，以前虽然没有听说过，但第一次听起来就感觉很熟悉、很亲切。"孔子说话的时候，好像还在品味这两个词的"味道"。

---

① 中共中央宣传部编：《习近平新时代中国特色社会主义思想学习纲要（2023年版）》，学习出版社、人民出版社，2023年，第194页。

马中哲说道："'明体达用''体用贯通'，这两个词很好地体现了'体'与'用'这一对中国哲学特有的范畴，这一对最能体现中华民族思想智慧的范畴。虽然直到魏晋时期，'体''用'才成为一对重要的哲学范畴，但说起来，'体用'关系还和老师有密切关系呢。"

孔子带有批评的口气说道："中哲，你也不能强拉硬扯、牵强附会啊！好像什么都和我有关系似的。"

"老师，我不是乱说的。您在《周易·系辞传》中写道：'形而上者谓之道，形而下者谓之器。'道器不离，这是儒家思想理念中的一个基本特征，而道器关系是与体用关系相近相关的一对基本范畴。还有，《论语》中讨论了'礼之本''礼之用'的问题，这里的'本'与'用'的关系，很接近'体'与'用'的关系。"

孔子说道："听起来有一定道理，但还是有些牵强。毕竟我没有直接说出'明体达用'或'体用贯通'啊！"

王教授说道："据考证，'明体达用'一词，始见于元代张光祖《言行龟鉴》：'教学者必以明体达用为本。'这句话是对北宋思想家胡瑗的思想特别是教育思想的概括总结。实际上，'明体达用'一词也体现了儒家思想甚至整个中国哲学的思想特点。"

"是的。"李思通说道，"我们通常理解'体'和'用'的关系，'体'是基础、是根本，'用'是作用、效用。随着时代的发展，'明体达用'不断被赋予新的时代内涵，'体用'范畴也体现着理论和实践的辩证关系。可以说，'明体达用、体用贯通'，既传承了中华民族的优秀文化传统，也体现了马克思主义的实践品格。"

徐翔阳问道："请问一下，为什么说习近平文化思想具有'明体达用、体用贯通'的鲜明品格呢？"

马中哲回答道："这是因为，这一思想既有文化理论观点上的创新和突破，又有文化工作布局上的部署要求；既深化了对中国特色社会主义文化建设的经验性总结和规律性认识，又明确了新时代文化建设的路线图和任务书；不仅有深邃的观点、战略的谋划、科学的部署，还教给我们正确的立场、管用的方法，实现了知与行、理论与实践、认识论与方法论的辩证统一。"

"中哲的回答虽然简单，但抓住了关键和要害，答到了点子上。"党教授对这一回答很是满意。

程思汉质疑道："你们探讨习近平文化思想，这很有意义。但这和破解'古今中西之争'有什么关系呢？"

"当然有关系。"马中哲说道，"作为'两个结合'的重大创新成果，习近平文化思想为破解'古今中西之争'提供了科学的思想方法。"

马克思一听，很感兴趣地问道："中哲，为什么这样说呢？"

马中哲说道："这个问题回答起来很复杂，甚至可以写一本书。我就简要来回答一下。首先，习近平文化思想告诉我们，要在传承中华优秀传统文化中推进文化创新，做到贯通古今、尊古不复古，这样就破解了'古今之争'。"

马中哲看到孔子、马克思等人一双双鼓励的眼睛，继续说道："为什么要尊古？其实这个问题，我们在前面已经说过这层意思了，根本原因在于中华优秀传统文化在时间上源远流长，在内容上博大精深，在影响上声名远播，我就不再多说了。那么为什么又不能复古呢？这是因为，传统文化在其产生、形成和发展过程中，不免要受到当时人们的认识水平、时代条件、社会制度等制约影响，因而也就具有了时代局限性，不可避免会存在陈旧过时的或者已成为糟粕性的东西。如果复古，因循守旧、抱残守缺、泥古不化，就违背了事物发展的普遍规律和文化发展的特殊规律。"

"中哲说得好。"恩格斯说道，"'一个伟大的基本思想，即认为世界不是既成事物的集合体，而是过程的集合体，其中各个似乎稳定的事物同它们在我们头脑中的思想映像即概念一样都处在生成和灭亡的不断变化中，在这种变化中，尽管有种种表面的偶然性，尽管有种种暂时的倒退，前进的发展终究会实现。'① 可以说，事物总会新旧交替，创新发展是大势所

---

① 《马克思恩格斯文集》第 4 卷，人民出版社，2009 年，第 298 页。

趋，应该顺势而为。我们对待文化的态度也应该如此。"

孔子说道："复古其实是不可能实现的。比如说我本人，竭力主张恢复周礼，实际上也没有达到目的。"

"是这样的。"马克思说道，"在欧洲，随着工业革命和资本主义革命兴起，失落贵族及保守派人士对此越来越看不惯，他们试图打出'回到中世纪'的旗帜，但现代性社会最终还是出现了。想回到过去是不可能的。"

"是的。"马中哲说道，"其次，习近平文化思想强调守正创新，要求我们融通中外、守正不保守，这样就破解了'中西之争'。"

程思汉问道："这个又该怎么说？"

马中哲回答道："正如习近平总书记所说，'对文化建设来说，守正才能不迷失自我、不迷失方向''守正，守的是马克思主义在意识形态领域指导地位的根本制度，守的是"两个结合"的根本要求，守的是中国共产党的文化领导权和中华民族的文化主体性'①。我个人也认为，守正也体现了文化自觉、文化自信；做到了守正，才不会盲目崇洋媚外，更不会'全盘西化'。"

程思汉不太甘心地说道："西方现代文明为促进人类文明进步方面，也作出了重要贡献。难道就完全排斥在一边吗？"

马中哲笑了一笑，回答道："您提醒得好！这正是我下面要说的'不保守'。中华文化自古以来就呈现出开放的姿态、包容的胸怀，这个问题我们前面也探讨过。中国在新时代继续推动文化繁荣、建设文化强国、建设中华民族现代文明，必须秉持开放包容，既要打破'西方中心论'和'西方文明一元论'，同时也强调更加积极主动学习借鉴人类创造的一切优秀文明成果，不断培育和创造新时代中国特色社会主义文化。"

李思通说道："我觉得不保守，还有另外一层意思，就是在马克思主义指导下敢于创新、善于创新，创出新思路、新话语、新机制、新形式，真正做到古为今用、洋为中用、辩证取舍、推陈出新，实现传统与现代的

---

① 习近平：《在文化传承发展座谈会上的讲话》，《求是》2023 年第 17 期，第 11 页。

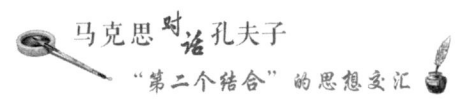
有机衔接。"

党教授说道："破解'古今中西之争'，坚定文化自信特别重要。而习近平文化思想充分彰显了我们党的历史自信、文化自信。这种自信，是既不盲从各种教条，也不照搬外国理论，实现精神上的独立自主，坚持走自己的路。"

马中哲说道："大家说了这么多，我们是不是可以形成这样的认识：一个是，马克思主义基本原理同中华优秀传统文化相结合，也就是'第二个结合'，从某种意义上说，突破了'古今中西之争'的拘囿，超越了'非此即彼'式的思维局限，展现出东西方文化碰撞、博弈和融汇的新方向、新路径。另一个是，立足于强国建设、民族复兴的伟大实践，用中国道理总结好中国经验，把中国经验提升为中国理论，努力建设中华民族现代文明，是破解'古今中西之争'的时代答案。再一个是，习近平新时代中国特色社会主义思想是坚持'两个结合'的思想结晶和理论产物，特别是推动构建人类命运共同体、创造人类文明新形态，致力于在全球层面达成更高层次的公共性，等等，实现了对"古今中西之争"的全面超越。可以说，习近平新时代中国特色社会主义思想是破解'古今中西之争'的光辉时代典范，同时也提供了根本思想指引。"

马中哲说完这番话，大家掌声一片。

第十二章

文明新路　康庄大道 ...

第一节　来之不易的中国式现代化

由于看完话剧后又看展板，大家睡得比较晚。第二天一早，大家起床相对迟一些。吃过早饭后，大家在宾馆的小花园里散散步，而后准备收拾行李返回，结束这一场意义非凡的游学之旅。

"老师，先生，有个事报告一下。"马中哲一路小跑到孔子、马克思等人面前，口里直喘气。

"中哲，别着急，急事要慢点说。"孔子慈祥地对马中哲说道。

"是这样的。有一个考察团，叫'发展中国家现代化之路'考察团，要拜会、请教先生和恩格斯先生，说这是因为'马克思、恩格斯是被公认为的现代化理论创始人'。他们听说老师、孟老师也在这里，说一起拜会、请教，说这是因为'孔子、孟子是中华优秀传统文化的代表人物'。"

孔子问道："'发展中国家现代化之路'考察团，是干什么的？"

马中哲回答道："刚才，我了解了一下。这个考察团，由肯尼亚、南非、阿根廷、委内瑞拉、老挝、突尼斯等 12 个发展中国家的近 30 名官员和学者组成，主要是考察世界主要国家的现代化道路、现代化模式，为发展中国家也为自己国家的现代化建设找到样板和借鉴。"

子路等人对什么是现代化不了解,遂问道:"什么是现代化啊?"

马中哲回答道:"现代化是一个世界性潮流,但迄今为止,人们对现代化的概念还没有一个统一的定义。一般地说,所谓现代化,即'化'为现代,也就是从农业社会向工业社会、从传统社会向现代社会、从落后国家向先进国家、从不发达国家向发达国家的历史变迁。"

程思汉说道:"据了解,美国《国际社会百科全书》收进了关于解释现代化定义的几十个词条,其中第一个词条就是马先生在《资本论》中的名言:'工业较发达的国家向工业较不发达的国家所显示的,只是后者未来的景象。'[①]"

党教授对马克思、恩格斯的著作十分熟悉,想了想,说道:"恩格斯先生在《德国的革命和反革命》中,明确使用'现代化'一词,来阐述英国经济现代化对德国的辐射。"

恩格斯说道:"这句话应该是这样说的:'德国的旧式工业因蒸汽的采用和英国工业优势的迅速扩张而被摧毁了。在拿破仑的大陆体系之下开始出现的、在国内其他地方所建立的现代化的工业,既不足以补偿旧式工业的损失,也不能保证工业有足够强大的影响,以迫使那些对于非贵族的财富和势力的任何一点增强都心怀忌妒的各邦政府考虑现代工业的要求。'[②]"

孔子听后感叹道:"窥一斑而知全豹。马先生、恩格斯先生不愧为现代化理论的创始人啊!"

马克思自谦道:"其实,在我们的著作中,并没有集中论述过现代化理论,只是在《1844年经济学哲学手稿》《德意志意识形态》《共产党宣言》《资本论》等书中有所体现而已。"

孟子说道:"在博大精深的马克思主义理论体系中,'真宝贝'还真是不少,现代化理论就应该算一个。"

---

① 《马克思恩格斯文集》第5卷,人民出版社,2009年,第8页。
② 《马克思恩格斯文集》第2卷,人民出版社,2009年,第354页。

恩格斯也自谦道："你们过誉了！"

马中哲继续介绍道："这个考察团，先后考察了英国、法国、德国、意大利、俄罗斯、日本、加拿大、美国、中国共 9 个国家，历时 35 个月。听说，他们每到一国，都本着认真学习的态度，对该国的崛起和发展、现代化模式等进行深入考察，并进行对比研究。他们的最后一站是中国，据说在中国待的时间最长，已经考察了近 5 个月。"

李思通说道："这个考察团规模之大、周期之长，的确少见，他们一定有不少考察心得、真知灼见。"

孔子、马克思等人一听，都觉得与他们见一见、谈一谈，一定会有收获，都同意会见。

马中哲说道："那我去和他们约一下。我们就在宾馆的大会议室见面吧。"说完，打电话去了。

经约定，会见将于 10 点在宾馆的大会议室举行。

孔子问马克思道："您当时所处的时代，是资本主义快速发展的时代。您的现代化理论，是不是研究资本主义现代化的？"

马克思说道："我和恩格斯不但深入研究了资本主义现代化，对资本主义现代化进行了深刻批判，而且还注意到，资本主义现代化与社会主义、共产主义现代化是有根本区别的。"

党教授补充道："其实，在马先生、恩格斯先生的现代化理论中，存在着'现代化一般'和'现代化个别'这样一对范畴。不同社会形态的现代化有着共同规定性，这就是'现代化一般'。而不同社会形态下的现代化又有根本区别，也就是'现代化个别'，比如说现代化有资本主义现代化和社会主义现代化。"

马克思说道："'现代化一般''现代化个别'，是后人通过研究我和恩格斯的著作后产生的理解。我个人认为，我和恩格斯创立的现代化理论，并不能放之四海而皆准。例如，我在《资本论》中关于资本主义起源的历史概述就仅限于西欧国家，如果有人一定要把它'彻底变成一般发展道路的历史哲学理论'，即扩展到一切国家，那么'他这样做，会给我过多的荣誉，同时也会给我过多的侮辱'①。"

党教授说道："我看过一些材料，说您对东方国家的现代化问题也有关注和思考。"

"是的。"马克思说道，"我和恩格斯在《共产党宣言》中指出：'资产阶级使农村屈服于城市的统治……正像它使农村从属于城市一样，它使未开化和半开化的国家从属于文明的国家，使农民的民族从属于资产阶级的民族，使东方从属于西方。'② 后来，我开始联系东方国家的历史变革，思考对资本主义现代性的超越问题。"

马中哲说道："您在《不列颠在印度统治的未来结果》一文中指出，'英国在印度要完成双重的使命：一个是破坏的使命，即消灭旧的亚洲式的社会；另一个是重建的使命，即在亚洲为西方式的社会奠定物质基础。'③ "

恩格斯说道："不仅如此，马克思到了晚年，在思考俄国革命和社会发展道路时，提出了一个'世纪之问'，即东方国家能否'跨越资本主义卡夫丁峡谷'？"

党教授对孔子等人说道："这个问题，实际上是在提出一种历史可能性，就是在相对落后甚至非常落后的东方国家，如何创建一种新型的现代化道路，一种既能利用资本主义现代化的积极成果，同时又能避免资本主义现代化弯路和苦难的新道路？"

"这可是一道世纪性课题、世界性难题啊！"大家异口同声说道。

李思通说道："非常值得欣慰的是，中国共产党人从跨越'卡夫丁峡谷'理论设想中汲取智慧和力量，成功走出了中国式现代化道路。"

马克思惊喜地说道："作为东方大国的中国找到了跨越'卡夫丁峡谷'的发展之路，这真是可喜可贺啊！"

---

① 《马克思恩格斯全集》第 19 卷，人民出版社，1965 年，第 130 页。
② 《马克思恩格斯文集》第 2 卷，人民出版社，2009 年，第 36 页。
③ 《马克思恩格斯文集》第 2 卷，人民出版社，2009 年，第 686 页。

正在这时，马中哲领着"发展中国家现代化之路"考察团的六个代表，来到孔子、马克思等人的面前。大家逐个介绍，寒暄问候。

马克思问道："听说你们这个考察团用了近三年时间考察了九个国家，不知道有没有找到你们想要的答案？"

考察团团长肯尼亚人巴立威兴奋地说道："找到了，找到了，我们找到了我们国家走上现代化之路的标杆和榜样。"

孔子一听，欣喜而好奇地问道："在哪找到的？又找到了什么现代化之路？"

巴立威略带神秘地说道："这个国家啊，与你们都有密切的关系；这条现代化之路，也与你们有莫大的干系。"

"这是哪个国家，又是什么道路呢？"大家异口同声问道。

巴立威不再卖关子，爽快答道："这个国家，就是我们眼前的中国，这条道路就是中国式现代化之路。这是我们这个考察团通过认真考察、详细比较、充分论证后得出的重要结论，也是最有价值的结论。"

程思汉有些不高兴地问道："当今世界，第一强国是美国，而英国、法国、德国、意大利、日本、加拿大等国都是发达国家。难道这些国家的现代化建设就没有值得借鉴的地方吗？"

巴立威说道："没错，这些国家是发达、是先进、是富裕。但是，这种发达、这种先进、这种富裕，对于我们这些发展中国家来说很难学得来，说句心里话，也不愿意学。而从中国身上，我们看到了我们的未来，看清了我们国家的现代化道路。"

"为什么呢？"程思汉不解地问道。

巴立威说道："这个问题我先不回答。您慢慢就知道答案了。"

程思汉一时语塞。

马克思对考察团代表们说道："具体谈谈你们的考察体会和收获吧！"

巴立威说道："我们通过考察，发现中国式现代化道路来之不易啊！"

党教授说道："您说的是，中国式现代化是中国共产党领导中国人民，在长期探索和实践中，历经千辛万苦、付出巨大代价取得的重大成果。"

马克思说道:"我和恩格斯非常关注中国,在我们的著作中有 800 多处直接提到中国,《资本论》及其手稿中就有 90 多处论及中国问题。"

马克思说着说着,语气沉重起来:"我们关注中国、分析中国,是以鸦片战争为切入点的。当时的清王朝衰相尽显、危机四伏,笼罩在战争失败的浓重阴云之中。我曾在《鸦片贸易史》中指出:'一个人口几乎占人类三分之一的大帝国,不顾时势,安于现状,人为地隔绝于世并因此竭力以天朝尽善尽美的幻想自欺。这样一个帝国注定最后要在一场殊死的决斗中被打垮。'[①] 但是,西方列强运来的鸦片非但没有起到催眠的作用,反而起了警醒的作用。"

恩格斯说道:"是啊!随着资本主义的世界性扩张,大工业逐步把世界各国人民互相联系起来,在这种历史趋势下,'中国现在也正在走向革命'。"

马克思说道:"我们分析了近代中国走向衰落的重要原因。但与此同时,我们也看到了这个古老国度走出愚昧、摆脱落后、凤凰涅槃的希望所在。"

"两位说得好。"党教授说道,"近代中国对现代化道路的求索,就处于你们在《共产党宣言》中所说的'东方从属于西方''历史向世界历史转变',西方列强对广大殖民地半殖民地国家进行奴役和压迫的历史背景之下。不仅如此,由于西方国家率先构建和主导了资本主义现代化体系,他们获得了定义和解释现代化的垄断权,其他国家被动地卷入现代化进程中,要实现现代化绝非易事。"

马中哲说道:"为了改变自身命运,中国人民发奋自强,有识之士纷纷探寻适合中国的现代化道路。虽然洋务运动、戊戌变法、辛亥革命等都做了现代化的探索尝试,但最终却以失败告终,由此也证明了西方资本主义现代化道路不适合中国。"

"你们说得非常对。"巴立威说道,"我们在考察中发现,在中国这样

[①]《马克思恩格斯选集》第 1 卷,人民出版社,2012 年,第 804 页。

一个幅员辽阔、人口众多、国情复杂的东方大国，想要彻底改变自身命运，必须在先进政党领导下，在科学理论指引下，才能肩负起争取民族独立、人民解放和实现国家富强、人民富裕的历史使命，也才能找到适合自身的现代化发展道路。这一重大历史使命，历史地落在了中国共产党人的肩上。"

考察团副团长委内瑞拉人阿列斯说道："我们认真研究了中国共产党的历史文献，从中可以清楚地看出中国共产党对现代化认识的思想演进轨迹、对现代化探索实践的不断发展过程。比如，在中国共产党还没有夺取全国政权的 1944 年，毛泽东就指出，'日本帝国主义为什么敢于这样地欺负中国，就是因为中国没有强大的工业，它欺侮我们的落后'①。'中国工人阶级的任务，不但是为着建立新民主主义的国家而斗争，而且是为着中国的工业化和农业近代化而斗争。'② 后来，中国共产党领导人民打败了国民党，建立了人民当家作主的中华人民共和国，实现了民族独立、人民解放，为实现现代化创造了根本社会条件。"

党教授说道："当时对中国现代化道路的探索，存在着社会主义式的现代化与资本主义式的现代化这两种选择、两种路径。而新民主主义革命的胜利、新中国的建立，标志着资本主义式现代化方案的失败。"

程思汉听到这里，带着嘲讽的口气说道："那时候的中国十分落后，但凡和工业沾边的东西都带个'洋'字，火柴叫洋火，肥皂叫洋胰子，水泥叫洋灰，香烟叫洋烟，电影叫洋戏，煤油叫洋油，铁钉叫洋钉，连对一些美好事物的评价都叫洋气，等等。这种种'洋'字打头的背后，说明了当时中国的落后，甚至到了一穷二白的地步了，哪有什么工业、科技去实现现代化？"

马中哲正要反驳，巴立威抢先说道："这位先生可能不知道，中国人虽然穷、虽然落后，但他们人穷志不短，实现现代化的决心大、干劲大。

①《毛泽东文集》第 3 卷，人民出版社，1999 年，第 147 页。
②《毛泽东选集》第 3 卷，人民出版社，1991 年，第 1079 页。

新中国成立后，中国人民在毛泽东的领导下，从 20 世纪 40 年代末'一辆汽车、一架飞机、一辆坦克、一辆拖拉机都不能造'的一穷二白开始，硬是取得了"两弹一星"和核潜艇等国防尖端科技的历史性突破，比较完善地建立起自己的工业体系，使中国彻底摆脱了被'开除球籍'的危险。"

党教授补充道："我记得应该是 1964 年 12 月，周恩来在全国人民代表大会会议上明确提出，从第三个五年计划开始，我国国民经济发展可按两步来考虑：第一步是建立一个独立的比较完整的工业体系和国民经济体系；第二步是全面实现农业、工业、国防和科学技术的现代化，也就是我们最初常说的'四个现代化'。"

李思通说道："与此同时，中国共产党团结带领人民确立社会主义基本制度，实现了中华民族有史以来最为广泛而深刻的社会变革。这样，和前面两位说的合在一起，就为现代化建设确立了根本的政治前提和积累了宝贵经验、做好了理论准备、奠定了物质基础。这位程先生，我们说得对不对？"

程思汉有些无奈地说道："这也是倒是事实。但据我所知，20 世纪六七十年代，中国发生了'文化大革命'，加之国际环境十分复杂等原因，中国共产党对社会主义现代化建设道路的探索和认识，可是出现严重挫折的。"

阿列斯说道："您说得没错。但中国共产党有很强的自我纠错能力，用他们的话说就是'坚持真理，修正错误'。请问，邓小平是谁你们知道吗？"

徐翔阳抢先说道："怎么不知道？邓小平是中国改革开放和现代化建设的总设计师，中国特色社会主义道路的开创者。"

"你说得对。"阿列斯说道，"中国改革开放前后的这段历史，我们考察团是认真考察了的，对邓小平的政治智慧和远见卓识更是深感敬佩。他把中国共产党十一届三中全会确立的政治路线概括为'一心一意地搞四个现代化'，还明确提出了'中国式的现代化'这一概念。"

巴立威补充道："我觉得，邓小平对社会主义本质作出的概括言简意赅、非常到位，这就是'解放生产力，发展生产力，消灭剥削，消除两极分化，最终达到共同富裕'。"

党教授说道："总之，在改革开放和社会主义现代化建设新时期，中国共产党人团结带领中国人民，大力推进实践基础上的理论创新、制度创新、文化创新以及其他各方面创新，为中国式现代化提供了充满新的活力的体制保证和快速发展的物质条件。"

巴立威接着说道："我们考察团还重点考察了中国共产党第十八次全国代表大会以来的情况。通过考察我们深切感到，这段历史极不寻常啊！"

"看来你们考察团真是下了功夫。"党教授说道，"党的十八大以来，以习近平同志为核心的党中央团结带领人民采取一系列战略性举措，推进一系列变革性实践，实现一系列突破性进展，取得一系列标志性成果，推动我国迈上全面建设社会主义现代化国家新征程，为中国式现代化提供了更为完善的制度保证、更为坚实的物质基础、更为主动的精神力量。"

"现实的成功是最好的理论，没有一种抽象的教条能够和它辩论。"马中哲说道，"党的十八大以来，党和国家事业取得了历史性成就、发生了历史性变革，实现中华民族伟大复兴的伟业进入了不可逆转的历史进程。中国式现代化的强大生命力和巨大优越性，中国式现代化理论的科学性和真理性，在新时代的中国得到了充分彰显和检验。"

巴立威说道："我们系统考察近代以来特别是中国共产党百年以来探索中国现代化道路的伟大历程，深切感到，中国式现代化来之不易、弥足珍贵。这也更坚定了我们向中国学习、借鉴中国式现代化经验的决心。"

第二节　顺应世界发展潮流的现代化

程思汉见巴立威等人对中国式现代化如此推崇，心有不甘，有些赌气地说道："中国式现代化，中国式现代化，难道说中国式现代化完全脱离现代化的一般规律了吗？可以完全无视资本主义现代化的成果和经验了吗？"

"程先生这两个问题问得好。"党教授说道,"中国式现代化是立足中国实际的现代化,同时也是遵循现代化一般规律的现代化,是具有各国现代化基本特征的现代化,当然也充分吸收借鉴了西方文明的优秀成果和先进经验。"

程思汉面无表情地说道:"能不能说具体一点?"

"我来说一说。"巴立威说道,"关于中国式现代化具有现代化共性方面,也是我们这次考察的重要内容。比如说,中国式现代化是以工业化为基础和先导的。其实,我们考察中也发现,世界现代化进程是与工业革命紧密联系的。从18世纪第一次工业革命的机械化,到19世纪第二次工业革命的电气化,再到第三次工业革命的信息化,每一次工业革命都极大解放和发展了社会生产力,使人类社会发生翻天覆地的变化,掀起人类文明进步浪潮。我们已经考察过的英国、法国、德国、日本、美国等已经步入现代化的国家,都是完成了工业化的国家。"

阿列斯说道:"我们考察的国家,是从第一次工业革命的起源地英国开始的。1764年发明的珍妮纺纱机,比旧式纺纱机的纺纱能力提高了8倍;而瓦特在1784年发明的蒸汽机被广泛运用,更是引起了纺织工业的巨大变革。"

"是这样的。"马克思笑着说道,"在18世纪珍妮纺纱机发明以前,要想找出一个能够同时纺出两根纱的纺织工人并不比找一个双头人容易。"

子路也笑着说道:"这么说来,珍妮纺纱机就是一头纺纱狂魔了?"

大家都笑起来。

恩格斯说道:"英国工人阶级的历史是从19个世纪后半期,随着蒸汽机和棉花加工机的发明而开始的。大家知道,这些发明推动了工业革命,工业革命同时又推动了整个市民社会的变革,它的世界历史意义应当被充分认识。"

"恩格斯先生说得好。"巴立威说道,"我们考察发现,正是凭借这次工业革命,英国成为当时世界上最强大的国家。一些开始工业化的国家在世界范围内抢占原材料市场,倾销其工业品,也走上资本主义强国的道路。"

马中哲说道："经济学家林毅夫做过研究，在 15、16 世纪之前，人均GDP（国内生产总值）增长速度非常慢，像西欧这些现在发达的国家每年只有 0.05%。按照这样的发展速度，人均 GDP 翻一番需要 1400 年时间。然而到 18 世纪进入工业革命以后，像英国、德国这些国家，经济增长速度突然提高 20 倍，经济发展一日千里。这些率先工业化的国家，变成了后来的西方列强。"

有一利必有一弊，工业化也有它的弊端。

马克思说道："我和恩格斯并不是没看到工业化产生的负面影响，这一点我们在《共产党宣言》等著作中都有较详细的论述。同时，我和恩格斯也认为，工业化是推动传统社会向现代社会发展的强大动力，是现代化的重要内容。资产阶级的工业化产生了以往人类历史上任何一个时代都不能想象的工业和科学的力量。"

阿列斯说道："我们在考察中了解到，西方发达国家的发展，是一个按照工业化、城镇化、农业现代化、信息化顺序'串联式'的发展过程，发展到目前水平用了二百多年时间。而反观中国式现代化，虽然遵循了以工业化为基础和先导的现代化一般规律，但在具体路径上又有所不同。"

"是的。"党教授说道，"我们要后来居上，把'失去的二百年'找回来，就不能按图索骥、按部就班，必然走'并联式'的发展路径，推动信息化和工业化深度融合、工业化和城镇化良性互动、城镇化和农业现代化相互协调，使工业化、信息化、城镇化、农业现代化同步发展、叠加发展。我们已经实现了从一穷二白到世界第二大经济体的历史性跨越，看来这一发展路径是对的。"

孔子、孟子、马克思、恩格斯等人都点头赞同。

巴立威说道："我们在考察中发现，中国式现代化以科技进步为强大支撑，正在抢抓新一轮科技革命和产业变革的历史机遇以实现科技自立自强。其实，西方现代化也强调'教育普及化和知识科学化'，认为科学技术基础上的工业化是现代化的重要支柱。"

马克思说道:"科学是一种在历史上起推动作用的、革命的力量。社会劳动生产力首先是科学的力量,大工业把巨大的自然力和自然科学并入生产过程,必然大大提高劳动生产率。"

孔子感慨并反思道:"相比于马先生、恩格斯先生,我不太重视'技'层面的东西,真是惭愧!"

程思汉说道:"英国学者李约瑟曾对中国历史文化进行深入研究。他在所著的《中国科学技术史》中写道:'儒家思想对科学的贡献几乎没有。'这话虽然有点绝对,也不能说完全不对啊!"

孔子谦逊地说道:"这是我们儒家的弱点、短板。"

李思通安慰道:"中国古代科技发展非常缓慢,不重视科学技术也不完全是儒家思想的错。直到16、17世纪,才有第一次科学革命。这次科学革命标志着现代科学的诞生和人类知识增长的重大转折。在随后的几百年里,人类在科学技术方面取得的创新成果超过过去几千年的总和。"

马克思说道:"我和恩格斯在写《共产党宣言》的时候,应该是在煤油灯或蜡烛下写成的。但在我的晚年,看到了电机(1860年)、电话(1876年)、电灯(1880年)等问世,科学技术发展越来越快啦!"

程思汉带有自豪的口气说道:"在科学技术方面,应该说西方发达国家贡献比较大,像航空、电子技术、核能、航天、计算机、互联网等具有里程碑意义的技术革命,很多都发生在西方,而这些科学技术极大提高了人类认识自然、利用自然、改造自然的能力和水平。"

"在这一点上,我们考察团在考察西方发达国家的现代化路径时,也发现了。"巴立威说道,"所以,改革开放以来,中国从发达国家大规模引进技术,从重型机械、矿山机械、化工机械,到机床、汽车、拖拉机,再到轴承、风动工具、电器、电缆等,填补了中国大批技术与生产领域的空白。"

进入中国特色社会主义新时代,中国共产党和中国人民在现代化建设中,坚持科技是第一生产力、人才是第一资源、创新是第一动力,坚持实施创新驱动发展战略,把科技自立自强作为国家发展的战略支撑,对科学技术的重视达到了前所未有的高度。

党教授说道："为什么现在的中国特别强调科技自立自强呢？这是因为关键核心技术是要不来、买不来、讨不来的。比如，光刻机之争。近年来，美国不断加码限制先进技术、先进设备向中国出口，光刻机技术也成了美国及其盟友对中国施加影响的重要杠杆。他们限制向中国销售某些深紫外光刻机和其他类型的先进芯片制造设备，这对中国半导体制造业、芯片产业造成重大影响和经济损失，也使中国芯片企业自主创新能力受到制约。"

"我们那个时代也有技术封锁，"恩格斯说道，"比如英国曾经采取一些措施限制纺织技术的传播和出口，以保护其纺织产业的优势地位。"

李思通说道："美国对华科技领域的遏制打出了一套'组合拳'，从实施高科技产品出口限制到投资限制，从技术封锁到人才交流中断等，多种歪招损招轮番登场，无所不用其极。我们在中美科技领域角力中，更好认识到我们的长项和短板，一方面出台短期政策支持我国高科技企业发展，另一方面坚定不移实施科技强国战略、人才强国战略，做实基础研究，下决心攻克'卡脖子'技术。"

程思汉心想：攻克科技领域的关键核心技术，决不是一天两天就能顺利实现的，也不是一两个团队能够独立完成的。他说道："我看你们破解关键核心技术'卡脖子'问题，没那么容易。"

"确实不容易。"马中哲说道，"但中国有社会主义制度优势，有新型举国体制优势，有超大规模市场优势，有'揭榜挂帅'等政策机制，还有久久为功的战略定力和务求必成的志气，我们必定能够取得解决'卡脖子'问题的最后胜利。"

把关键核心技术"卡脖子"问题解决好了，中国式现代化就有了坚实的科技支撑，也就有了更强的说服力。以前，西方强国主要依靠先进科技的优势让"东方从属于西方"，要彻底打破这一格局，真正实现科技自立自强是关键所在。

巴立威说道："我们在考察还发现，中国式现代化以经济全球化为广阔空间，在高水平对外开放中发展自己，同时也为全球发展拓展新的光明前程。"

考察团在这次考察第一阶段，为了探寻源头、开拓视野，专门租了一条小型邮轮，重走了15世纪地理大发现的几条重要航海线路，主要是哥伦布发现新大陆、达·伽马从欧洲绕好望角到印度、卡布拉尔最早达到巴西、麦哲伦从东向西跨太平洋时走出的线路。"通过实地走一遭，真切感受到新航路的开辟，使人类第一次建立起跨越大陆和海洋的全球性联系，打破各个大洲之间的相对孤立状态，开始将世界连为一个整体。"阿列斯不无感慨地说道。

李思通说道："随着15世纪的地理大发现，西班牙、葡萄牙等国海外贸易开始规模化发展。17世纪后，欧洲的棉纺织品逐步成为第一个全球化商品。20世纪以来，跨国公司不断涌现，带动形成'买全球、卖全球'的产业链、供应链，经济全球化从最初的涓涓细流不断汇聚成席卷全球的滚滚浪潮。"

马中哲说道："从经济全球化的结果来看，它有力促进了贸易大繁荣、投资大便利、人员大流动、技术大发展，并把世界各国都纳入现代化大潮，既是现代化发展的必然结果，也是重要动力。"

中国共产党和中国人民在现代化建设中主动顺应经济全球化发展大势，积极融入经济全球化进程。特别是在2001年12月正式加入世贸组织后，中国深度参与经济全球化，这也标志着中国改革开放进入历史新阶段。

程思汉说道："据我所知，经济全球化主要是以西方国家为主导的，相关规则也是西方国家制定的。当初你们加入世贸组织，就不怕吗？"

党教授回答道："如果把世界大市场比作'汪洋大海'的话，中国要发展经济、推进现代化建设，就必须敢于到大海中去游泳。在这个过程中，我们可能会呛水，也可能遇到漩涡、碰上风浪，但我们要在游泳中学会游泳，到大海中去经风雨、见世面。事实证明，我们交出一份不错的成绩单。"

巴立威说道："我们在考察中注意到，中国共产党和中国人民在参与和推动经济全球化的进程中，坚持胸怀天下的理念，不断拓展同世界各国的合作，积极参与全球治理，在更多领域、更高层面上实现合作共赢、共同发展，努力同各国人民一道把世界建设得更加美好。这些重要贡献，得到世界上绝大多数国家的认可。"

党教授似乎想到了什么，转向程思汉问道："一个时期以来，美国为维护自身霸权私利、遏制中国发展，搞逆全球化、'去中国化'，加紧在经贸、科技等领域推动对华'脱钩断链'。对这个问题，您怎么看？"

程思汉想了想，用外交辞令说道："数十年来，经济全球化不断延伸拓展了产业链、价值链、供应链，推动生产要素在全球流动，为世界经济提供强劲动力。我认为，'脱钩断链'不大符合全球化潮流，其中包含着美国政客的自私算计和反智做派，实际上也损害了美国企业利益和民众福祉。用中国俗话说，这是'杀敌一千，自损八百'啊！"

党教授听程思汉回答也算中肯，遂说道："客观上说，经济全球化也是一把'双刃剑'，也有一些负面影响。但是，我们不能因噎废食，更不能为了一己之私，人为切断各国经济的资金流、技术流、产品流、产业流、人员流，否则，只能是搬起石头砸自己的脚。"

马中哲说道："经济全球化是当今世界范围内生产力发展的结果，是历史潮流，是符合市场经济发展规律的。各个国家推进现代化建设绝不能脱离经济全球化。"

巴立威说道："我们通过考察，发现中国既积极参与经济全球化，又努力消解其负面影响，这无疑为广大发展中国家走向现代化贡献了中国智慧和中国方案。"

第三节　实现强国复兴的康庄大道

子贡问道："中国式现代化，从字面上理解，肯定是有独特之处、显著特征，才能称之为中国式现代化。我想问的是，中国式现代化有什么重大特征呢?"

"端木老师这个问题问得好。"党教授回答道,"中国式现代化是人口规模巨大的现代化,是全体人民共同富裕的现代化,是物质文明和精神文明相协调的现代化,是人与自然和谐共生的现代化,是走和平发展道路的现代化。这是中国式现代化的五大特征。"

巴立威说道:"我们把中国式现代化与西方现代化作了对比考察,发现中国式现代化道路摒弃了西方以资本为中心的现代化、两极分化的现代化、物质主义膨胀的现代化、对外扩张掠夺的现代化老路,呈现了一条特征鲜明的文明新路,打开了我们自己国家推进现代化的视野和路径。"

程思汉听到这里,心想:西方现代化已经经历了好几百年,形成一整套比较完善的现代化理论、路径和模式,中国式现代化难道就比西方现代化模式好吗?于是,他心中有了主意:你说中国式现代化有五大特征,我就一条一条反驳过去。

程思汉说道:"刚才党教授说道,中国式现代化有五大特征,其中第一条是中国式现代化是人口规模巨大的现代化。对于这一点,我有一个疑问:迄今为止,世界上已实现现代化的国家(地区)不足 30 个,这些国家人口加起来也不过 10 亿左右。18 世纪下半叶英国开启现代化时人口是千万级的,20 世纪后美国逐渐领跑现代化时人口是上亿级的。而中国拥有 14 亿多人口,比现在所有发达国家人口总和还要多,要想实现现代化,恐怕没那么容易吧?"

"程先生说得有道理。"党教授说道,"我国 14 亿多人口整体迈进现代化社会,堪称一道世界性难题,其艰巨性和复杂性的确是前所未有,但这就是中国人、中国共产党人的责任担当、胸怀气魄和雄心壮士。中国式现代化还在推进中,我用一个已经实现的事实来证明这一点。贫困是困扰众多国家发展的世界性难题,减少贫困是当今世界面临的最重大课题之一。改革开放以来,按照现行贫困标准计算,中国 7.7 亿农村贫困人口摆脱贫困;依据世界银行国际贫困标准,中国减贫人口占同期全球减贫人口 70% 以上;对照《联合国 2030 年可持续发展议程》,中国提前十年实现联合国千年发展目标中减贫目标。"

孔子赞叹道："'民惟邦本，本固邦宁'。7.7亿人口摆脱贫困，这真是天文数字、无量功德啊！"

马克思说道："我和恩格斯在《共产党宣言》中说：'过去的一切运动都是少数人的，或者为少数人谋利益的运动。无产阶级的运动是绝大多数人的，为绝大多数人谋利益的独立的运动。'[1] 推动现代化建设，也应该是为绝大多数人谋利益的事业。我为中国共产党人点赞。"说完伸出大拇指。

马中哲说道："中国式现代化是人口规模巨大的现代化，其中就继承了先生和恩格斯先生'为绝大多数人谋利益'的思想，融入了中华优秀传统文化中'民本'的思想。"

阿列斯说道："我们在考察中也发现，西方现代化是少数人独享的现代化，是以资本为中心的现代化，这也导致了社会撕裂、政治极化、族群对立。而中国式现代化则坚持以人民为中心的发展思想，在现代化道路上一个人也不能少、一个民族也不能少，全国各族人民共同迈进现代化，让现代化建设成果更多更公平惠及全体人民。双方的格局和境界的确差距很大。"

程思汉本来想反驳，想一想又觉得找不到反驳的理由，只好作罢。本来想就中国式现代化的第二大特征"中国式现代化是全体人民共同富裕的现代化"进行发难，可又一想，觉得这一条中国做得也很好，遂直接指向中国式现代化的第三大特征。

程思汉说道："中国式现代化是物质文明和精神文明相协调的现代化。这一条恐怕也很难实现吧？"

中国式现代化强调人民群众物质生活和精神生活同步改善、物质力量和精神力量全面增强，是物质文明和精神文明协调发展的现代化。

"我觉得可以实现。"孔子说道，"'君子食无求饱，居无求安，敏于事

---

[1]《马克思恩格斯文集》第2卷，人民出版社，2009年，第42页。

而慎于言，就有道而正焉'。'求饱、求安'很重要，但更重要的是加强道德和精神。对于老百姓来说，不但'富之'还要"教之"，只有这样才好。"

王教授说道："这正所谓'仓廪实而知礼节，衣食足而知荣辱'啊！"

马克思说道："'物质生活的生产方式制约着整个社会生活、政治生活和精神生活的过程'①。这说明物质文明对于精神文明起着基础性作用。"

恩格斯说道："'物质生存方式虽然是始因，但是这并不排斥思想领域也反过来对这些物质生存方式起作用。'② 物质文明与精神文明必须相协调啊！"

巴立威说道："我们在考察西方现代化历程时，发现他们在物质文明与精神文明相协调方面做得不够好，唯经济增长片面的发展模式主宰着西方现代化的大部分历史。需要指出的是，西方国家一般不用'精神文明'这个词，西方现代化一开始，就逐渐呈现出一边是财富的积累、科技的发展，一边是信仰缺失、物欲横流的景象。"

马克思说道："在以私有制为基础的商品经济中，物与物的关系掩盖了人与人的社会关系，商品似乎具有某种神秘的属性，具有决定商品生产者命运的神秘力量。我在《资本论》中把商品世界的这种神秘性称之为商品拜物教。'劳动产品一旦作为商品来生产，就带上拜物教性质，因此拜物教是同商品生产分不开的。'③ "

"是的。"巴立威说道，"商品拜物教、资本拜物教的普遍发展，使西方现代化呈现为物质主义膨胀的现代化。一直到了今天，西方国家仍然无法遏制资本贪婪的本性，无法解决物质主义、唯利主义、拜金主义、消费主义、享乐主义膨胀等精神贫乏痼疾和价值观失范的问题。"

程思汉听到这里一脸通红地说道："对于这个问题，不少西方学者已

---

① 《马克思恩格斯文集》第2卷，人民出版社，2009年，第591页。
② 《马克思恩格斯选集》第4卷，人民出版社，1995年，第691页。
③ 《马克思恩格斯文集》第5卷，人民出版社，1995年，第90页。

经进行了深刻反思。从工具理性批判到政治伦理批判，从揭示资本对社会正义的破坏到批判资本主义自由的虚伪性，等等。我们也不能把西方国家的'精神文明'批得一无是处哦。"

李思通说道："物质贫困不足以支撑人民的基本生活，物质贫困不是现代化；精神贫乏不足以满足人民的精神需要，精神贫乏也不是现代化。唯有物质文明与精神文明相协调，才能满足人民对美好生活的向往。"

阿列斯问道："我们考察团在研究中产生一个问题，物质文明与精神文明相协调中'相协调'该如何把握?"

马中哲说道："我理解，这个'相协调'就是并重、并进的意思，必须破除'物质文明是主、精神文明是次''物质文明上去了、精神文明自然会好'等错误认识，在实践中坚持物质文明和精神文明齐抓并重。事实上，只有物质文明和精神文明都搞好了，物质力量和精神力量都增强了，物质生活和精神生活都改善了，才是我们要的现代化。"

中国式现代化的第四大特征是人和自然的和谐共生的现代化。来到中国后，程思汉在城市里看到的是蓝天白云、灯火辉煌，在山水边看到的是山翠水绿、鸟翔鱼跃，在海边看到的是碧海银滩、海豚逐浪，在农村看到的是田园相依、百姓安居，在企业看到的是节能减排、绿色低碳，实在挑不出什么毛病，就把这个问题略过，直接挑剔中国式现代化的第五个特征——是走和平发展道路的现代化。

程思汉说道："中国式现代化的第五大特征是走和平发展道路的现代化。从历史上看，那些走上现代化之路、实现工业化的国家，大都是通过武力征伐、殖民剥削、财富掠夺的手段击垮对手、发展自己的。你们说走和平发展道路的现代化，我不太相信。"

党教授说道："程先生这么说，其实也好理解，您的这种想法具有一定的代表性。之所以如此，原因非常简单，这就是在那些西方强国自身崛起的过程中，从来都是基于社会达尔文主义的，大多是靠战争、殖民、掠夺等方式实现现代化的。因此，他们从不相信和平发展、和平崛起。"

马克思、恩格斯曾在道德和感情层面，对西方列强强加于东方国家的侵略、战争、压迫和掠夺的行径进行了严厉的斥责。

马克思说道:"客观地说,资本主义现代化推动了人类历史的巨大进步。然而,'资本来到世间,从头到脚,每个毛孔都滴着血和肮脏的东西'①。'当我们把目光从资产阶级文明的故乡转向殖民地的时候,资产阶级文明的极端伪善和它的野蛮本性就赤裸裸地呈现在我们面前,它在故乡还装出一副体面的样子,而在殖民地它就丝毫不加掩饰了。'②"

巴立威说道:"我们在考察西方强国的现代化之路时,发现数百年来的西方资本主义现代化,大体经历了血腥殖民和殖民地争夺阶段、后殖民的伪文明时代、撕下文明伪装的霸凌政治时代等阶段,其现代化的资本主义属性给人类带来了深重的灾难。"

说到这里,巴立威停顿了一下,语气更加沉重:"这些深重的灾难不只是记载在历史书上、纪录片里,而是实实在在发生在我们的身上。"

他指了指考察团里的阿列斯和老挝人东苏吉,说道:"我们三人的家人,具体来说,就是我们三人的祖父都是其中的受害者。"

孔子、孟子等人听到这里,顿生恻隐之心,不约而同地说道:"你们慢慢说来。"

考察团团长、肯尼亚人巴立威首先讲起了自己祖父的悲惨故事。

20世纪40年代末以来,肯尼亚人民英勇反对英国殖民统治,发起了"茅茅"起义或者说"茅茅"运动。所谓"茅茅",就是"欧洲人滚回欧洲去,让非洲人独立"的意思。大规模起义于1952年爆发,起义军通过游击战来反抗殖民当局,战事持续了四年之久,遭到英国殖民统治者的残酷镇压。当时我的爷爷为了寻求独立,参加了肯尼亚非洲民族联盟,并没有参加"茅茅"起义,却被殖民当局在不经起诉的情况下,关在集中营中长达八年之久。他几乎每天都遭受殖民当局白人看守的殴打,还被强制劳

① 《马克思恩格斯文集》第5卷,人民出版社,2009年,第871页。
② 《马克思恩格斯文集》第2卷,人民出版社,2009年,第690页。

动。有时他们把他倒吊在房梁上打，打得他多次昏死过去；有时他们还把他的头埋入水中，他几乎窒息而死。有一次，他和其他 11 人被拉出去进行集中屠杀，他的头被子弹击中后昏厥过去。好在他命大，三天后等他醒来的时候，身边的 11 人全部都僵死在那里。他因为子弹没有击中要害而捡了一条命，但他的身上、头上却满是伤疤。

说到这里，巴立威不觉言语沙哑、两眼垂泪。

大家听后心情沉重起来。

老挝人东苏吉接着讲述了他祖父的悲惨故事。

我来自被称为世界上最危险的国家老挝。老挝这个国家已经 50 年没有战争了，但却是最危险的国家。为什么呢？老挝从 18 世纪开始就被法国攻占，成为法国的殖民地。到了二战的时候，又被日本侵占，一直到二战结束、日本战败。日本人走了以后，法国又对我国进行殖民掠夺。到了 1954 年，美国打败法国，开始控制老挝。老挝人不愿意接受别国的控制，开始反抗，后来美国发怒了，开启了十年之久疯狂轰炸模式，一直持续到 1973 年，投放了大约 3 亿枚炸弹。但这还不是最可怕的，可怕的是这些投下的炸弹有三分之一即大约一亿枚没有爆炸。在老挝这个只有 23.68 万平方千米的国家里，分布着一亿枚随时都有可能爆炸的炸弹。那是 1979 年 5 月的一天，我的爷爷拿着铁锹到山上挖树，他挖着挖着，突然碰到了一颗炸弹，这个炸弹威力极大，把爷爷的身体整个都炸烂了。我们到现场的时候，看到的是一个惨不忍睹的场面：爷爷满脸血肉模糊，上半身被炸到一边，下半身则在另一边，一只胳膊则飞到了 30 米开外的地方……

东苏吉说着说着，失声痛哭、泣不成声。

大家听后心情越加沉重，孔子等人已经忍不住泪流满面。过了好一阵子，大家的情绪才渐渐平静下来。

代表团副团长、委内瑞拉人阿列斯接着讲起了他祖父的悲惨故事。

　　委内瑞拉曾经是拉美地区经济发展最快，也是最富的国家之一。自1999 年总统查韦斯执政后，大力批评新自由主义的全球化以及美国的外交政策，委内瑞拉与美国外交关系恶化。特别是 2017 年以来，美国不断扩大对委内瑞拉经济封锁和金融制裁，使委内瑞拉的石油出口收入严重下降，食品和药品进口不足，成千上万的癌症、高血压和糖尿病病人无法获得治疗。我爷爷 40 多岁的时候患上了糖尿病，之前无论是到医院还是到药店，都能买到降糖药。但 2017 年以来，包括降糖药在内的很多药物奇缺，爷爷没有降糖药吃，慢慢地并发了眼疾、肾病、神经病变和心脑病等一系列疾病，最后成了植物人，于 2019 年不幸离世。

　　大家听到这里悲痛不已，程思汉也不由得伤心落泪。

　　恩格斯说道："资本主义现代化早期的原始积累充满了掠夺、奴役和血腥，工人的悲惨境遇成为我笔下常见的场景。现在虽然表现形式不一样，但也是有过之而无不及啊！"

　　"是的。"马克思说道，"生产资料私有制和社会化大生产之间的矛盾，是资本主义制度无法克服的固有矛盾，尽管资本主义制度和西方资本主义现代化模式不断演变，但其本性没有任何改变，其弊端愈益明显。"

　　孔子愤怒地说道："多行不义必自毙。这样的暴戾罪行，就是老天爷也不会允许的。"

　　巴立威说道："我们研究西方现代化历史发现，西方资产阶级在推进现代化的过程中，滋生出了种族优越论、殖民合理论、西方文明优越论、国强必霸论等奇谈怪论，在他们的眼中，世界应该是资本的世界，天下应该是强者的天下。他们的这种思想已经浸入骨髓、成为信仰了。"

　　马克思说道："实现现代化，决不能再走资本主义现代化之路了。"

　　党教授说道："中国式现代化不走西方的老路，而是坚定地站在历史正确的一边、人类文明进步的一边，走和平发展道路的现代化。"

　　"可是'国强必霸'啊！当一个国家强大之后，各种诉求必然随之增多，对外交往必然口气强硬，通过行使霸权来获取超额利益也是不可避免的。"程思汉反问道。

党教授说道："我们不接受'国强必霸'论，更不接受各种各样的'中国威胁论'。美国哈佛大学肯尼迪政府学院创始院长格雷厄姆·艾利森曾说，过去 500 年 16 个大国崛起并取代守成国的案例中，有 12 次是通过战争方式实现的，这个结论基本属实。但这只是统计学中的大概率事件，但还不能上升到规律层面，'国强必霸'的逻辑、'修昔底德陷阱'对中国来说并不适用。为什么呢？这是因为，中华民族没有侵略他人、称霸世界的文化基因，当前的中国发展需要一个合作共赢的国际环境，中国共产党人具有为世界谋大同、推动构建人类命运共同体的世界情怀。"

程思汉听后顾左右而言他，向巴立威问道："你们这次考察还有什么重要成果？说出来给我们分享一下。"

"好的。"巴立威说道，"我们这次考察让我们深刻认识到，中国式现代化为全球提供了一个全新的现代化模式，展现了不同于西方资本主义现代化的另一幅图景，打破了'现代化＝西方化'的迷思，为我们这些发展中国家走向现代化拓展了路径选择，同时也为人类对更好社会制度的探索提供了中国方案。"

考察团成员、突尼斯人赛哈德说道："我来自北非的突尼斯，我们这个国家素有'欧洲后花园'之称。2010 年底，'茉莉花革命'开始席卷整个国家。我当时有一种莫名的兴奋感，以为从此国家迎来了民主和繁荣。谁知道，后来发生的一切完全超乎想象，十多年间产生了十多位总理、数百位部长，政局动荡、乱象丛生，腐败蔓延、治安恶化，老百姓失去了工作和尊严，2011 年以前经济迅速发展的'突尼斯奇迹'再也没有出现过。我们上了西方人的当，他们发展模式、民主方式、现代化之路在突尼斯走不通。我们要向中国学习，学习中国式现代化之路，借鉴中国现代化经验。"

巴立威说道："我个人觉得，向中国学习，不但要学习中国式现代化的具体模式和路径，更要学习中国共产党人推进中国式现代化的团结奋斗精神。我们在考察中，发现了中国共产党人成功的一个秘密，这就是团结奋斗。团结奋斗是中国共产党和中国人民最显著的精神标识，是成就伟业的强大精神力量。学习中国式现代化，既要学习方法路径，更要学习精神品质。"

马克思说道："'革命应当是团结的，巴黎公社的伟大经验这样教导我们。'① 如果无产阶级不能与农民一起'合唱'，那么'它在一切农民国度中的独唱是不免要变成孤鸿哀鸣的'②。"

孔子说道："君子周而不比，小人比而不周。这里所说的'周'，就是要求人们能够与大多数人进行合作的意思。"

党教授说道："力量生于团结，幸福源自奋斗。推进中国式现代化，是一项前无古人的开创性事业，必然会遇到各种可以预料和难以预料的问题挑战、艰难险阻甚至惊涛骇浪，必须依靠团结奋斗战胜强敌、克服困难、取得胜利。"

巴立威说道："在考察中我们注意到，现在中国外部环境比较复杂。据美国国家情报总监办公室网站消息，2023 年 8 月 10 日，美国国家情报总监海恩斯公布了 2023 年美国《国家情报战略》报告，将中国定位为'美国唯一一个既有意图重塑国际秩序，又在经济、外交、军事和技术力量方面越来越有能力做到这一点的竞争对手'。美国作为一个武装到牙齿的唯一超级大国，反复炒作'中国威胁论'，千方百计污蔑、抹黑、攻击、围堵、遏制、打压中国。在这样的国际背景下，要推进中国式现代化也必须依靠团结奋斗。"

马中哲说道："虽然困难和挑战前所未有，但中国在敢于斗争、善于斗争上还是有自信、有底气的。"

程思汉带有蔑视的口吻说道："你们的自信与底气又何在?"

马中哲说道："我们有中国共产党的坚强领导，有中国化时代化马克思主义的科学指引，有越来越厚实的家底，有与强敌、与困难作斗争的经

---

① 《马克思恩格斯全集》第 18 卷，人民出版社，1964 年，第 180 页。
② 《马克思恩格斯文集》第 2 卷，人民出版社，2009 年，第 573 页。

验，我们没有底气谁还有底气？"

"我补充一下。"王教授说道，"我觉得，这个自信和底气，还来自中华优秀传统文化的熏陶和涵养。"

孔子、孟子一听，异口同声地说道："说说看。"

王教授说道："中华优秀传统文化中，有许多关于'养勇'的内容。远的不说，就说孔老师、孟老师二位，你们说的很多话都鼓舞人、激励人、鞭策人。比如，孔老师说的'士不可以不弘毅，任重而道远'，孟老师说的'富贵不能淫，贫贱不能移，威武不能屈'。这些都成为涵养中国共产党人斗争精神的丰富资源。"

马中哲说道："我觉得，孟老师说的一段话，有特别重要的意义。"说着，背出《孟子·公孙丑上》中的一段话：

（公孙丑）曰："不动心有道乎？"（孟子）曰："有。北宫黝之养勇也：不肤桡，不目逃；思以一豪挫于人，若挞之于市朝。不受于褐宽博，亦不受于万乘之君；视刺万乘之君若刺褐夫。无严诸侯，恶声至，必反之。孟施舍之所养勇也，曰：'视不胜犹胜也。量敌而后进，虑胜而后会，是畏三军者也。舍岂能为必胜哉？能无惧而已矣。'孟施舍似曾子，北宫黝似子夏。夫二子之勇，未知其孰贤，然而孟施舍守约也。昔者曾子谓子襄曰：'子好勇乎？吾尝闻大勇于夫子矣：自反而不缩，虽褐宽博，吾不惴焉；自反而缩，虽千万人，吾往矣。'孟施舍之守气，又不如曾子之守约也。"

马中哲背完后说道："在孟老师的这段话中，既讲了'不肤桡，不目逃'的莽撞血气之勇，又讲了以'义不义'作为判断依据的大勇，对于我们团结奋斗具有重要而深刻的启示。我们敢于同强敌和困难作斗争，因为在我们的背后，还有无数先圣先贤在给我们鼓劲加油。我们走的是人间正道，干的是正义事业，我们也不用害怕谁。"

大家不由得鼓起掌来。

　　"发展中国家现代化之路"考察团的几位代表，乘兴而来、满意而归。临别时，和孔子、孟子、马克思、恩格斯等人依依不舍，邀请他们有时间一定要到他们国家走一走、看一看。

　　随着"发展中国家现代化之路"考察团的离开，孔子、马克思一行人的整个游学也画上了一个完美的句号。

尾声

经世致用的大智慧

外出游学回来后不久，马克思到外地看望好友，马中哲与徐翔阳两人在马克思家中继续整理文稿。

徐翔阳对马中哲说道："前一段，我们跟随马先生、恩格斯先生、孔老师、孟老师等人一起外出游学，一路看一路学，着实把我'熏陶'了一把。我感觉孔老师和马先生的思想、儒家思想和马克思主义真厉害，'两个结合'真管用，不但对国家发展、人类进步大有用处，而且对个人成长成才也很有帮助。但是，我对这种帮助只是隐隐约约感到了，具体有什么帮助却说不出来。"

马中哲笑道："我看你这就是'日用而不觉'。"

"如果是'日用而觉'，岂不更好？刚好马先生不在，你能不能给我讲一讲，对个人来，到底可以从孔老师与马先生的思想中，从'两个结合'特别是'第二个结合'中，汲取哪些经世致用的大智慧？"徐翔阳认真地向马中哲请教。

马中哲刚开始还以为徐翔阳开玩笑，一看他是认真的，也严肃起来："这个问题，我个人也不能完全说清楚。我们还是到李思通教授那里，向他具体请教一下吧。"

马中哲打电话给李思通说明情况后，李思通很高兴，让马中哲、徐翔阳第二天上午到他办公室来一趟，他会和王教授、党教授与他们两人一起交流。

第二天上午，在李思通所在的哲学系办公室里，马中哲、徐翔阳与李思通、王教授、党教授等五人围坐在一起。

李思通请徐翔阳把心中的疑问、要提的问题再具体说一下。

徐翔阳说道："我的问题，用通俗的话说，就是读孔老师和马先生的书，学习儒家思想和马克思主义，学习'两个结合'特别是'第二个结合'，对我们个人来说，到底可以获得哪些经世致用、成长成才的智慧力量？"

"这确实是一个好问题、重要问题、现实问题。我们一起来理一理吧。"李思通郑重说道。

是的，理论是灰色的，生活之树常青。当今时代，每个中国人尤其是青年人面临着前所未有的、十分难得的发展机遇、发展条件、发展平台，同时问题、困难、挑战也在所难免。理想信念问题、人性关怀问题、精神压力问题、职业发展问题、心理健康问题等，都时常面对、十分现实。作为一个普通人尤其是青年人，如何认识、解决这些问题，就需要智慧，也就需要从包括孔子与马克思的思想在内的思想宝库中、从"两个结合"特别是"第二个结合"中，充分吸收成长成才、修身处世的智慧力量，从原理中悟出道理、从道路中明晰出路、从方法中寻得办法，找到做人做事、干事创业、建功立业的"金钥匙"或者说方法论指导，打通学哲学用哲学、学理论用理论的"最后一公里"。

李思通说道："我觉得，从孔老师与马先生的思想、从'两个结合'特别是'第二个结合'中，可以汲取的经世致用的人生智慧有很多，我们只能拣重要的、管用的来说。我觉得，首先第一条，就是既要有坚定的原则性，又要有高度的灵活性。孔老师和马先生都是原则性极强的，他们追求的目标理想、站立的根本立场、瞄准的努力方向等一旦确定，就不曾改变。比如，孔老师对于周礼的推崇，马先生对共产主义的追求，始终不渝、至死不变。同时，孔老师和马先生也具有高度的灵活性。孔老师讲'四毋'，讲持经达变、有经有权；马先生讲具体情况具体分析，讲随时随地都要以当时的历史条件为转移，没有丝毫的教条、呆板和不知变通。马先生甚至曾说过：'在政治上为了一定目的，甚至可以同魔鬼结成联盟，只是必须肯定，是你领着魔鬼走而不是魔鬼领着你走。'① 这句话，鲜明体现了原则性和灵活性的高度统一。"

"李教授，原则性和灵活性，听起来好像是对立的，怎么把它们统一起来呢？"徐翔阳问道。

"事实上，原则性与灵活性并不矛盾。讲原则性，就是根本性、方向性、目标性问题不能变。讲灵活性，就是为了实现目标，可以采取各种合理的手段和方法。正因为有坚定的原则性，才会有高度的灵活性；也只有打开视野、主动'拿来'，才能更好坚持原则性。我们要把坚定的原则性和高度的灵活性统一起来，在根本问题、核心利益、是非曲直乃至敌我矛盾上，要讲原则、寸步不让、寸土必争；而在一般问题、非核心利益特别是鸡毛蒜皮的小事上，可以灵活一些、退让一步，不必太认真、太计较。同时，对不同认识水平、知识水平的人，也要以不同的方式对待。我觉得，孔门'三季人'的故事，就很有启发意义。"

有一天，孔子在房内休息，子路在树下乘凉。突然来了一个绿衣人，问子路是不是孔子的学生，子路说是的。那人说道，既然是孔子的学生，一定见多识广，请问一年有几季啊？子路说这还用问，一年不是有春、夏、秋、冬四季吗？那人却急了，说明明一年只有春、夏、秋三季，哪来的冬季啊？两人的争论声把孔子吵醒了，孔子把子路叫进屋里问怎么回事。听了子路的话后，孔子出来看到那人，不觉倒吸一口凉气，赶快让子路给那人道歉，并让子路说那人没错，一年就是春夏秋三季。那个人走后，子路既生气又纳闷地问这是怎么回事。孔子说，那人一身绿衣、面容

---

① 《马克思恩格斯全集》第 11 卷，人民出版社，1995 年，第 552 页。

苍老，分明就是田间的蚱蜢，而蚱蜢是春天生、秋季死，根本不知道有冬天，就是一个"三季人"，因此那人说一年有三季没错。孔子告诫子路，要见人说人话，见"鬼"说"鬼"话，只有这样才能巧妙应对、明哲保身、趋利避害啊！

马中哲和徐翔阳听后，深受启发。

王教授说道："我觉得，从孔老师的思想、马先生的思想中，从'两个结合'特别是'第二个结合'中汲取智慧力量，很重要的一条是，既要重理性，又要重德性。"

孔子的思想中蕴含着鲜亮而丰泽的德性色彩。德性一词，出自《礼记·中庸》中"故君子尊德性而道问学"，意为伦理道德、品性修养。孔子认为，有了德性，就会有德行，对执政者来说是德政，所以修炼德行非常重要。孔子对君王的期望是当仁君、有道之君，对民众实施仁政、德政；对君子的要求是温、良、恭、俭、让、宽、信、敏、惠；还推崇君惠臣忠、父慈子孝、兄友弟恭、夫仁妇顺、朋友有信。这些大都是道德、德性方面的要求。孔子的思想中有许多鼓励人们向上向善的东西，有些学者把儒家思想概括为人生伦理型的哲学思想，是有依据、有道理的。

阅读马克思的文章著作，一般都会有这样一种感觉，就是马克思的文章著作充满着理性，秉持理性的观念，依据理性的材料，进行理性的论证，最终得出理性的结论。马克思受欧洲大陆的抽象理性尤其是德国的理性思想和英国的经验理性思想的影响，并对其进行批判继承，逐渐形成了具有批判性、革命性的理性思想观念。马克思所用的创作素材，大都在充分调查研究的基础上，以事实为依据、以数据为支撑。保尔·拉法格在《忆马克思》中谈到，马克思认为"一种科学只有在成功地运用数学时，才算达到了真正完善的地步"[①]。马克思进行研究论证或理论批判，能够大量使用概念、判断和推理，并运用归纳与演绎、分析与综合、抽象与具

---

① 保尔·拉法格等：《回忆马克思恩格斯》，马集译，人民出版社，1973 年，第 7 页。

体、逻辑与历史的方式，进行严密的逻辑论证，把认识由感性向理性发展。马克思还坚持通过事物内在的矛盾理解事物的发展，并试图研究对象在发展过程中的必然性，从而得到关于事物的规律性认识，比如资本主义经济发展规律、无产阶级历史使命和解放条件的规律、人类社会演进发展规律等。

王教授在分别阐述了孔子的德性和马克思的理性后，继续说道："德性与理性虽然不是两个相反相成的方面，但二者具有互相补充、互相裨益的一面，有了德性的理性更能胜己胜人，有了理性的德性更能厚德载物。在大力发展生产力、大力创新科学技术、大力推进'中国制造'的今天，在人们竞争日益激烈、工作压力不断增大、心理问题越来越多的当下，我们需要理性精神，引导人们弘扬科学家精神和工匠精神，尊重真理和规律，积极研发和创新，注重实验和实证，追求精确和严谨，体现效率和效益；我们也需要德性精神，大力倡导和践行社会主义核心价值观，让体现主旋律、正能量、高格调的东西越来越多，让体现公平正义、诚实守信、劳动光荣的东西越来越多，让体现人文精神、心理关怀的东西越来越多，让有爱心、有良知的人越来越多，使人们既有一个干事创业、建功立业的广阔舞台，又有一个安身立命、温暖心灵的精神家园。"

马中哲和徐翔阳听后，深受教益。

党教授说道："从孔老师的思想、马先生的思想中，从'两个结合'特别是'第二个结合'中汲取智慧力量，一个重要方面，就是既要敢于斗争、善于斗争，又要注重团结、善于团结。"

孔子是推崇"和合"的，用现代的话说就是讲团结、讲和谐的。他的"君子和而不同，小人同而不和"，讲出了什么是不同观点交流、碰撞、融合带来的真团结，什么是没有争论、众口一词、一团和气的假团结；他的"君无争臣，父无争子，兄无争弟，士无争友，无其过者，未之有也"，讲出了心底无私、襟怀坦白的批评净谏是团结的难得良方；他念兹在兹的大同世界，讲出了什么是"天下为公""天下一家"的大团结。

在马克思的思想中，革命的唯物辩证法是其基本内容，阶级、阶级关系、阶级斗争是其立足点，认识世界、改造世界是其根本目的，彰显着鲜明的革命性和斗争性。这种斗争性至少体现在三个方面：一是对论敌的理论斗争，即用犀利辛辣的笔墨对唯心主义哲学家特别是青年黑格尔派进行的理论论战、理性批判，建立起科学的新世界观；二是对资产阶级的理论斗争和实践斗争，在理论上揭示资本主义的剥削本质、基本矛盾和必然灭亡的历史趋势，在实践上成立工人组织、发动工人运动，维护工人阶级自身权益，动摇资产阶级统治；三是对自己和革命战友的"自我斗争"，不断进行自我反思、自我批判，实现由革命民主主义向共产主义、由唯心主义向唯物主义的彻底转变，同时对革命战友的错误思想和工人运动中的错误倾向及时进行纠正。斗争贯穿了马克思的一生，斗争性贯穿了马克思主义萌芽、形成、发展和成熟的全过程。

党教授把孔子的"和合"与马克思的斗争有机联系起来、辩证统一起来，说道："社会总是在矛盾运动中前进的，有矛盾就有斗争。我们应从马克思主义产生和发展、中国共产党建立和发展、社会主义国家诞生和发展的斗争历程中汲取斗争智慧，强化斗争精神，淬炼斗争品格，提升斗争能力，敢于向矛盾困难、向歪风邪气、向自身惰性、向思想桎梏作斗争，敢啃'硬骨头'、碰'硬钉子'、剃'硬茬子'，在斗争中开创新局面、创造新业绩。同时，也应注重把斗争与团结很好地结合起来，注重从包括儒家思想在内的中华优秀传统文化中汲取和合团结的精神营养，团结一切可以团结的力量，争取一切可以争取的支持，调动一切可以调动的积极因素，在斗争中争取团结、谋求合作、实现共赢，在团结中聚集斗争的力量，努力形成牢不可破的真团结。"

马中哲和徐翔阳听后，底气大增。

马中哲说道："我觉得，从老师的思想、先生的思想中，从'两个结合'特别是'第二个结合'中汲取智慧力量，还有一条特别重要：就是既要胸怀理想，又要脚踏实地。老师和先生都胸怀远大而美好的社会理想，一个是要实现小康社会进而实现世界大同，一个是要建立社会主义社会进而建立共产主义社会。但他们都不空想家、空谈家，都以'天下事'为己任，著书立说、奔走呼号、呕心沥血、栉风沐雨。老师通过从政、参政来推行自己的政治主张，先生通过组织工人运动来进行革命斗争，他们都在用具体实际行动朝着理想和目标努力。在一定程度上说，老师和先生树立了既胸怀理想又脚踏实地的光辉榜样。"

徐翔阳说道："这不正说明：人生有两条路，一条需要用心走，叫作梦想；一条需要用脚走，叫作现实。"

"是的。"马中哲面带微笑地说道，"现在，我们进入了中国特色社会主义新时代。这是一个讲信仰、讲理想的时代，我们已经全面建成小康社会、实现了第一个百年奋斗目标，正行进在以中国式现代化全面推进强国建设、民族复兴伟业的宏大历史进程中。宏伟目标和理想让人心向往之、豪情满怀、斗志昂扬。这也是一个讲奋斗、讲实干的时代，奋斗和实干是实现理想、达成目标的根本的唯一的路径，'天上不会掉馅饼'，实现强国复兴、过上幸福日子必须'撸起袖子加油干'，一步一脚印把宏伟蓝图变成美好现实。"

"你说得太好了。空谈误国，实干兴邦。我们要用实践、用实干、用实绩来实现孔老师、马先生的愿望，全面建成社会主义现代化强国，同时也实现我们个人的理想追求。"徐翔阳激奋地说道。

徐翔阳的话音未落，突然未来智者出现在五个人的面前，还是那身装束，只是面带喜悦、神情昂扬："这两天，我对中国未来发展的前景进行了'兵棋推演'。至于是怎么推演的，我就不告诉你们了，反正是依据最严谨的事实，运用最权威的数据，采用最科学的算法，进行最精准的预测。推演结果显示，再过十年，你们中国将……"

"中国将什么？"五个人急切地问道。

"中国将……"未来智者又是欲言又止。

"中国将什么？"五个人都有些急了。

"反正是顶好、上好的消息，值得期待、奔赴的消息，关键还要看你们的努力。光荣和梦想就在前方，你们一定要团结奋斗、团结奋斗，更加优秀、更加优秀！"未来智者的话犹在耳边萦绕，人却已不见了踪影。

五个人静静站在原地，回味着、揣摩着、感悟着未来智者的话，一幅雄伟、壮丽的画卷似乎在眼前徐徐展开，奋斗的激情已在每个人胸中汹涌激荡……

主要参考书目

1. 中共中央马克思恩格斯列宁斯大林著作编译局编译：《马克思恩格斯文集》（1—10 卷），人民出版社，2009 年。

2. 中共中央编译局编：《马克思恩格斯列宁哲学论述摘编》（党员干部读本），中央编译出版社，2015 年。

3. 中共中央马克思恩格斯列宁斯大林著作编译局编译：《马克思恩格斯论中国》，人民出版社，2015 年。

4. 中共中央组织部、中共中央宣传部、中共中央编译局编：《马列主义经典著作选编学习导读》，学习出版社，2011 年。

5. 毛泽东：《毛泽东选集》（1—4 卷），人民出版社，1991 年。

6. 邓小平：《邓小平文选》（1—3 卷），人民出版社，1993 年。

7. 习近平：《习近平谈治国理政》（1—4 卷），外文出版社，第一卷 2014 年、第二卷 2017 年、第三卷 2020 年、第四卷 2022 年。

8. 习近平：《习近半著作选读》（第一、第二卷），人民出版社，2023 年。

9. 中共中央宣传部编：《习近平新时代中国特色社会主义思想学习纲要（2023 年版）》，学习出版社、人民出版社，2023 年。

10. 陈文通：《重温经典：拜访马克思——七个重大理论问题》，中央文献出版社，2009 年。

11. 《马克思主义哲学》编写组编：《马克思主义哲学》（第二版），高等教育出版社、人民出版社，2020 年。

12. 萧灼基：《马克思传》，中国社会科学出版社，2008 年。

13. 王锐生、黎德化：《读懂马克思》，四川人民出版社，2001 年。

14. 陈学明、黄力之、吴新文：《中国为什么还需要马克思主义——答关于马克思主义的十大疑问》，天津人民出版社，2013 年。

15. 王国轩译注：《大学·中庸》，中华书局，2016 年。

16. 顾迁译注：《尚书》，中华书局，2016 年。

17. 胡平生、陈美兰译注：《礼记·孝经》，中华书局，2016 年。

18. 王国轩、王秀梅译注：《孔子家语》，中华书局，2016 年。

19. 李零：《丧家狗——我读〈论语〉》（修订版），山西人民出版社，2007 年。

20. 杨伯峻译注：《论语译注》，中华书局，2006 年。

21. 匡亚明：《孔子评传》，齐鲁书社，1985 年。

22. 蔡尚思：《孔子思想体系》，上海人民出版社，1982 年。

23. 陈战国：《先秦儒学史》，人民出版社，2012 年。

24. 杨朝明等：《儒家文化面面观》，齐鲁书社，2000 年。

25. 栾贵川：《孔子的修齐治平之道》，社会科学文献出版社，2016 年。

26. 易中天：《先秦诸子百家争鸣》，上海文艺出版社，2009 年。

27. 王恩来：《人性的寻找——孔子思想研究》，中华书局，2005 年。

28. 中国哲学教研室、北京大学哲学系编著：《中国哲学史》，商务印书馆，1995 年。

29. 刘惠恕：《中国政治哲学发展史——从儒学到马克思主义》，上海社会科学院出版社，2001 年。

30. 汤志钧编：《康有为政论集》，中华书局，1981 年。

31. 陈先达：《马克思主义和中国传统文化》，人民出版社，2015 年。

32. 陈先达：《"两个结合"十二讲》，东方出版社，2023 年。

33. 张允熠：《中国文化与马克思主义》，人民出版社，2015 年。

34. 刘志扬：《马克思主义与儒家文化——当代中国文化的传统与展望》，山东人民出版社，2015 年。

35. 薛学共：《中国传统文化与马克思主义中国化》，湖南师范大学出版社，2010 年。

36. 何中华：《马克思与孔夫子——一个历史的相遇》，中国人民大学出版社，2021 年。

37. 唐晋主编：《大国崛起》，人民出版社，2006 年。

后记

记得 20 多年前，我第一次读到郭沫若先生的《马克思进文庙》一文的时候，觉得此文写得太有意思了，真是大家手笔，奇思妙想、不同凡响。

通过认真研读，我从中得出一个重要启示：哲学的庄重与文学的灵动不但不矛盾，还可以有机融合。事实上，哲学的思想可以用文学的形式来呈现，深奥的理论可以用通俗的语言来诠释，严肃的主题可以用轻松的方式来展开。把"高高在上"的哲学思想，通过文学化的语言来表达，使之得以广泛传播，潜移默化、入心入脑，不失为推动马克思主义大众化的重要路径。

在庆祝中国共产党成立 100 周年大会上，习近平总书记明确提出了"坚持把马克思主义基本原理同中国具体实际相结合、同中华优秀传统文化相结合"的重大思想理论观点。在学习感悟"两个结合"特别是"第二个结合"中，我突然萌发一个念头：能否承袭《马克思进文庙》的文风和思路，以文学的方式，找一个重要切入点，生动阐释"两个结合"特别是"第二个结合"，帮助普通读者特别是青少年读者，从相对轻松的阅读中，搞清楚"两个结合"特别是"第二个结合"为什么、是什么、怎么做等问题，这岂不是很有价值意义？

有了这个念头之后，在前期相关研究的基础上，我进行了大胆构思、精心设计和刻苦写作，最终形成拙作《马克思对话孔夫子——"第二个结合"的思想交汇》。事实上，20余年来，因工作性质的原因，我经常与中国传统文化、与马克思主义理论"打交道"，并围绕儒家思想与马克思主义的"会通"进行了理论准备和原始创作。这也是此书能够迅速成型的重要原因。

需要说明的是，基于"对话"的考虑，本书引用孔子、马克思等人的原著原文比较多，这可能会给人一种"取巧""偷懒"的感觉，其实把一段原文恰如其分地引用到一个恰如其分的地方也绝非易事。

需要指出的是，在写作本书的过程中，我参考了不少大家、名家、专家的研究成果，从中汲取了不少思想养料，借鉴了不少观点和材料。在写作过程中，遵循学术规范，尽量注明。对一些观点不能一一注明的，在此表示深深的歉意！

写作过程中，得到我读硕士研究生时的导师刘正斌教授以及厦门市委宣传部王彦龙处长、鹭江出版社梁靓编辑的有力指导，在此深表感谢！

由于本人知识储备有限、理论水平不高，不少观点仅仅是个人的一孔之见，一些构想还不是很成熟，难免有一些不恰当、不准确甚至谬误之处，敬请读者谅解和批评指正！

著者
2025 年 5 月